탈식민화를 위한 투쟁과 창조

조선학교의 교육사

오영호 저 박환보
박혜경
박영미
유혜영 역

박영story

일본어판 서문

조선학교가 일본에 생겨난 지 70년여의 세월이 흘렀다.

패전 후의 일본에서 재일조선인들의 아이들을 떳떳한 조선사람으로 키운다는 바람을 가지고 맨손으로 더듬더듬 시작된 교육활동은 그 후에도 중단되는 일 없이 오늘날까지 지속되고 있다. 물론 이는 단순히 우연이라고 할 수 없는, 학교에 관련된 많은 재일조선인의 노력과 헌신의 결과로 그간 흐른 피와 땀, 그리고 눈물은 헤아릴 수 없을 것이다.

오늘날까지는 28개 도도부현(都道府県)에 60여 개교, 유치원에서 대학교까지 약 6,000명의 아이들이 조선학교에 다니고 있다. 취학자 수라고 해도 결코 많은 수는 아니지만, 전국규모로 전개된 학교체계를 가진 외국인학교는 일본에서뿐만 아니라 세계에서도 유사한 사례를 찾아보기 어렵다.

'우리학교는 마음의 고향이다.' 많은 조선학교 출신자는 조선학교를 '우리학교'라고 부른다. 조선사람으로 키우기에 긍정적인 정보나 관계가 부족한 일본에서 조선의 말과 역사, 문화를 배우고 당연하게 조선의 이름을 부르며, 조선어로 이야기를 나누고, 같은 뿌리를 가진 사람들과 연결되면서 조선사람으로서 자라나는 장. 조선사람으로서의 꿈을 그려가고, 만들어가는 장……. 우리학교는 조선사람으로서 자신들을 키워준 고향이기도 하다.

이러한 장이기에, 재일조선인은 조선학교를 지키고 버텨오고 있다. 창립 당시부터 오늘날에 이르기까지 끊임없이 계속되고 있는 정부 주도의 탄압과 차별적인 정책, 이러한 조치에 대해 불법은 아니라는 낙인을 남겨놓는 사법부의 판단, 대중매체가 흘려보내는 조선학교에 대한 예단과 편견, 조선학교와 재일조선인의 존재를 부정·모욕하고 그들의 일상적인 안심과 안전을 계속해서 위협하는 혐오 발언……. 압도적인 폭력과 불합리의 사례들이 숨돌릴 사이 없이 켜켜이 쌓이며 밀려오는 70년이었다.

그럼에도 재일조선인들은 아이들을 조선사람으로 키우는 것을 포기하지 않았다. 재일조선인이 강요받은 아픔과 그것을 이겨낸 각오에 대한 상상력 없이는 조선학교의 과거와 현재 그리고 미래를 말하기 어렵다.

이 책은 끊임없는 억압과 저항의 가운데에서도 지속되어 온 조선학교 역사의 한 면을 밝히고 있다. 새삼스레 인식하기조차 어려운 냉전적 사고와 식민주의가 계속되는 일본 속에서 재일조선인은 그들의 아이들을 어떻게 떳떳한 조선사람으로 키우려고 해왔으며, 또한 아이들은 어떻게 자라왔을까. 조선학교를 둘러싼 투쟁과 창조의 역사가 가진 의미를 탈식민화라는 시점에서 생각해보려 한다.

한국어판 서문

　나의 경험에 따르면 일본, 조선민주주의인민공화국(이하 공화국), 한국의 어느 나라에서도 '잊혀진 존재'라고 여겨지는 것이 우리 재일조선인이다. 이는 사람들의 인식의 문제라고 하기보다 근대국민국가의 각 제도가 상정하는 틀거리의 바깥에 재일조선인이 위치한다는 것에 의한 측면이 클 것이다. 특히 조선반도의 분단체제는 적대국을 지지하는 교육기관으로서 조선학교에 대한 시선, 접촉, 관여를 저해해왔다. 그런 속에서 조선학교의 역사를 다룬 이 책이 한국에서 출판되는 것에 대해 나는 큰 기쁨을 느끼고 있다.

　이 책은 원래 일본 독자를 위해 집필한 것이다. 2002년에 공화국 공작원에 의한 일본인 납치가 밝혀진 이후 일본에서 조선학교에 대한 바람받이는 더욱 세차게 되었다. 위험한 존재, 미지의 존재로서의 조선학교에 대한 예단과 편견이 넘쳐, 정부나 지자체는 그러한 '국민감정'을 근거로 여러 가지 공적보장제도에서 조선학교를 제외하였다. 위에서의 배외주의는 일반시민의 배외감정의 조장을 뒷받침하였으며 결국 조선학교를 습격하는 사건마저 일어났다. 최근에도 아이들이 이용하는 역에 '조선인을 죽이는 모임'이라는 낙서가 발견되었다. 사회권규약위원회, 인종차별철폐 위원회, 아동권리위원회를 비롯한 국련 각종 위원회에 의한 일본정부에 대한 권고의 효과가 거의 없음을 알 수도 있다. 조선학교를 다니는 아이들의 안심과 안전, 또한 생명이 지켜지기는커녕 위협 받고 있는 현황에서 조선학교를 지원하자고 일어난 일본사람들은 각지에서 지원단체를 결성하였다. 제한 없는 유언비어와 공격, 제도적 차별의 시정을 요구하는 재판의 연패가 계속되어 재일조선인도 비폐하여 자신감을 잃어버렸으며 자신들이 잘못한 것이 아닐까하고 생각하거나 조선학교의 교육을 의심하는 관계자도 나타났다.

일본사회에서 조선학교는 결코 큰 존재가 아니다. 그러나 혹은 그렇기 때문에 조선학교에 대해 논할 때, 거기에는 긍정적 및 부정적인 여러 욕망이 작동한다. 나는 조선학교 출신의 한 명으로서, 또한 연구자로서, 사상교육을 실시하여 간첩을 양성하는 기관이라고 조선학교를 단정하는 황당무계한 논의에도, 반짝이는 아이들의 눈빛에서 교육의 이상형을 찾아 조선학교를 비판할 여지없이 절찬하는 논의에도 가담하고 싶지 않았다. 그러한 일본에서의 당사자, 관계자, 지원자, 공격자들의 시선과 욕망의 그물눈을 뚫고 조선학교를 논한 것이 이 책이다.

그러기에 이러한 논조에 대해 어느 정도의 위화감이 있을 수 있음을 양해해 주시기 바란다. 또한 그러한 필자의 논하는 방법 자체를 분석의 대상으로 여기면서 읽어주셨으면 한다. 조선학교에 대해 반공주의적인 입장에서 비판하거나 민족주의적인 입장에서 연대를 시도하는 움직임이 있을 수도 있다. 어쨌든 식민지 구 종주국에서 70년을 넘어서 '민족'이라 불리는 무언가를 되찾자고 투쟁과 창조를 계속해온 재일조선인들의 노력의 일부분을 알아주셨으면 한다. 조선학교와 거기에 관계하는 사람들이 결코 잊혀져야 할 존재가 아니라는 것을 이해하실 수 있을 것이다.

2018년 충남대학에서의 만남이 이 책이 한국에서 출판될 계기를 마련해 주었다. 일본에서 알게 된 박환보 씨를 난생처음으로 찾은 한국에서 다시 만날 수 있었던 것은, 식민지시기에 떠난 고향땅을 다시는 밟지 못한 채 돌아가신 할아버지, 할머니가 있는 나에게 있어서 지극히 큰 의미를 가진 것이었다. 그리고 박환보 씨가 근무하는 충남대학에서 만난 분들이 중심으로 되어, 쉽지 않은 일본어로 쓰인 이 책의 번역작업이 진행되었다. 특히 박혜경 씨는 처음부터 끝까지 나와 연락을 거듭 취하면서 세심한 배려를 한시도 잊지 않으시고 작업을 추진해주셨다. 심리적, 육체적 고생이 얼마나 컸는지 상상조차 못한다. 이 책을 한국 분들에게 가닿게 하기 위해 많은 고생과 노력을 바쳐주신 모든 분들에게 마음속으로부터 심심한 사의를 표한다. 이 책이 조선학교 역사에 대해 생각하는 데 있어서 하나의 도움이 되기를 바란다.

2023년 1월 오영호

역자 서문

　이 책은 끊임없는 억압과 저항 속에서 이어져온 조선학교 교육의 역사이자 그 역사를 만들어 온 재일조선인의 투쟁과 창조의 이야기이다. 이를 위해 저자는 다양한 사료를 폭넓게 수집·검토하며 조선학교 교육의 형성 과정을 밝히고 이러한 조선학교 교육을 탈식민화의 관점에서 설명하고 있다. 특히 이 책은 사회 구조, 제도, 그리고 인간 행위 간의 복합적인 상호작용을 시간이 흐르며 전개되는 하나의 과정으로 파악하고, 조선학교의 형성과정을 매우 입체적으로 그려냈다. 이 책에 따르면, 조선학교 교육의 역사는 학교교육이라는 제도를 통해 식민지배에 의해 빼앗긴 조선인성을 회복하고 '떳떳한 조선사람'이 되기 위해 행해진 여러 가지 도전, 노력, 시행착오의 과정이다. 특히 기존의 조선학교에 대한 연구들은 운동사의 시각에서 투쟁의 모습과 과정을 재현해냈다면, 이 책은 왜 재일조선인들이 그러한 투쟁을 했는지, 투쟁을 통해 지키고자 했던 혹은 만들고자 했던 교육은 무엇인지에 대해 고민한다. 그렇기 때문에 이 책은 시기적으로 1950−1960년대 조선학교 교육의 역사를 다루고 있지만, 현재의 조선학교와 재일조선인 사회를 이해하려는 사람들에게도 매우 유용한 관점을 제공한다.

　이 책의 학술적 실천적 의의가 매우 크다는 사실에 대해 부정할 사람은 아무도 없을 것이다. 그럼에도 불구하고 역자들이 속해있는 한국 교육학계에서 조선학교에 대한 관심은 크지 않다. 아니, 관심이 거의 없다고 해도 무방할 것이다. 학계의 범위를 넓힌다고 하더라도, 조선학교의 교육사에 대해 얼마나 많은 연구자들이 관심을 갖게 될지는 잘 모른다. 그렇지만 조선학교의 이야기는 한국 사회에 더 많이 알려져야 하고, 보다 많은 연구자들이 관심을 기울여야 할 주제이다. 지금 이 순간에도 조선학교는 일본의 교육정책에서 배제되고 있으며, 재일조선인들은 투쟁과 창조의 과정을 거치며 조선학교의 교육을 이어가고 있다. 가장 무서운 일은 아마도 조선학교가 우리의 삶과 기억 속에서 잊혀지는 일일 것이다. 그렇기 때문에 오영호 교수의 이 책은 조선학교 교육을 위한 가장 실천적인 연구이자 투쟁의 방편일 것이다. 이 책을 접하는 독자들도 조선학교를 이해하고 함께 기억할 수 있기를 바란다.

사실 이 책은 더 빨리 한국에 소개되었어야 마땅하지만, 역자들의 부족함과 게으름으로 인해 너무 많은 시간이 걸렸다. 처음 오 교수에게 한국어 번역을 제안했을 때만해도 빨리 조선학교의 교육사를 세상에 소개하고 보다 많은 사람들이 조선학교에 대해 알기를 바랐지만 그 과정은 쉽지 않았다. 여러 가지 어려움 속에서도 번역본이 출간될 수 있었던 것은 충남대학교 교육학과 박사과정인 박혜경 선생의 노력이 매우 크다. 처음 이 책을 갖고 역자들이 세미나를 시작할 때부터 원전의 의미를 살리면서도 한국어 독자들이 이해할 수 있도록 번역 작업 기초를 다져주었고, 이후에도 번역, 윤문, 그리고 출판사 연락까지 거의 모든 일을 담당하였다. 또한 교육학계의 관심이 크지도 않고 대중적인 서적도 아닌 이 책의 출판을 허락한 박영스토리에도 깊은 감사를 드린다.

마지막으로 이 책의 저자인 오영호 교수에게 다시 한 번 감사의 말을 전하고 싶다. 귀중한 이야기를 역자들이 한국어로 번역해서 한국의 독자들에게 소개할 수 있는 기회를 주었을 뿐만 아니라, 직접 번역본의 세세한 부분까지 꼼꼼하게 감수해 주었다. 혹시 남아 있는 오류가 있다면 이는 전적으로 대표 역자의 책임이다. 이후에도 역자들과 함께 학문과 실천의 인연을 이어갈 수 있기를 바란다.

2022년 10월
역자를 대표하여
박환보

차례

서장 투쟁과 창조의 조선학교사

제1장 탄생과 파괴

제2장 본국 교육의 이식

종장　조선학교의 교육사가 묻고 있는 것

【한국어판 범례】

1. 이 책에서는 '재일조선인(在日朝鮮人)'이라는 말을, 체제 지지나 국적, 또는 외국인등록증상의 '국적' 표시의 기재 여하에 관계없이 모든 일본 재주(在住) 조선반도 출신자 및 그 자손을 지칭하는 개념으로 사용하였다.

2. 조선반도 38도선 이북의 지역을 가리키는 경우에는 '북한', 이남을 가리키는 경우에는 '남한'으로 하고, 국가를 지칭하는 경우에는 '조선민주주의인민공화국(공화국)', '대한민국(한국)'으로 표기하였다.

3. 인용된 역사자료는 현대일본한자로 표기된 일본어판의 표기를 한국어로 풀어낸 것이다. 또한 사료에 나타난 원문의 줄바꿈을 최대한 반영하려 했으나, 필요에 따라 줄바꿈을 적용했다.

4. 인용문 중의 용어사용에 있어서 원문을 존중하여 글자 옆에 괄호를 넣어 '원문인용' 혹은 '원문 그대로 표기'라고 표기했다. 또한 판독불능한 경우는 '■'으로 표시하고 판독불능한 문자수를 나타냈다.

5. 인용문에서 [   ]는 저자에 의한 보충설명이다.

6. 조선어사료의 인용은 저자의 일본어 번역을 한국어로 재번역하고 저자의 확인을 받았다.

7. 단체명, 학교명 법령명 등에 대해서는 처음 언급되었을 당시의 정식명칭을 표기하고 그 이후는 적절히 약어를 사용하였다. 약어표를 참고하기를 바란다.

8. 조선인의 이름은 재일조선인들의 표기방법을 따랐다. 한자표기를 확인할 수 있는 경우는 한자를 병기하였다.

9. 연도표기는 서기력을 원칙으로 하였다.

「역자주」

가. 글씨를 진하게 표기한 것은 원문에서 저자가 강조한 것을 표기한 것이다.

나. 한국에서 주로 쓰이는 '한반도', '한민족' 등의 단어는 원문에 담긴 조선학교의 역사적·문화적 이해를 돕기 위해 '조선반도', '조선민족' 등의 단어를 그대로 사용하였다.

다. 일본이름 표기는 국립국어원 한국어 어문규범을 따르되, 각 지역의 조선학교 명칭은 해당 학교가 사용하는 고유명사를 사용하였다. 예컨대, '東京'이 지역이름으로 사용될 경우 한국어 어문규범대로 '도쿄'로 표기하였고, 조선학교의 명칭으로 사용될 경우 조선학교에서 부르는 '도꾜'로 표기하였다.

라. 원문에서는 신문이나 도서명을 표기할 때 겹낫표(『』)를, 인용이나 문서 이름, 보고서, 법률 등을 표기할 때 주로 홑낫표(「」)를 사용했으나, 한국어로 번역하는 과정에서 인용은 작은 따옴표(' '), 문헌명이나 글 제목, 법률 등은 홑낫표(「」), 신문이나 도서명은 겹낫표(『』)를 사용하였다.

【약어 일람】

약어	정식명칭
한국	대한민국
공화국	조선민주주의인민공화국
교육회	재일본조선인교육회
교직동	재일본조선인교직원동맹
교동	재일본조선인교육자동맹
소년단	재일본조선인소년단
총련	재일본조선인총연합회
조련	재일본조선인연맹
민청	재일본조선인 민주청년동맹
민전	재일조선통일민주전선
민단	재일본조선거류민단, 재일본대한민국거류민단
**초급	**조선초급학교
**초중	**조선초중급학교
**중고	**조선중고급학교
**조고	**조선고급학교
조대	조선대학교
*차 대회	제*차 전체대회
제*중위	제*회 중앙위원회
교연	교육연구대회
교방	교육방법연구대회

제1절 문제제기-조선학교 교육사의 부재

이 책은 이제까지의 실체가 충분히 밝혀지지 않은 조선학교의 교육을 현재 교육의 주요 골격이 형성된 1950~1960년대를 중심으로 검토하는 교육사연구이다. 이 책을 '조선학교의 교육사'라고 이름 붙인 것은 조선학교 역사에서 **교육의 역사가 존재하지 않는다**는 문제의식을 나타내기 위한 것이다.

조선학교는 전쟁 후 재일조선인들이 재일조선인 아이들의 인간형성에 관한 여러 문제를 개선하고 해결하기 위해 만들어진 재일조선인의 학교교육기관이다. 1945년 이후 시대에 따라 다소 변동의 차이는 있지만 도쿄, 아이치, 오사카 등 대도시를 비롯하여 지금까지도 전국적으로 존재하는 조선학교는 그 규모와 역사에 있어서 일본 내 대표적인 외국인학교라고 할 수 있다.

논의를 시작하기에 앞서, 먼저 교육학자 가쓰타 슈이치(勝田守一)의 지적을 소개하려 한다.[1] 1950년대 초반, 오오타 다카시(大田堯)와 함께 각 지역의 조선학교를 조사한 가쓰타는 '조선인학교의 문제'가 안고 있는 '곤란한 점'에 대해서 첫

----

1) 勝田守一「平和を求める日本人としての反省(평화를 바라는 일본인으로서의 반성)」『朝鮮組ニュース』1954년 5월 30일부.

번째로 '당국이 정치적인 의도를 가지고 조선인 문제 전체를 보고 있으며', 교육의 문제도 '고도의 정치성을 가지고 발생하고 있다'라고 지적하면서 다음과 같이 서술하고 있다.

두 번째 문제는 이른바 민족교육과 정치와의 관계입니다. 조선통일 문제가 저런 모양으로 현재 곤란에 처해있다는 사정이 이 문제에도 반영되고 있다고 말할 수 있을 것입니다. 민족교육이 통일을 향한 소망을 반영하게 되면, 불행하게도 여기에서 정치적 입장을 찾아내려는 견해가 생깁니다. 또 조선인 여러분들께서 그 처한 현실 때문에 성급한 정치의식 교육에 쉽게 걸리게 되는 것도 무리는 아닙니다. 그러나 문제는 여기에서 생겨납니다. 이것이 어떤 것이라고 제가 말할 수 있는 입장은 아닙니다. 그러나 실제로 이를 둘러싼 어려움이 있는 것은 사실입니다. 저는 조선인학교의 존재는 민족교육의 존중과 결부되어야만 의미가 있다고 생각합니다. 따라서 어떻게든 이 점에 대해서 민족교육 본연의 모습이 구체적으로 규명되어야 한다고 생각합니다.

여기에서 가쓰타는 조선학교의 교육을 편의적으로 '정치의식 교육'과 '민족교육'으로 나누어 논하고 있다. 각각의 정의는 확실하지 않으나 문맥에서부터 '정치의식 교육'은 냉전의 산물로서 형성된 조선반도의 분단체제를 반영한 조선민주주의인민공화국의 정치적 정통성과 사회주의체제의 우월성을 가르치는 교육, '민족교육'은 빼앗긴 민족성을 되찾아오는 과정으로 조선어와 조선문화 등을 가르치는 조선민족으로서 키우는 교육이라는 것을 가리키는 것이라 생각된다.

'민족교육이 통일을 향한 소망을 반영하게 되면, 불행하게도 여기에서 정치적 입장을 찾아내려는 견해가 생깁니다'라는 말에서 볼 수 있듯, 이와 같은 조작적 변별을 거친 후의 '민족교육'은 본래 정치적인 것이 아니라고 여길 수 있는 것이지만, 그러나 실제로는 조선학교의 문제가 '고도의 정치적 성격을 가지고 발생하고 있기' 때문에, 민족의 염원으로서 조선반도 내에서 남북국가의 통일을 다룰 때도, '정치적 입장을 여기에서 찾아내려는 견해'가 발생하게 된다. 이러한 시점에 사로잡혀 있는 한 조선학교의 교육을 이루는 또 하나의 교육, 즉 '민족교육'을 존중하는 것도, 또한 거기에 도출되는 조선학교의 존재 의의도 찾을 수 없게 된다. 가쓰타의 지적이 함의하는 바가 광범위하기는 하나, 조선학교와 그 교육에 대한 평가에 잠재되어 있는 냉전적 인식구조를 대상화해야 한다는 시사점은 지금도 귀 기울여 들어야 한다고 말할 수 있다.

지금으로부터 약 60년 전에 제기된 조선학교의 '민족교육 본연의 모습을 구체적으로 규명'하는 작업이 그 후에 진전되었다고 말할 수 있을까? 후술하다시피, 그 숙제는 아직 충분히 해결되지 않았다고 말할 수밖에 없다.

조선학교가 계속해서 정치적 자기장의 소용돌이 안에 있는 것은 변함이 없다. 2010년도부터 시작된 고교무상화제도에서는 조선학교가 정치적·외교적 이유로 인해 배제되었고, 이것과 연결되어 지방 자치단체에 의한 각종 보조금 역시 폐지되었다. 이러한 '위로부터의 배외주의'에 영향을 받아 인종주의 단체에 의한 조선학교 습격사건도 일어났다.[2]

오늘날 조선학교에 얽혀 있는 모든 고정관념을 지양하고, 조선학교 교육의 역사를 식민지 지배로 인해 이주한 사람들이 구 식민지 종주국에서 운영하는 독자적인 교육기관의 역사라고 생각한다면, 그것이 품고 있는 논점이 지극히 풍부해질 것이라는 데 의심의 여지가 없다. 게다가 이는 새삼스러운 것이 아닌, 1945년부터 현재에 이르기까지 끊임없이 이어져 온 행위인 것이다. 조선학교의 교육사 연구는 탈식민주의나 국경을 초월한 이동과 교육, 게다가 교육에 대한 공공성과 다문화 공생이라는 일본 교육과 사회를 둘러싼 현재 시점의 중요한 문제들을 고찰하는 데 있어서 사실과 시사점을 제공할 뿐만 아니라 일본 내 그러한 문제들의 기원을 탐구하는 데에도 지극히 중요한 의미를 지닌다.

재일조선인이 스스로 학교를 세우고, 자신들의 교재를 만들고, 자신의 아이

---

2) '고교무상화제도'에서 조선학교의 배제과정에 관해서는 우선 田中(2013)를 참조하고 싶다. 또한 교토조선제1초급학교에 '재일특권을 허용하지 않는 모임'(재특회, 在特会)에 의한 습격사건에 관해서는 中村一成(2014, 한국에는 『르포 교토조선학교 습격사건』으로 출간됨)에 상세하게 나와 있다.

들을 조선학교에 보내고, 거기에서 가르치고 배운 이유는 무엇이었으며, 또한 그런 것은 어떤 교육이었을까. 그리고 오늘날 이러한 의미는 어떻게 파악할 수 있을까. 이것을 탐구해 나가기 위해서는 기억 속에서도, 그리고 논점으로서도 망각의 한가운데 있는 조선학교의 교육사를 찾아내어 그려가는 것부터 시작해야만 한다. 조선학교 교육사의 부재라는 상황을 극복했을 때만이 우리는 일본에서 면면히 이어져 온 조선학교 교육의 의미를 비로소 물을 수 있게 될 것이다. 이 책은 이러한 문제의식을 토대로 하여 1950~1960년대에 걸쳐 여러 가지 실패와 모색, 노력 속에서 조선학교의 교육이 만들어져 온 과정을 그려나가는 조선학교 교육의 역사연구이다.

제2절 선행연구와 과제

조선학교에 관한 연구는 결코 많지 않다. 본 절에서는 특히 조선학교나 그 현장을 직접 연구대상으로 한 선행연구를 중심으로 그 성과와 한계를 검토함으로써 이 책이 1950~1960년대에서 조선학교의 교육사를 설명하는 데 견지해야 하는 시각과 다루어야 하는 과제를 밝히도록 한다.

(1) 조선학교사연구의 성과와 한계
　　-탈식민화에 대한 교육사로서 조선학교사 억압과 저항이라는 싸움

2010년대 시점에서 조선학교사 연구의 가장 큰 업적으로 오자와 유사쿠(小沢有作)의 『재일조선인교육론－역사편』을 꼽는 데는 이견이 없을 것이다. 오자와는 식민지 시기에서 1960년대에 이르는 재일조선인 교육사를 방대한 역사자료를 정성껏 읽어가면서 그려내고 있다. 오자와 자신이 책의 맺음말에서 써 놓은 것처럼 그 기본적인 시점은 '정책과 운동의 대항'이라는 구도를 가지고[3] 식민지시기에 발생한 일본인 동화교육 정책이 지속된 것을 그리고 있다고 말할 수 있다. 즉,

....

3) 小沢(1973), 554쪽.

오자와는 전쟁 전후를 통해서 일본정부가 조선인을 일본인으로 동화시키려는 목적으로 한 교육정책을 지속적으로 펴고 있으며, 이에 대해 재일조선인 측은 특히 전후에 있어서 조선학교라는 독자적인 교육의 장을 마련하여 민족교육을 실시할 것을 요구했다고 하는, 일본정부의 정책과 재일조선인의 운동의 대항, 억압과 저항이 각축해나가는 역사로서 조선학교사를 그린 것이다.

오자와의 연구에 대해 고사명(高史明, 1974)은 '이 통사가 오직 권력자와 거기에 대항하는 운동에만 맞추어져' 있어 '운동에서 누락된 수많은 조선인의 존재'가 있다는 것, 또한 이러한 사람들도 '동화정책에 대항하여 싸우고 있다'는 것을 지적하면서, 이러한 사람들과의 '연결[回路]'을 다루지 않은 채 묻어둔다면 그 기술은 동화정책을 추진한 사람들과 마찬가지로 위에서부터의 것으로 되어버릴 위험이 있다」라고 비판하고 있다. 확실히 오자와(1973)의 전후 역사서술은 주로 조선학교를 중심으로 구성되어 있고, 또한 일본의 학교에서 교육받은 많은 재일조선인의 교육경험을 '비교육적'인 것으로서 논하고 있는 경향도 있어 고사명의 비판은 핵심을 찌르고 있다고 할 수 있다.

그럼에도 구라이시(倉石, 2009)가 이미 서술한 것처럼 "운동에서 누락된 수많은 조선인(의 아이들)'을 살피지 않았다는 부분이 가장 큰 문제가 된다면, 오히려 이야기는 단순해진다. 부족한 부분을 메꾸면 되기 때문이다. 그것은 결코 치명적인 결함이 아니라 어디까지나 상대적인 문제에 그치는' 문제일 것이다.[4] 구라이시는 오자와의 성과를 이어나가면서 1970년대 이후의 재일조선인 교육에 대한 서술을 어떻게 할 것인가라는 문제의식 아래 텍스트 내재적인 분석을 진행한다. 그러나 오자와의 연구와 같은 시대를 배경으로 하는, 더군다나 조선학교사를 그리는 이 책에 있어서는 오자와의 조선학교사 서술 자체의 한계성을 밝혀둘 필요가 있다.

그 한계성이라는 것은 바로 오자와 자신이 서술한 것과 같이 '정책과 운동의 대항'의 역사로서 조선학교사가 그려짐으로써 조선학교의 교육 그 자체에 관한

....
4) 倉石(2009), 150쪽.

역사서술이 후경(後景)으로 밀려났다는 것이다. 즉 오자와의 조선학교사 서술에 있어서 사건이나 탄압 등 조선학교에 얽힌 '비일상(非日常)'에 대한 관심이 선행하고, 수업을 비롯한 조선학교의 교육 내에 존재하는 역사서술이나 그에 관한 분석은 충분히 되어 있지 않다는 한계가 있다. 이는 양적으로 부족하다는 의미 이상의 질적인 문제를 내포한다.

　　오자와(1973) 외에도, 예컨대 이가라시·이가사키 편(五十嵐·伊ヶ崎, 1970)이나 오오타 편(大田, 1978), 야마즈미(山住, 1987)라는 전후 일본 교육사를 주제로 한 책에서도 재일조선인의 교육이나 조선학교는 종종 다루어져 왔다. 그러나 이들에서도 조선학교는 오로지 일본정부의 교육정책의 반동화(反動化)나 민주주의에 대한 억압을 방증하는 상징적인 사례로서 거론되고 있을 뿐이다. 이러한 1970년대 이후 전후 일본교육사 서술 및 조선학교 연구는 일본의 교육을 논하는 데 있어 재일조선인이라는 마이너리티를 그 범위 내에 포함하고 있었다는 점에서 선구적이라고 할 수 있다. 그러나 이들 연구가 선구적이었기 때문에, 위에서 서술한 바와 같이 조선학교를 한정적으로 접근하여 다룬 것은 이후 조선학교에 대한 논의의 방법과 방향을 본의 아니게 고착화시키는 역할을 하기도 했다. 그리고 조선학교의 교육에 관한 의논은 학문적인 검토의 사각지대에 몰리게 되었다. 이러한 선행연구에 대해 공통적으로 지적할 수 있는 한계는, 냉전구조로 인한 이데올로기의 대립이 직접적으로 구현되는 장으로서 조선학교, 또는 일본 정부에 의한 탄압의 표적으로서 조선학교에 부수되는 특이하고 '비일상'적인 현상과 그 성질에 주목한 나머지 조선학교에서 행해지는 교육 그 자체에 대한 의식을 강하게 지켜내지 못하게 된 것이다.

　　물론 조선학교의 역사를 탄압이나 그에 저항하는 운동 등과 분리하여 논하는 것은 불가능하다. 특히 냉전이 본격화되는 속에서 조선학교는 GHQ(General Headquarters)나 일본정부의 공격의 표적이 되었고, 이에 따라 재일조선인운동의 가장 중요한 과제 중 하나는 조선학교를 지키는 투쟁이었다. 많은 연구자가 '정책과 운동의 대항' 관계에 초점을 맞추어온 것은 가쓰다(勝田)와 마찬가지로 조선학교라는 교육기관이 늘 정치적 논란의 중심에 존재할 수밖에 없는, 말하자면 이상사태를 연구자들이 간파하고 있었기 때문이다.[5] 그러나 이런 점들을 고려한다고 하더라도 역시 조선학교의 교육 그 자체의 역사를 논하지 않고는 조선학교의 교육사를 논할 수는 없다.

오자와 유사쿠의 작업은 확실히 조선학교사 연구의 초석을 마련한 것이라고 평가할 수 있다. 그러나 '정책과 운동의 대항'이라는 시각에서 이루어지는 그 역사서술 안에 관철되고 있는 주축은 동화교육이라는 지배자 측의 폭력성을 척결하는 데 있었다. '정책과 운동의 대항'이라는 시각은 동화교육이 지속되고 있음을 밝혀야 했고, 또한 동화교육이 지속되고 있음을 밝히기 위해서는 '정책과 운동의 대항'이라는 도식을 사용할 필요가 있었다.[6] 그러나 조선학교의 교육사를 이러한 "정책과 운동의 대항'─동화교육의 지속'이라는 구도 내에서만 논하게 된다면, 이에 상대적으로 자율성을 가진 재일조선인 측의 움직임을 보기가 어려워진다. 피지배자 측의 시점에 서서 조선학교 교육의 자율성을 조선학교사 서술에 위치시켰을 때, 거기에는 '동화교육과 그에 대한 저항'만으로는 파악할 수 없는 조선학교사의 모습이 반드시 세워지게 될 것이다.[7]

조선학교 교육의 역사를 재구성하기 위하여

이어서, 오자와(小沢, 1973)의 성과를 바탕으로 이 책이 그려야 하는 조선학

---

5) 많은 재일조선인(운동)사 연구에서 조선학교가 거론되고 있는 것도 기저에는 이러한 문제의식이 자리 잡고 있다고 생각된다. 또한 사건이나 운동을 축으로 조선학교의 역사를 그리는 경향은 조선학교 당사자들의 역사 서술에 있어서도 기본적으로 같은 모양을 이루고 있다고 할 수 있다. 예컨대 朴(1980), 조선대학교 민족교육연구소(1987) 등.

6) 물론, 고마고메(駒込, 1996)가 논한 것처럼 '동화(同化)'의 개념을 한층 더 음미할 필요가 있고, 또한 본래 일본정부가 조선인이 동화되기를 과연 얼마나 바랐을까 하는 점 역시 계속해서 질문해야 할 문제일 것이다.

7) 다만 오자와는 조선학교 교육에 대해서 다음과 같은 핵심을 찌르는 지적을 하고 있다. '(조선학교는) 공화국 교육의 하나로 간주되면서도 공화국의 교육운영방식을 그대로 이식할 수 없었기에 끊임없이 일본 사회의 여러 관계를 고려하여 이러한 현실에 적합한 운영형태를 독자적으로 창출할 수밖에 없었던 것이다', '공화국의 교육정책을 따르면서도 재일조선인의 민족교육은 그 목적, 제도, 교육과정, 교과서 등 모든 점에 걸쳐 일본사회의 조건과 거기서 자라난 조선 아이들의 생활적·심리적인 특징성을 고려하여 독자적인 교육활동을 전개시켜야만 했던 것'(小沢(1973), 436쪽, 444쪽). 본서는 이러한 오자와의 지적을 인도의 실마리로 삼으면서 그 실제를 그리는 것이다.

교 교육사의 전망을 보다 선명히 가져가기 위해 최근의 가장 큰 조선학교사 연구물인 김덕룡(金德龍)의 『조선학교의 전후사 1945－1972(한국에는 '바람의 추억 (2009)'으로 출판됨: 역자주)』(2004)에 대해서 검토하도록 한다.

민족단체 및 조선학교 내부의 역사자료, 관계자들과의 인터뷰 등을 사용하여 조선학교의 역사를 정리한 이 책은 조선학교 탄압에 저항하는 운동과는 구분되는 주제를 다룬다. 즉 교과서 편찬의 과정과 교원양성에 대한 노력, 교육과정의 구성, 부속유치반의 역사 등 이제까지 조선학교사 연구에서는 다루어진 적 없는 사례를 실증적으로 다루고 있다. '정책과 운동의 저항'이라는 도식으로 환원할 수 없는 조선학교 교육의 역사를 밝힌 이 책은 조선학교사 연구에 큰 전진을 가져왔다고 평가할 수 있을 것이다.

사건사 내지 운동사적 서술에 한정되지 않은 조선학교사를 그려나가기 위해 김덕룡의 작업에서 배워야 할 부분은 조선학교에서 교육이라는 행위[營為]를 구성하는 모든 요소를 검토대상으로 포함할 필요가 있다는 지극히 단순한 사실이다. 이는 이 책이 다루어야 할 역사자료의 성격을 나타내는 것이기도 하다. 이 책이 과거의 일을 다루는 이상 현장조사나 참여관찰을 통해 조선학교의 교육을 구성하는 정보를 수집할 수는 없다. 그러나 교과서, 교육과정, 교원양성의 기본방향, 수업실천 등 한정된 역사자료를 다룸으로써 조선학교의 교육을 재구성할 필요가 있다.

그럼에도, 그러한 다양한 역사자료를 다루었다는 것이 곧 조선학교의 교육사를 그렸다고 할 수 있는 것일까. 우리가 역사를 서술하는 이상 무한히 존재할 일들의 모든 것을 그리는 것은 원칙적으로 불가능하며, 어떤 분명한 의도를 가지고 자료를 선정·배열한다는 행위를 필수적으로 거치게 된다. 조선학교의 교육사를 그리는 데도 어떠한 시각을 가지고 그 역사를 떼어내어 재구성하느냐는 것을 반드시 물어야만 하는 것이다.

그런 의미에서 김덕룡(金德龍, 2004)에서도 큰 한계를 찾아야만 한다. 앞서 서술한 것처럼 김덕룡이 사용한 자료는 이제까지 다루어지지 않은 귀중한 것으로, 조선학교 연구의 새로운 길을 개척한 중요한 연구임이 틀림없다. 다만 이제까지 조선학교사 연구와의 질적인 차이와 그것이 가지는 의미에 있어서 김덕룡이 자각적(自覚的)이었다고 할 수는 없을 것이다. 그의 책에서는 조선학교의 교육에 관한 상세한 사료가 풍성하게 제시되어 있는데, 과연 이러한 사료가 가지고 있는 의미가 충분히 탐구되었다고 말할 수 있을 것인가. 다시 말해, 지금까지 언급되어 온 사실을 제시한 그의 연구에서 어떤 조선학교에 대한 사관이 갱신되거나 수정, 또는 새로운 역사상을 제시하고 있다고 말할 수 있을 것인가. 필자는 이 점에 대해 큰 과제가 남아있다고 생각한다.

그렇다면 조선학교 교육의 역사를 어떠한 시각에서 재구성할 것인가. 그 시각은 조선학교라는 대상의 특질에서 도출되어야만 할 것이다.

탈식민화 장치로서의 조선학교

조선학교 교육이 그 교육대상을 식민지배로 형성된 재일조선인 아이들로 삼고 있는 이상, 조선학교 교육사를 그려나가는 데 관철되어야 하는 시각은 식민지주의에 대한 이해에서부터 출발해야 할 것이다.

나카노 도시오(中野敏男, 2006)는 식민주의에 대해서 다음과 같이 서술하고 있다.[8]

식민주의라는 것은 단순히 영토적·주권찬탈적인 지배만을 가리키는 것이 아니라(따라서 정치적으로 '분리'되어 있어도 식민지일 수 있다), 또한 단순한 수탈이나 착취만을 일컫는 것도 결코 아닌, 오히려 인간의 유형화를 본질적인 속성으로 하면서 이에 따라 차별적인 질서를 구성하여 지배하고자 하는 통치형식이며, 따라서 이러한 통치는 그 모든 개인의 사회의식이나 자기인식(정체성)에까지 깊이 파고들어 지배관계를 각인하는 것이다.

식민주의가 단순히 다른 민족이나 다른 국가의 정치적 주권을 찬탈한다는 의

---

8) 中野(2006), 355쪽.

미에서 '식민화'를 수행할 뿐만 아니라 모든 개인의 사회인식·자기인식까지 깊숙이 파고들어 지배관계를 각인하는 것이라는 점을 고려한다면 전후 일본 사회, 그리고 식민지배에서 해방된 재일조선인에게 역시 이것이 어떻게 이어지고 있는지를 살펴보아야만 하는 것이다. 식민지배가 끝났다고 해서 재일조선인의 사회인식이나 정체성에 새겨진 지배관계가 결코 해소되었다고 할 수는 없는 것이다.

조선학교의 교육은 식민주의로 야기된 재일조선인의 인간형성에 대한 과제 —오자와(小沢, 1973)는 이를 조선인으로서의 '인간해체'라고 표현하고 있음—를 학교교육이라는 수단을 가지고 개선·해결하려는 행위라고 생각할 수 있다. 달리 말하면, 조선학교는 재일조선인 아이들의 조선인으로서의 인간형성을 방해하는 지속적인 식민주의를 학교교육이라는 수단을 가지고 불식 내지는 이에 저항하는 힘을 부여하는 것을 가장 우선적인 목적으로 하는 재일조선인의 탈식민화를 촉진하는 장치 중 하나라고 할 수 있다.

조선학교의 교육을 이러한 재일조선인의 역사적인 인간형성의 문제에 대한 대처로서 다루지 않는다면 그 역사서술은 단순히 막연한 사건의 나열이 되어버리고 만다. 조선학교의 교육은 재일조선인의 역사적 과제라는 미완의 탈식민화에 대한 대응이다. 이러한 시점에 명확히 입각하여 역사를 다시 구성한 때야말로 조선학교 교육이 가진 의미를 묻는 것이 가능해질 것이다.

이를 보다 추상화하여 부연한다면, 조선학교의 교육사가 가진 의미를 검토하는 작업이라는 것은 곧 탈식민화와 교육과의 관계를 묻는 작업이라고 말할 수 있다. 이제까지 많은 연구가 제국에 의한 식민지 지배의 전형적인 모습과 학교교육과의 공범성(共犯性)을 그려왔다(駒込·橋本編, 2007). 한편, 식민지 지배에서 해방된 후의 탈식민화와 교육과의 관계는 충분히 논의되었다고 하기 어렵다. 나카노(中野)의 지적을 고려한다면, 정치와 경제뿐만 아니라 사람들의 인식에 새겨진 식민주의적 지배관계가 유지, 변용, 불식, 재조합되는 과정 또한 탈식민화의 문제로 인식되어야 할 것이다. 교육이라는 행위가 많든 적든 인간형성에 영향을 준다면, 바로 식민지배 시기와 마찬가지로 그 지배에서 벗어난 때에도 그 영향력의 방향은 정반대의 것으로서 작용하며 교육이 중요한 역할을 맡게 된다고 할 수 있을 것이다. 조선학교의 교육사를 그리는 작업은 식민지 피지배자들이 교육이라는 행위를 통해서 어떻게 탈식민화라는 역사적 과제를 마주하고 있었는지 그 실상을 그리는 작업인 것이다.

이에 인간형성 혹은 교육의 문제를 다루는 데 있어 탈식민화라는 말을, 일단 식민주의가 새긴 지배―피지배관계나 사회·자기인식을 불식시키기 위해 새롭게, 혹은 다시 민족·국민을 획득하는 과정이라고 정의해두려 한다.

야마무로 신이치(山室信一)는 '탈식민화는 국민제국의 제국성을 거부하는 것인 동시에 국민국가성을 수용하여 자립하는 것이며, 이에 의한 국민제국 체계를 파괴하는 것이다'라고 서술하고 있다.[9] 이러한 지적은 국민국가를 확장 또는 부정함으로써 형성된 국민제국의 편성원리와 이로 인해 만들어진 세계질서에 주목했을 때 나올 수 있는 지적이기는 하지만, 탈식민화와 교육의 관계를 묻고 있는 이 책에서도 매우 중요한 시사점을 포함하고 있다. 재일조선인의 탈식민화를 지향하는 조선학교에서도 대일본제국의 제국성을 거부하기 위해서 조선민주주의인민공화국의 국민국가성을 아이들에게 수용시키려 하고 있었기 때문이다. 이 지적에서 이어지는 물음은 '제국성을 거부하거나 국민국가성을 수용하는 것은 사람들의 차원에서 어떠한 양태를 보이고 있었는가', 또한 '탈식민화가 제국성을 거절하는 것을 요건으로 하더라도 그것이 필연적으로 국민국가성을 수용하도록 요구하는 것인가'라는 점으로, 이 책은 조선학교 교육의 역사 가운데 그 해답을 찾아가는 것이다.

이상의 검토를 통해 이 책이 조선학교의 교육사를 그리는 데 견지해야 할 첫 번째 시각을 도출할 수 있다. 이 책은 이미 존재하는 운동사적 서술에 초점을 둔 조선학교사 연구를 염두에 두고[10] 피지배자인 재일조선인 측의 시점에서 이

---

9) 山室(2003), 125쪽.
10) 반복되는 이야기이기는 하나, 필자는 정책사, 행정사, 또는 운동사적인 조선학교사의 의의를 부정하는 것이 아니다. 특히 최근의 마쓰시타 요시히로(松下佳弘)가 한 일련의 연구 (2010, 2011, 2012, 2013, 2015, 2016)는 학교폐쇄조치의 구체적인 과정, 행정당국과 조선인 측의 교섭과정 등의 상세한 내용을 지역 간 차이에 주목하면서 실증적으로 밝히고 있다는 점에서 매우 중요하다. 마쓰시타의 연구를 통해서 조선학교사는 한층 깊이 파악될 수 있다고 할 수 있다. 또한 마키 토모코의 연구(マキー智子, 2012, 2013, 2014) 역시 공립조

제까지 간과되어온 조선학교의 교육 그 자체의 역사를 드러냄으로써[11] 탈식민화의 교육사로서 조선학교사를 서술해 나갈 것이다.

(2) 교육의 반성성(反省性)이라는 궤적으로서 교육사

앞에서는 조선학교의 교육사를 그리는 데 있어 '조선학교의 교육'에 대한 이 책의 입장을 기술했다. 다음으로는 '교육사'에 대한 입장에 대해서 적어두고자 한다. 이를 위해 여기에서는 오늘날 조선학교에 관한 교육사회학적 또는 인류학적인 연구를 검토한다.

최근 일본인이나 한국인 연구자들에 의한 조선학교의 일상을 현장연구나 참여관찰, 또는 관계자들과의 면담을 통해 그려내는 연구가 진행되고 있다(中島, 2011, 中島 2013, 山本 2013, 志水 외 편 2014 등). 이러한 연구는 무엇보다도 일반적으로 기피되고 있는 조선학교를 직접 방문하여 교직원, 아이들, 학부모 또는 그 외 민족단체의 사람들 등과 긴 시간에 걸쳐 라포(rapport)를 형성해서 희화화(戱画化)·블랙박스화된 조선학교의 교육이라는 모습 혹은 그 관계자들의 생각을 그려낸다는 특징이 있다. 교육 연구영역에서 오랫동안 닫혀있었던 조선학교 연구의 새로운 가능성이 개척되었다고 말할 수 있을 것이다.[12]

이러한 방법을 적용한 조선학교 연구 중에서 대표적인 것으로는 송기찬의 『「말할 수 없는 존재」로서 조선학교』(宋基燦, 2012)를 들 수 있다. 서발턴(subaltern)을 연상시키는 책 제목에서도 드러나듯이 이 연구는 역사연구가 아닌 뛰어난 인류학적 시점에서 이루어진 연구이다. 그럼에도 현장연구라는 방법을 사용하여 조선학교의 일상을 검토했다는 점에서 이 책에 시사하는 바가 크다. 송기

선학교나 외국인학교법안에 대해 상세하게 검토하고 있어 중요하다. 이러한 연구와의 상호 대화를 통해 조선학교의 교육사를 보다 입체적으로 그려나갈 수 있을 것이다.

11) 조선학교에서 각 교과서나 부속유치반에 관한 역사연구는 조선학교 출신의 신진연구자에 의해 최근 다루어지고 있다(康悠仙(2014), 徐怜愛(2014)). 이 책도 이러한 선행연구의 성과에 의거하고 있다.

12) 그 외에도, 예컨대 언어학영역의 것으로서 박호렬(朴浩烈, 20007, 2010)이나 류미좌(柳美佐, 2014) 등이, 조선학교 커뮤니티를 졸업생 인터뷰를 통해 고찰한 것으로서 조경호(曺慶鎬, 2012)가 있다.

찬은 조선학교를 실천적 공동체로 파악하고 식민주의에 대한 저항이자 본질주의적 성격을 내포하면서 동원되는 조선학교 내 아이들의 모습을 그려냈다. 곧 민족 혹은 국가관이라는 한 가지로 환원하기 어려운 조선학교 아이들의 살아있는 모습을 '정체성의 관리'로 정리한 것이다. 송기찬의 연구는 오늘날 인류학에서 묻고 있는 중요한 질문에 답하려 했다고 본다. 곧, '식민주의적·자본주의적인 '탈영토화'가 만들어낸 이종혼성[異種混淆性]을 미화하지 않으면서도, 그러한 '탈영토화'에 대항하는 방법은 무엇인가, 국가주의적 사고 혹은 민족주의적 본질이라는 본질주의에 빠지지도 않고, 그럼에도 저항의 기반을 무너뜨려 버리는 것과 같은 본질주의 비판에 빠지지 않으면서도 이종혼성을 긍정하는 방법은 무엇인가?'(小田, 2012)라는 질문에 대한 하나의 답을 조선학교라는 장을 바탕으로 검토를 해 본 것으로 보인다.

그러나 송기찬의 책이 갖는 연구사상의 의의는 인류학의 그것에 그치지 않는다. 이제까지 많은 조선학교를 대상으로 한 연구는 '조선학교에서 어떤 교육이 마련되었는가, 어떤 의도를 가지고 교육이 조직되었는가'라는, 이른바 교육을 조직하는 측의 의도를 해석하는 것을 주된 논점으로 해 왔다. 그러나 송기찬이 그린 것은 오히려 조직하는 측의 의도가 관철되지 않는 지점에서 그 의도를 매개로 하면서 생겨나는 아이들의 대응이었다. 기존의 연구가 만들어낸, 말하자면 정적인 조선학교의 모습을 아이들의 행위자성에 주목함으로써 동적인 모습으로 새로 파악해 냈다는 점에서 그의 연구가 갖는 또 다른 의의를 찾을 수 있을 것이다.

한편, 그의 연구에 비해 시공간적으로 넓은 범위를 가진 이 책의 시야에서는 송기찬의 연구 또한 조선학교에서의 교육이라는 행위의 어떠한 단면을 잘라낸 것이라고 말해야 한다. 여기에서 말하는 단면이라는 것은 검토 시기의 장단에 기인하는 것이 아니다. 그것보다는 교육이라는 행위를 어떻게 파악하는 것인지와 관계된다.

교육이라는 것은 가르치는 쪽과 배우는 쪽의 상호작용을 수반하는 행위이다. 가르치는 쪽은 무엇인가 의도를 가지고 학습을 조직화하고, 배우는 쪽은 학습을 통해 어떠한 영향을 받는다. 가르치는 쪽은 배우는 쪽의 반응을 살피거나 혹은 효과를 측정하고, 또한 배우는 쪽 역시 무언가의 피드백을 가르치는 쪽에게 돌려줌으로써 다시 학습이 조직화해간다. 균형이 아닌 관계를 전제하면서 이러한 상호교환은 끊임없이 반복되어간다. 교육이라는 행위는 가르치고-배우는(가르침 받는) 관계 사이에서 일어나는 순환관계, 즉 반성성(反省性, 성찰성)을 그 안에 내 포한다고 할 수 있다(木村 편, 2012).

종래의 많은 조선학교 연구가 가르치는 측의 시점만을 이야기한 반면, 송기 찬은 배우는 쪽의 시점을 내세웠다. 그러나 이것만으로 가르치는 쪽이 어떠한 대 응을 했는지, 또한 배우는 쪽이 어떤 반응을 보이는지와 같은 조선학교가 교육의 장이기에 필연적으로 갖게 되는 순환관계가 송기찬의 분석과 해석에서 충분히 고려되었다고 하기는 어렵다. 이것은 '참가'를 축으로 하는 실천공동체로서의 조 선학교의 성질에 주목한 나머지 순환적인 상호작용이 끊임없이 전개되는 '교육의 장'인 조선학교의 성질을 충분히 검토하지 못했기 때문에 나타난 문제라고 생각 한다.

송기찬의 연구에서 받아들여야 할 중요한 시사점은 조선학교를 연구 대상으 로 하는 경우 그곳을 교육의 장으로서 포착할 필요가 있다는 것이다. 더 정확히 말하자면 조선학교가 특정 시공간에서 계획적인 인간형성 자체를 목적으로 하는 '학교'라는 매우 당연한 사실을 대상화할 필요가 있다는 것이다.

기무라 하지메(木村元)는 교육의 사회사 연구 및 교육제도사에 대한 지식을 토대로 '학교에 의한 특수한 인간형성의 역사적 양태를 그 움직임의 안에서부터 그려나가려 한다'면서 〈교육제도의 사회사〉라는 방법론적 시점을 제창하고 있다 (木村 편, 2012). 그 함의는 넓으나 골자는 다음과 같다.[13]

(교육제도의 사회사연구는) 학교제도가 어떻게 실제로 살아있을 수 있었는 지를, 특히 '가르치다'(-배우다)라는 것을 성립시키는 페다고지(pedagogy)의 모습을 보여줌으로써 밝히려는 것이다. '살 수 있다'라는 표현은 사회 속에

13) 木村(2012), 8-9쪽.

서 사람이 존재하는 경우의 주체적 측면에서 '살아간다'는 것과 객체로서의 측면에서 '살아지다'라는 두 측면의 매개성을 나타내는 표현이다. 언급할 필요도 없이, 사람이 사회에 존재한다는 것은 현실적으로는 그 양 측면을 포함하는 것이 전제되어 있으나, 굳이 이러한 표현을 쓰는 것은 양쪽이 상호규정적, 게다가 계기적으로 작동하고 있으며 제도에 구속되어가면서 제도를 이용한다는 점에 주목하고 싶기 때문이다. 여기에서 '계기적'이라는 것은 상호적으로 규정할 뿐만 아니라 적극적으로 각각이 각각을 계기로서 새롭게 의미를 만들어나간다는 것을 나타낸다. 근대의 인간형성을 대상으로 하는 역사서술에서는 이러한 매개성에 보다 유의하는 것이 중요할 것이다.

여기에서 '페다고지(pedagogy)'라는 것은 '가르치고─배운다는 관계를 성립시키는 반성적인 사유의 기본방식, 이것이 만들어내는 행위 및 언설의 총체'이며, '아이들에게 무엇(지식, 기술)을 '가르친다'라는 행위로서 파악되는 것이다. 이것은 상대의 움직임에 반응하는 것을 상정하면서 작용하는 독특한 행위이며, 여기에서 생성되는 반성 위에 만들어지는 복잡한 왕복(往復)의 관계를 내포하는 것'으로서 규정할 수 있다.[14)

〈교육제도의 사회사〉연구의 특징은 학교가 제도에 의해 일방적으로 규정되는 것은 아니지만, 그 규정에서 자유롭지는 않은 제도로서의 공간이라는 자각 아래 교육 인구동태를 포함하여 사회상황이나 아이들의 생활실태를 시야에 담아가면서 가르치고─배운다는 미시적인 페다고지 관계의 역사적 전개를 포착하여 이것에서 교육사를 서술하려는 데 있다.

위와 같은 송기찬의 연구와 기무라가 제창하는 〈교육제도의 사회사〉의 논의를 바탕으로 조선학교의 교육사를 서술하는 데 있어 이 책이 견지해야 하는 두 번째 시각이 도출된다. 교육사를 연구하는 이 책은 교육적 행위의 기본적인 성질인 반성성에 주목한다. 즉, 이 책에서는 가르치는 측과 배우는 측의 상호작용과

_____

14) 상동, 10쪽.

이를 통해 페다고지의 변용이 반복되는 궤적 속에서 조선학교 교육의 특징을 발견하고 그것들을 엮어냄으로써 조선학교의 교육사를 서술한다. 조선학교에서 여러 가지 교육적 노력(또는 실패)의 집적을 그려나가는 것은 앞에 제시한 바와 같이 탈식민화를 위한 교육의 구체적인 모습을 그려내는 것과 직결되는 것이며, 이두 가지는 떼려야 뗄 수 없는 관계에 있다고 말할 수 있다.

(3) 이 책의 과제

이상을 토대로 이 책의 과제를 과거의 식민지 피지배자인 재일조선인의 시점에서 조선학교의 교육사를 그려나가는 것을 통해서 탈식민화와 교육의 관계를 검토하는 것으로 설정한다.

기바타 요이치(木畑洋一, 2014)는 홉스봄이 주창한 『짧은 20세기론』[15]에 대해 '어디까지나 유럽 세계를 중심으로 한 시대구분'이며, '지배받은 입장에서 탈각(脫却)을 핵심 과제로 삼고 고투하던 세계의 많은 사람들을 생각한다면, 타당한 것인가라는 의문이 있다'고 서술하면서, '제국주의 시대에 지배받은 입장에 놓인 지역의 사람들에게 …가장 큰 문제는 냉전이 아닌 탈식민화의 관철이었던 것이다'라고 지적하고 있다.[16]

역사서술에서 '누구의 어떤 시점에 서있는가'라는 것은 결정적으로 중요한 문제이다. 조선학교라는 과거의 식민지 피지배자들의 구 식민지 종주국 내 독자적인 영위(營爲)를 대상으로 하는 이상, 이 책은 철저하게 재일조선인 측의 시점에 서서 그 역사를 서술해 간다. 그러므로 이 책은 조선학교 교육사로서 관철되는 서술의 축이 동화가 아닌 탈식민화가 될 것이다. 기바타는 다시 다음과 같이 말하고 있다.[17]

원래 제국세계 아래에서 만들어진 다양한 구조는 식민지의 정치적 독립만

---

15) 한국에서는 『극단의 시대: 20세기 역사 상·하(1997, 서울: 까치)』로 출간됨(역자주).
16) 木畑(2014), 7−8쪽.
17) 상동, 192쪽.

으로 소실된 것이 아니다. 정치적 독립은 이른바 좁은 의미에서의 탈식민화이며, 경제나 문화의 측면을 포함한 넓은 의미의 탈식민화는 훨씬 긴 기간에 걸친 변화가 필요하다. 이와 같은 넓은 의미의 탈식민화는 '짧은 20세기'의 막이 내려진 후에도 과제로 남아있으며, 현재에도 해결되었다고 할 수 없다.

식민지지배에서 정치적인 해방을 맞이했음에도 이것은 진정한 의미에서의 해방과 같은 의미는 아니다. 탈식민화라는 미완의 과제에 피지배자 당사자들이 어떻게 대응하려 했는지를 조선학교의 교육사라는 구체적인 역사적 사실에 따라 밝히고자 한다.

이러한 과제를 다루는 것은 적어도 두 가지의 의의를 지닌다. 미타니 타이치로(三谷太一郎)는 『이와나미 강좌 근대일본과 식민지8 아시아의 냉전과 탈식민화』(1993)의 머리말에서 다음과 같이 적고 있다.[18]

패전의 결과, 포츠담선언에 의해 타율적으로 전후의 영토가 결정된 일본에게 탈식민화는 자명하게 주어진 것이었다. [중략] 탈식민화 그 자체는 다른 국가의 문제이며, 일본에 있어서 자신들의 심각한 체험으로서 받아들여진 적이 없었다고 해도 무방하다. 일본의 경우 그것은 전후의 비군사화 또는 민주화와 동일한 개념에 의해, 혹은 그것들의 연장으로 여겨져 왔다. 따라서 전후 일본에서는 식민화에 대한 연구는 축적되어 왔으나 탈식민화를 자국의 문제로서 성찰한 일은 거의 이루어지지 않았다.

미타니의 지적은 1993년의 것이지만, 사반세기가 지난 오늘날에도 '탈식민화를 자국의 문제로서 성찰하는' 연구가 충분히 축적되었다고는 말하기 어렵다. 하물며 교육연구의 영역에서는, 필자가 본 것에 한하기는 하나, 그 축적은 전무

---

18) 大江 외 편(1993), vii－viii쪽.

하다고 말할 수 있다. 이 책은 일본에서 '탈식민화와 교육' 연구의 기초를 세워나가는 데 있어 적지 않은 시사점을 줄 것이다.

두 번째로 전후 일본교육사를 보다 다각적으로 그리기 위한 시점을 제공할 것이다. 최근 일본의 패전에서 고도성장기까지의 시기가 역사로서 그려지기 시작하고 있다. 『고도성장기의 시대』(2010~2011년, 전체 3권, 오츠키서점(大月書店))이나 『시리즈 전후일본사회의 역사』(2012~2013년, 전체 4권 이와나미서점(岩波書店)) 등을 그 대표로서 꼽을 수 있다. 전후 교육체제에서 70년을 맞아 이에 대한 재검토가 실질적으로 진행되고 있는 지금, 전후 일본사회의 역사가 재검토되는 가운데 전후 일본교육사를 재고하고 서술하는 작업이 이루어지고 있을 것이다. 이러한 상황을 고려할 때, 1950~1960년대를 중심으로 일본에 존재하는 조선학교라는 대상을 다루는 이 책이 전후 일본 교육사 연구에 제기하는 의미에 관한 고찰 ―속되게 말해서 '조선학교의 교육사를 쓰는 작업은 전후 일본 교육사 연구에 어떤 의미를 갖는가' 하는 물음을 피해갈 수 없다.

물론 조선학교의 역사를 일국사적 틀 속에서 논하는 것은 타당하지 않다. 조선학교는 거주국인 일본 사회, 고향 및 본국으로서의 조선반도 사회, 게다가 이러한 두 개의 사회와 연결되면서 상대적으로 자율적인 재일조선인사회라는 3개의 사회에 걸쳐 존재하고 있으며, 이러한 사회의 여러 가지 영향 가운데 성립한다고 파악된다. 이러한 3개의 사회와 조선학교라는 관계를 고려하는 경우, 해방 후에도 계속되는 식민주의와 함께 냉전이라는 사회질서도 자각해야만 한다. 재일조선인의 고향·본국으로서 조선반도는 남북으로 분단되어 있어 일본정부의 조선학교 정책에는 식민주의와 함께 공산주의 사상과 결부된 조선인을 위험시하고 치안문제시하는 반공주의가 관찰된다. 또한 조선학교의 교육내용에도 냉전·분단 이데올로기가 짙게 존재하고 있다. 식민주의와 냉전구조가 겹쳐져 있다는 것, 세 개의 사회와의 관계에 주목하면서 조선학교의 역사를 그려나가고자 한다.

제3절 대상과 방법

(1) 조선학교라는 것은

조선학교라는 것은 무엇일까. 이러한 물음에 대답하기는 쉽지 않다. 현재 일본의 학교교육법상 조선학교는 각종학교라는 법적지위에 있으나, 일반적으로 말하는 '외국인학교'라는 정의는 교육법제상에는 존재하지 않는다. 1960년대 중반에 「외국인학교법안」이 국회에 제출되어, 여기에서는 '오로지 외국인(일본의 국적을 갖지 않은 자를 말함)을 대상으로 하는' 교육기관을 외국인학교로 정의하고 있으나, 이 법안은 결국 폐지되었다. 최근에는 '우리나라(일본)에 재주하는 외국인 아이들의 교육을 담당하는 교육시설(이른바 외국인학교)'이라는 표현이 문부과학성이 실시한 조사 등에서 사용되는 경우가 있다.

또한, 처음부터 일본법제도상에서 위치만을 가지고 조선학교를 말하는 것도 적절하지 않다. 공적인 규정을 발견하지 못했으나, 조선학교 취학자가 조선민주주의공화국에 귀국한 후, 고등교육기관으로 진학한 사실이나 또는 공화국 교육기관의 통신과정을 이수·수료하고 학위를 받은 조선학교 출신자의 존재로 미루어 볼 때, 공화국에서는 조선학교를 공적인 학교로서 인식하고 있다. 앞서 언급한 것처럼 여러 사회에 걸쳐 존재하는 조선학교를 단일한 국가구조 아래 개념으로서 제도에 준거하여 설명하는 것은 매우 어렵다.

더욱이 여기에서 조선학교는 재일조선인의 아이들을 '떳떳한 조선사람'으로 키우는 것을 목적으로 한 학교교육기관이라 해도 좋을 것이다. 이것은 설립에서 오늘날에 이르기까지 기본적으로 바뀌지 않았다. 이 책에서 다루는 자료에도 여러 번 등장하나, 최소한 1950~1960년대에서 이러한 '떳떳한 조선사람'이라는 것은 조선민족이라는 의미와 공화국의 해외공민이라는 의미 모두를 포함하며, 이 둘은 의식적으로 구분할 수 있는 것이 아니다.

재일조선인을 '떳떳한 조선사람'으로 키우는 것은 다소 모순적으로 들리는 표현일지 모른다. 이는 일본에서 태어나 자란 조선인 아이들이 그것만으로 조선인이라는 것이 아니라, 조선인이 되어간다는 인간관에 기초하고 있다.

'식민지 교육 반대의 것'으로서 '민족교육'을 실시함으로써 재일조선인 아이들을 조선인이라는 것을 자랑스럽게 생각하고, '조선어나 조선역사, 지리, 음악'을 비롯한 '조선의 것'을 알고, '조선국의 문화나 생산을 발전시키는 힘'을 가지고, '조국을 사랑하는 마음'을 가진 '떳떳한 조선사람'으로 키운다.[19] 당사자들에게 조선학교의 교육은 이렇게 설명되고 있었다. 1950년대 일본사회의 공통적인 인식이라고 해도 좋을지는 모르나, 여기에는 '바른' 교육을 받으면 사람을 '바르게' 키운다는 교육에 대한 순박한 신뢰가 바탕하고 있다. 식민지 지배시기에 조선인이라는 것을 부정당한 학교교육 경험, 또는 학교에 다니지 못한 경험이 재일조선인의 학교교육에 대한 기대를 한층 강하게 했을 것이다. 해방된 조선민족으로서, 조국을 가진 조선인으로서 주눅 들지 않고 당당하게 살아가기를 바라는, 다음 세대에 대한 바람과 기대가 조선학교를 낳았다.

조선학교의 학제는 6·3·3·4제로 되어 있으며 설립 초기부터 공화국의 학제가 아닌, 일본의 학제에 준하고 있다. 이것은 거주국인 일본사회와의 연결(진학, 편입학이나 취직)을 고려한 것으로 생각할 수 있다. 오늘날 조선학교 체계의 개요를 [그림 서장-1]로 정리했다. 조선학교는 초등교육(초급학교) → 전기중등교육(중급학교) → 후기중등교육(고급학교) → 고등교육(대학) → 취학전 교육(유치반)의 순으로 체계화되어 왔다. 즉, 초급학교를 졸업한 아이들의 존재를 눈앞에 두고, '그렇다면 중급학교를 만들자', 중급학교를 졸업하는 아이들이 많아짐에 따라, '그러면 고급학교를 만들자'와 같이 아래에서 쌓아 올라간 것이다. 대학을 기점으로 하는 일본의 근대학교체계 구조와는 대조적이라고 말할 수 있다.

고등교육기관인 조선대학교가 설립된 것은 1956년대이지만, 1958년에 4년제가 되었고, 1959년에 독자적인 학교 건물을 갖게 됨으로써 조선학교에서 6·3·3·4제의 형태가 완성된 것은 1950년대 말의 일이라고 할 수 있다. 1960년대 초반 이후에는 몇 개의 조선학교가 취학 전 교육기관으로서 유치반을 병설하게 되었다.

....

19) 재일본조선인 에히메현(愛媛県) 이마바리(今治)교육회 편 「일본에 있는 조선인교육의 여러 문제」(1957년 6월 15일), 10-12쪽.

그림 서장-1 | 조선학교체계의 개요

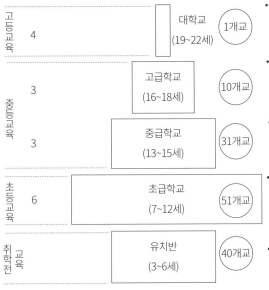

고등교육	4	대학교 (19~22세)	1개교
중의교육	3	고급학교 (16~18세)	10개교
	3	중급학교 (13~15세)	31개교
초등교육	6	초급학교 (7~12세)	51개교
취학전교육		유치반 (3~6세)	40개교

- 조선대학교. 1956년에 창립. 코다이라(小平)에 있으며 전학생 기숙사제인 4년제 대학임. 오늘날 조선학교의 교원은 조선대학교에서 배출됨.

- 1950년대 초~중반에 만들어짐. 현재는 홋카이도, 이바라기, 도쿄, 가나가와, 아이치, 오사카, 교토, 고베, 히로시마, 규슈조고 10개교. 단설은 오사카와 고베뿐임.

- 1947~1948년초부터 초급학교에 병설/신설됨. 단설 중급학교는 히가시오사카뿐임. 그 외는 초급, 또는 고급학교와 함께 운영함.

- 1946년부터 시작함. 1949년에는 300개교를 넘음. 1960~1970년대에는 90개교에 가까웠으나 아동 수의 감소와 함께 통폐합함. 오사카의 초급학교는 모두 유치반이 병설되어 있음.

- 1960년대 초반부터 초급학교에 병설됨. 단설 유치반은 쓰루미(鶴見), 고쿠라(小倉), 나라(奈良)에 있음.

조선학교 취학자 수 및 학교 수의 추이

1946년부터 1972년까지 조선학교 취학자 수 및 학교 수의 추이는 다음 [그림 서장－2]와 같다. 다만, 이러한 수에 관해서는 자료에 따라 큰 차이가 있어서 어디까지나 개략적인 수로서 이해되어야 할 것이다. 여기에는 일본의 학교에 취학하고 있던 한국·'조선'적의 어린이·학생 수도 병기했다. 일본 국적을 가진 재일조선인도 있으므로 이것 역시 개략적인 수이다. 또한 한국학교의 취학자 수도 참고로서 병기했다. 한국학교에는 1965년 시점에서 대략 2,500명이 다니고 있었고, 이후로 점차 감소해갔다.

먼저 조선학교 학교 수에 대해 보면, 식민지 지배에서 해방된 후, 전국 각 지역에 조선학교가 창설되고, 그 수는 우상향으로 상승한다. 그러나 1948년 및 1949년 학교폐쇄조치에 의해 그 수는 급감한다. 1955년 5월 재일조선인총연합회(총련)의 결성까지 학교재건운동으로 학교 수는 미약하나마 증가하나 무인가라는 상황에서 운영하기 어려운 학교도 있어, 폐교·통폐합을 거쳐 학교 수는 안정을

그림 서장-2 | 조선학교 취학자수 및 일본학교취학 중인 조선·한국국적자 수, 조선학교 수의 추이 (1946년~1972년)

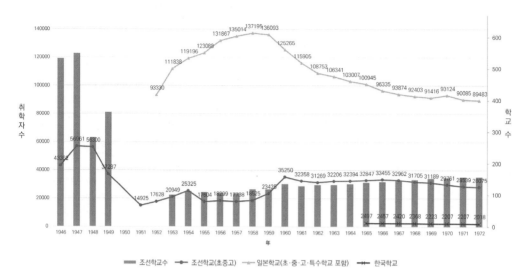

조선학교수 — **조선학교(초중고)** — 일본학교(초·중·고·특수학교 포함) — 한국학교

주1: 일본의 소학교, 중학교, 고등학교, 맹학교, 농학교, 양호학교에 취학하고 있는 조선·한국적자에 관해서는 『학교기본조사보고서』(연차)를 참조함. 1956년 이후는 국적별 「조선」란을 통계로 사용하였음. (「한국」이라는 항목은 없으나, 포함하고 있다고 생각됨). 52~55년은 국적별 통계가 없기 때문에, 각 연차의 외국적 취학자를, 56~59년에 걸친 외국적 취학자가 차지하는 '조선'적 취학자의 비율의 평균(=93.06%)을 활용하여 산출함. 같은 시기 『재류 외국인통계』에서 한국·조선적자가 차지하는 비율보다도 취학자 비율이 약 2~3포인트 높고, 보다 정확한 실수(實數)라는 점에서 위와 같은 산출방법을 선택함.

주2: 조선학교 취학자 수에 관해서는 金德龍(2004)을 참조함. 초급·중급·고급학교 취학자의 합계임. 다만 47년에 관해서는 재일본조선인연맹중앙위원회 「제3차 정기전체대회활동보고서 제3부 교육편」(1947년 10월), 46쪽을 참조함.

주3: 조선학교 학교수의 근거는 다음과 같음. 1946년: 재일본조선인연맹문화부 「문화활동보고서」(1946년 10월 1일). 1947년: 재일본조선인연맹중앙위원회 「제4차 정기전체대회활동보고서 제3부 교육편」(1947년 10월). 1948년: 재일본조선인연맹 중앙위원회 제5차 전체대회준비위원회 「조련 제5차 전체대회제출활동보고서」(1948년), 28쪽. 학교급별 수는 불명확함. 1949년: 마쓰시타 요시히로(松下佳宏)(2013). 1953년: 재일조선인통일민주전선중앙위원회 「제10차 중앙위원회 보고와 결정서」(1953년 5월 30일) 의 「문교부면의 활동보고와 그 결론 및 당면의 결정사항」. 1954년: 재일조선인학교PTA전국 연합회, 재일조선인교육자동맹 「대회결정서」(1954년 6월 20일), 「조선인학교학생수 조사표 1954. 4 현재」. 1955년: 재일본조선인교육회, 재일본조선인교직원동맹 「결정서」(1955년 7월 3일), 「조선인학교학생수 조사표 1955. 4. 1. 현재」. 1950년, 1951년에 관해서는 통계를 찾을 수 없었기에 공백으로 둠. 1952년 자료는 김덕룡(2004)에 기재되어 있으나, 필자가 구한 1953~1955년 자료와 차이가 크기 때문에 신뢰성이 낮다고 판단하여 공백으로 둠. 1956년 이후에 관해서는 김덕룡(2004), 273쪽을 참조함.

주4: 한국학교의 취학자수에 관해서는 한국의 『교육통계연보』(연차)를 참조함. 다만 통계가 1965년부터 시작되기 때문에 그 이전의 통계에 관해서는 위 그림에는 반영하지 않음. 또한 각 한국학교(전체 4개교)의 취학자 수 기록과 『교육통계연보』의 수가 동일하지 않은 경우도 적지 않음. 한국학교의 취학자 수에 관해서는 자세한 조사가 필요하나, 전체 한국학교의 설립부터 1972년까지의 취학자수를 확인할 수 없기 때문에 여기에는 어디까지나 참고로서 『교육통계연보』상의 취학자 수를 표기함.

되찾게 된다.

취학자 수도 기본적으로는 학교 수와 마찬가지의 변화를 보인다. 학교폐쇄령으로 많은 재일조선인 취학자가 일본 학교로 취학하거나, 또는 미취학 상태가 되었다. 1957년 4월부터 조선민주주의인민공화국이 재일조선인학생을 대상으로 (조선학교 취학자 외의 경우도 포함하여) 교육원조비 및 장학금을 송부하기 시작했다. 1959년 12월, 공화국으로 '귀국사업'이 시작되어 조선학교 취학자 수가 비약적으로 증가하는 것과 함께 초급학교를 중심으로 학교 수 역시 증가한다.

학교 수 및 취학자 수에서 나타나는 것처럼 1960년대부터 1970년대 초반에는 양적 규모에서 조선학교의 융성기였다고 할 수 있다. 구체적인 통계를 제시할 수는 없으나, 1970년대에 취학자 수는 서서히 줄어들어 1990년대에는 2만 명 이하로, 현재는 거의 5,000명 정도가 취학하고 있다. 학교 수는 1986년에 154교(초급 85교, 중급 56교, 고급 12교, 대학 1교), 그 후 통합·폐쇄가 진행되어 2009년에는 101개교(초급 56교, 중급 34교, 고급 10교, 대학 1교), 2018년에는 93개교(초급 51교, 중급 31교, 고급 10교, 대학 1교), 소재지별로는 63개교의 조선학교가 있다(여기에는 단설 유치원을 포함했다).

(2) 1950~1960년대의 자리매김 ─ 조선학교 교육의 기본형 성립기

이 책이 주 대상으로 하는 것은 1950~1960년대이다. 해당 시기는 조선학교가 1949년 학교폐쇄조치에 의해 붕괴된 교육체계를 다시 확립시켜나가는 시기로 오늘날의 조선학교 교육의 원형이 모색되고 구축된 시기였다고 할 수 있다.

해당 시기에는 재일조선인과 조선학교를 둘러싼 여러 가지 사건이 어지럽게 전개되었다. 조선전쟁의 발발(1950년)과 정전(1953년), 샌프란시스코 강화조약의 발효와 함께 재일조선인의 일본국적 상실(1952년), 재일조선인의 취학의무제 폐지(1953년), 조선학교에서 공화국의 교재 번각사용의 개시(1954년), 민족단체의 운동노선 전환─즉, 총련의 결성(1955년), 오늘날까지 계속되는 공화국으로부터의 교육원조비 송부 개시(1957년), 총련의 김일성 주의에 대한 명확한 이행(1967년), 조선학교의 각종학교 인가취득(1960년대 중반 이후) 등을 대표적인 사건으로 이야기 할 수 있을 것이다.

당시는 일본 전체에 있어서 전쟁에 대한 경험이 서서히 사라져 간 시기이며, 지식인과 노동자, 도시와 농촌과의 사이에 있었던 압도적인 문화적, 경제적 격차가 서서히 해소되어 '정치의 계절'에서 경제의 시대로 이행되는 시기였다고 지칭된다(小熊, 2002). 패전 직후, 마르크스주의에 기반한 '역사의 필연성'을 숙지하고 있는 것으로 알려진 공산당의 권위도 1950년대에 들어서면서 점차 실추해갔으며 (1955년 제6회 전국협의회(6전회)에서 노선전환), 일본사회당, 자유민주당이 결성되어 이른바 '55년 체제'로 불리는 정당지도가 완성되었다. 1956년의 경제백서에는 '이제는 '전후'가 아니다'라는 말이 등장하며, 3중의 신문물이 등장하여 텔레비전 방송의 개시, 농촌에서 도시로의 인구이동 등 생활도 크게 변화하면서 고도성장기가 도래한다(岩崎, 上野, 北田, 小森, 成田 編 2009). 교육 영역에서도 주요한 과제는 민주주의를 맡고 있는 단위를 확립하는 것에서 산업사회에 대한 대응으로 그 역점이 이동하게 된다(木村, 2015).

이러한 일본사회의 정치시대에서 경제 시대로의 이행 가운데 재일조선인사회, 조선학교도 틀림없이 존재하고 있었다. 재일조선인과 경제의 관계를 대상화하는 것은 물론 쉽지 않지만(李洙任, 2012), 재일조선인 또한 어느 정도는 빈곤에서 벗어났고, 또한 1960년대의 하천변이나 불량주택지의 재개발로 일부 조선인 부락이 소멸하는 등, 재일조선인의 생활 역시 변화해 갔다(文京洙, 2013). 조선반도 정세의 긴장, 고향 아닌 '조국'으로 이주할 수 있는 가능성의 출현, 재일조선인의 법적 지위의 변화와 국적으로 인한 분단, 고도성장시기의 발전과 같은 사실은 조선학교의 사회적 위상은 물론, 때로는 그 교육의 근본에 대해 재고를 요구하는 것이기도 했다.

이러한 시대 상황에 입각하여 대응을 모색하던 중, 1950~1960년대에 조선학교의 교육내용과 방법이 점차 확립되어 갔다. 그 전망을 여기에서 밝혀두면, 1950년대 중반에 조선학교는 교육방침, 교재, 교육이념 등을 공화국의 그것을 사용하여 재정비해나갔다. 이를 이 책에서는 본국 교육의 '이식'이라고 파악하는데 이것이 당초의 의도대로 전개되지 않았고, 조선학교는 시행착오를 반복해가면서 조선학교 독자적인 교육의 형태를 형성시켜간다. 이러한 조선학교의 교육체계가 다시 확립되어 가는 가운데, 오늘날의 조선학교 교육의 기본적인 형태가 만들어 져나갔던 것이다. 교육의 성격이 변화하는 시기는 다른 시기와 비교하여 교육의 반성성(성찰성)을 생각해보기 쉽다. 이 책이 1950~1960년대라는 시기를 설정한 방법론적 의도 역시 여기에 있다.

(3) 역사자료

선행연구에서 조선학교의 교육사에 관해 충분한 검토가 이루어지지 않은 가 장 큰 원인은 시점의 폐쇄성을 제외하면, 첫째로는 조선학교의 교육에 관한 역사 자료가 학교나 관계자 내부에서 정리되지 않은 상황에 있었다는 것, 둘째로는 이 러한 자료에 대한 접근이 매우 어려웠다는 두 가지로 집약될 수 있을 것이다.

필자는 2008년부터 현재에 이르는 기간 동안, 조선학교의 교육에 관한 역사 자료의 조사, 수집을 실시해 왔다. 이 책에서 사용하는 역사자료는 ① 각 지역의 조선학교가 소장하고 있는 자료, ② 조선학교 관계자가 개인적으로 소장하고 있 는 자료, ③ 조선학교의 교과서를 출판하는 학우서방의 소장 자료, ④ 조선대학 교 조선문제연구센터 부속 재일조선인 관계자료실 소장의 자료로 크게 구분할 수 있다. 특히 ④ 조선대학교 조선문제연구센터 부속 재일조선인 관계자료실은 그 개설사업에도 관계하여 많은 총련교육정책문서와 후술할 교육실천보고서를 열람할 수 있었다.

10년간의 자료수집을 통해 위의 두 가지 역사자료상의 과제를 어느 정도 극 복하고, 선행연구에서는 사용되지 못했던 역사자료를 발굴해낼 수 있었다. 이 책 의 핵심을 이루는 조선학교의 교육을 읽어내기 위한 역사자료는 다음과 같다(표 서장-1). 이러한 역사자료를 해설하는 것 자체가 조선학교의 교육사의 한 측면을 조명하는 작업이기도 하지만, 자세한 것은 본론에서 논하고 있으므로, 여기에서 는 최소한의 해설로 정리한다.

먼저, 전국에서 일률적으로 사용된 교과서, 교육과정안(커리큘럼과 수업일수를 규정한 문서), 교수요강(교과목적과 내용 및 수업시수를 규정한 문서)을 사용한다. 이러

표 서장-1 │ 이 책에서 사용하는 주요한 역사자료의 개요

자료의 종류 (대분류)	명칭 (중분류)	내용 · 비고	작성 · 편찬 · 발간주체
교재	교과서	교과서, 과제장 함께 한 종류. 1953년~1962년까지는 공화국 교과서의 번각판, 1963년 이후는 조선학교의 독자적인 것	편찬: 조련교재편찬위원회(1946년~1949년), 공화국 교육성 교재편찬국 및 교육도서출판사(1953년~1962년), 총련교과서편찬위원회(1963년~) 발행: 학우서방
	과제장		
정책문서	과정안	각 교과의 수업시수, 일 년간의 수업시간, 휴교일 등을 규정하는 문서	총련중앙상임위원회
	교수요강	각 교과의 수업목적, 교육내용을 규정하는 문서	
	회의결정서	총련, 교직동, 교육회 등의 전체대회, 상임위원회 및 그 확대회의, 지방별 회의 등의 결정서이며 활동방침을 보여주고 있다.	총련, 교직동, 교육회의 중앙 및 지방의 (상임) 위원회
교육실천보고서		교원들의 교육연구대회에서 발표된 실천보고. 『조선신보』상에 소개된 것도 있다.	각 학교의 교원, 학년 또는 분과별 집단
기관지	『민족교육』	당초는 잡지였으나, 60년대 초반부터는 신문이 되었다. 조선학교의 교육에 관한 정보가 다수 게재되어 있다.	교직동 중앙상임위원회
	『중앙교육연구』	교연의 각 분과주제나 준비경과보고, 발표논문 등 교연에 관한 정보, 또 각 학교교원의 교육연구나 공화국의 교육자료, 교재 및 참고자료 등이 게재되어 있음.	교직동 중앙교연부
학습자료	김일성 교시	김일성이 공화국의 전국교원대회 등에서 실시한 보고이며 교육방침, 교원의 역할 등이 제시되어 있음.	
	총련전체대회 및 각종회의 결정서		총련중앙상임위원회
학교연혁사		1966년에 전체 조선학교에서 작성. 최종갱신연도는 각각 다르다. 서술편, 자료편으로 되어 있음. 교원명부나 학생 수·졸업생 수의 추이, 법적 문서의 복사본이나, 사진 등이 포함되어 있다.	형식은 총련중앙상임위원회에서 결정된다. 내용 자체는 각 학교에서 기술.
작문집		조선학교 학생들이 학교생활을 쓴 것이 많다. 그 중에서도 편입생의 작문이 많다.	각 학교 학생. 드물게 교원의 감상도 기술되어 있다.
입학 안내, 학교 안내		조선학교로 입학을 촉구하는 학교작성의 자료. 학교의 연혁, 교육목적과 교육과정, 졸업생의 진로, 학교의 주소지 등이 소개되어 있다.	각 학교
사진집		일상의 모습보다도 소풍이나 운동회, 학예회나 졸업식 등 학교행사 사진이 상대적으로 많다.	각 학교

한 것의 일부에 관해서는 선행연구에서도 다루어지기는 했으나, 필자는 대상연대를 망라하여 발굴했다. 이러한 자료에서는 조선학교의 교육을 조직하는 측이 어떠한 교육을 구상해왔는가를 읽어낼 수 있다. 또한 이런 것은 각 학교의 교원들의 교육실천의 기반이 되는 것이다.

이어서, 1957년부터 시작된 조선학교 교원들의 교육연구대회(중앙 및 지방)에 제출된 교육실천보고서가 있다. 이것들은 재일본조선인교직원동맹(교직동) 중앙 또는 분과회 담당자가 선발한 경우가 많으며, 그러한 중앙의 의도가 담겼다고 말할 수 있기 때문에 당시 시기의 조선학교 교육을 담당한 교원들의 모습, 또는 학교에서 실시하고 있던 교육실천에 다가가는 귀중한 자료라고 말할 수 있다. 이 책에서는 중앙교연에 국한되는 것이 아니라 각 지역에서 실시된 교연 등 여러 가지 실천활동보고를 자료로 사용한다. 이러한 자료들은 이전 연구에서 사용된 적이 없는 것들이다.

또한 모든 조선학교 교직원이 가맹되어 있는 교직동은, 기관지 『민족교육』 (1956년 10월에 제2호 발간. 창간호는 불명), 『중앙교육연구』(1956년 12월 창간)를 발간하고 있다. 두 잡지도 초기는 종이를 스테이플러로 엮어내는 정도의 것이었으나 1958년경부터는 제본하여 잡지의 형태를 갖추고 있다. 또한 『민족교육』은 1960년대 초반에는 신문으로, 오늘날에는 다시 잡지가 되었다. 이러한 자료에는 중앙이 알리고 싶은 각 지역의 조선학교 교원들의 실천이나 또는 중앙의 주요 인물들이 하는 교육정책에 관한 설명, 교육이론의 해설, 교연의 정보 등이 게재되어 있어 조선학교 전체로서도 어떤 교육을 목표로 하고 있었는지를 탐색할 수 있다.

또한 조선학교 아이들의 작문집도 사용했다. 작문에는 교원들의 작문지도가 반영되어 있는 것이 상례이고, 또한 작문집에는 각각의 작성 목적이 있기 때문에 이런 점들은 고려해야만 하지만, 아이들의 상황을 살펴볼 수 있는 가장 좋은 자료로서 이러한 자료를 사용하려 한다. 아울러 당시에 교편을 잡은 이들, 교과서 작성과 관계된 이들, 취학한 이들에 대한 면담조사도 실시했다. 문서자료에서는 읽어낼 수 없는 역사의 양상을 이러한 것들을 통해 바로잡으려고 시도했다. 미발간된 사가문서나 강의록, 노트 등도 사용하고 있으나 이에 관해서는 적절히 제시하도록 한다. 문부성이나 각 지방자치체, 교육위원회 등의 행정문서도 함께 활용한다. 이에 더해 공화국 및 조련, 민전, 총련 등의 민족단체의 교육관계문서, 신문 등도 자료로 사용한다.

자료조사의 과정에서 뜻밖에 발견하게 된 것이 각 학교의 『학교연혁사』였다. 『학교연혁사』는 서술편, 자료편으로 되어 있어, 최종 가필연도는 학교마다 다르나, 기본적으로는 1966년 4월에 전국의 조선학교에서 일제히 작성되었다. 서술 편에서는 해당학교의 창립(또는 창립하기 이전의 지역에서 재일조선인의 생활과 교육상황)에서 1966년경까지의 역사가 기록되어 있다. 또한 자료 편에서는 학교의 재적자 수, 졸업자 수, 졸업생의 진로, 교원명단(연령, 성별, 최종학력, 출신지), 동아리 활동의 기록, 법적 문서의 복사본, 학교운영에 조력한 사람들의 이름, 사진 등이 기록되어 있다. 필자가 입수할 수 있었던 것은 총 39개교의 『학교연혁사』였다.

이 책에서는 위와 같은 자료를 구사하여 해당 시기의 조선학교 교육을 가능한 상세하고 다각적으로 파악하여 조선학교의 교육사를 그리려 한다.

제4절 구성

이 책의 구성은 다음과 같다.

제1장은 이 책의 전사(前史)에 해당한다. 조선학교가 설립된 후, 1949년의 학교폐쇄조치로 파괴되는 전후의 역사를 개략적으로 논한다. 식민지 지배에서 해방된 재일조선인들이 자신들의 힘으로 만들어간 조선학교는 GHQ와 일본정부의 반공주의, 억지스러운 법 해석의 축적, 그리고 경찰들의 실력행사로 인해 '합법적으로' 강제폐쇄되었으나 그 후에도 독자적인 교육을 요구하는 재일조선인들의 걸음은 멈추지 않았다.

제2장에서는 총련의 결성, 본국에서의 교육비의 송부, 귀국사업의 개시를 거치면서 궤멸적인 타격을 받은 조선학교가 점차 그 학교 체계를 다시 구축하는 과정을 그린다. 이때 특히 교육의 중심이 본국의 교과서나 교육방침을 '이식'하는

것으로 재편되어간 것을 주목한다.

제3장에서는 본국 교육의 '이식'에 의한 조선학교 내부에 나타난 모순에 대해서 기본생산기술교육을 사례로 논한다. 기본생산기술교육은 1950년대 중반의 공화국에서 초등교육 및 전기중등교육에 도입된 기초적인 직업교육, 기술교육이다. 조선학교는 이를 교육에 있어서 3대 중점과업의 한 가지로서 도입하였으나 그 실시과정에서 여러 가지 어려운 점을 마주하게 된다. 이러한 상황에 당사자들이 어떻게 대응하고 있었는지를 그려간다.

조선학교에서는 1950년대 중반부터 본국에서 사용되었던 교과서를 번각사용하였다. 그러나 학교 현장에서는 재일조선인의 아이들의 생활 상황에 맞지 않는다는 목소리가 높아지면서 1963년에는 새로운 교과서가 편찬된다. 제4장에서는 조선학교의 교육을 위해 만들어진 새 교과서의 특징을 분석하고 조선학교 교육의 고유성을 검토한다.

제5장에서는 조선학교 교육의 중심인 국어교육의 실천을 검토한다. 조선학교에서는 '떳떳한 조선사람'의 지표로서 '올바른 국어'의 습득과 일상생활의 모든 상황에서 조선어를 사용하는 '국어생활화'를 목표로 하고 있었으나 이러한 것들은 모두 '실패'하고 있었다. 이러한 과정 가운데 의도하지 않게 생겨난 조선학교의 독특한 말에 주목하여 조선학교에서 탈식민화의 양태를 분명히 한다.

제6장에서는 도꾜도립조선인고등학교 1년생이 작성한 작문집 『새싹문집』(1952년)을 검토한다. 1950년대 중반까지 조선학교에서는 고쿠분 이치타로나 생활철방 운동의 영향을 받은 교육실천이 진행되고 있었다. 학생들이 모국어이기는 하지만 모어는 아닌 조선어로 자신의 생활을 적어나가는 어려움과 마주하면서 만들어간 작문을 사용하여 1950년대 초반의 조선학교 학생들에게 있어 탈식민화가 어떠한 문제로서 나타나고 있었는지를 읽어나가려고 한다.

제7장에서는 탈식민화의 중심이 된 국가정체성(national identity)을 함양시키기 위한 교육실천과 이를 위해 마련된 학교 내 장치에 대해서 검토한다. 조선학교에서는 조선반도의 역사와 전통문화를 학습시키고, 김일성을 중심으로 한 공화국의 건국역사 학습에 힘을 쏟았을 뿐만 아니라 조선인다운 이름을 사용하는 것,

민족의상을 착용하는 것 등 생활 측면에서도 조선인답게 살아가는 것을 격려했다. 또한 학교 행사에서 내건 국기나 제창되는 노래의 가사, 일본 사회와는 다른 휴교일, 게다가 권리획득운동 참가 등 '조선'에 대해 자부심을 심어주기 위한 다양한 경험이 마련되어 있음을 밝힌다.

국가정체성(national identity)을 기르는 데 있어서는 공통의 언어나 문화와 함께 공통의 기억이 중요한 역할을 차지하는데, 조선학교의 교육에 있어서 재일조선인의 역사는 어떻게 다루어지고 있었을까. 제8장에서는 특히 '61년 8월 강의' 문제를 중심으로 본국과의 긴장관계를 내포하면서 추진해간 재일조선인사 교육을 검토한다.

제9장에서는 학교폐쇄조치에 의해 임시적으로 설치된 공립조선학교의 역사를 나고야시립조선학교를 사례로 검토한다. 공립조선학교에 관해서는 이제까지 조선인학교를 '무혈점령'한 것으로 '점령지교육'을 강요했다는 부정적인 평가가 지배적이나,[20] 이 장에서는 학교 내부의 관계성 및 지역사회와의 관계성에 주목하면서 공립조선학교라는 존재가 가진 의미에 대해서 검토한다.

1965년 12월, 문부성은 조선학교에는 각종학교 인가를 부여하지 않는다는 지침을 통달한다. 그러나 실제로는 그 후 각 지역에서 인가가 진행되어간다. 제10장에서는 각종학교 인가취득의 과정을 욕가이찌조선초중급학교를 사례로 검토한다. 주로 미에현 소장 자료를 사용하면서 재일조선인의 끊임없는 움직임과 함께 외국인학교법안이 등장한 것이 각종학교 인가를 촉진하는 원인이 된 것, 또한 행정 측의 대응과정에 있어 교육권의 보장이라는 논점이 발견되지 않는다는 것을 밝힌다.

이상을 통해서 재일조선인들이 조선학교를 투쟁을 통해 지켜내 온 역사, 그리고 조선학교의 교육을 시행착오 속에서 만들어온 역사를, 다르게 표현하자면, 재일조선인의 투쟁과 창조의 역사를 조선학교의 역사로서 그려나가고자 한다.

....

20) 小沢(1973), 308 – 309쪽.

제1장
탄생과 파괴

제1절 초창기의 교육

(1) 조선학교의 시작

재일조선인이 만든 재일조선인을 위한 교육시설은 식민지 시기에도 존재했다. 조선반도에서 일본으로 도항한 사람들은 1920년대 이후 지속적으로 증가하고 있었다. 정주화가 진행됨에 따라 조선반도에서 가족을 불러오거나, 또는 일본에서 결혼하여 아이들을 낳아 키우기도 하면서, 점차 재일조선인의 가족이 형성되어 갔다. 이에 따라 교육의 문제가 제기되었다.

1930년, 문부성은 일본 내에 거주하는 조선인들도 '소학교령 제32조 2에 근거하여 학령아동을 취학시키는 의무를 부여함'이라는 지침을 나타내고 있었으나,[1] 조선인 학령아동의 취학률은 결코 높지 않았고,[2] 학교에 취학하지 않는 아

....

[1] 「(拓務省朝鮮賦의 조회에 대해) 문부성 보통학무국회답」(1930년 10월 9일) 문부대신 관방문서과 「昭和5年 文部省例規類纂」(1931년), 수록.

[2] 다나카 가쓰후미(田中勝文 1967)는 조선인학령기 아동의 취학률을 1931년 18.5%, 34년 39.8%, 42년 64.7%로 추산하였으나, '실제로는 소학교 재학 중인, 특히 야간소학교에 재학하는 학생은 다수 장년자를 포함하고 있다고 생각되며, 실질적인 학령기아동의 취학률은 이 수치를 상당히 밑돈다'고 지적하고 있음.

이들도 많았다. 그래서 도쿄, 가나가와, 아이치, 오사카, 효고, 교토, 후쿠오카 등의 조선인 집주지역에서는 적은 수의 아이들을 모아 연장자가 조선어를 읽고 쓰는 법을 가르치기 시작했다. 또한 낮시간에 일하는 아이들의 배움의 장으로서 야학 역시 만들어져갔다. 전국에 어느 정도의 재일조선인 교육시설이 있었는지는 확실하지 않지만, 1928년 7월 15일에는 오사카 조선노동조합이 수강생 40명을 대상으로 가모야간학교(蒲生夜学校)를 개설하는가 하면,3) 교토에서도 1930년대 중반에 히가시쿠조(東九条)나 깃쇼인(吉祥院), 니시쿄고쿠(西京極), 다나카(田中), 사이인(西院) 같은 지역에서 야학과 유치원이 개설되어 있었다.4)

미즈노 나오키(水野直樹, 2004)에 의하면, 1935년 당시 아이치현(愛知県)에 조선인 중 학령기에 해당하는 아동이 8,766명 있었고, 그 중 1,042명이 조선인이 경영하는 교육시설(19개교)에 다니고 있었다는 것을 경찰의 자료를 통해 확인할 수 있다.5) 이 중 269명은 일본의 소학교에 취학하고 있었으나, 773명은 그렇지 않았다. 이러한 교육시설에서는 국정교과서를 비롯하여 조선어, 일본어, 산술, 작문 등을 가르쳤다. 아이치현에는 사립학교로 인가받은 보성학원(普成学院)이라는 학교가 있었는데, 이곳에는 160명 정도가 다니고 있었다고 확인된다.6) 각 지역에서 조선인들은 자구적인 노력으로 아이들에게 일본어를 읽고 쓰는 것을 기초로 하는 근대의 학교지식과 함께 조선어의 교육을 행하고 있었던 것이다.

다만 이러한 재일조선인들의 자주적인 교육은 행정과 경찰의 단속 때문에

....

3) 朴尚得(1980), 45쪽.
4) 「교토노동야학」『조선일보』1930년 2월 1일자. (히가시쿠조의 「배재야학회」), 「京都晩覚覚夜学 아동들이 거금」『조선일보』1934년 9월 2일자. (미부(壬生)의 '桂川晩覚夜學'), 「교토주재동포유치원을 신설」『조선중앙일보』1935년 5월 26일자 (田中의 「동포유치원」), 「교토깃쇼인 동포촌에 가경야학원 신축－유일한 우리의 교육기관」『조선중앙일보』1935년 5월 26일자.「재류인의 자녀를 위해 계몽야학원계속 교토조선인유지 분투」『조선중앙일보』1935년 6월 6일자. (니시하치죠(西八条)의 「계몽야학원」), 「노동의 여가에 무상야학을 경영 교토재류 세 청년 독지가」『조선일보』1936년 5월 6일자. (니시쿄고쿠의 「야학」), 「라쿠호쿠(洛北)에 유카시키(床しき)학원 동포의 아이들에게 일본인 교육 2朝人의 감추어진 노력」『京都日出新聞』1935년 12월 16일자. (上賀茂의 「朝陽보육원」), 또한 「교토조선유치원」에 관해서는 아사다(浅田, 2001)를 참고.
5) 水野(2004), 17－19쪽.
6) 水野·文京株(2015), 35쪽.

오래 지속되지 못했다. 경찰은 '조선인 간이교육단속'이라는 방침을 작성하여 조선인 교육시설은 민족적인 색채가 농후해서 '조선인을 지도하고 교화하는 데 큰 폐해가 현저하다'라는 이유로 이러한 것들을 '전부 폐쇄할 방침' 아래 단속을 실시하였다.[7] 조선인의 '학령기의 아동은 원리적으로 소학교에 취학시켜야만 함'이 되었다. 당국에서는 조선인의 교육시설이 조선어를 가르치고 있다는 것 자체가 경계의 대상이었고, 때로는 독립운동으로 간주되어 강제폐쇄를 당했다. 조선인들이 자주적으로 운영한 교육시설의 대부분은 1935, 1936년경에 금지되어 그 형태가 사라지게 되었다. 이는 전후에 있었던 조선학교폐쇄령과 비슷한 논리라는 점에서 주목된다. 참고로 1936년, 37년에는 화교학교의 교육도 '반일사상[排日思想]'을 부추기는 것으로 인식되어 그 교과서가 단속의 대상이 되었다.[8]

식민지시기에 일본 내 유학하는 조선인 유학생들 수가 적은 것은 아니었지만, 전체적으로 재일조선인의 교육 수준이 그리 높은 것은 아니었다. 1942년도 내무성경보국(內務省警保局)의 조사에서는 학령기 이상의 재일조선인에 대한 '교육정도'에 대해서 다음과 같은 내용이 보고되어 있다.[9]

거주 조선인의 교육정도를 보면, 조사인원 1,404,848명(학령기 이상의 사람들)에 대한 조사결과는 대학정도－5,562명, 전문학교정도－5,574명, 중등학교정도－28,237명, 소학교정도－526,478명, 문맹자－809,063명이 된다. 즉, 문맹자는 전체 수의 60%를 차지하고, 또한 위의 조사대상에 대해 국어(일본어)의 구체적인 수준을 보면 국어에 정통한 사람－504,890명, 약간 이해하는 사람－521,921명, 전혀 이해 못하는 사람－385,511명으로 전체 수의 29%는 전혀 이해를 못하는 수준인 것이다.

'문맹자'는 60%, 일본어를 잘 하는 사람들도 30% 정도였다. 해방 후에 결성

....

7) 水野(2004), 20－21쪽.
8) 大里(2010), 416－446쪽.
9) 朴尙得(1980), 40쪽.

된 민족단체도 '수송계획을 통해 국가에 돌아가는 날까지, 일본에서 거류하는 동포 전체를 계몽하는 활동은 문맹퇴치를 중심에 둔' 것이었고,10) 많은 사람들이 충분한 교육을 받지 못한 것은 심각한 문제로 간주되고 있었다. 일본어를 충분히 사용하지 못하는 조선인은 생활 속 여러 가지 어려움을 경험했을 것이다.

전쟁 시기에 들어가면서 조선인을 대상으로 한 황국식민화방침은 한층 강화되었다. 신사참배, 국기게양, 일본어를 상용하는 것, 일본식 의복의 착용, 창씨개명 등을 차례로 실시하면서 조선인의 문화와 전통을 없애려고 하였다. 또한 이제까지의 방침을 바꾸어서 조선인의 아이들을 적극적으로 학교에 가도록 해서 황국식민화교육의 대상으로 삼도록 했다. 식민지시기의 재일조선인은 조선인으로서 민족성을 크게 훼손당하는 동시에 이를 회복할 수 있는 효과적인 수단의 하나였던 교육에 의지하는 길도 막히게 된 것이다.

우리학교의 탄생

1945년 8월, 식민지 지배로부터 해방을 맞은 재일조선인은 전국 각지에서 강습회형식의 교육을 시작한다. 그것이 국어강습소 혹은 한글학원 등으로 불리며 1946년 초에는 600~700교가 넘었다고 전해지고 있다. 조선반도에 돌아가기 전에 조선어와 문자를 아이들에게 가르쳐주자며 민가의 방 한 컨, 교회, 인보관(隣保館), 창고 등 모든 장소가 '교실'이 되었다.11) 아이들뿐만 아니라 어른들이 참가하는 경우도 있었다. 어떤 환경에서든 조선어를 가르치고 배우려는 이러한 노력에서 식민지시기에 빼앗기고 잃어버린 조선인으로서의 민족성을 다시 되찾으려는 재일조선인의 강한 생각을 볼 수 있다.

....

10) 조련문화부 「문화부 활동보고」(1946년 10월 1일), 8쪽.
11) 일례를 들어보면, 나가노현 시모이나(下伊那)시의 미쓰시마(滿島)조선초등학교는 구 역장 (役場) 앞의 인가를 사용하고 있었고(1946.5. 개교. 박희원 편(2010)), 도쿄에다가와의 재일 조선인들은 인보관 내의 국어강습소를 개설하여 그 교육을 개시했다(1946.1.개교. 고토(江東)·재일조선인의 역사를 기록하는 모임 편(2004)). 아이치현의 중부조선중학교는 나고야시 내의 누노이케(布池)에 있던 5층 건물인 '태양빌딩(太陽ビル)'의 4, 5층을 사용하였다 (1948. 4. 20. 개교. 김종진 편(2009)). 또한 1946년 10월에 개교한 도쿄조선중학교는 기타구 쥬조에 있는 구 일본군 이타바시 조병청을 교지로 사용하고 운동장의 정비는 학교 교직원과 아이들 스스로 했다(창립 10주년기념 연혁사편찬위원회 편(1956)).

해방 직후 200만 명에 가까웠다고 추정되는 재일조선인의 인구는 이듬해 3월 GHQ의 조사에서는 64만 7,706명으로, 이 사이 조선반도에 귀환한 사람은 약 130만 명이 된다. 이 조사에서는 조선으로 귀환을 희망하는 사람이 51만 4,060명이라고 되어 있지만, 조선의 물가폭등, 취업난, 식량난과 같은 문제가 나타나면서 귀환 희망자는 감소했다. GHQ에 의해 귀환하는 재일조선인의 소지금과 짐을 제한하는 것에 더해 재입국을 금지한 것도[12] 일정한 재산을 가진 재일조선인의 귀환을 주저하게 만들었다. 계속해서 일본에서 생활하려고 생각한 사람, 일단은 일본에 머무르려고 생각한 사람 등 여러 가지였지만, 바로 당장은 조선에 돌아가지 못하는 상황 속에서 아이들을 교육하는 문제는 보다 중요한 과제가 되었다.

각 지역의 재일조선인은 국어강습소를 정비·통합하여 보다 체계적인 교육을 실시하는 학교를 만들어간다. 학교를 만든다고 해도 그것은 결코 쉬운 일은 아니었다. 먼저 학교부지가 될 토지를 확보해야만 하고, 학교의 건물도 지어야 한다. 칠판이나 책상 등 교구를 준비하고 상황에 따라 아이들과 교원들의 기숙사도 필요하다. 이를 위한 자금을 확보하는 것뿐만 아니라 세계에 전례가 없는 재일조선인의 어린이들만을 위한 전용 교과서를 편찬해야 하는 필요도 있었다. 어린이들을 가르치는 교원도 확보·양성해야만 했다. 산적한 과제에 대처해나가면서 당시 광범위한 재일조선인을 망라하고 있던 민족단체인 재일조선인연맹(1945년 10월에 결성. 약칭 '조련')이 중요한 역할을 담당했다. 조련을 중심으로 각 지역의 재일조선인은 지역마다 한마음이 되어 학교 만들기에 힘을 쏟게 된다. 지역의 재일조선인들은 서로 자금을 모았고, 어린이들도 교사건설, 운동장의 정지작업 등에 참여했다. 조련은 교과서편찬위원회를 조직하여 전국 공통의 교과서를 작성했다. 이렇게 조금씩 전국 각지에서 조선학교가 탄생해갔다. 학교설립에 대한 당사자의 생각을 각지 조선학교의 『학교연혁사』에 기술에서 살펴보자.

과거 배우고 싶어도 배울 수 없었고 글자를 알지 못해서 겪어야만 한 고통

---

12) 鄭栄桓(2013), 63쪽.

을 뼛속 깊숙이 체험한 후세(布施)지역 동포들은, 조련의 지도 아래 자신의 자녀들에게는 어떤 어려움이 있어도 우리말과 글, 조선의 역사를 가르쳐서 조국의 훌륭한 아들·딸로 키워내겠다는 굳은 결의 아래 학교 건설 사업에 나섰다.13)

이 땅에 거주하게 된 동포들은 과거에 자신들이 일본제국주의자에 의해 우리들의 말과 글을 빼앗겼을 뿐만 아니라 배움의 길도 잃게 되어 배울 수 없었던 아픈 고통을, 자라나는 후대에 다시 반복되지 않도록, 우리 조국의 글과 말, 우리나라의 역사와 지리, 전통을 가르쳐서 모든 아이를 조국과 민족을 열렬히 사랑하고 민족성이 강한, 해방된 조선의 역군으로 키우기 위해, 후쿠오카시에 조선학교를 만들었습니다.14)

1945년 8월 15일 해방을 맞이한 사이타마현(埼玉県)의 동포들은 과거 어렸을 적 학교 문 앞에도 가보지 못하고, 또한 이국땅에서 긴 세월 동안 일제 식민지 망국노의 견딜 수 없는 학대와 멸시를 받아왔지만, 우리들의 자녀들에게는 우리와 같은 고생을 시키지 않겠다는 신념을 안고 자녀교육에 애국적인 열정을 바치게 되었습니다.15)

교육사업에 뛰어들기는 했지만, 동포들의 생활은 어려웠고 교육사업을 위해 준비된 교원도, 시설도, 어떤 것 하나 없는 상태였다. 그러나 동포들은 일제 강점기에 빼앗긴 우리말과 글, 우리나라의 역사와 문화를 되찾고 자녀들을 조선의 떳떳한 아들·딸로 키우겠다는 굳은 결의를 안고 교육사업을 펼쳐나 갔다.16)

....

13) 히가시오사까조선제2초급학교 『학교연혁사』 1966년.
14) 후꾸오까조선초급학교 『학교연혁사』 1966년.
15) 사이다마조선초중급학교 『학교연혁사』 1966년.
16) 오구라조선초급학교 『학교연혁사』 1966년.

사진 1-5 1947년에 촬영된 조련 시치죠(七条)초등학원 교직원과 아이들. 이 학교는 교토시와 교섭을 통해 교토시립토오카(陶化)소학교의 교실 4개를 빌려 사용했다. 이를 조선인들의 '점거'라고 문제시한 교토 군정부의 지도로 인해 교토시 교육위원회는 1949년 9월 말에 이 학교를 강제폐쇄한다. 구 교또조선제1초급학교의 전신이다.

조선학교는 식민지 지배로부터 해방을 맞이한 재일조선인들이 자신들의 손으로 아이들을 '떳떳한 조선사람'으로 키워내기 위해 직접 일구어낸 **'우리 학교'**였던 것이다.

(2) 학교체계의 구축

1947년 들어, 조선학교의 학교체계는 한층 정비되어 간다. 1월, 조련은 문화부를 문교부로 승격시키고(문교부장은 한덕수), 「교육강령」, 「교육이념」, 「교육규정」을 정해나간다.[17] 「교육규정」이라는 것은 일본의 학교교육법과 같은 것이라 생각하면 된다.

....

17) 吳圭祥(2009), 138쪽.

1월 28일~29일에 걸쳐 열린 조련 제9회 중앙위원회에서는 조련의 일반 활동방침 4대 원칙의 제2항에 해당하는 '교육 및 계몽'의 방침에 근거하여 그 실천에 대한 기본방침과 「당면한 교육강령」을 수립하였다.[18] 교육강령은 '① 반(半)항구적인 교육정책을 세우자, ② 교육시설의 충실과 교육내용의 민주화를 철저히 수행하자, ③ 일본 민주교육자들과 적극적으로 제휴·협력하자, ④ 교육행정을 체계적으로 세우자, ⑤ 교육 재원을 확립하자'라는 다섯 가지로 정해졌다.

교육이념으로서는 다음의 7개가 내걸렸다.[19]

1. 전 인민이 모두 잘 생활할 수 있는 진정한 민주주의를 가르치자
1. 과학적인 역사관에 입각한 애국심을 가르치자
1. 실생활에 바탕을 둔 예술감상과 창작활동을 독창적으로 펼쳐보자
1. 새로운 노동관을 체득시키자
1. 과학연구, 기술의 연마에 모든 힘을 집중시키자
1. 과학, 노동, 경제현상의 사회연관성을 밝혀내자
1. 남녀공학을 철저히 실행하자

또한 초등교육기관의 명칭을 '조련초등학원'으로 통일하여 부르도록 하고, 4월에 시작하는 일본의 신학기제에 맞추어 이것을 '초등학교'라고 부르도록 다시 통일하였다.[20]

교육규정은 1947년 7월 6일 제4회 전국문화부장회의에서 정식으로 제정되었다. 그 서문에서는 '귀국을 전제로 국어습득을 중심으로 한 과거의 교육은 근본적으로 검토·개정하여 항구적으로 합리적인 교육방침을 세워나가야만 한다'고 되어 있다.[21] 1947년 7월 시점에서 귀국을 전제로 한 교육을 근본적으로 개정하

---

18) 재일본조선인연맹중앙위원회 「제4회 정기전체대회활동보고서 제3부 교육편」(1947년 10월), 「1, 총론」.
19) 상동, 「2. 각론 (1) 교육이념의 확립」.
20) 金德龍(2004), 34쪽.
21) 재일본조선인연맹중앙위원회 「제4회 정기전체대회활동보고서 제3부 교육편」(1947년 10

자는 방침이 세워진 것은 주목해야만 하는 점이라 할 수 있다.

교육규정은 전체 50조로 구성되어 있어 모든 조선학교는 조련 문교국이 중앙집권적으로 지도한다는 것(제1장), 학교는 일단 초등학교, 중등학교, 사범학교의 3종류로 하고(제1조), '학교의 경영은 원칙적으로 운영회 또는 관리조합이 경영한다'는 것(제10조)과, 인사권은 원칙적으로 중앙 문교국 또는 조련지방본부에 있으나 교직원의 임명 및 파면에 관하여 필요한 경우는 운영회 또는 관리조합이 지방본부에 신청할 수 있다는 것(제15~17조), 교원의 자격과 의무 등이 정해졌다.

또한 「제3장 세칙」에서는 초등학교가 6년제, 중등학교가 3년제 또는 6년제(후자는 후기중등교육을 포함한 경우로 생각된다), 사범학교는 잠정적으로 1년제로 한다는 것(제25~27조), 각 학교의 입학자격과 졸업요건(제28~34조), 학기 또는 방학(제35~38조)이 정해졌다. 제1학기는 4월부터 8월, 제2학기는 9월부터 12월, 제3학기는 1월부터 3월까지로 되었다. 제39조에서는 초등학교의 수업과목 또는 수업시수가 정해져 있다. 수업과목은 국어과(독법, 작문, 습자), 사회과(사회, 지리, 역사), 리수과(산수(주산), 리과), 예술과(음악, 도공), 체육, 실습, 자유연구, 일본어로 되어 있다.

6・3・3제를 받아들이고 제1학기가 4월부터 시작하는 것, 또한 「사회」 교과를 설치한 것 등 일본 학교교육제도와 정합성을 가미해나가면서 학교 체계를 성립시켜가고 있다는 것을 알 수 있다. 서문에서 밝힌 것처럼 '귀국을 전제'로 한 준비교육이 아니라, 일본에서 생활을 시야 안에 넣은 '항구적인' 교육기관으로서 조선학교를 운영하려 했던 것이다.

한편, 조선학교의 교원들도 교육의 충실, 교원 생활보장, 교육자로서의 실력 향상 등을 목적으로 하는 재일본조선인교육자동맹을 결성하게 된다(약칭 '교동'). 이후 재일본조선인교직원동맹(약칭 '교직동'). 1947년 6월 28일에 앞서 교동 도쿄지부가 결성되어 8월 28일에 전국조직으로서 교동이 결성되었다. 교동은 교직원의 생활안정을 위한 활동 외에도 교과서연구회, 교수법연구회를 통해 교원의 실

월), 「부록－교육관계자료」의 「3 교육규정(1947년 6월 25일)」.

력향상, 장학사[視学制] 또는 교원자격검정제 실시의 협력, 학력조사 등을 실시하게 된다.[22]

교과서의 작성

전국 방방곡곡에 세워져 운영되어온 조선학교 교육의 질을 통일하기 위해 공통의 교과서를 작성하는 것은 중요한 과제였다. 재일조선인들은 패전직후 일본이라는 물자 부족과 빈곤 상황 속에서 많은 사람의 힘을 결집시켜 조선학교만의 교과서를 편찬한다.

1946년 2월 2일, 조련 제2회 중앙위원회에서 조련은 그 문화부 안에 '초등교재 편찬위원회'를 설치한다.[23] 조련의 활동가는 상공성(商工省)의 용지배급계와 일본출판협회와의 협상을 반복하여 교과서인쇄에 필수적인 대량의 용지를 확보했다. 교과서는 [표 1-1]에 나와 있는 바와 같은 이들을 편집담당자로 하면서 여기에 조련문화부, 조선학생동맹, 조선예술협회, 인민문화사 등의 젊은 지식인들이 더해져 편찬되었다.[24]

1947년에는 『초등국어』, 『초등산수』, 『초등 리과(理科)』, 『어린이 국사』라는 초등학교용 교재를, 또한 『제비』, 『소학교 모범 작문집』, 『어린이 과학 이야기』라는 부교재도 편찬·출판하게 된다(표 1-1 참조).

후술하겠지만, 1948년이 되면서 조선학교에 대한 정부의 탄압이 거세졌으나 그러한 중에서도 교재편찬은 계속되었다. 조련은 '재정권, 인재부족, 인쇄문제 등 많은 난관에 직면한 교재편찬은, 교육사건 이후 우리들의 전력을 경주하고 과거의 기구를 한창 강화하여 새로운 기획 아래 새로운 진영으로' 대응해 나가게 된다.[25] 조련교재편찬위원회가 새롭게 결성되어 초등교육교재만이 아닌 중등교육교재와 성인교육용 교재의 발행도 기획되었다. 위원회에서는 리진규(李珍珪), 림

....

22) 金德龍(2004), 61쪽.
23) 조련문화부 「문화부활동보고서」(1946년 10월), 8-9쪽.
24) 金德龍(2004), 38-39쪽.
25) 재일본조선인연맹중앙위원회 제5차 전체대회 준비위원회 「조련 제5회 전체대회제출활동보고서」(1948년), 34-35쪽 참조.

표 1-1 │ 1947년까지의 조선학교 초등교과서 편찬상황

계획 (1946년 2월 13일)						1947년 10월 시점 발행상황		
명칭		쪽수	발행부수	편찬담당자	출판일	명칭	발행부수	출판일
국어	상	64	10만	리진규	3월 25일	초등국어독본 상권	3만 6천	1946년 4월 8일 초판, 5월 15일 재판
	중	64	10만	박희성	4월 10일	초등국어독본 중권	3만	1946년 6월 3일
	하	80	10만	리진규, 박희성	4월 30일	초등국어 하권	3만	1946년 12월 (※1)
산수	상	80	10만	채수강	4월 15일	초등산수 상권	3만	1946년 6월 3일
	중	90	10만	김경환	4월 15일	초등산수 중권	3만	1946년 6월 3일
	하	90	10만	김상기	4월 30일			
리과	상	64	10만	박준영	4월 10일	초등리과 상권	3만	1946년 5월 1일 초판, 6월 3일 재판
	하	64	10만	리영준	4월 15일	초등리과 하권	3만	1946년 10월
력사	상	112	10만	림광철	4월 20일	어린이 국사 상권	2만	1946년 6월 3일
	하	112	10만		4월 30일	어린이 국사 하권	1만	1947년 1월
지리		64	10만	리은식, 어당	4월 30일	지리	3만	1946년 10월 10일
창가		64	10만	윤기선, 한춘우	4월 15일	초등음악 상권	2만	1947년 7월
						초등음악 하권	2만	1947년 9월
도화	상	32	5만	박성호, 리인수	미정			
	하	32	5만		미정			
공민		80	5만	리상요	미정	인민계몽독본	2만	1946년 6월 3일
						한글 첫걸음	3만	1946년 6월 23일

출처: ① 조련문화부 「문화부 활동 보고서」(1946년 10월), ② 재일본조선인연맹중앙위원회 「제4회 정기 전체 대회 활동 보고서 제3부 교육편」(1947년 10월), 필자 작성. 또한 ①에 국어(상), 산수 (상), (중)의 삽화는 리인수가, 역사 (상), (하)의 삽화는 박성호가 담당하였다.

※1: 동교과서의 발행연월은 '1945년 12월'로 기록되어 있으나, 1946년의 오기로 판단하였다.

광철(林光澈), 어당(魚塘), 허남기(許南麒), 리은직(李殷直)이 선출되어 또한 구체적인 이름은 불명확하나 일본인의 '민주주의 교육자'도 위촉하였다.[26]

....

26) 상동. 이와 관련하여 고쿠분(国分, 1986)에서는 고쿠분 이치타로를 비롯한 일본민주주의

표 1-2 | 1948년 10월까지 새로 발행된 교재

교재명		출판부수(부)
초등국어	1(전, 후)	5,000
	2	6,500
	3	8,000
	4(후)	3,500
	5(후)	14,000
초등산수	1(전)	6,500
	1(후)	10,000
초등음악	상	4,000
	중	6,000
초등습자장		4,000
조선사입문		4,000
생활교실		11,000
문학독본		4,500
조선어표준		3,000
과학 이야기		3,500
이솝우화		3,500
중등문범		3,000
외래어통일안		3,000
철자법통일안		1,500
소학생 작문집		5,000
일반과학		1,500

출처: 재일본조선인연맹중앙위원회 제5회 전체대회 준비위원회 「조련 제5회 전체 대회 제출 활동 보고서」(1948년), 35쪽.

그러나 '우리 민족교육에 꼭 필요한 중대한 사업'인 교재의 편찬·출판사업은 내적으로는 재정문제, 경비부족에 의해, 또한 외적으로는 점령군에 의한 교과서검열의 강화─이중검열제에 의해 '이미 편찬이 완료된 교재를, 미처 출판하지 못하는 불행한' 상태를 맞게 된다.[27] 1948년 6월부터 시작된 이중검열제는 조련이 출판하려 한 교재의 내용을 영문으로 번역하여 그 전문을 먼저 GHQ/SCAP의 민간정보교육국(CIE)에 제출하고 그 인하를 받은 후 제8군 검열부의 검열을 받는

....

교육협회의 일원이 '리진규 씨 등이 부탁한 교과서 안을 만드는 데 협력했다(103쪽)'고 되어 있다. 고쿠분의 조선학교와의 관련에 대해서는 제6장에서 다룸.

27) 상동.

검열제도였다. 이중검열제도의 실시에 의해 교재의 출판은 한층 더 어려운 상황에 빠지게 되었다. 조선학교를 폐쇄하려는 압력에 저항하는 한편, 교재를 계속해서 출판하고 또 새로운 교재를 작성하는 것은 쉬운 일이 아니었다. 어려운 상황이었으나 교재편찬은 중단되지 않고 계속되어 조련은 1948년 10월까지도 많은 교재를 발행한다(표 1-2).

교원의 확보

조선학교의 교원은 어떻게 확보되었을까. 초기에는 교원양성기관이 없어서 교원을 지망하는 젊은이들을 중심으로 한 재일조선인들이 1주간, 1개월간, 반년과 같이 한정된 기간에 단기강습 혹은 교원양성교육을 받고 각 지역의 조선학교의 교원이 되었다. 크게는 강습회와 사범학교에 의해 초기 조선학교 교원교육이 이루어졌다.

제1회 강습회는 1945년 12월 7일~13일까지 7일간(도쿄), 제2회 강습회는 1946년 7월 1일~15일 2주간(도쿄), 제3회 강습회는 1946년 8월 20일~9월 11일 대략 3주간(오사카) 열렸다. 도쿄에서 열린 제3회 교원강습회는 1946년 12월 25일~1947년 1월 15일 약 3주간 개최되었고(도쿄조선중학교), 여기에서는 전국 각지에서 45명이 참가하여 국어, 산수, 지리, 역사, 이과, 체육, 음악, 교육방법학, 학과과정론, 학습기술, 교육정책, 아동문화론, 교원조합운동이라는 과목을 배웠다. 강사는 중급학교 교원과 '일본교육조합간부'가 담당하였다.[28]

한편, 사범학교는 먼저 1946년 9월 조련오사카부본부 건물에서 '재일본조선인련맹오사카본부부속 오사까조선사범학교'가 설치되었다.[29] 또한 그 다음해 12월에는 중앙조선사범학교가 개교한다. 동교(同校)의 양성기간은 반년으로 조선어, 수학, 역사, 지리, 사회과학, 교육학, 철학, 경제학, 일반과학, 조선문제, 국제문제, 특수강의 등의 수업이 개설되었다.[30]

....

28) 재일본조선인연맹 중앙위원회 「제4회 정기전체대회활동보고서 제3부 교육편」(1947년 10월), 26쪽.
29) 金德龍(2004), 56쪽.

이러한 교원들, 이른바 단기양성된 교원들의 조선어 능력이나 학력 수준이 충분하지 않은 것은 조련도 자각하고 있었다.[31] 그 때문에 조련이나 교동은 각 지역에서 교원강습회를 개최하고 교원들의 재교육에도 힘을 쏟았다(표 1-3).

이렇게 조선학교의 학교 체계가 차례대로 정비되어 갔다. 1947년 10월 기준으로 학교 수는 500개를 넘었고, 취학자는 대략 5만 7천 명에 달했다.[32]

표 1-3 | 1945-1948년에 열렸던 교원강습회

개최시기		명칭	장소	내용 등	강사 등	참가자	출처
1945년 12월 7일~13일		제1회 강습회	도쿄				
1946년	7월 1일~15일	제2회 강습회	도쿄				(a)
	8월 20일~9월 11일	제3회 강습회	오사카				
	12월 25일 ~1947년 1월 15일	제3회 강습회 (※1)	도꾜조선 중학교	국어, 산수, 지리, 역사, 이과, 체육, 음악, 교육방법학, 학과과정론, 학습기술, 교육정책, 아동문화론, 교원조합운동 등	중급학교의 교원과 '일본교육조합 간부'	전국 45명	
1947년	8월 1일~27일	제4회 강습회	도꾜조선 중학교	필수과목으로서 교육학, 아동심리학, 사회과개론, 국어교수법, 국문법, 수학, 역사, 사회과. 선택과목으로서 이과, 도면공작, 음악, 체육, 자유연구. 참가자에게는	특별강사: 마쓰오 다카시(松尾隆) '종교와 과학', 노자카 산조(野坂参三) '제2차 세계대전 이후의 세계정세', 한덕수 '조련의 문교정책', 김천해 '조선혁명투쟁사' 등.	21개의 현, 119명 참가, 109명 수료	(b)

30) 「반년간의 기초훈련을 마치고—조련중앙사범 제1기생 졸업」『해방신문』 1948년 6월 5일자.
31) 재일본조선인연맹 중앙위원회 제5회 전체대회 준비위원회 「1948년도 조련 제5회 전체대회 제출활동보고서」(1948년), 38–39쪽.
32) 재일본조선인연맹중앙상임회 「제4회 정기전체대회활동보고서 제3부 교육편」(1947년 10월), 46쪽.

개최시기	명칭	장소	내용 등	강사 등	참가자	출처
			새롭게 편찬된 교과서와 참고서, 부독본 등 배포.	리진규 외 조련중앙 부원이 전일 참가		
8월 1일~23일	아이치현 조련본부주최 강습회	아이치			아이치현, 미에현, 시즈오카현, 기후현에서 43명	
8월 1일~12일	오사카부 조련본부 주최 강습회	오사카				
9월 18일~28일	교토교육자동맹 주최의 강습회	교토		13명	20명	
1948년	7월 29일~8월 26일	교원하기강습회	도쿄	15명	80명	(c)
	8월 1일~8월 31일		오사카	6명	176명	
	7월 25일~8월 31일		야마나시	12명	13명	
	8월 7일~8월 30일		나가노	8명	60명	
	8월 1일~8월 20일		후쿠야마	9명	30명	
	8월 2일~8월 26일		아이치	7명	40명	
	7월 20일~8월 13일		교토	5명	27명	
	8월 1일~8월 15일		야마구치	5명	30명	
	8월 1일~8월 25일		가나가와		20명	
			이바라기	미보고		
	7월 31일~8월 23일(※2)		니가타	5명	20명	
	7월 25일~8월 23일		사이타마	6명	16명	

출처는 아래와 같다.

a: 金德龍(2004) 『조선학교의 전후사』 사회평론사, 54－55쪽.

b: 재일본조선인연맹중앙위원회 「제4회 정기 전체 대회 활동보고서 제3부 교육편」(1947년 10월), 26－29쪽.

c: 재일본조선인연맹중앙위원회 제5회 전체대회 준비위원회 「조련 제5회 전체대회 제출 활동보고서」(1948년).

※1. 중앙강습회로서 제3회를 의미한다고 생각하였으나, 오사카 강습회와의 정합이 없었다.

※2. 원자료에서는 니가타에서 개최시기가 '7월 23일~7월 31일, 24일간'으로 되어 있지만, 이는 개최 시기 혹은 개최 일수가 틀린 것이다. 여기에서는 개최 시기가 1주일이 다른 곳에 비해 짧고, 또한 7월 31일~8월 23일이 24일간으로 이와 같이 판단하여 기간을 정정하였다.

제2절 조선학교의 폐쇄

(1) 1948년 학교폐쇄조치와 4.24 교육투쟁

초창기 조선학교에 대한 일본정부의 대응은 어떠한 것이었을까. 1946년 초반 시점에서 일본에 체류하는 조선인의 법적지위가 점령당국에 의해 명확하게 명시되어 있지 않았고,[33] 또한 본래 전후 일본의 교육법제 자체도 정비되어 있지 않은 상황이었기 때문에, 문부성은 전국에서 총생(叢生)하는 조선학교에 대해 결정된 대처방안이 없는 상태였다.

1947년 4월, 문부성은 지방교육행정에 대한 통달을 보내면서 재일조선인의 교육에 대한 입장을 표명하게 된다.[34] 여기에서 문부성은 일본에 체류하는 조선인은 일본의 법령에 따라야만 하며, 조선인은 학령기 조선인 아동을 일본의 의무교육제도에 해당하는 학교에 취학시켜야 하는 의무를 지니며, 또한 일본인 아동과 다른 '불이익을 받도록'하면 안 된다고 하고 있다. 다만 '취학의무를 강제하는 데 곤란한 사정이 있을 수 있는 실정을 고려하여 적절히 처치한다'라고 하며 조선인의 실정에 대한 고려를 구하고 있다. 게다가 조선인이 설립한 교육시설의 인가에 관한 것도 사립학교 또는 각종학교로서 인가하여 '무방하다(差支えない)'라는 유연한 자세를 보였다. 오자와 유사쿠(小沢有作)는 이러한 문부성의 방침을 '중앙정부가 재일조선인의 민족교육권리를 인정한 것은 전쟁 이전과 이후 재일조선인교육의 전체 역사를 통해서 보여준 유일한 적극적인 일이었다(강조는 원문)'고 평가하고 있다.[35] 물론 1947년 4월의 시점에서 재일조선인의 교육을 허용하는

....

33) 일본정부는 포츠담회담 수락이 바로 조선인의 '독립국민'의 지위를 보증하는 것이 아니라 강화조약발효까지 식민지는 일본의 영토이며, 조선인은 계속해서 '일본신민'이라는 입장을 세우고 있었다. 또한 연합국 측도 '일본점령 및 관리를 위해 연합국 최고사령관에 대한 초기 기본지령'(1945년 11월 1일)에서 조선인을 '해방인민'으로 규정하는 한편, 간접적으로 일본정부가 조선인을 '일본신민'으로서 대하는 것을 용인하는 입장을 나타냈다(鄭栄桓, 2013).

34) 학교교육국장 발, 도카이 호쿠리쿠(東海北陸)지방 행정사무국장 앞 「조선인아동의 취학의무에 관한 건」(잡학 제123호, 1947년 4월 12일(같은 날 같은 내용으로 도도부현 교학과장 앞으로도 통달)).

35) 小沢(1973), 229쪽.

문부성의 태도는 그 실시를 적극적으로 승인하는 것은 아니었고, 그 처치를 결정하지 못하고 있었다는 의미에서 소극적인 승인에 불과했다는 것을 주의해야할 것이다.

냉전이 본격화되는 가운데 문부성의 태도는 일변한다. 1948년 1월 24일, 문부성은 통달 「조선인설립학교의 취급에 관해서」(1.24 통달)를 발표한다.[36] 이 통달에는 조선인이라도 '학령기에 해당하는 사람은 일본인과 마찬가지로 각 지역의 공립[市町村立] 또는 사립 소학교 또는 중학교에 취학시켜야만 한다'는 것, 즉, 조선인의 취학의무가 명시되었다. 이에 학령기의 어린학생들의 교육을 위한 각종 학교의 설치는 허락되지 않게 되었다. 따라서 조선학교도 사립 소·중학교로서 인가를 받아야만 하는 것과 함께 학교교육법의 규정에 의해 사립학교에서 조선어 교육은 교육과정 이외의 것으로만 인정되었다. 전년 3월에 발표된 '실정'에 대한 '고려'는 사라진 것이나 다름없다.

이 통달에 근거하여 3월부터 4월에 걸쳐 부현(府縣)군정부의 지령을 받은 각 지방의 교육당국은 조선인 어린이들에게 공립학교로 전학할 것을 지시하고, 학교건물을 비울 것을 명령하며, 학교교육법에 근거한 학교폐쇄령 등을 발표하였다. 이러한 조치에 대한 재일조선인들의 대규모 항의활동은 특히 한신(阪神)지역에서 격화되어 4월 24일 심야, 점령군 효고 군정부는 점령기 유일한 비상사태선언을 발령하기에 이른다. 또한 4월 26일, 오사카에서는 항의활동에 참가한 김태일 소년(16세)이 경찰의 발포에 의해 사망한다. 재일조선인의 조선학교를 지키려는 투쟁은 4.24 교육투쟁(또는 한신교육투쟁)으로 기억되고 있다.[37]

5월 5일에는 쌍방 합의점을 포함하는 각서에 문부대신과 조련중앙본부문교부장의 이름으로 정식 조인이 이루어졌고, 사태는 일단 수습된다. 이 5.5각서의 내용은 ① 조선인 교육에 관해서는 교육기본법 또는 학교교육법을 따른다, ② 조

---

36) 학교교육국장 발, 문부성 오사카출장소장·도도부현지사 앞 「조선인설립학교에 대한 대처에 대해서」(官學 제5호, 1948년 1월 24일).

37) 한신교육투쟁에 관해서는 김경해 편(金慶海, 1988)이나 金德龍(2004), 吳圭祥(2009), 鄭栄桓(2013) 등 여러 가지 선행연구에서 상세히 다루고 있음. 상세한 경위에 관해서는 이를 참고.

선학교 문제에 대해서는 사립학교로서 자주성을 인정하는 범위 안에서 조선인의 독자적인 교육을 실행하는 것을 전제로 하여 사립학교로서 인가를 신청한다는 것이었다.

후자의 '사립학교로서 자주성이 인정되는 범위'라는 것은 교육과정 외, 선택교과, 자유연구 시간을 지칭한다.[38] 조선어 등 조선인 독자의 교육을 정규교육과정 외 교과로만 인정받았던 1.24통달과 비교하면 나아진 것이라 할 수 있지만, 그 대가는 너무나도 컸다. 조련 5전대회 보고에 의하면 폐쇄조치에 따른 피해는 다음과 같다. 체포된 사람이 3,076명(효고, 오사카, 도쿄, 오카야마 등), 부상자 수가 약 150명(효고, 오사카), 희생자가 2명(김태일 소년, 조련효고현 본문 박주범 위원장), 기소된 사람이 212명(효고, 오사카), 군사위원회 재판을 받은 사람이 169명(효고, 오사카), 1948년 10월 현재 투옥 중인 사람이 32명(효고, 오사카) 또한 효고 또는 오사카지방의 재일조선인이 받은 물질적인 피해는 약 4,000만 엔이었다.[39]

5.5각서 이후 조선학교는 사립학교 또는 각종학교의 인가를 신청하고 각 지역에서는 조선학교의 설치인가가 진행된다. 1949년 초반까지의 기간에 사립학교로서 설치인가를 받은 것은 232개교, 무허가는 130개교였다(松下, 2012).

인가를 얻은 조선학교는 문부성을 상대로 조선인은 납세의 의무, 그 외 법령을 준수하고 있고 또한 그 역사적인 경위에 비추어볼 때 재일조선인의 교육에 드는 교육비는 전액 국고로 부담해야 한다는 교육비국고 부담운동을 전개했다.[40] 그러나 문부성은 '사립학교 경영비보조에 대한 방법이 없다'라는 입장을 관철했다. 사립학교법안이 제정되기 이전인 당시는 일본국 헌법 제89조 또는 지방자치법 제230조의 규정에 의해 '공공의 지배'에 속하지 않는 사립학교에 대해 공공비 지출은 이루어지지 않았다. 사립학교로서 조선학교에 대해서도 같은 형식으로 공공비 지출은 불가능하다는 논리였다.

....

38) 학교교육국장 발, 도도부현지사 앞 「조선인학교에 관한 문제에 대해서」(発学 200호, 1948년 5월 6일).

39) 吳圭祥(2009), 158-159쪽.

40) 예를 들면 조련 제14회 중앙위원회 「재일본 조선인교육에 대한 기본적 태도에 관한 결의」(1948년 4월 10일~12일).

그럼에도 각 지역의 조선학교는 지방자치단체를 대상으로 운동을 계속해 나갔고 몇 개의 자방자치단체로부터 보조금을 획득하거나 또는 보조금 교부의 확약을 얻게 된다.[41] 이에 대해 문부성은 '일본인의 일반적인 사립학교에 대해 보조금이 교부되지 않는 현재, 조선인 사립학교에 대해서만 보조금을 교부할 수 없다'라는 지침을 통달하고[42] 각 지방자치단체의 교부금이 법에 저촉된다는 태도를 보여줬다. 실제로 오사카부(大阪府)에서는 조선학교에 대한 공공비 지출을 결정한 타쓰미초(巽町)의 결정을 '명백한 위법'으로 보고 철회하는 데 이르렀다.[43]

(2) 1949년의 학교폐쇄조치와 재일조선인의 저항

4.24교육투쟁 이후, 정부의 조선학교에 대한 강압은 진정되는 것처럼 보였으나 조선민주주의인민공화국정부의 수립 1년을 앞두고 사태는 급변한다. 1949년 9월 8일 일본 정부는 「단체 등 규정령(파괴활동방지법의 전신)」을 조련에 적용하고 이것을 근거로 강제해산, 또는 역원(役員)의 공직추방, 재산접수조치를 집행한다. 그리고 10월 13일, 단체 등 규정령에 의한 조련의 해산을 근거로 「조선인학교에 대한 조치에 대하여」를 도도부현(都道府県)에 통달하고,[44] 10월 19일에는 도도부현 당국이 전국에 일제히 조선학교에 대한 조치를 통보한다. 조선학교 중에서 학교설립자가 조련관계자인 학교의 재산은 몰수되었다. 또한 학교의 설립

---

41) 1949년 5월 시점에서 지방자치단체로부터 보조금을 받고 있는 지역과 그 금액은 다음과 같다. 후세(布施): 3만 엔/월, 사카이(堺): 10만 엔/년, 우베(宇部): 8만 엔/년, 히로시마: 2만 엔/년, 야마가타(山形): 2,000엔/월, 오카자키(岡崎): 30만/년(「4.24 교육사건1주년기념 투쟁총괄보고」김경해 편(金慶海 1998 수록). 그 외에 도쿄 오타(東京大田)에서는 조선인교육비 부담에 관한 건이 구의회를 통과, 아이치현 지타(愛知県 知多 120만/년)나 오카자키(30만/년), 오카야마현 구라시키(岡山県 倉敷), 사이타마현 가와구치, 오사카부 나카니시, 이바라기현 츠치우라(土浦) 등에서 교육비지출이 승인 혹은 확약되었다고 한다(리진규 「재일조선인의 교육」 『평화와 교육』 제2호(1952년 11월)). 그 외에도 시즈오카현 하마마쓰시, 홋카이도 삿포로시 등 교육비지출 확약을 얻은 지역이 보도되었다(「교육비지급 등 삿포로시장 확약」 『해방신문』 1949년 9월 5일자).

42) 문부성 관리국장 발 도도부현지사·도도부현 교육위원회 교육장 앞 「조선인교육비의 일본정부 부담에 대해서」(地管25호, 1949년 6월 29일).

43) 松下(2012), 188－189쪽.

44) 문부성관리국장·법무부특별심사국장 발 「조선인학교에 대한 조치에 대하여」(문관서 제69호, 1949년 10월 13일).

자, 소유자가 조련관계자가 아닌 그 외의 학교에 대해서는 2주 내에 재단법인을 바꾸어 설치 또는 각종학교의 설립인가를 신청할 것을 명령했다.

학교의 설립자·소유자가 조련관계자로 간주된 조선학교는 즉각 폐쇄조치가 집행되었고(90개교), 2주 내에 문부성에 법인설립신청을 한 학교도 오사카 백두학원을 제외하고는 모두 불인가되었으며, 인가신청을 하지 않은 학교와 함께 학교교육법 제13조에 근거하여 폐쇄조치가 집행되었다(272개교).[45] 이렇게 전국 362개교(취학자는 약 4만 명)의 조선학교가 폐쇄당했다.

단체 등 규정령에 의해 해산된 단체의 재산접수로서 학교폐쇄의 과정은 학교가 조련재산이라는 확실한 증거가 없이도 '의심되는 것'은 '적극적으로 처리하겠다'는 법무부의 지시가 있었고, 매우 '난폭한 법집행의 지시가 있었던 것'으로 평가받고 있다.[46] 조선학교의 폐쇄조치는 소위 포츠담선언에 대한 초헌법적 성격을 가지고 집행되었던 것이다.[47]

문부성, 법무부 내의 '의심'

학교교육법 제13조에 기초한 폐쇄조치에 관해서 조치의 주체였던 문부성과 법무부 내에서도 그 법적 근거에 '의심[疑義]'이 있었다는 목소리가 있었다. 1950년 10월경에 작성되었다고 여겨지는 「조선인 학교처치에 관한 법규해석에 대해서」라는 문서에는 문부성관리국 및 법무부 행정소무국(行政訴務局) 관계 계관에 의해 폐쇄조치의 법적근거에 관한 견해가 기록되어 있다.[48] 「문부성의 견해」에서는 '학교교육법 제84조에 의하면 도도부현 감독청은 관계자에 대해서 당해 교육을 중지시킬 수 있는 명령을 내릴 수 있으나 과연 폐쇄명령을 낼 수 있는 것인지, 또한

45) 松下(2013), 259쪽.
46) 상동, 264쪽.
47) 게다가 조선학교폐쇄조치가 거의 종료된 같은 해 12월에 사립학교법이 제정·시행되어 사립학교에 대한 공공비지출의 길이 열렸다. 사립학교였던 조선학교는 사립학교법이 제정되기 이전에 폐쇄되어 공공비지출의 대상으로부터 교묘히 배제된 것이다.
48) 「조선인학교처치에 관한 법규해석에 대해서」(작성년월일 불명[내용으로 1950년 10월경에 작성되었을 것으로 판단할 수 있음], 출처 『在本邦諸外国人学校教育関係 朝鮮人学校関係』 『외교기록공개문서 I −0043』, 외무성 외교사료관).

폐쇄명령에 위반했는지에 따라 강제집행을 할 수 있는 것인가에 대한 의문이 있다'고 되어 있다. 또한「법무부의 견해」에서는 '폐쇄명령이 유효한 것은 조련의 재산몰수라는 조건이 있었기 때문인데, 가령 폐쇄명령을 위반하고도 강제집행할 법적근거는 약하다. 작년의 폐쇄명령 그 자체도 법적으로는 불충분한 것으로 당연히 무효소송의 대상이 될 수 있다', '학교교육법 제84조에서는 강제집행을 해서 당해 학교를 폐쇄하거나, 등교하는 학생을 저지할 수 없다. 폐쇄명령을 위반했다 하더라도 학교교육법 제13조, 제89조에 따른 책임자를 처벌하고 간접적으로 교육을 계속되지 못하게 하는 것 외에는 없다', '작년의 조치는 당국의 지시에 따른 학교교육법 제13조에 의한 폐쇄명령을 내린 것이다. 그러나 부작위의무에 대해서는 대신 집행할 수 없으므로 폐쇄명령 혹은 학교교육법 제84조를 위반하더라도 강제집행까지는 할 수 없다고 생각'한다는 취지가 나와 있다.

이러한 견해에 대해 마쓰시타 요시히로(松下佳弘, 2013)의 지적처럼 문부성 및 법무성에서는 학교교육법 제13조에 의한 학교폐쇄명령은 학교폐쇄나 아이들의 등교 저지 등의 강제집행은 할 수 없다고 인식하면서도 강제집행을 지시했다는 것을 시사한다. '작년의 조치는 그 지시에 근거하여…'라는「법무부의 견해」는 강제집행지시의 배경에 점령군의 관여가 있었다는 것을 들여다볼 수 있다.

식민지 시기의 조선인이 실시했던 교육과 마찬가지로 해방 후 재일조선인들이 운영한 학교교육은 다시 정치적인 이유에 의해 그 명맥이 끊어지게 되었다. 이러한 조치가 전후의 '평화헌법'이나 교육기본법 아래 '합법'의 옷을 입고 강제적으로 집행되었다는 것을 강조해 두고 싶다.

재일조선인의 저항

전국의 모든 학교를 대상으로 한 폐쇄조치에 대해서 재일조선인들은 '일어서서 우리학교를 우리의 손으로 지키자!'라는 슬로건을 내걸고[49] 폐쇄조치의 부당성을 척결하고 그 철회를 요구하는 반대운동을 각 지역에서 전개했다.

....

49)「사설 – 일어서서 우리학교를 우리 손으로 지키자!」『해방신문』 1949년 10월 21일자.

교동 위원장이었던 김효식(金孝植)은 학교 폐쇄명령이 내려진 2일 후 『해방신문』에서 1문1답의 형식으로 폐쇄조치에 대한 입장을 밝히고 있다.[50] 김효식은 여기에서 '조선학교가 교육기본법과 학교교육법 등 모든 법규를 준수하며 '자주성이 인정된 범위 내에서 독자적 교육'을 하고 있다는 것은 그들도 잘 알고 있다. 그들은 일부 학교가 재단법인신청을 하지 않았다고 하나, 실제로는 이쪽에서 법인 신청을 해도 그들이 다양한 어려움을 들어 인가를 지연시켜온 것이다. 만일 각서위반을 했다고 한다면 조선학교를 대상으로 한 정당한 수단을 가지고 경고 혹은 주의를 주는 것으로 지당할 것이나, 이제까지 그들이 각서위반이라고 한 처치를 한 실제 사례는 한 번도 없었다'고 하며 그 부당성을 확인하고 있다. 또한 '교육내용이 바르지 않다고 운운하는' 문제에 대해서도 '우리 학교에서 사용하는 모든 교과서는 그들의 요구대로 검열을 받아 사용하고 있고, 과목의 배치와 시간표까지도 교육법에 근거한 것이다. 그들이 말하는 바르지 않은 교육이라는 것은 무엇인가. 우리로서는 이해하기 어렵다. 거기에 있어서 그들도 구체적인 실제 사례를 들지 못한다'고 지탄했다.

게다가 '일본 아동과 생활감정과 민족이 다른 조선 아동'에게 공립학교에서 '일본인 본위의 교육을 강요하는 것은' 교육기본법에 제시하는 '인격의 완성'을 방해하는 일이고, 또한 제3조인 교육의 기회균등이 정해져 있으나 폐쇄조치 및 공립학교로의 전입조치는 '실제로는 교육의 기회균등을 박탈하고 인종, 사회적 지위, 경제적 지위를 무시한 차별'이라고 엄격하게 비판하고 있다.

한편 차선책도 즉시 검토되었다. 10월 25일자의 『해방신문』에서는 '형식보다도 민주민족교육의 실천적 내용을 획득하지 않으면 안 된다'라고 하며 '실질적으로 우리학교와 우리의 글을 그대로 지켜나가면서 일본학교의 분교로서 교육비를 받으면서 교육을 계속해 나갈 수도 있고, 또한 지금까지의 우리학교에 그 지역에 사는 일본 아동까지도 입학시켜 존속시키는 것도 있고, 또는 일본학교에 특설학급을 설치하여 조선인 교사가 그대로 우리말과 글로 가르치는 것도 가능하

---

50) 「충천하는 노기와 분노심을 지구전열 확대로 - 민주민족교육을 지키자」 『해방신문』 1949
    년 10월 21일자.

며, 또한 다른 방법으로서는 일본학교에 다니면서 우리학교가 각종학교로서 인가를 받아 오후에 1, 2시간씩 우리의 말과 역사를 가르치는 방법도 있다'는 것을 제시하고 있다.[51] 비록 조선학교라는 구체적인 장소를 잃게 되더라도 조선의 문화와 역사, 말을 가르치는 교육을 어떻게든 이어나가려는 재일조선인의 생각을 볼 수 있다.

학교폐쇄조치는 경찰의 힘을 동원하면서 강제집행 됐지만, 폐쇄·개편 명령이 내려온 직후에만 해도 각 지역의 조선학교는 다양한 반대운동을 전개했고 또 지방 당국과 인근 공립학교와의 협의, 협상을 반복하고 있었다. [표 1-4]는 『해방신문』 상에 게재된 각 지역의 조선학교 관계자의 대응을 개략적으로 정리한 것이다.

또 각 지역의 아이들도 학교폐쇄에 반대하는 여러 가지 활동을 일으켰다. 예를 들면 후꾸오까조선소학교의 150여 명의 아이들은 10월 22일 오전 10시부터 오후 3시까지 현청 앞에서 항의활동을 했고, 후쿠오카현 지사와의 면담을 요구, 3시 반부터 아이들 대표 9명과 보호자 대표가 지사와 폐쇄 후 학교의 복구[復活]에 대해 직접교섭을 하고 있다.[52] 또한 우베(宇部)에서도 11월 2일, 폐쇄된 우베 조선소학교 아이들 200명이 시역소(市役所) 앞에서 실외수업을 행하고, 국어교과서를 열어 목소리를 높였다. 그 후 아이들 대표 8명과 시장이 면회하고 아이들은 폐쇄된 학교를 공립분교로 정해주거나 일본학교에 집단입학시키는 것을 호소했으나 지사는 현재 일본학교에는 전원이 한 학교에 수용될 수 있는 여유가 없으므로 분산 입학할 수밖에 없다고 대답했다. 이것에 대해 아이들은 6개의 학급 전체로 아이들을 집단입학시키고 조선인 교원을 채용하라고 요구했다.[53]

그 외에도 시위대열을 짜서 접수조치에 반대한 히로시마현 오노미치(尾道) 조선학교 아이들,[54] 나고야 시역소 앞에서 항의와 시교육위원회와 교섭을 계속한

....

51) 「민단의 노예화 교육을 분쇄하는 구체적 요구를 공투(共鬪)로-민족교육 내용획득에 있어」 『해방신문』 1949년 10월 25일자.
52) 「일본교육강요는 모욕-지사, 아이들 대표 추궁에 자백」 『해방신문』 1949년 11월 8일자.
53) 「시역소 앞에서 실외수업-거리를 걷는 사람들도 발을 멈추고 아이들의 투쟁에 동정」 『해방신문』 1949년 11월 15일자.
54) 「접수를 중지=오노미치소학, 눈물의 항의」 『해방신문』 1949년 11월 15일자.

표 1-4 | 1949년 10월 학교폐쇄, 개조, 인가(재)신청의 지정을 받은 각 지역의 조선학교의 대응 개황

지역	학교명	행정측의 조치	재일조선인 측의 대응	출처 (『해방신문』)
시가(滋賀)	현 내 6개 학교	10월 19일, 야마구치사무과장 이하 11명이 개조를 지시.	일본인 민주단체의 협력을 얻으며 항의투쟁.	10월 25일자
카가와(香川)	카가와조선소학교	10월 19일, 현학무과장으로부터 인가는 받았으나 재단법인 은 아니기 때문에 다시 신청하라고 통보.	학교건물이 조선소유물이었으나 퇴거하라는 전달을 받았으나 아무런 조치가 없었기에 통상적으로 수업을 계속함.	10월 25일자
아이치(愛知)	현 내 11개 학교	10월 19일, 현지사의 명의로 법인설립을 신청하라고 통보.	학교관리조합이 일제히 신청절차 준비에 들어감.	10월 25일자
	니시하루(西春)조선소학교	10월 19일 지방사무소원 4명이 기한 내에 재단법인 신청을 하라는 통보를 전달.	민족문화양위원회를 조직하고 자주성을 제시하기 위한 운동을 전개.	10월 28일자
미야기(宮城)	이와누마(岩沼)소학교	10월 19일, 오전 7시, 미야기(현청직원)과 경찰 30여 명이 학 교 영업가 조선으로 있다는 이유로 전달.	불응.	10월 25일자
군마(群馬)	기류(桐生)조등학원	10월 19일 오후 1시 30분, 현지방과 직원 4명와 무장경찰 100여 명이 학교건물이 조선과 관련이 있다는 이유로 접수.	불응.	10월 25일자
효고(兵庫)	아보시(網干)조선소학교	10월 19일, 히메지시(姫路市) 교육과와 아보시경찰서 공안 주임 하루나베(春名) 씨가 개조명령을 전달.	재일조선인들의 항의에 대해 경찰청 공안주임 하루나 씨는 다음과 같이 말했다. 「이번에 조선학 교까지 탄압하는 것은 요시다정부의 파소성을 스스로 폭로하는 것이며, 일본인측에게 저을 만드 는 것이다. 때문에 우리로서는 이후 하고 접수에는 임할할 수 없다.」	10월 28일자
	타카(多可)서부아건강습소	10월 19일, 무인가 학교라는 이유로 독시 해산, 2주간 이내 인가신청을 하라고 통지.	야간강습은 지속됨. 또한 예산 반대투쟁 전개.	11월 1일자
교토(京都)	지역 내 학교	10월 19일, 교토부 학무과에서 교토조선교리조합연합회 에 대해 조직을 개편할 것을 통지.	교육위원회를 결성함. 또한 조직 개편의 준비를 시작함.	10월 28일자
오카야마(岡山)	현 내 학교	10월 19일, 조직개편 명령.	10월 22일, 오카야마조선학교에 2004명이 보호자가 모여 대표자회의를 개최하여 다음의 특별항 의 결의 채택. ① 하고는 반드시 사수한다. ② 학교에 대해 일본인과 공동투쟁단체를 조직한다. ③ 48년 7월 9일부터 인가접수 신청을 허락하지 않는 것은 헌 속의 책임이다. 때문에 재신청을 논하 지 않고 이미 존재하는 인가를 것을 운동을 통해 극적으로 실시하여 일본시민들에게 호소한다.	10월 28일자
이바라기(茨城)	현 내 학교	10월 19일, 조직개편 명령.	・폐쇄령 반대투쟁을 걸기. 또한 하부 관정이 7개 일본 소학교 교장들에도 조선학교 폐쇄에는 반 대는 반대운동에 협력하고 있음. ・지방사무소장과 하부관청 결부서정도 「조선아동의 교육은 조선인이 경영자가 실시하는 편이 정당 하다」고 말함.	10월 28일자
사이타마(埼玉)	사이다마조선제2소학교	10월 19일, 오전 10시경, 사이타마현 학무과 와타나베(渡邊) 씨 등 4명이 폐쇄령을 가지고 나감.	교자를 들어온 모인 40명의 재일조선인이 폐쇄이유를 묻자, 와타나베 씨는 「너는 조선인학교를 위해 힘을 수 있는 인금 협의에 맞고, 이번의 폐쇄령이는 통첩다. 제일조선인들은 우리는 학교교육법 등이 발규를 위반하지 않았 다고 하며 5시간 넘게 교섭을 진행하나, 결국 와타나베 씨 등은 학교 폐쇄령을 내리고 감. 계속해서 재일조선인들은 마을 조의(助의)에 폐쇄조치에 대해 항의하고, 조의(助의)은 「마을 대표 가 돌아오면 논의해서 계속을 위해 협력한다」고 약속함.	11월 1일자

지역	학교명	행정측의 조치	재일조선인 측의 대응	출처(「해방신문」)
히로시마(広島)	현 내 학교	10월 19일, 오전 8시, 현 내 조선학교 책임자 및 전 조련회원장에게 학교폐쇄한다는 취지 전달.	20일에 보호자 대표 100여 명이 현 내 학무과장에게 항의, 학교폐쇄통지서를 반환. 다음날부터 수업을 계속한다는 취지 전함.	10월 25일자
가나가와(神奈川)	현 내 학교	10월 19일, 학교폐쇄 및 조직개편령.	10월 20, 21일 아이들도 보호자들과 한 점에 항의. 22일, 나가무라 교육부장, 모리카와 지망과 조선인 학교에 조선인대표로서 부무서 방문할 것임. 교실이 봉쇄되었고 학교에 아이들에 운동장에서 실외수업 실시. 가와사키에서는 일본인을 대상으로 서명활동을 실시. 200여 명이 서명동을 모음. 10월 24일, 요코스카조선소학교 보호자와 아이들에 대해 돕김을 절. 피해령을 철회하지 않는 것과 함께 일본학교로 집단수업 요구. 이에 대해 돕김하는 자리를 마련하고, 여기에서 해결책을 강구한다고 약속. 교성이 진행되는 사이, 아이들은 「우리학교를 지키자」라는 노래를 시정 앞에서 계속 부름.	10월 25일 및 10월 28일자
치바(千葉)	현 내 학교	10월 19일, 현 내 학교에 대해 조직개편 명령이 통지.	10월 22일, 학부모대표들이 이시바시(石橋) 부지사와 연회, 오전 10시부터 오후 4시에 걸쳐 이번 조치의 부당성 및 철회를 요구함.	10월 28일자
야마구치(山口)	우베(宇部)조선소학교	10월 19일, 학교폐쇄와 동시에 학교가 접수됨.	조선인대표들은 현 지망과, 시 문화위원 등과 간담회를 개최하고, 다음의 두 가지를 요구했다. ①접수한 학교를 일본 정부에서 관리해도 교육의 관리에는 조선인측의 자주교육을 요구한다. ② 이를 인정하지 않는 경우 조선아이들을 전원 일본학교에 집단입학시키고 구 조선학교의 교원을 그대로 교원으로 채용시켜라.	10월 28일자
시즈오카(静岡)	하마마쓰조선소학교, 하마마쓰조선중학교	10월 19일, 개조(改組)명령.	300여명이 보호자들이 모여 학교를 지키는 투쟁을 결의함. 또한 「민족의 자주적 교육이 가능한 점 도록, 관리조합의 조직개편준비를 실행하고 있음.	11월 1일자
시마네(島根)	오시노(大穂)운영된치(?)学(?)학원	10월 19일, 폐쇄.	학교 건물은 개인소유었기 때문에 곧 반대운동을 개시.	11월 1일자
도쿄(東京)	도꾜제2조선소학교	10월 19일, 개조명령.	10월 24일, 보호자대표 약 30명이 고토(江東) 구역소(한국의 구청에 해당)를 방문하여 교육과장 및 총무과장을 면회하고 요구서를 제출. 요구의 내용은 ① 전원이 수속했음에 대한 전달, 조선아이들의 특성학급을 설치하고, 조선어, 조선역사 등을 가르칠 수 있는 특수한 교육을 보장하는 것인가, ② 교과서와 교육시설의 안정을 기한는 데 있어서 이에 대한 확보·운영을 조선학교보다는 실수 없이 할 수 있는가 ③ 2부, 3부 또는 합동수업이 아니라 양호하도록 책임을 지고 있는가, ④ 일본아이들과 조선아이들에게 인력차별적 언행을 하지 않도록 책임을 다하고 있는가의 4가지임. 이에 대해 구 쪽에서는 「조직개편의 내용을 알지 못했다. 그대로 조선학교가 지속할 수 있는 것을 생각하고 있었다고 되며 조선아이들이 일본이 학교에 전학하는 경우, 상술한 4가지를 보장하는 것은 어렵다고 표명. 표명 교육과장은 25일 오전 3시에 교육과장을 방문하여, 29일 오후 3시에 결과를 성부에 진행하도록 약속함.	10월 28일자
	도꾜제8조선소학교	10월 19일, 개조명령.	해당 학교 아이들, 교원, 관내 재일조선인들의 연합 개조명령 철회운동을 개시. 25일 세타가야(世田谷)구 구장에게 개조명령 철회요청서를 제출. 그러나 상부의 명령이기 때문에 어렵다고 표명. 교육과장과 함께 요구조건을 성부에 진행하는 것으로 합니다.	10월 28일자 및 11월 1일자

지역	학교명	행정측의 조치	재일조선인 측의 대응	출처(『해방신문』)
			라고 희답하여 네모토(根本) 교육과장에게 이를 의뢰함. 10월 28일, 오전 11시, 네모토 교육과장과 재8소학교 보호자 및 도쿄조선중학교 학생대표 8명은 도쿄도 오오기(大木) 부지사와 교육과장의 면회, 네모토 교육과장은 「이번 조선인학교에 대한 개조통지는 폐쇄명령과 동일한 것으로 현재 설정을 보지요 보았을 때, 조선인소학교를 이번 기회에 공립학교로 인정시키고, 교육비를 정식적으로 국고에서 부담해 줄 것을 부탁합니다」라는 진정서를 제출하고, 일본학교의 어려운 상황과 조선학교의 설정을 상세히 설명함. 부지사는 앞서 시부야 사토(佐藤) 구장도 조선학교에 대해서 이와 같은 처치를 전보로 전달했다 하면서도 정부의 명령이기 때문에 어쩔지 못하는 측면이 있다고 대응. 개인이 전해를 다음과 같이 전함. ① 공립조선학교의 설치는 문제없음. ② 소위 교육의 자주성 문제에는 기술적으로 선처할 수 있다고 생각함 ③ 개조기일이 11월 2일인 것은 너무 성급하기에 연장하는 것이 타당함. 부지사는 앞은 점에 대해서 10월 31일에 희답하는 것을 약속함.
도치기(栃木)	도쿄제1조선소학교	10월 19일, 개조명령.	10월 25일, 일본 소학교 교원 일본과 여러 영과 일본인 노동자와 함께 교육부양회의 준비위원회를 개최. 한편, 정식으로 재단신청을 하기 위해서 이에 드는 비용 4만 엔을 마련하기 위해 시나가와구 교육과에 요구. 구는 4만 엔은 어려우나 27일까지는 3만 엔을 해당 학교에 보내달 약속함.	11월 1일자
	도쿄기1조선소학교(※1), 아시카가(足利)조선소학교, 우쓰노미야(宇都宮)조선소학교	10월 19일 접수. 오타니(大谷) 지방과장은 「오늘 접수하지 않고 돌아가면 내 경우가 관련에지니까 아릴 수 없이 봉세하지만 봉세는 형식적인 것이므로 학부형들이 적당히 대응해 달라고 이야기함.	20일, 모테기(茂木)조선소학교 일본의 보호자들이 일본이 도쿄기소학교와 교섭하고, 2개 교실을 사용하는 권리를 얻어냄. 21일 오전 9시, 모테기조선소학교 전체 아이들이 일본이 학교에 전학. 해당 동아가면 내 아이들은 조선 아이들을 환영하는 회엔장가 개최. 마을학장도 이에 출석하여 조선아이들이 하는 권리를 얻어냄. 모테기조선소학교는 특설학급이라는 형식으로 이제까지 조선학교의 교원이 아사카가(足利), 우쓰노미야(宇都宮) 양 학교의 보호자들도 현 부지사, 시장, 시교육위원회에게 특설학급을 설치해달라고 계속에서 요망하고 있음.	11월 1일자
후쿠오카(福岡)	도바타(戸畑)조선소학교	10월 19일, 접수.	해당 학교 150명의 아이들은 실어 수업을 실시. 24일, 보호자대회를 개최하고 여기서 결의된 내용을 시 당국과 학무과장에게 제출. 요구와 희답은 다음과 같음. ① 폐쇄된 조선학교 아이들을 시 중앙지역에 있는 일본학교에 집단입학시키는 것. 희답: 승 인함. ② 조선아이들의 교육에 특설학급을 인정하라. 희답: 현과 협의하여 결정함. ③ 조선학교의 교원을 전면적으로 채용시키라. 희답: ②의 조건이 승인되면 채용. ④ 학교 기성금을 즉시 반환하라. 희답: 중앙청에 반영한다. ⑤ 조선학교 폐쇄령을 즉시 철회하라. 희답: 반환해라. 희답: 반환에서 존제하지 않는다.	11월 1일자

※1: 『해방신문』상에는 도치기(栃木)조선소학교라고 되어 있으나, 김덕룡(金德龍, 2004), 264쪽을 보면 같은 이름은 없고 같은 이름 읽는 하가(芳賀)분교를 가리키고 있다고 생각된다. 그러나 지리적인 관계에서 사람조선 우쓰노미야(宇都宮)소학교의 분교였다고 하가(芳賀)분교를 가리키고 있다고 생각된다.

사진 1-2 경찰이 아이치현 구 조련 모리야마(守山)소학교 재산을 몰수하는 것에 저항하면서 경찰에 의해 내던져지는 아이들(1950년 12월 20일). 사진 출처는 『나고야시 경찰사』(1960년). 사진 중앙의 소녀는 배영애 씨(1942년생)로, 이날은 그녀의 8살 생일이었다.

나고야 시내 조선학교 아이들,55) 공립분교가 된 미즈시마(水島)조선소학교의 신임 일본인 교원이 구둣발로 교실에 출입하는 것에 대해 항의하고 교장 이하 8명의 교원에 시말서를 제출시킨 아이들,56) 시마네현 하라이(原井)소학교에 집단 입학하게 된 후 조선어로 조선역사 수업을 정식교과로 인정받은 것, 또한 조선인의 교원을 강사로서 채용하도록 요구하고 휴교투쟁을 벌인 아이들,57) 집단입학한 학교에서 조선어 수업이 열리지 않은 것에 대해 항의하며 등교를 거부한 오사카시의 아이들 등58) 학교폐쇄조치 혹은 전학한 학교의 대처에 대해 저항하는 아이

55)「천여 경관 아동 다수를 상해, 영웅적으로 투쟁한 끝에 승리 ─ 교육위원회에 요구조건을 시인(是認)」『해방신문』 1949년 12월 3일자.

56) 일본교원 아동에게 「시말서 ─ 구둣발로 교실왕래했기 때문」『해방신문』 1949년 12월 10일자.

57)「휴교로 항의, 하마다(濱田)학생들의 투쟁 ─ 교원채용을」『해방신문』 1950년 1월 21일자.

58)「국어휴강 등 반대한 오사카학동들의 등교거부 ─ 일본인 학부형도지지」『해방신문』 1950년

들의 활동은 헤아릴 수 없이 많다.

[사진 1-2]는『중부일본신문(中部日本新聞)』1950년 12월 21일자 판에 게재된 유명한 사진이다. 폐쇄조치 후에도 수업을 계속해온 아이치현 모리야마(守山)의 조선학교를 대상으로 '완전폐쇄'조치가 집행된 모습을 찍은 것이다.『나고야시 경찰사(警察史)』에도 '접수를 개시한 인접 모리야마 지역[守山町]조련 모리야마소학교가 강행에 반대하여 접수관이 다가오지 못하도록 하는 상황에서, 같은 지역 공안위원이 지원요청을 해 왔기에 급하게 응원부대를 파견했고 실력을 행사하여 7명을 체포하여 접수를 완료했다'고 기록하며 이와 같은 사진이 게재된 것이다.[59] 그림에 대한 설명으로 '학교 건물[校舍] 안에 머물며 모래를 던져 저항하는 조선인 아동'이라고 기록되어 있다.

이리하여 식민지 지배에서 해방된 재일조선인들이 스스로의 힘으로 만들어나간 조선학교는 GHQ와 일본정부의 반공주의, 거듭되는 강제적인 법 해석, 그리고 경찰의 실력행사로 일본사회에서 일소되게 된 것이다. 조선학교를 다니던 아이들의 대다수는 일본 공립학교로 전입학하게 되었다.

제3절 멈추지 않는 걸음

(1) 취학의무제의 폐지

1952년 4월 샌프란시스코강화조약 발효로 당사자들은 전혀 관여할 수도 없는 채 재일조선인의 일본 국적은 상실되었다. 강화조약의 발효에 따라 재일조선인은 형식적으로도 '일본 신민'이 아니게 되었다. 그럼에도 입국심사를 거치지 않고 돌연히 생겨난 60만 명이 넘는 '외국인(이 집단이 전체 외국인의 9할 가까이 차지하고 있었다)'으로 인해 재류자격이나 사회보장을 비롯하여 많은 제도적인 문제가 복잡하게 나타나게 된다.

재일조선인의 취학의무제도 그 중 하나였다. 문부성은 1953년 2월, 통달

3월 21일자.
59) 名古屋市役所 編(1960), 58-59쪽.

「조선인의 의무교육학교로의 취학에 대해서」를 발표하고 '이것에 대해서는 취급 상에 의문스러운 부분이 있다고 듣고 있다'라고 하며, '확실히 하기 위해 다음과 같이 당국의 견해를 알린다'라고 하고 있다.[60]

1. (ㄱ) 조선인 자녀의 취학에 대해서는 종래 일본의 법령을 적용하여 모든 일본인과 동일하게 취급했다. 그러나 평화조약의 발표 이후 재일조선인은 일본의 국적을 갖지 않게 되어 법령의 적용에서는 일반 외국인과 같이 취급하게 되었다.

   (ㄴ) 따라서, 취학연령에 이른 외국인을 학령부에 등재할 필요성은 없고, 취학의무 이행의 독촉이라는 문제도 생기지 않는다. 더욱이 외국인을 호의적으로 공립의 의무교육학교에 입학시키는 경우에는 의무교육무상의 원칙은 적용되지 않는다.

2. 그러나 조선인에 대해서는 종래의 특별한 사정이 있기 때문에 당분간 다음과 같은 조치를 하는 것이 적당하다고 생각된다.

   (1) 한일우호의 정신에 기초하여 가능한 편의를 공여해줄 것을 명하는 것.

   (2) 교육위원회는 조선인의 학부모로부터 그 자녀를 의무교육학교에 취학시키고자 하는 신청을 받은 경우에는 일본의 법령을 엄수하는 조건으로 취학시킬 학교 교장의 의견에 따라, 사정이 허락하는 한 종전처럼 입학을 허가하는 것.

이렇게 조선인의 취학의무제의 폐지가 선고된다. 1948~1949년 시점에서 재일조선인은 외국인이기는 하나 일본국적이 있었기에 일본의 학령기아동과 동일하게 1조교에 취학해야만 했고, 이것이 조선학교 폐쇄의 근거 중 하나였음을 다시 지적하고자 한다. 실제로 많은 학령기의 조선인 아동학생이 일본의 공립학교에 취학하게 되었다. 그리고 1952년 일본국적 상실 이후는 재일조선인은 다른

....

60) 문부성 초등중등교육국장 발, 각 도도부현 교육위원회 앞 「조선인의 의무교육학교로의 취학에 대해서」(文初財 제74호, 1953년 2월 11일).

외국인과 같이 취급되어야만 했기 때문에, '취학연령에 이른 외국인을 학령부(學齡簿)에 등재할 필요성은 없고, 취학의무 이행의 독촉이라는 문제도 생기지 않는다.' 또한 공립학교로 입학하는 것은 '호의적'인 조치이며, '의무교육무상의 원칙은 적용되지 않는다'고 되어 있다. 재일조선인의 교육권은 국적을 이유로 두 단계(조선학교폐쇄 → 일본학교 취학의무 없음)로 부정된 것이다.

게다가 주목해야 할 것은 재일조선인의 취학을 '허가'할 때, 법령엄수의 '조건'을 부과하여, 취학할 '학교의 의견을 구하게' 했다는 점이다. 이러한 방침은 일본국적 상실과 취학의무와의 관계에 이미 방침을 세워둔 것으로, 도쿄도의 선행사례에 의거하는 부분이 컸다.

1952년 9월 27일, 도쿄도 교육장은 '조선인 자제의 공립소·중학교 및 고등학교로의 취학에 대해서'라는 통지를 발행한다. 통지의 내용은 다음과 같다.[61]

법적으로는 다소 의문이 있으나, 일본과의 평화조약 2장 제2조에 의거하여, 일본국은 조선의 독립을 승인하고, 조선에 대한 모든 권리, 권한을 방기하며, 또한 규정하는 것처럼 조선인은 당연 일본의 법령에 의한 의무교육을 받을 권리를 상실하는 것과 함께 조선인 자제의 취학은 다음에 쓴 것에 의한 것이 적당하다고 생각된다.

기(記)

1. 학령부의 작성 시구정촌(市区町村)은 종래 의무교육 해당 아동에 대해서는 일본인과 동일한 취학의무를 시행해왔으나, 지금은 시행할 필요가 없으며, 학령부는 작성하지 않아도 좋다.

2. 현재 공립소·중학교 및 고등학교에 재학 중인 아동생도에 대해서는 그 아이가 그 학교를 졸업할 때까지는 재학시키는 것이 가능하나, 그것은 아동생도의 보호자의 임의로 한다. 단 그 학교의 교육방침에 따르도록

....

61) 中山 편(1995), 53-54쪽.

한다.

3. 새로운 공립 소·중학교 및 고등학교에 입학을 희망하는 사람에 대해서는 그 학교의 설치자에게 다음의 조항에 의한 학교장에게 의견을 내고 입학을 허가하는 것으로도 문제[差支]는 없다.

ㄱ. 입학 후는 일본의 법률에 따라 교육을 받는 것을 승인한 자에 한하는 것.

ㄴ. 조선어, 지리, 역사 등 소위 민족과목은 교육하지 않는 것을 승인한 자에 한하는 것.

ㄷ. 학교설비에 여유가 있고, 또한 학교의 운영에 지장이 없는 것을 인정한 때.

ㄹ. 입학희망자를 입학시켜 학교의 질서가 어지럽혀지지 않는다는 것을 인정할 수 있을 때.

특히 '3'이 보여주는 4개의 '조항'은 놀랄 만한 내용이다. 여기에 제시한 조선인관이나 교육을 받는 권리라는 관점이 부족하다는 문제점은 다시 논할 필요도 없을 것이다. 이 통지에 따라 도에서는 입학통지서를 재일조선인가정에 보내지 않게 되었다. 그리고 예를 들면, 가쓰시카구(葛飾区)에서는 1953년도 이후, 조선인 아동이 입학하는 경우 다음과 같은 서약서를 쓰도록 했다.[62]

입학 후는 일본의 법령에 따라 교육을 받을 것을 승인합니다.
조선어, 조선역사, 조선지리 등 소위 민족과목은 일체 교육하지 않는 것을 승인합니다.
학교의 질서를 어지럽히지 않겠습니다.
학교의 관리, 경영에 지장을 주는 경우 퇴학을 받아도 이의가 없습니다.

---

62) 李興烈(1953).

오사카에서도 '일본국의 법령과 학교의 규칙을 따르겠습니다', '다른 아동에게 난폭한 행동을 하거나 폐를 끼치는 행위는 하지 않겠습니다', '학교가 수용할 만한 여유가 없어지면 재학할 수 없게 된다고 해도 이의를 제기하지 않겠습니다'라는 것이 조건으로 부과되어, '만약 위반할 경우에는 퇴학을 받게 되어도 이의를 제기하지 않겠습니다'라는 서약을 하게 되었다.[63]

일본에서 교육의 헌법이라고 일컬어지는 교육기본법이 그 주어를 '국민'으로 한정하는 문제는 여러 차례 지적되고 있으나 국민으로 닫혀 있기 때문에 그 교육 이념은 외국인의 의무교육을 보장할 필요가 없다는 정책으로서 구체화되어 나타나게 된다. 오늘날에도 일본에서의 외국인의 의무교육 학교로의 취학이 의무교육이 아닌 '은혜교육'으로 언급되는 것은 이러한 이유 때문이다.

이렇게 재일조선인은 독자적인 교육의 마당인 조선학교를 잃게 되었고, 또한 일본의 공립학교로 취학하는 경우에도 '허가'를 받아야만 했다. 재일조선인들의 교육권이 현저하게 침해되는 상황이었다고 말할 수 있다.

(2) 다양한 형태의 민족교육 실시

그러나 재일조선인들은 조선학교가 폐쇄된 이후에도 다음 세대를 조선인으로 길러내는 교육을 멈추지 않았다. 조선학교는 크게 3개의 행태로 모양을 바꾸어가며 그 명맥을 지켰다.

첫 번째의 형태는 학교폐쇄조치가 내려진 것과 관계없이 조선학교의 운영을 계속한 무인가학교이다. 이러한 무인가학교는 '해방 후 지금까지 시종일관으로 미일(美日)반동의 어떤 탄압에도 흔들림 없이 실력으로 완전히 자주적인 민주민족교육을 하는' 학교로[64] 재일조선인들 사이에서는 긍정적인 의미에서, 자주학교라고 불렸다.

법적으로는 폐쇄됐으나 현실에는 존재하는 학교였던 자주학교는 학교폐쇄 이전과 동일하게 조선어와 조선의 역사, 지리 등을 포함한 재일조선인의 독자적

---

63) 中山 편(1995), 52–53쪽.
64) 세계교원회의재일조선인대표「재일조선인의 현황에 관한 보고(일본어)」(1953년 7월), 18쪽.

인 내용을 조선인 교원이 가르치는, 교육내용을 재일조선인의 요구에 맞춘 교육시설이었다. 자주학교는 아이치, 효고, 오사카를 중심으로 존재했으며 1949년에 40여 개교가 있었고,[65] 총련결성 1955년 즈음해서는 점차 증가한다. 더불어 오사까조선고등학교(1952. 4. 10 창립), 이바라기조선중학교(1953. 4. 15. 창립), 교또조선중학(1953. 4. 20. 창립) 등 중등교육기관이 새롭게 창립되어 자주학교로서 운영되었다.

그러나 폐쇄조치를 무시하고 문자 그대로 관청의 허가 없이 운영된 많은 자주학교의 교육환경은 열악했다. 공적보조나 학교로서의 대우도 받지 못했을 뿐만 아니라 이미 곤궁한 생활 속에 있는 재일조선인들의 자금조달도 없이 학교의 비품설비 부족, 교원의 급여가 늦게 지급되거나 혹은 지급되지 못하는 일들이 자주 있었다.[66] 특히 학교설비 문제는 심각했으며 '학교의 시설, 교재, 교구, 운동기구 등 제대로 된 것이 있을 리가 없었다. 그러니까 괘도는 조합원(=교원)이 직접 만들고, 양동이도 살 수 없기 때문에 빈 캔을 대신해서 쓰고, 태풍으로 망가진 벽이나 천장 수리도 복구하지 못하고, 보건위생도 손댈 수 없는' 상태였다.[67] 그럼에도 아이들은 조선학교에 다녔다.

두 번째의 형태는 공립학교 또는 그 분교로서 운영된 조선학교였다. 이것에 관해서는 제9장에서 상세하게 다루기로 한다. 공립조선학교 설치의 경위, 설치기간, 교육내용 등은 지역마다 다양했으나, 학교폐쇄 후의 잠정적 조치로서 문부성이 인정하고, 각 지역의 재일조선인과 지방자치체와의 절충 속에서 생긴, 전후 일본교육사 속에서도 비슷한 예를 찾아볼 수 없는, 공적비용으로 운영된 사실상의 외국인학교였다. 공립학교였으나, 취학자는 전원 조선인이었고, 일본인 교원과 함께 조선인들도 교편을 잡았다. 수업언어로는 조선어도 사용하면서 조선어, 조선역사 등의 수업도 있었다. 도쿄도에 15개교(1955년 3월 폐지), 가나가와현에는 5개교(1966년 3월 폐지), 아이치현에 3개교(1966년 3월 폐지), 오사카부에 1개교

....

65) 도꾜도립조선학교 교직원조합 정보선전부편 「민족의 아들−조선인 학교문제」(1954년 11월 30일), 15쪽.
66) 李興烈(1952), 참조.
67) 앞의 책, 「재일조선인의 현황에 관한 보고(일본어)」, 20쪽.

(1961년 8월 폐지), 효고현에 8개교(1966년 3월 폐지), 오카야마현에 12개교(1950년 8~9월 폐지), 야마구치현에 1개교(1953년 3월 폐지), 모두 1개 도 1개 부 5개 현에 총 45개교의 공립조선학교가 존재했다.

세 번째의 형태는 민족학급이었다. 민족학급이라는 것은 공립학교에 재적하는 재일조선인을 방과 후 등의 시간에 모아 조선어 등의 교육을 시키는 교육형태였다. 학교폐쇄와 함께 전달된 문부성통달에는 분교와 같이 '학력보충, 그 외 어쩔 수 없는 사정이 있는 경우는 당분간 특별 학급…을 만들어도 괜찮다'고 되어 있다.[68]

민족학급도 여러 종류로 운영되었는데, 국어나 사회 등 특정 수업시간만 아이들을 따로 모아서 조선어 등 수업을 실시하는 추출형 학급, 방과 후에 실시하는 방과 후 학급, 더불어 공립학교 안에서 이루어지기는 했지만, 조선인만으로 편성된 학급을 만들어 종일 그 단위로 수업을 실시하는 종류도 있었다. 마쓰시타(松下, 2016)는 이것을 분교에 비추어 '분급(分級)'이라고 표현하고 있다. 민족학급은 오사카, 시가, 교토, 이바라기, 후쿠오카 등을 중심으로 설치되었고, 또한 카가와, 야마가타, 기후, 치바, 미에 등의 지역에도 설치되었다(표 1-5 참조).

이 중 교토의 민족학급에 관해서는 마쓰시타(松下, 2016)에 자세히 나와 있다. 교토의 재일조선인은 교토시 교육위원회와의 협상을 반복하며 1952년 12월에는 교토시 교육위원회가 「조선인을 위한 특별교육실시요강」을 작성하도록 해서, 그 다음해 1월 1일부터 이것이 실시된다. 요강에는 '보통학급과 분리한 조선인 아동만으로 구성된 학급편성과 함께, 「국어乙」, 「사회乙」이라는 조선인을 위한 교과목을 신설하고, 학습평가, 사용하는 교과서의 기준 등, (조선인을 위한) 「특별교육」을 교육법으로 규정한 일본인을 위한 교육과정과 정합성을 맞추기 위한 기준'이 제시되어 있다.[69] 마쓰시타가 지적한 것처럼 '여기에는 국가가 기준으로 삼고 있는 교육법이라는 틀을 다소 드러내서라도 지역주민인 조선인 측의 교육

---

68) 문부사무차관 발 도도부현지사·도도부현교육위원회 앞 「공립학교에서 조선어 등의 취급에 관하여」(文初庶 제166호, 1949년 11월 1일).
69) 松下(2016), 56쪽.

요구를 일정 정도는 받아들일 수밖에 없다는 지방행정의 독자적인 논리'가 작용하고 있다는 것에 주목해야 한다.

다른 지방과는 다르게 시가현에서는 분급형 민족학급이 많이 설치되어 있었기에 1950년대 초반에는 시가와 같은 수준의 교육보장을 달성하는 것을 목표로 했다.[70] 다만 많은 지역에서 아이들은 기본전제로서 정식 교육과정 내 교육으로 일본의 교육을 받고 있었다. 재일조선인을 대상으로 한 교육 시간은 제한되었을 뿐만 아니라 방과후 실시하는 수업은 아이들에게 있어 부담스러운 것이어서 당시 관계자 중에서는 민족학급의 교육을 '불충분한 교육'으로 평가하는 경우가 많았다.[71] 이러한 '불충분한 교육'을 실시했던 상황이 조선학교를 부활시키는 움직임의 동력이 된 지역도 적지 않다.[72]

한편, '야간학급'도 설치되었다. 야간학급(야간강습회라고 불린 경우도 있음)에 관해 언급하는 자료가 많지 않고 그 실태가 분명히 조명되지는 않았지만, 후쿠시마나 후쿠이 등 '특설학급(민족학급)의 설치조차 할 수 없는 곳에서 조선인 학부모가 열정으로 하는' 것으로서[73] 조선어를 가르치고 있다고 하고 있다.[74]

(3) 재일조선통일민주전선의 결성

1950년 6월에는 한국전쟁이 발발하여 재일조선인과 조선반도와의 관계가 한층 복잡해진다. 이런 속에서 1951년 1월, 조련의 후속단체로서 재일조선통일민주전선(약칭 '민전')이 결성되어 파괴된 조선학교교육 체계도 조금씩이기는 하나 다시 정비되어간다.

....

70) 재일조선인통일민주전선 중앙위원회「민전 4전대회 교육부문 보고서」(1953년 11월).
71) 리진규「민주민족교육방위투쟁을 보다 높은 단계로 전진시키기 위해서(上)」『해방신문』 1952년 11월 25일자.
72) 1957년에 창립한 규슈조선중고급학교는 그 한 예이다(규슈조선중고급학교 건설위원회 「규슈조선중고급학교건설개황」(1956년 11월 10일)을 참조). 또한 물론 여기에서 필자의 의도는 재일조선인 아이들에게 민족학급이 가진 교육적 역할을 부정하는 것은 아니다. 오사카에서 민족학급의 역사적 전개나 교육실천, 그것에 관계된 사람들의 생각에 대해서는 朴正惠(2008)를 참고.
73) 李興烈(1952), 13쪽.
74) 小沢(1973), 292쪽.

표 1-5(a) 1953년 5월 30일 시점의 교육형태별 취학아동·학생 수

			도쿄	가나가와	아이치	교토	시가	오사카	효고	이바라기	이와테	아오모리
자주학교	소학	학교 수			10	1		8	12		1	1
		학생 수			1371	165		1508	3676		63	72
	중학	학교 수		1	3	1			2	1		
		학생 수		428	455	124			782			
	고교	학교 수			1			1	1			
		학생 수			25			345	75			
공립학교	소학	학교 수	12	5								
		학생 수	2800	1217								
	중학	학교 수	1					2				
		학생 수	1308					725				
	고교	학교 수	1									
		학생 수	570									
공립분교	소학	학교 수	1						8	8		
		학생 수	43									
민족학급	소학	학교 수		2		8	17	10	2	10		
		학생 수				550	800	1000		274		
	중학	학교 수					2		1			
		학생 수					37					
야간학교		학교 수		49					1	1		
		학생 수										
교원		조선인	126	49	83	24	26	116	137	17	2	2
		일본인										
계		학교 수	15	57	14	10	19	30	27	11	1	1
		학생 수	4721	1645	1851	839	837	3578	4533	274	63	72

주1: 재일본조선통일민주전선중앙위원회 「제10회 중앙위원회 보고와 결정서」(1953년 5월 30일) 「문교부 측의 활동 보고와 그 결론 및 당면의 결정사항」에서 작성.

주2: 일본인교원의 수는 보고되어 있지 않음.

주3: 학교 수는 보고되어있으나, 학생 수가 보고되어 있지 않은 각 지방이 있어 대략적인 수를 언급함.

민전은 '1. 학교 기본재정의 확립, 2. 학교설비와 환경정리, 3. 교과체계－교과목의 체계확립과 교과서 완비, 4. 교원실력 향상과 교육기술의 연마, 5. 교원의 최저생활보장' 등을 교육문제의 과제로 내걸고[75] 일본 정부로부터 공공비용 조

....

75) 리진규 「민주민족교육방위투쟁을 보다 높은 단계로 전진시키기 위해서(中)」『해방신문』 1952년 11월 30일자.

야마가타	치바	사이타마	시즈오카	기후	미에	에히메	오카야마	히로시마	야마구치	시즈오카	계
	1		2		1	1	5	4	2		49
	80		99		87	63	240	402	50		7876
			1					1			10
			44					50			1883
											3
											445
											17
											4017
											3
											2033
											1
											570
											17
											43
1	4	5		6						8	73
94	200	147		170						595	3830
1				1						1	6
15				17						114	183
	1					2	3			4	61
	50					66				100	216
3	12	6	9	9	5	4	17	19	2	7	675
											0
2	6	5	3	7	1	3	8	5	2	13	240
109	330	147	143	187	87	129	240	452	50	809	21096

성을 획득하는 것을 교육운동의 방침으로 삼았다. '4.24 학교사건 이후, 시종일관 우리들의 투쟁과제'였던 교육비 획득 투쟁은76) '우리가 일본에 살고 있는 한 그 실현을 위해 끝까지 싸워야만 하는' 운동이었고,77) '직접, 적들의 권력과 충돌해

76) 민전3전대회 준비위원회 「각단위조직의 활동보고와 제안 교육활동보고와 활동방침」(1952년 12월 18~19일), 5쪽.

77) 리진규 「민주민족교육방위투쟁을 보다 높은 단계로 전진시키기 위해서(下)」 『해방신문』 1952년 12월 10일자.

표 1-5(b) │ 1954년 4월 시점의 교육형태별 취학아동 · 학생 수

			도쿄	가나가와	아이치	오사카	효고	이바라기	사이타마	치바	이와테	야마가타	후쿠시마	미야기	아오모리
자주학교	소학	학교 수			10	9	14			1	1			1	3
		학생 수			1371	1812	2967			80	70			60	72
	중학	학교 수			1	3	2	1							
		학생 수			628	652	640	60							
	고교	학교 수				1	1	1							
		학생 수				166	114								
공립학교	소학	학교 수	12												
		학생 수	3142												
	중학	학교 수	1			1									
		학생 수	1563			790									
	고교	학교 수	1												
		학생 수	646												
공립분교	소학	학교 수	1	6	3		8			4					
		학생 수	64	1217	300		1370			200					
민족학급	소학	학교 수		3	5	10	3	10	6			1			
		학생 수		105	392	1000	129	274	145			94			
	중학	학교 수					1					1			
		학생 수					155					15			
야간학교		학교 수				1	2			1				4	5
		학생 수					49			50				120	85
교원		조선인	149	15	83	139	158	17	6	12	2	3	5	5	3
		일본인	119	22		20	42								
계		학교 수	15	10	22	22	31	11	6	6	1	2	4	6	3
		학생 수	5415	1950	2715	3768	5424	334	145	330	70	109	120	145	72

주1: 재일본조선인학교 PTA 전국연합회, 재일조선인교육지동맹 「대회결정서」(1954년 6월 20일), 조선인학교학생수조사표 1954.4 현재」로부터 작성.
주2: 학교 수는 보고되어있으나, 학생 수가 보고되어 있지 않은 지방도 있으므로 대략적인 수를 언급함.

합법적으로 싸울 수 있는 동시에 교육비를 획득함으로써 우리의 교육시설과 내용을 한층 발전시킬 수 있으며, 또한 적의 재(再) 군비예산을 파산의 길로 쫓게 하는 정치적 투쟁으로 발전시킬 수도 있다'라고 하며 합법성, 교육의 질 향상, 재군비예산을 감소시킨다는 3개의 방향에서 그 의의를 도출하고 있다.[78]

....

78) 재일조선통일민주전선 「제4회 전체대회결정서」(1953년 11월) 참조.

시즈오카	기후	미에	시가	교토	에히메	오카야마	히로시마	야마구치	후쿠오카	카가와	돗토리	와가야마	후쿠이	홋카이도	계
2		1		1	1	5	4	1			1	1		2	58
162		87		173	41	505	402	50			80	40		40	8012
1				1	1	1	1	1				1			14
187				285	37	120	75	30				13			2727
															3
															280
															12
															3142
															2
															2353
															1
															646
															22
															3151
	7	6	18	10					8	1					88
	203	170	570	947					639	17					4685
	1	1	1						1						6
	22	17	13												222
						9					1	3	7		33
						549					34	190	230		1307
11	9	9	27	38	3	21	19	3	7	1	1	3	3	2	754
						2									205
3	8	8	19	12	2	15	5	2	9	1	2	5	7	2	239
349	225	274	583	1405	78	1174	477	80	639	17	114	243	230	40	26525

다만 민전 제9회 중위(1952년 12월 20일)에서 문교부장이 된 리진규는 '교육비 획득 투쟁은 전술의 하나이며 결코 그 자체가 목적이 되어서는 안 된다'는 것을 강조하고 있다.[79] 민전 관계자 속에서 '일본 정부가 교육비를 부담할 때까지는 언제까지나 일본학교 속에서 식민지 노예교육을 받고 교육비 획득 투쟁만 해

79) 리진규「민주민족교육방위 투쟁을 보다 높은 단계로 전진시키기 위해서(中)」『해방신문』 1952년 11월 30일자.

표 1-5(c) | **1955년 4월 1일 시점의 교육형태별 취학아동·학생 수**

			도쿄	가나가와	아이치	오사카	효고	이바라기	사이타마	치바	이와테	야마가타	후쿠시마	미야기	아키타
자주학교	소학	학교 수	13		9	9	14			1	1			2	1
		학생 수	3226		501	1667	2009			91	50			67	45
	중학	학교 수	1	1	2		2	1							
		학생 수	1486	491	484		653	64							
	고교	학교 수	1	1	1	1	1	1							
		학생 수	708	91	120	183	153	28							
공립학교	소학	학교 수													
		학생 수													
	중학	학교 수				1									
		학생 수				805									
	고교	학교 수													
		학생 수													
공립분교	소학	학교 수		7	3		8								
		학생 수		1318	567		1346								
민족학급	소학	학교 수			1	5	10	3	10	5	3		1		
		학생 수				292	1000	60	304	178	121		43		
	중학	학교 수				1		1					1		
		학생 수				43		150					15		
야간학교		학교 수											1		
		학생 수											20		
교원		조선인	187	56	96	139	137	23	8	9	2	3	1	2	1
		일본인	1	22		20	37								
계		학교 수	15	10	21	21	29	12	5	4	1	2	1	2	1
		학생 수	5420	1900	2007	3655	4371	396	178	212	50	58	20	67	45

주1: 재일본조선인교육회, 재일본조선인교직원동맹「결정서」(1955년 7월 3일), 「조선인학교 1955. 4. 1.현재」로부터 작성.

주2: 학교 수는 보고되어 있으나, 학생 수가 보고되어 있지 않은 지방도 있으므로 대략적인 수를 언급함.

주3: 도쿄의 통계에는 중앙조선사범전문학교(학생수 98명)도 포함되어 있음.

도 괜찮다'는 '교육비 획득 지상주의'나 '동포들의 생활이 어렵기 때문에 자주적으로 학교를 운영해도 멀지 않아 자멸하게 된다. 그렇기 때문에 해도 소용이 없다'는 '경제주의적 편향', 또한 '모든 정치투쟁이나 실력 투쟁에 학생들과 교원이 참가해야만 한다. 그로 인해 교내의 정상적인 교육활동이 멈추고 학력이 저하된다고 해도, …교육을 실천투쟁 안에서 성장시킬 수 있는 것이다'라고 하는 '실력투쟁지상주의'가 극복해야만 하는 경향으로서 나타나고 있다는 점이 지적되고

시즈오카	기후	미에	시가	교토	에히메	오카야마	히로시마	야마구치	후쿠오카	카가와	돗토리	와가야마	후쿠이	홋카이도	계
2		1		1	2	4	4	1				1		1	67
151		98		166	85	268	276	59				11		35	8805
1		1		1	1	1	1	1				1			15
63		17		269	10	16	101	31				7			3692
1				1											8
16				48											1347
															0
															0
															1
															805
															0
															0
															18
															3231
		8		17	10					6	1				80
		262		469	680					688	30				4127
				1						1					5
				8						80					296
			1	1		9	2					1	5	7	27
			30	30		333	16					34	214	230	907
12	9	7	27	28		21	16	5	7	1	1	9	3	2	812
															80
4	8	3	19	13	3	14	7	2	7	1	1	7	7	1	221
230	262	145	507	1163	95	617	393	90	768	30	34	232	230	35	23210

있다.[80] 무엇보다도 중시되었던 것은 민족교육의 장을 존속시키고 아이들이 민족교육을 받을 수 있도록 하는 것이었다.

이를 위해 폐쇄조치 후에 공립학교로 전입학한 아이들을 다시 조선학교로 취학시키는 '아동 탈환운동'도 추진된다.[81] 이것은 조선학교의 재건과 일치되는

....

80) 민전 3전대회 준비위원회 「각 단위조직의 활동보고와 제안 교육활동보고와 활동방침」 (1952년 12월 18~19일), 7－8쪽.

과제였다. 일본의 학교에서 아이들을 '탈환'하기 위해서는 일본인 교원과의 연대를 공고히 해야만 한다는 논점도 이 시기부터 등장한다. 특히 일교조(日教組)와의 연대를 강화하는 방침이 보이는데, 1953년 1월 25~28일에 걸쳐 열린 일교조 제2회 전국 교연에서는 교동의 대표가 참가하여 '재일조선인의 교육의 현황을 보고하고, 조일 양 민족의 평화적인 통일·독립을 달성시키고 민족교육을 방위·발전시키기 위해 미일반동세력에 함께 싸울 것이 결의되었다'는 것이 큰 성과로서 보고되고 있다.[82]

1950년대 초반에는 각 지역에서 조선학교가 신설·재건되기 시작하여 전국 통일 시험이나 전국음악 콩쿨, 전국미술콩쿨, 현상작문 콩쿨 등이 실시되고,[83] 전국적인 조선학교의 연계도 만들어져간다. 각 지역에서는 교원 재교육의 장으로서 강습회도 조직되고 이에 더해 제1회 전국 중고교장·교무주임회의(1953년 10월 21일)도 열리게 된다.[84] 1952년에는 각 지역에서 공립조선학교를 중심으로 연합 운동회도 개최되게 된다.[85] 1953~1955년의 교육형태별 학교 수, 취학자 수 및 교원수를 [표 1-5(a~c)]에 제시했다.

이렇듯 파괴된 학교체계는 서서히 재건되어갔다. 그리고 1950년대 중반부터 조국·조선민주주의인민공화국과의 관계를 돈독히 하는 가운데 조선학교 체계는 속도를 높이며 재구축되어 간다.

....

81) 재일조선통일민주전선 중앙위원회 「제10회 중앙위원회 보고와 결정서」(1953년 5월 30일), 40쪽.

82) 재일조선통일민주전선중앙위원회 「민전4전대회 교육부문보고」(1953년 11월), 176쪽.

83) 민전3전대회 준비위원회 「각 단위조직의 활동보고와 제안—교육활동보고와 활동방침」(1952년 12월 18~19일), 2쪽.

84) 재일조선통일민주전선중앙위원회 「민전3전대회 교육부문보고」(1953년 11월), 170쪽.

85) 민전3전대회 준비위원회 「각 단위 조직의 활동보고와 제안—교육활동보고와 활동방침」(1952년 12월 18~19일). 예를 들면 도쿄에서는 1952년 10월 22일에 도쿄연합대운동회가 메이지신궁 가이엔 경기장에서 열리게 된다. 여기에서는 도쿄도립조선인학교 12개교 및 요꼬하마조선인소학교의 학생들, 약 4,000명이 출연하였고, 또한 도내 일본의 소중학교의 학생들 및 일본시민단체도 초대되어 함께 경기를 하고 있다. 총 참가자 수는 3만 명이라고 기록되어 있다. 「약동하는 청춘의 제전—각 지역에서 성대한 대운동회」「13연합 대운동회에 3만 동포가 열광 도쿄」『해방신문』 1952년 11월 5일자.

제2장

본국 교육의 이식

　조련의 강제해산과 학교폐쇄조치로 파괴된 조선학교의 학교체계는 1950년
대에 차차 재구축되어간다. 1950년대를 거치면서 조선학교는 형식적으로나, 내용
적으로 보다 체계를 갖춰나가면서 전국적인 통일성을 더해가게 된다. 그 배경에
는 아이들을 '떳떳한 조선사람'으로 키워내기 위한 교육을 하겠다는 마음에 기초
한 재일조선인의 조직적인 대응과 함께, 조국·조선민주주의인민공화국과의 강한
연결이 만들어졌다는 사실이 있다.

　본 장에서는 본국의 교육을 '이식'하면서 학교체계가 재구축되고 조선학교의
교육이 재편된 과정을 설명하고자 한다.

제1절 학교체계의 재구축

　1950년대 중반부터 후반에 걸쳐 조선학교에 큰 전기(轉機)가 몇 번이고 찾
아온다. 1955년에 총련이 결성되고, 1957년부터 공화국의 교육원조비와 장학금
송부가 시작되었으며, 1959년에는 공화국으로 귀국사업이 시작된다. 이런 시기를
거쳐 조선학교와 조국으로서 공화국과의 유대는 한층 강화된다. 그리고 이러한
가운데 조선학교의 학교체계가 재구축되어간다.

(1) 재일본조선인총련합회의 결성

1955년 5월 24~26일 개최된 제6차 임시대회에서 민전은 민전의 발전적 해산과 총련의 결성을 선언한다. 총련의 공식적인 역사에서는 이것을 '재일조선인 운동의 노선전환'이라고 부른다. 같은 대회의 대회보고에서 '우리는 일본에 있다는 조건만을 강변하면서 재일조선인의 요구와 이익을 옹호하기 위해서는 일본국민과의 연결을 굳게 해서 일본의 반동정책을 전환시켜야만 한다면서, 마치 일본의 주권을 타도할 책임이 우리에게 있는 것처럼 과장하고 일본인민이 수행하는 임무를 대행했다'라면서 민전의 운동노선을 비판했다.[1] 이 비판은 재일조선인 운동이 '재일'이라는 것을 지나치게 강조하는 바람에 '조선인'＝공화국의 해외 공민으로서의 운동의 성격을 잃어버렸다는 측면에서 이루어진 것이었다.

이러한 민족단체 내부의 비판에 기초하여 결성된 총련은 ① 일본 내정에 불간섭, ② 합법적 운동의 전개, ③ 공화국 정부·조선노동당의 지도를 따른다는 3개의 원칙을 운동의 기본노선으로 삼았다. 조선학교와 연결해서 보자면 ①은 재일조선인의 민족교육에 드는 비용은 일본 정부의 국고에서 지불되어야 한다는 교육비 전액 국고 부담론을 억제하고, ②는 조선학교의 각종학교 인가취득운동을 가속화시키며, ③은 조선학교의 교육내용에 영향을 주게 되었다.

총련은 그 기본성격을 나타낸 8대 강령의 제4항에서 '우리는 재일조선동포의 자녀에게 모국어와 문자로 민주민족교육을 실시하고, 일반 성인들에게 남아있는 식민지 노예사상과 봉건적인 유습을 타파하고 문맹(文盲, 원문 그대로 표기: 저자주)을 없애며, 민족문화의 발전을 위해 노력한다'는 것을 제시하고 있다. 또 결성대회에서는 '민주민족교육을 강화발전시키자'라는 교육사업에 관한 방침을 수립하고, 그 내용으로는 ① 모든 청소년을 공화국에 충실한 아들, 딸로 교육시킨다, ② 교육의 질을 높인다, ③ 학교교육을 강화한다, ④ 청년, 여성에 대한 교육사업을 강화한다, ⑤ 교육행정체계를 확립한다, ⑥ 육영사업과 진학 대책을 강화한

---

1) 민전중앙위원회 「민전 제6차 임시대회보고서」(1955년 5월 24－25일), 17－18쪽.

다는 6개였다.[2] ⑤의 교육행정체계의 확립이라는 것은 일본 사회에 빗대어 말한 다면 총련중앙이 정부, 총련중앙의 교육담당부국이 문부성, 각 부현의 총련지방 본부가 각 도도부현(都道府県)처럼, 조선학교에 관한 여러 사업을 수행하기 위한 조직체계를 확립해 나가는 것을 지칭한다. 이러한 조직체계를 기반으로 총련은 조선학교의 교육방침을 구체화하고, 교과서 편찬, 교원양성, 권익획득 운동의 추진, 성인교육의 정비 등 각종사업을 추진하는 데 매우 중요한 역할을 담당하게 된다.

조선학교에 관한 두 가지의 조직, 재일본조선인교육자동맹(교동)과 재일조선인학교PTA전국연합회(1951년 6월 26일 결성)도 노선전환방침에 따라 1955년 7월 2일 공동으로 대회를 열고 각각 재일본조선인교직원동맹(약칭 '교직동'), 재일본조선인교육회(약칭 '교육회')로 개칭하게 된다. 교직동의 기본성격은 조선학교 교직원들의 자질향상과 최저수준의 생활 확보 등 기본적인 틀은 변하지 않았으나, 교육회는 그 구성원을 기존의 조선학교 취학자의 학부모(보호자)뿐만 아니라, 같은 학구 내에 거주하고 있는 재일조선인 전체를 포함시키고, 이에 기반하여 학교운영비를 부담한다는 방침을 내놓게 되었다.[3]

(2) 교육원조비와 장학금

총련과 교육회가 결성되었다고는 해도 조선학교는 계속해서 만성적인 재정난 속에 있었다. 1956년 10월, 총련중앙은 '현 단계에서 학교를 정상적으로 운영하기 위해서는 학부모가 아닌(비보호자) 조직이 결정적인 요인이 됩니다'라며, '공화국을 지지하지 않고 총련을 이해할 수 없는 동포들 사이에서도 민족적 감정으로 민족교육만을 지지하는 성원을 보내는 동포는 적지 않습니다. 우리는 이러한 동포들을 조선학교의 주변에 결집시켜 그들과 끊임없이 접촉하고, 학교사업의 도움을 받는 것'이 필요하다고 강조했다.[4] 체제에 대한 지지나 민족단체의 소속 여

---

2) 吳圭祥(2005), 41쪽.

3) 교육회중앙위원회, 교동중앙위원회 「교육회 제2차, 교동 제20회 확대중앙위원회 결정서」 (1955년 11월 26~27일). 일부 자료에서는 '교직동'이 아닌, '교동'이라는 약칭을 사용한 상태이며 교직동이라는 약칭이 아직 널리 쓰이지 않았던 것으로 생각된다.

부에 관계없이 지역의 모든 조선인들을 대상으로 하여 조선학교 운영비를 마련하려 한 총련의 방침을 통해 아이들을 조선인으로 키운다는 교육의 정당성에 대한 자신감과 심각한 경영난에 직면해 있는 엄중한 상황을 엿볼 수 있다.

이런 가운데 1955년 12월 29일에 남일(南日) 공화국외무상이 성명을 발표한다. 성명에서는 '재일동포자녀의 민족교육을 보장'하기 위해서 '부족한 교과서 및 교원을 보충하고, 조국에서 교육을 받기 위해 귀국하려는 학생들을 환영하며 모든 생활과 학업을 보장하고, 일본에서 공부하는 대학생들에게도 일정한 장학금을 보낸다'는 뜻이 전달되었다.[5] 성명이 발표된 이후, 공화국 정부의 움직임과 총련에 의한 국회요청 등이 진행되어 1956년 3월에는 기시 노부스케 수상이 공화국 정부로부터 송금을 받아들인다는 내용을 국회에서 표명한다. 그리고 다음 해인 1957년 4월, 조선적십자사로부터 일본적십자사를 통해 교육회 중앙의 윤덕곤 회장에게 일본 돈 1억 2,109만 9,086엔의 교육원조비와 장학금이 송부되었다.

공화국으로부터 교육비 송금을 받고, 조선학교 관계자들은 '지금 이후 재일조선인의 민족교육사업을 현재 공화국에 실시되고 있는 전반적인 초등의무교육제도와 연결하여 그 체계, 질과 양 모든 면에서 국가적 사업으로서 일대 도약시킨다'고 결의하게 된다. 공화국으로부터 받은 재정적 지원으로 조선학교의 운영이 공화국의 '국가적 사업'의 하나라는 입지를 갖게 된 것이 강조되었다고 말할 수 있다. 해방 후 10여 년간, '여러 어려움과 억압에 굴하지 않고' 계승해온 '민족교육사업의 정당성'이 재차 입증되었다. 조국으로부터 승인받았다는 것을 재일조선인들은 기뻐했다.[6]

실제로 운영난에 있었던 조선학교에게 교육원조비의 존재는 절대적이었다. 「1958학년도 교육비 및 장학금 배당예산」에 의하면 교육원조비 중 400만 엔이

----

4) 재일본조선인총련합회중앙상임위원회 「중앙위원회 제7차 회의에 제출한 1956 신학년도 준비사업총괄보고와 1957 신학년도준비사업 방침초안」(1956년 10월 24일~26일), 1－2쪽 초안.

5) 「재일조선인의 생활, 교육, 귀국문제 등의 해결을 위해 공화국대표 파견할 용의가 있다－ 남일 외무상이 성명」『해방신문』 1956년 1월 7일자.

6) 재일본조선인교육회중앙위원회, 재일본조선인교직원동맹상임위원회 「교육회 제6차, 교회 제24차 중앙위원회에 제출된 보고」(1957년 5월 8일).

'교과서비'로 충당되었다.7) 1956년의 교과서 명세일람을 보면 초급학교 교과서의 정가는 60~120엔, 중급학교 교과서의 정가는 120~250엔, 고급학교 교과서 정가는 100~250엔8)이었으나, 58년에는 중고급학교 교과서가 원래의 반 값 정도 가격으로 판매되었고 초등학교 교과서는 무상으로 지급되었다.9)

또한 1958학년도의 자주학교, 공립분교, 민족학급, 오후야간학교 전체 수지(收支)의 약 33%를 교육원조비가 차지했으며(자주초급학교: 30%, 자주중고급학교: 34%, 공립분교: 24.1%, 민족학급: 20.9%, 오후야간학교: 54.6%),10) 1958학년도에는 교육원조비가 전체 수지의 71% 이상을 차지하는 학교가 11개교나 있었다.11) 1960학년도 결산을 보아도 20개 도도부현, 103개교의 자주 학교와 공립분교에 있어 교육원조비는 전체 비용의 32.4%를 차지하고 있다.12) 교육원조비는 조선학교 운영에 있어 없어서는 안 되는 경상적인 수지로서 차츰 자리잡아가고 있던 것이다.13)

이와 함께 초급학교 수업료 인하, 성적 우수자 중 가정형편이 어려운 학생

....

7) 재일본조선인교육회 「1958–1959학년도 교육원조비 및 장학금배당예산안에 관해서」(1958년 5월 24일) 15–17쪽.

8) 재일본조선인총련합회 중앙상임위원회 「각급 학교 규정 및 교육참고자료」(1956년 2월) 「신학년도 교과서명세일람표」(1956년)

9) 총련중앙상임위원회 「총련중앙위원회 제15차 회의에 제출한 교육사업 총괄보고」(1958년 10월).

10) 재일본조선인교육회중앙위원회 「재일본조선인교육회 제4차 정기대회 일반방침(초안)」(1958년 4월 30일), 31쪽 표로부터 산출.

11) 재일본조선인교육회 「재일본조선인교육회 제5차 정기대회 결정서」(1959년 6월 14일).

12) 재일본조선인교육회중앙상임이사회 「재일본조선인교육회 제6차 정기대회 결정서」(1961년 6월), 10쪽.

13) 물론 재일조선인들은 조선학교 운영비 전체를 공화국으로부터 송금받아 부담한다고 생각하지 않았고, 오히려 교육원조비에 크게 의존하는 학교는 비판의 대상이 되었다. 재일본조선인교육회중앙위원회 「재일본조선인교육회 제4회 정기대회 일반방침(초안)」(1958년 4월 30일)에서는 '잊어서는 안 되는 것은 조국의 교육원조비가 사회주의 건설을 위협하는 환경 속에서 송금되었다는 것입니다. 우리는 어디까지나 10여 간년 지켜온 민족교육에 대한 모든 동포들의 애국열성에 제대로 의거하여 모든 동포들의 충분한 이해와 힘으로 교육을 의무적으로 실시해나간다는 견지에서 학교를 운영해야만 할 것입니다. 이것은 동포들의 장기 생존에 관한 총련의 정책과도 부합하고, 또한 우리들의 교육회의 당연한 의무인 것입니다'라고 되어 있다. 재일본조선인교육회상임위원회 「제14차 중앙위원회 보고 및 방침」(1958년 10월 12~13일)에서도 비슷한 취지의 지적이 있다.

들을 경제적으로 지원하는 '급비생(給費生)'제도 등이 순차적으로 실시되고,[14] 나아가서는 학부모들의 생활수준에 맞추어 회비를 결정하는 '교육회 회비' 제도나 교원들의 급여기준과 정원제 규정도 제정되어간다.

1956년 4월에는 조선대학교가 창립된다. 조선대학교는 설립 당시 2년제로 7개의 학과(문과, 정치경제, 역사지리, 리수, 사범, 예능, 체육)가 설치되어 도꾜중고급학교의 일부를 사용하고 있었다. 그 후 1958년에는 4년제로 개편되어 문학부(조선문학과, 정치경제학과)와 리공학부(물리공학과, 화학과, 기계공학과)의 2개 학부제가 되었다(사범과와 예능과는 1957년에 폐지되었다).[15] 독립한 교지 및 교사(校舍) 확보에 어려움을 겪고 있었으나, 그것에 갑작스럽게 물꼬를 트게 된 것도 본국으로부터의 교육비원조를 통해서였다. 조선대학교는 1959년 6월에 현재 도쿄도 코다이라시(東京都 小平市)에 이전하여 독립된 교사(校舍)를 꾸미는 데 제2차 교육원조비(1957년 10월 4일, 1억 51만 엔)의 전액과 제4차 및 5차 교육원조비 일부(각각 5,000만 엔)가 그 용지 매입과 학교 건물 건설비로 충당되었다. 조선학교체계의 정점에 위치한 유일한 고등교육기관인 조선대학교가 그 기능과 체재를 정비·확대시키는 데 있어서 교육원조비는 큰 역할을 맡았던 것이다.

이렇게 본국으로부터의 교육원조비는 조선학교가 설립된 이래 늘 머리를 아프게 한 어려운 현안 사항을 차례차례 개선해갔다. 공화국의 교육원조비와 장학금을 민족교육의 '생명수'라고 부르게 된 이유이다.

(3) 귀국의 실현

한편 1958년 중반부터 재일조선인 사이에 공화국으로 귀국을 희망하는 목소리가 점차 고조되면서 각 지역의 총련부회 등에서 집단귀국의 결의를 실시하고 그 뜻을 담은 공화국 정부 앞으로의 편지를 작성해 간다.[16] 58년 9월, 공화국

---

14) 예를 들면 「취학장려사업 조직－교육비와 동포유지의 협력에 기초하여」 『조선민보』 1959년 3월 19일자.

15) 「조선대학교 50년의 족적」 편집위원회(2007) 『조선대학교 50년의 족적』.

16) 귀국운동고양의 계기를 만들었다고 하는 가나가와현 가와사키시 나카루경지(中留耕地) 거주 조선인의 결의문 「조국으로 돌아가고 싶다」(1958년 8월 11일)의 내용은 다음과 같이

정부도 남일 외무상 성명을 발표하고 귀국자를 받아들이고 생활을 보장한다는 내용을 재차 강조한다.[17]

총련은 같은 해 10월부터 귀국요청이라는 전국통일운동을 전개하고 일본 정부 당국 및 지방자치단체 의회에 대해서 귀국을 보장하라는 요청 활동, 데모 행진, 서명운동 등을 실시하고 도치기현 고쿠분지(栃木県 国分寺町) 의회를 시작으로 많은 각 지방의회에서 재일조선인의 귀국지원 결의가 채택되었다. 재일조선인의 귀국 문제를 협의한 조선 적십자사와 일본 적십자자의 회담은 1959년 4월 제네바 회담을 시작으로 같은 해 8월 13일, 인도 캘커타에서 '조선민주주의인민공화국 적십자사와 일본적십자사 간의 재일조선 공민의 귀국에 관한 협정'이 조인되어 3개월 안에 귀국선을 배치하는 것 등이 결정된다. 이렇게 공화국으로의 제1차 귀국선은 1959년 12월 11일에 니가타(新潟)항에 입항했다.[18]

귀국 운동이 고조되는 가운데 조선학교에 대한 재일조선인들의 관심도 높아져갔다. 총련중앙은 이것을 계기로 일본 학교에 다니는 재일조선인 아이들의 조선학교 전·입학을 추진하는 '학생 인입(引入) 운동'을 전국적으로 전개한다.[19] 일본 학교 교원에 대한 활동이나 각종 선전물(조선학교 아이들이 만든 문집이나 입학 안

되어 있다. '1. 우리는 일본에서 일본정부의 박해와 멸시, 학대 속에서 어려운 생활을 계속하기보다, 즉시 조국으로 돌아가 조국의 건설에 참여함으로써 조국의 평화적 통일, 독립을 획득하는 활동에 참여할 것이다. 2. 일본정부는 우리의 이 정당한 요구를 즉시 수용하고 귀국에 대한 만단의 조치를 강구해 줄 것을 요청한다. 3. 우리는 이상의 요구를 관철하기위해 동포간의 단합을 강화하고 일본인민의 지지를 얻을 수 있도록 노력하며 끈질기게 싸울 것이다.' 吳圭祥(2005), 47쪽.

17) 「재일공민의 귀국실현에 특별한 배려, 남일외무상 성명 – 귀국 후 생활을 모두 보장」 『조선민보』 1958년 9월 20일자.

18) 일본정부가 '귀국사업'에 적극적인 대응을 보여준 배경에는 반공주의에 기초하여 재일조선인을 치안문제로 바라본 것과 사회보장제도에 소요되는 재정을 어렵게 하는 존재였던 재일조선인을 문자 그대로 (제도적 측면뿐만 아니라 물리적으로도) '배제'한다는 목적이 있었다는 견해도 있다. テッサ·モーリス=スズキ(2007).

19) 총련중앙교육문화부 「1959 신학년도 준비사업 조직요강」(1958년 10월 27일). 한편 아이들의 교육뿐만 아니라 성인교육을 강화하는 방침도 점차 강조된다. 1959년 4월부터는 자주학교와 공립분교가 있는 지역에서는 이러한 학교와 총련지부, 거점이 되는 분회에서 '성인학습을 의무적으로 실시'하는 것, 강사는 학교교원이나 총련 각 기관 간부가 맡을 것, 또한 3월 20일부터 성인학교 강사양성사업을 시작하는 것이 결정되었다(재일본조선인교육자 제3차 대회 「1959년 신학년도 준비사업을 성공시키기 위해」(1959년 2월 26~27일)).

내 등)을 작성·배포함으로써 일본 학교에 다니고 있는 재일조선인에게 조선학교의 '훌륭함'을 전달하는 것을 도모했다.

조선학교의 취학자 수는 1958학년도에는 6,300명 증가하여, 1959년 9월 2학기가 시작되었을 때는 약 5,000명이, 1960년 1월에도 약 2,700명이 입학하여 1960학년도 신입 및 편입학 신청자는 7,000여 명[20]이었다. 결과적으로 1959년 4월에 2만 3,947명이었던 취학자 수는 1960년 4월에는 3만 6,516명으로 증가하여 152.5%의 증가율을 보였다.[21] 즉, 당시 조선학교의 약 3분의 1에 해당하는 아이들은 조선학교에 새로 들어온 아이들로 민족교육을 경험해보지 못했던 아이들이었던 것이다(신입생, 편입생 비율은 불명확하다). 후술하는 것처럼 취학자 수의 증대와 함께 필요한 교원의 수를 확보하기 위해 조선대학교 교원양성소에서 공부하는 학생들의 수료 시기를 3개월 앞당기는 조치도 취해졌다.

또한 증가하는 아이들을 받아들이기 위해 많은 학교에서는 학교 건물을 신축·증축·개축하였다. [표 2-1]은 1955~1971년 4월까지 신축·증축·개축한 학교 수를 정리한 것이다. 59년 1월에 도꾜조선 제1초중급학교가 3층의 철근 콘크리트 교사(校舍)로 준공한 이후[22] 점차 목조건물에서 철근교사로 학교건물의

표 2-1 | 1955~1971년 4월까지 신축·증축·개축된 학교 수

공사완료연도	1955	1956	1957	1958	1959	1960	1961	1962	1963
학교 수	4	7	7	8	11	21	22	22	12
철근교사	-	-	-	-	2	5	13	9	6
	1964	1965	1966	1965	1968	1969	1970	1971	
	15	5	12	10	12	7	21	8	
	12	4	10	8	12	7	21	8	

주: 일본교육학회 교육제도연구위원회 외국인학교제도연구 소위원회 「「재일조선인과 그 교육」 자료집 제2집」(1972년 8월), 26쪽에서 필자 작성

20) 재일본조선인교직원동맹 중앙위원회 「교동중앙위원회 제38차 회의 결정서」(1960년 3월 23~24일).
21) 재일본조선인총련합회 중앙상임위원회 교육문화부 「1959~1960학년도 신학년도 준비사업 총괄통계표」(1960년 5월 8일).
22) 「철근 3층의 최신식 교사 도쿄·아라카와(荒川) 우리학교 낙성(落成)」 『해방신문』 1959년

개축이 이루어지게 된다.

부속유치반의 설치

학교신축·증축·개축과 관련해서 언급되어야 할 것은 1960년대에 초급학교 부속유치반이 많이 설치되었다는 것이다. 조선학교에서는 공화국을 따라 취학 전 교육기관을 유치반이라고 부른다. 서령애(徐怜愛, 2014)를 참고로 도카이(東海)지역, 게이한신(京阪神)지역, 간토(関東)지역의 조선초급학교에 병설된 유치반의 수를 병설시기와 함께 정리하면 [표 2-2]와 같다. 1960년대에 들어 특히 아이치현(愛知県)과 게이한신지역에서 부속유치반이 병설된 것으로 나타난다. 야마구치(山口), 가나가와(神奈川), 오카야마(岡山), 후쿠오카(福岡) 등 지역의 조선초급학교에도 유치반이 병설되었으나 현 시점에서는 설치시기 등이 정확히 파악되지 않고 있다.

총련이 유치반에 대한 설치방침을 내건 것은 1957년 5월 27일~29일에 걸쳐 열린 3전대회에서였다. 여기에서 '시설, 그 외 조건이 갖추어진 자주학교, 공립학교에서는 유치반을 설치하고 취학 전 아동교육에도 힘을 써야 한다'고 밝히고 있다. 이어 다음해 4전대회(5월 27~29일)에서도 '각 초등학교에서도 최대한 유치반을 설치하고 학교 전 교육을 강화해야만 합니다'라고 되어 있다. 1958년 총련중앙 교육관계 사업계획에서도 '초급학교에서는 유치반을 설치하고 학교 전 교육을 강화하는 것'이 제시되어 있지만[23] 구체적·조직적인 움직임은 확인되지 않는다. 거시적인 취학 전 교육의 필요성은 제시되어 있으나 각 학교의 재정적·인적 여유가 없는 당시의 상태로 방침의 실현이 진행되기 어려웠을 것으로 생각된다.

재일조선인의 생활상황을 감안하면 1950년대에도 탁아시설에 대한 요구는 적지 않았다고 생각되나, 이토(伊藤)에 의하면 '육아는 가정의 책임이라는 보육소

1월 20일자.

23) 재일본 조선인 총련합회 중앙교육문화부 「1958/9 학년도 연간사업계획서 교육관계」(1958년 6월).

표 2-2 | 조선학교 부속유치반의 설치시기 및 개원 수 (1950~1974년)

개원 연도	도카이(東海) 지역 병설학교명	간사이(関西) 지역 병설학교명	간토(関東) 지역 병설학교명	기타 지역 병설학교명	합계 개원 수
1950	아이찌(愛知)제1초급				1
1953			쯔루미조선 유치원		1
1956				이와꾸니(岩国)초중	1
1959	아이찌제8초급	니시고베(西神戸) 초급			2
1960	아이찌제2초급				1
1961				시모노세끼(下関)초중	1
1962		히가시고베(東神戸)초급			1
1963		아까시(明石)초급		오까야마(岡山)초중 후꾸오까(福岡)초급	3
1964	아이찌제7초급학교	히가시오사까(東大阪)제5초급 시까마(飾磨)초급			3
1965		다까라즈까(宝塚)초급 히메지(姫路)초급	가와사끼(川崎) 초급	히로시마(広島)제1초급	4
1966		히가시오사까제3초급 이따미(伊丹)조선초급학교 아보시(網干)초급	난부(南武)초급		4
1967	아이찌제3초급	아마가사끼(尼崎)초급 히가시오사까제1초급 히가시오사까제2초급 오시마(大島)초급 조호꾸(城北)초급 교또(京都)제1초급 교또제2초급			8
1968		센슈(泉州)초급	도꾜제1초급		2
1969	도슌(東春)초중	히가시오사까제4초급 나까오사까(中大阪)초급 니시나리(西成)초급 미나토(港)초급 교또제3초급			6
1970	도요하시(豊橋)초급	오사까후꾸시마 (大阪福島)초급 센보꾸(泉北)초급 기타오사까(北大阪)초급		구레시(呉市)조선유치원 (야마구찌제2초급)	5
1971		시가(滋賀)초중			1
1972	기후(岐阜)초중 욕가이찌(四日市)초중	나라(奈良)초중	이바라기(茨城) 초중고	도꾸야마(徳山)초급	7

개원 연도	도카이(東海) 지역 병설학교명	간사이(関西) 지역 병설학교명	간토(関東) 지역 병설학교명	기타 지역 병설학교명	합계 개원 수
	기후(岐阜)초중 욕가이찌(四日市)초중		니시도꾜(西東京) 제2초급 남부(南部) 조선유치원		
1973		마이즈루(舞鶴)초중 와까야마(和歌山)		우베(宇部)초중 지꾸호(筑豊)초중	4
1974	도노(東濃)초중		도꾜제6초급학교		2
1977	하마마쯔(浜松)초급			기따규슈(北九州)초중 도후꾸(東北)초중고	3

출처: 서령애(徐怜愛, 2014). 「일본에서 조선학교부속유치반교육의 성립과 전개」(도쿄가쿠게이대학 교육학연구과 석사논문) 및 각 학교 연혁사, 『朝鮮新報』등 에서 필자 작성.

※1: 서령애(徐怜愛, 2014)에 의하면, 아이치현에서는 아이찌제4초급, 아이찌제5초급에, 또한 효고현에서는 아이오이(相生)초급, 니시와키(西脇)초급, 다카사고(高砂)초급, 한신(阪神)초급에 유치반이 설치되었다고 되어 있으나, 병설시기가 불명확함. 또한 효고조선학원(兵庫朝鮮学園)은 1970년 7월에 효고현에 대해 유치부병설과 함께 학칙변경(정원 변경)을 신청하고 있음. 거기에는 한신(阪神), 소노다(園田), 오오시마(大島), 이타미(伊丹), 다까라즈까(宝塚), 히가시고베(東神戸), 니시고베(西神戸), 아까시(明石), 다까사고(高砂), 히메지(姫路), 세이방(西播), 아보시(網干), 아이오이(相生)에 「유치부를 병설」이라고 되어있음(출처: 효고현현정자료관(兵庫県県政資料館所蔵) 소장 자료).

※2: 표 중에는 「아이찌조선제1초급학교」를 시작으로 몇 개 공립조선학교가 있으나, 여기에서는 행정 호칭이 아닌 조선학교 측의 호칭을 사용함.

※3: 남부(南部)조선유치원은 주로 사이타마현 남부(南部)지부의 아이들이 다니고 있었으나, 그 다음해에 사이다마조선초중급학교의 유치부로 개칭되었음.

억제정책은 나고야뿐만 아니라 전국적인 추세이며, 어려운 가정과 불쌍한 어린이를 위한 보육소라는 시민의 감정은 오래도록 남아있다'며, '아기는 어머니나 조부모가 기르는 것'이 '당시의 상식'이었다.[24] 이러한 '상식'을 앞에 두고 '우체통 수만큼 보육소를'이라는 슬로건을 내건 여성운동은 오사카, 도쿄, 나고야, 요코하마 등 대도시권에서 보육소 증설을 실현해 간다(오사카시 사립보육원 연맹편, 1986). 고도성장기에 여성의 노동력화가 진행되면서, '상식'은 점차 흔들리고 있었다. 이러한 일본사회에서 영유아 인식의 변화, 또는 보육시설 정비에 대한 움직임은 재일조선인 탁아시설에 대한 요구를 보육시설에 대한 요구로 변화시키고 강화하는 간접적인 영향을 주었을 것이라고 생각된다.

....

24) 伊藤(2012), 121−122쪽.

오사카의 부속 유치원반의 설치시기를 보면, 초급학교의 교사공사가 끝난 해, 또는 그 1~2년 후에 유치반이 병설되는 경우가 많다.[25] 학교건물을 개축하면서 교실을 늘릴 때, 유치반 교육을 위한 공간을 교사(校舍) 또는 학교 안에 확보했다고 생각된다.

1963년 3월 16일자의 『조선신보』에서는 총련중앙교육부 리정수 부부장이 '입학 전에 우리 유치원에서 교양되는 것은 민주주의 민족교육체계에서 중요한 위치를 차지하는 큰 의의를 지니고 있습니다. … 앞으로 민주주의 민족교육 체계의 일환으로서 우리 유치원을 많이 설립해야만 합니다. … 취학 전 아동들을 위해서 교양자료도 한층 더 연구해 만들 계획'이라고 명시하였음을 소개하고 있다.[26] 이렇게 1950년대 중반 이후, 6·3·3·4제의 학교체계를 성립하는 것과 함께 취학 전 교육을 하는 유치반도 만들어지면서 조선학교의 학교체계는 더욱 정돈되었던 것이다.

(4) 교원양성대책

교원양성체계도 점차 정비되어 간다. 앞에 서술한 것처럼 1950년대 초반에는 중급학교나 고급학교가 신설·병설되어 중등교육을 담당하는 전문성을 갖춘 교원을 요구하게 된다. 또한 귀국운동과 함께 증가하는 취학자 수에 알맞게 교원 수를 확보해야만 했다.

1950년대 이후의 교육양성대책은 크게 다음의 3개로 정리할 수 있다. 즉, 일본대학을 졸업한 고학력 재일조선인의 등용, 양성소 등에서 단기간 양성, 강습회나 교연(教研)을 통한 질 향상이다.

첫째는 교원양성 시스템이 정비되지 않았고, 혹은 정비되어 있어도 충분히 기능하지 않고 있는 단계에서 대학 등을 졸업한 전문성이 높은 재일조선인의 청년을 조선학교 교원으로서 등용하는 방법이다. 예를 들면 1952년 12월 민전 3전대회 준비위원회의 보고에서는 도립조선고등학교의 졸업생 20명과 각 지역 대학

<hr/>

25) 오사카민족교육 60년지 편집위원회편 『오사카민족교육 60년지』(2005년 12월), 55-114쪽.
26) 「우리들의 유치원을 보다 많이」 『조선신보』 1963년 3월 16일자.

졸업생 17명 총 37명을 전국 각지의 조선학교 교원으로 파견했다고 되어 있다.[27] 졸업생들은 단기간의 강습을 받게 되지만, 들은 바에 의하면 그저 조선학교의 교과서를 공부하는 데 불과했다고 말하는 사람도 있고, 같은 보고서에서도 나와 있는 것과 같이 이것은 그저 '일시적인 교원난을 완화'하기 위한 조치였다. 그러나 1953년 10월 교원양성기관으로서 중앙조선사범학교가 개설되고,[28] 1956년에 설립된 조선대학교 사범과에 학교가 흡수된 뒤에도 계속 등용에 의해 확보된 교원의 수는 적지 않았다.

1953년에 도쿄교육대학체육학부에 입학하여 같은 학교 럭비부의 주장을 맡은 전원치(全源治, 1934년생)도 그 중 한 명이었다(李淳馹, 2011). 대학 4학년생, 1956년 정월을 집에서 지내기 위해 후쿠오카에 내려온 전원치는 그때 아버지로부터 '고등학교 체육교사가 되지 않겠는가'라고 제안을 받는다. 그 고등학교는 규슈조선중고급학교(후쿠오카현)였다. 큐슈지역에서 유일한 중고급학교인 규슈조선중고급은 1956년 4월 개교를 목표로 학교건설사업을 힘쓰는 동시에 그곳에서 실제로 일할 교원을 모집하고 있었다. 전원치는 같은 지역구를 담당하고 있는 총련활동가로부터 '발견'되어 등용되었던 것이다. 전원치는 조선어는 물론 조선 역사나 지리 등 어떤 것 하나 알지 못했기에 당황했으나 총련활동가들은 그런 것은 문제가 되지 않는다고 말한다. 도꾜중고에서 규슈중고의 교장으로 부임한 남일룡(南日龍, 당시 34세)도 같은 의견이었다. 우선 '임시로 있을 생각'으로 조선학교 교원이 된 전원치였으나, 그 후 1967년까지 규슈중고급에서 교편을 잡고 1968년에 조선대학교 교육학부 체육과의 교수로 발탁되어 동대학의 럭비부를 창설했으며, 그가 가르친 학생들이 각 지방의 조선고급학교에서 럭비부를 만들어갔다. 전원치

....

27) 민전 3대회 준비위원회 「각단위조직의 활동보고와 제안 교육활동보고와 활동방침」(1952년 12월 18~19일).

28) 참고로 1954년 11월 현재 이 학교의 강사진을 보면 리은직(인문지리, 역사), 허남기(조선문학사, 고전문학), 홍등(물리, 수학), 림광철(조선사), 송지학(논리학, 국문법), 박상득(교육학, 심리학), 박경식(역사학) 등 쟁쟁한 면모를 보이고 있다. 또한 후나바시(船橋)시립학교 내 민족학급과 도립조선인학교 등에서 열흘간에 걸친 교육실습과 고쿠분 이치타로(国分一太郎), 야마베 켄타로(山辺健太郎) 등 일본학자들의 특별강연도 교육과정에 포함되어 있다. 金德龍(2004), 146쪽.

는 나중에 '재일코리안 럭비의 아버지'라고 불리고 있다.

또한 오사카대학의 이공학부에 재적하며 이후 조선대학교의 교원이 된 조선학교 리과교육의 중심인물인 홍창택(洪彰澤, 1934년생)도 같은 경우에 해당한다. 홍창택은 회상기에서 조선학교 교원으로서 등용된 것을 다음과 같이 기록하고 있다.[29]

> 오사까조선고급학교에서는 초창기부터 생물과목은 그 당시 대학원에서 동물의 감각생리(感覚生理)에 관해 연구를 하던 선배가 담당하고 있었는데, 1950년대 말엽에 학위논문을 완성시킨다고 바빠지는 바람에 급하게 내가 대신 생물교원으로 나가게 되었다.
> 그 시기 나는 대학졸업을 앞두고 졸업연구 주제와 관련한 논문을 읽느라 바쁜 날들을 보내고 있었지만 후대들을 가르친다는 것에 흥미를 느꼈고, 물론 비상근강사이기는 했지만 교원으로서 교육현장에 종사하게 된 것에 그 이상의 영예를 느꼈던 것이다. 나는 일주일에 2번, 오전 중에 수업을 하고, 오후에는 대학에 들어가 실험을 계속하며 매우 바쁜 생활을 했다.

홍창택 역시 조선어가 능숙하지 않았다. '처음에는 일본의 교과서를 번역하는 것에 급급해서 다른 선생님들의 도움을 받으면서 수업해야 했다. 수업 중에 말문이 막혔을 때는 조선어가 능숙한 학생들에게 물어보기도 했고, 학술용어나 전문용어에 관해서는 어쩔 수 없이 일본어 그대로 가르치기도 했으며, 조선어에 막혀 진땀을 뺐던 적이 한두 번이 아니었다'고 한다.

앞에 언급한 전원치도 수업 사이나 방과 후 시간을 이용하여 동료 교사들로부터 조선어를 배웠다고 한다.[30] 학생들 중에는 우수한 여학생들이 있어서 방과 후에 그에게 열심히 조선어를 가르쳐주었다. 전원치는 조례대에 서서 시끄럽게 하는 학생을 조용히 시키기 위해, '気をつけ─っ(정신차려─엇!)'라고 무심코 일본

---

29) 洪彰澤(2008), 2쪽.
30) 全源治, 李淳馹(2011), 143쪽.

어로 말해 학생들의 웃음을 자아내게 되었다고 한다.

사공준(司空俊, 1939년생)의 경우를 보자. 후쿠이대학(福井大学)의 물리학과를 졸업한 후 1960년부터 효고현(兵庫県) 세이방조선중급학교(西播朝鮮中級学校)에서 교편을 잡고, 그 다음해 고베조선중고급학교(神戸朝鮮中高級学校)에서 교원으로 일하게 된 사공준은 조선어를 배우기 위해 일요일을 제외하고 매일 자신의 하숙집에 학생들을 불러 조선어를 배웠다고 한다.[31] 남학생들을 출석번호대로 자신의 하숙집에 불러 '조선어를 가르쳐 주는 대신 저녁밥을 먹여주고 숙제도 봐줬다. 저녁에는 함께 자고 도시락은 다른 학생이 만들어오게 했다'고 한다. 3개월에 걸친 이와 같은 '집중학습'으로 사공준은 조선어를 어느 정도 습득할 수 있게 되었다. 그는 당시를 '즐거웠다'고 회상했다.

이렇게 등용된 중등교육교원들 중에는 전공분야와 관계된 전문성을 가지고 있더라도 조선어를 모르는 채로 조선학교 교원으로 일하게 된 사람들도 있었다. 그러한 가운데 동료들이나 학생들로부터 조선어를 배워가면서, 혹은 스스로 노력해가면서 조선학교교원에게 요구되는 조선어 능력을 습득해갔다. 그들에게 교원으로서 발을 내딛는 조선학교는 인생에서 처음으로 경험한 재일조선인교육의 장이었으며, 교원들도 그곳에서 민족의 상징이 되는 조선어를 습득해갔던 것이다. 그런 의미에서 조선학교는 어린이들뿐만 아니라 가르치는 쪽에 있는 교원들에게도 탈식민화의 연결고리에 포함시키는 기능을 했다고 말할 수 있을 것이다.

총련은 1960년 이후에도 어떤 대학에서 무엇을 전공하고 고등교육을 받는 혹은 받은 재일조선인이 어느 정도인지를 파악하기에 노력을 기울였고,[32] 이들을 조선학교 교원으로 채용한다.

----

31) 사공준(司空俊) 씨로부터 청취(2009년 12월 8일).

32) 재일조선인교육회중앙상임위원회 「일본의 소·중·고·대학재학 중인 조선학생수 통계표 1959년 5월 1일 현재」(1960년 4월 15일). 같은 보고서는 학교 기본조사 통계를 정리한 것이나 대학, 대학원, 단기대학에 관해서는 설립별(국립, 공립, 사립), 대학명, 학부, 입학연도(1955년 입학~1959년 입학), 성별 등의 항목으로 분류되어, 2,618명의 정보가 기재되어 있다.

조선학교교원으로서의 소양

1950년대 중반 이후 교원양성대책의 두 번째는 양성소 등에서 단기간으로 교원을 양성한 것이다.

1956년 10월 총련중앙위원회 제7차 회의에서는, 1957년 4월이 오기 전까지의 교원확보에 관한 대책이 다음과 같이 제시되어 있다.[33]

새 학년도 교원증원대책은 학교 건설사업과 학생모집사업이 밀접하게 연계되어 있어 내년도 소요 인원은 아직 확정할 수 없으나 현직교원의 여러 가지 사정에 의한 상당한 사임을 예측할 수 있기에 그 후임을 보충하는 것만 해도 큰 문제입니다. 작년에는 사범전문학교 학생이 있어서 지방에서 보충할 수 없는 교원을 중앙에서 상당수 배치하고 해결했습니다만 올해에는 그러한 보충대책이 없습니다.

따라서 총련중앙에서는 내년 정월부터 3월에 걸쳐 조선대학교 내 단기교원양성소를 설치하고 부족한 교원을 양성할 계획입니다. 매년 많은 수의 인원이 대량으로 부족한 킨키(近畿)지방에서는 별도로 교원양성계획을 세우고 있습니다. 이러한 양성기관에 각 현(県)에서 부족한 교원 수 정도는 의무적으로 희망자를 파견하고 양성하는 대책을 세워야 할 것입니다.

이 밖에 내년에는 도쿄(東京), 가나가와(神奈川), 아이치(愛知), 오사카(大阪), 효고(兵庫)의 5개 고급학교에서 약 300여 명의 학생이 졸업하기 때문에 그들 중 교원을 희망하는 학생들에 대해 3학기부터는 각 학교에서 특별 '반'을 편성하고 양성할 계획을 세워야 할 것입니다. 중·고급학교 교원의 보충은 주로 내년도 대학을 졸업하는 학생 중에 자격이 있는 사람을 선발하여 단기강습을 실시하여 배치할 계획입니다.

---

33) 「총련중위 제7차 회의에 제출된 1956 신학년도 준비사업총괄보고와 1957 신학년도 준비사업방침(상)」 『해방신문』 1956년 11월 17일자.

사진 2-1 재일본조선인 임시교원 양성소 졸업생의 단체사진(1958년 3월 15일) (림영자 씨 제공)

여기에서는 조대 내의 단기교원양성소의 설치, 고급학교에 특별반 편성, 등용하는 대학생을 단기강습시킨다는 3개의 대책이 거론되고 있다. 1956학년도 오사까조고 졸업생 33명 중 6명은 조선학교 교원이라는 진로를 선택했으며, 이 6명은 특별반에서 교원 양성교육을 받았다고 생각된다.[34] 또한 1957년 2월부터 3월까지는 '교원지망자 단기강습회'가 열려 여기에서 조고졸업생 15명, 일본대학 졸업생 9명, 그 외 2명(남자 16명, 여자 10명) 총 26명이 참가한다. 3월 20일에 열린 폐강식에서는 한덕수 의장, 리동준 교직동 위원장도 참가하여 '이제부터 교육 전선에서 헌신하는 가운데 민족교육의 질량적인 발전에 크게 공헌하는 것과 자랑스러운 전진을 이룰 것을 확신한다'고 수강생들을 격려하고 있다.[35]

....

34) 「33명이 졸업－오사까조고」『조선민보』1957년 3월 14일자. 이와 관련하여 그 외는 공화국으로 진학 3명, 조선대학교로 진학 1명, 일본대학으로 진학 12명, 취직 6명, 그 외 6명은 가사를 도움 등이다.
35) 「민족교육사업에 분투－교원강습회 폐강식」『조선민보』1957년 3월 26일자.

[사진 2-1]은 다음해 1958년 3월 임시교원양성소 졸업생들의 단체사진이다. 사진을 제공해주신 림영자(林榮子) 씨(1940년생)는 교또조선중고급학교의 제1기생이다. 림영자 씨에 의하면 같은 학교 같은 반 5명과 함께 1~3월에 걸쳐 도쿄에서 교원양성교육을 받았다고 한다.[36] 사진에는 '축 도꾜조선중고급학교'라고 기재된 화환도 찍혀 있어 촬영지가 도꾜중고와 동일한 부지 내에 있던 조선대학교라는 것을 짐작하게 한다. 림영자 씨는 교토에 돌아가 시립 가미가모소학교(市立上賀茂小学校)의 민족강사로서 근무하게 되었으나 각 학교의 「학교연혁사」를 보면 특히 초급학교 교원 중에서 최종학력이 '조대임시양성소'로 되어 있는 교원이 적지 않다.

귀국실현과 함께 취학자 수가 몇 배 증가하는 것에 직면하여 교원의 보충은 한층 더 중요한 과제가 되었다. 총련중앙 교육문화부의 1960학년도 사업계획에서는 '새 학년의 학생 수 50% 증가와 관련하여 부족한 교원을 간단히 계산해 보면, 초급학교 250명, 중고급학교 150명, 도합 400명에 달한다. 이러한 방대한 교원을 충원하는 것은 결코 쉬운 일이 아니다'라고 다음과 같은 대책이 제시되었다.[37]

① 현재 조대양성소에서 양성 중인 학생(주로 초급학교 교원)은 80명이나 그 중 24명을 12월 말에 수료시키고 남은 인원은 내년 봄 3월에 수료시킨다.
② 초급학교 교원대책: 고급학교 졸업반 학생 160명을 중심으로 1~3월 동안 조대양성소에서 양성. 다만 기숙사 공사가 늦어지기 때문에 1월은 고급부가 있는 현의 학교에서 교육실습을 먼저 시키고 2월부터 양성소에서 학습. 그 외에 일반인 중에서도 40명을 모집. 또한 조대양성소에 1년 단기간 초급교원 양성과정을 설치한다.
③ 중고급학교 교원대책: 일본 대학졸업 예정자를 모집하여 3월부터 2주간 양성, 배치한다. 또한 초급학교 중에서 42명을 선발하여 중고급학교의 각

---

36) 림영자 씨로부터 청취(2018년 8월 27일).
37) 총련중앙교육문화부 「1960~1961학년도 신학년도 준비사업 조직요강」(1960년).

학과목을 담당시킨다. 이를 위해 1~3월 조대양성소에서 특별교육을 실시한다. 추천하는 현(県)별 할당 수는 도쿄 10명, 가나가와 5명, 도카이 3명, 교토 2명, 오사카 6명, 효고 8명, 히로시마 2명, 오카야마 2명, 야마구치 2명, 후쿠오카 2명.

④ 각급 학교 예체과목 교원대책: 고급학교 졸업예정자 중 소질이 있는 학생을 선발하고 일본의 해당 대학에 진학시켜 특별장학금(월 2,000~5,000엔)을 지급한다. 음악 5명, 미술 5명, 체육 10명, 합계 20명(이와 관련하여 현재 이러한 대학에 재학 중인 학생들에게 특별장학금을 지급)

⑤ 가사, 재봉, 보건위생교원 및 유치원 보모 대책: 고급학교졸업반 여학생을 이 방면에 진학하도록 지도한다. 도쿄, 오사카를 중심으로 현직 여성교원을 선발하여 이러한 방면의 야간 교육기관에 통학하도록 조치.

양성교육에 대한 수료기간이 앞당겨진 것이나 고급학교 3학년 학생들 혹은 초급학교 교원에 1~3개월 간 양성교육을 실시하고 중고급학교 교원으로 배치하는 것, 또는 음악, 미술, 체육과목 교원양성을 위해 고급학교 졸업생에게 장학금을 지급하고 그 방면에 진학하도록 종용하는 등, 당장 무엇이라도 교원을 확보해야만 했던 상황을 볼 수 있다.

더욱이 단기간의 양성교육을 받은 것에 불과한 교원들의 실력은 결코 충분하다고 말할 수 없었다. 또한 앞에 언급한 것처럼 등용 교원 중에는 조선어조차 제대로 하지 못하는 사람도 적지 않았다. 교원들의 수준을 일정 정도까지 끌어올리는 것은 조선학교 교육의 질을 확보하기 위해 필수적인 과제였다. 이를 위해 1950년대 이후에도 교원들의 재교육의 장으로서 교육강습회가 개최되고, 또한 교원들의 교육실천의 경험을 공유하고 실천연구를 심화시키는 장으로서 교육연구모임이 새롭게 실시되게 된다. 이것이 세 번째의 대책이다. 이러한 자리가 있었기에 등용이나 단기간의 양성이라는 교원확보의 방법을 선택할 수 있었다고 말할 수 있다.

교원강습회는 총련과 교직동이 조직하여 주로 여름방학이나 봄방학에 개최된다.[38] 강습회에서는 교과별 교육방법에 관한 강의와 토론만이 아니라 총련의 운동방침에 관한 학습과 세계정세에 관한 강의 등 '정치학습'도 그 내용에 포함되었다. 조선학교 교원들에게는 수업의 기술만이 아닌 재일조선인 운동을 담당하는 사람으로서, 특히 교육일꾼으로서 소양을 갖추도록 요구되었던 것이다.

1957년부터는 전국조선학교교원들의 교육연구집회(약칭 '교연')가 열리게 된다. 명칭에서부터 알 수 있듯이 조선학교 교연은 일본교직원조합이 1951년부터 시작한 교육연구집회를 많은 부분 참고하고 있다.[39] 먼저 지방교연이 개최되어 (표 2-3) 그곳에서 선발된 실천보고가 전국교연에서 발표되고 공유된다.

표 2-3 | 1957년에 개최된 지방교연

지역	명칭	일정	장소	참가자와 그 규모	비고
츄시코쿠 (中四国)	시코쿠지방 제1차 교육연구대회	4월 27, 28일	히로시마조선 중고급학교	히로시마, 야마구치, 오카야마, 카가와의 교육관계자 39명	특히 고전문학을 다룸. 국어 발음지도, 어휘설명, 그 외 지도 면에서의 어려움을 토론. 또한 오카야마 미즈시마 학교건설 자금모집의 실시가 결정됨.

....

38) 예를 들면 1956년에는 교직동 간토지협(関東地協)이 개최한 '교동하기강습회'(후원은 도꾜조선학원, 간토지방각교육회, 총련도꾜본부교육부, 총련중앙본부교육부, 학우서방, 해방신문사)가 7월 24~31일 7일간 실시된다(재일조선인교직원동맹간토지협 「1952년도 교동하기강습회」(1956년)). 같은 해에는 일본전국 11개소에서 600여 명의 각급교원들이 참가하여 1주 내지 10일간의 강습회가 개최되었다(「새학기를 맞이하는 교육과제수행에 전력을 다하자」『해방신문』 1956년 9월 4일자). 그 이후에도 주로 여름방학을 이용한 교원강습회가 실시되고 있다(『민족교육』 제11호(1958년 9월), 25－29쪽, 「하기교원 강습회 총결과 향후방향」 등을 참조).

39) 전국교연을 개최하면서 1956년 11월 30일에 제1차 중앙강사단 회의가 열렸다. 여기에서는 교연중앙추진위원회 위원장 겸 운영위원회 위원장인 김보현(金宝鉉)을 시작으로 어당(魚塘), 홍등(洪登), 허남기(許南麒), 김종회(金宗会), 리진규(李珍珪), 남시우(南時雨), 최동옥(崔東玉), 백한기(白漢基), 오성사(呉聖師), 박경식(朴慶植), 송지학(宋枝学), 리연두(李演斗), 류벽(柳碧)이 참가하고 있다. 여기에서 '이 교연대회는 일교조의 교연대회를 참고하고 있는가'라는 남시우의 질문에 대해 김보현은 '그렇다'라고 대답하고 있다. 계속해서 남시우는 '조국에서는 어떻게 하고 있는가'라고 물어 리진규는 '중앙교연대회는 열리고 있지 않으나 지방에서는 이것과 비슷한 것이 있는 듯하다'라고 대답한다. 『중앙교육연구』 제1회, 8쪽의 「제1차 중앙강사단회의에서 간담한 내용－요지」를 참고.

지역	명칭	일정	장소	참가자와 그 규모	비고
도쿄 (東京)	제1차 도꾜 교육연구대회	5월 3, 4, 5일	도꾜조선 중고급학교	도쿄도 내 초중고급학교 교원 200명. 조언자, 총련중앙 한덕수 의장, 총련도꾜 조희준 위원장, 교육회 중앙 윤덕곤 회장, 교직동중앙 리동준 위원장, 타단체 대표자, 조선대학교 학생, 학부모	총 33종의 교연보고가 발표됨. 국어, 외국어, 리수과(과학, 수학), 예술, 보건체육, 생활지도, 사회과, 특별분과회가 개설되었음. 이후 '제1차 도꾜교육연구집회 연구보고'(1957년 7월 22일)가 발간되었음. 3년에 걸친 연구, 공동연구도 발표되었음. 가정환경과 학교교양, 학교관리, 학부모의 의식조사 등도 실시됨.
오카야마 (岡山)	불명	6월 8, 9일	불명확	불명확	교연대회 후에 교직동 총회를 열었음. 이 총회에서 미즈시마조선학교 건설에 오카야마현 교원들이 적극 동참하는 것이 일치되었다.
효고 (兵庫)	제1차 효고현 교육연구대회	6월 22, 23일	히가시고베 조선인소학교	교직동 122명, 방청자 56명, 총련중앙 윤봉구 사무국장, 교직동중앙 리동준 위원장	13명이 실천연구보고를 함. 특히 역사과와 과학과의 직관물 제작이 참가자로부터 호평을 받음. 이들의 보고는 이후에 발간된 '제1차 교육연구대회 연구보고 1956~1957'에 수록되어 있음. 총 37시간 토론하는 밀도 높은 대회였음.
아이치 (愛知)	제1차 아이치 교육연구대회	6월 29, 30일	아이찌조선 중고급학교	교육관계자 70명, 교육열성동포 100여 명	31종의 연구보고가 실시됨.
가나가와 (神奈川)	제1차 가나가와 교육연구대회	6월 29, 30일	가나가와조선 중고급학교	불명확	18종목의 연구보고가 실시됨. 가정의 사회문화경제적 환경과 아동·학생들의 성적과의 상관관계를 찾아내는 연구가 다수 존재함.
큐슈 (九州)	불명	6월 말경에 개최라고 보도되어 있으나 불명확	불명확	불명확	당시 큐슈지방에 존재하는 조선학교는 규슈조선중고급학교뿐이어서 초급학교는 없었지만 많은 일본 소학교에서 민족학급에 의한 민족교육이 이루어지고 있었음. 개최된 경우는 규슈중고급학교의 교원과 민족학급의 민족강사가 참가했다고 생각됨.

지역	명칭	일정	장소	참가자와 그 규모	비고
오사카 (大阪)	제1차 오사카 교육연구집회	7월 6, 7일	오사까샤리지 초급학교	교직원 90여 명	교육정책, 미술, 사회, 생활지도, 음악, 제 1국어, 보건체육, 수학 등 분과를 설치. 27명의 연구보고가 이루어짐.

출처
츄시코쿠:「교육의 질을 높이기 위해서 - 교원들의 경험을 교류, 츄시코쿠지방 교연대회」『조선신보』1957년 5월 25일자.
도　　쿄:『중앙교육연구』제3호(1957년 6월 발행), 8쪽, 「교연도쿄대회의 감상」, 및 재일본조선인교직원동맹 도쿄본부
「제1차 도쿄교육연구집회연구보고(1957년 5월, 장소는 도쿄중고급학교)」1957년 7월 25일 발행.
오카야마:『민족교육』제5호(1957년 7월 16일 발간), 11쪽, 「지방조직」.
효　　고:「선진적 교수방법을 교류확립 제1회 효고현 연구대회」『조선민보』1957년 7월 19일자.
아 이 치:「상호경험을 교류하여 - 민족교육의 질적 제고에 확신」『조선민보』1957년 7월 19일자.
가나가와:「가나가와에서 교연대회」『조선민보』1957년 7월 19일자.
큐　　슈:「조국에 충직한 일군양성에 전력 중앙교육연구대회 준비진척」『조선민보』1957년 6월 18일자.
오 사 카:「27명이 보고 - 오사까교연대회」『조선민보』1957년 7월 25일자.

　　　제1회가 된 '재일본조선인학교 제1차 교육연구중앙집회'는 1957년 7월
28~31일 4일간, 도쿄중고에서 열렸다. 교연에는 516명의 조선학교 교직원이 참
가했는데,[40] 이는 1957년 4월 기준으로 보고된 조선학교 교원 수인 1,127명의[41]
거의 절반인 47%에 해당한다.

　　　민족단체의 통일된 지도가 이루어지고 있어서 공통의 과정안과 공통의 교과
서를 사용하고 있었음에도, 이때까지 조선학교 교원들은 각 학교 레벨에서 개별
적으로 교육실천을 펼쳐나가고 있었다. 앞에 본 것처럼 모든 조선학교 교원이 같
은 모습으로 교원양성기관에서 동일한 교원양성교육을 받은 것도 아니며, 조선학
교 교육경험 유무도 제각각이었다. 대학교 졸업부터 소학교 졸업까지 학력에도
많은 차이가 있었다. 조선학교 교육체계를 갖추고 전국적으로 그 질을 향상시키

....

40)『민족교육 - 재일본조선인학교 제1차 교연보고집』(1958년 5월 15일 발행), 100쪽 참조. 이
것은 교직동 정규회원 및 준회원의 참가자 수로, 방청객, 강사단, 운영위원, 그 외 단체의
대표는 포함되어 있지 않다. 각 지역별 참가자는 다음과 같다. 도쿄 179, 가나가와 48, 치
바 15, 이바라기 20, 사이타마 11, 도치기 7, 야마가타 2, 이와테 2, 시즈오카 6, 아이치 35,
미에 5, 기후, 8, 시가 8, 교토 21, 오사카 53, 효고 51, 와카야마 2, 오카야마 10, 히로시마
9, 야마구치 10, 가가와 1, 에히메 2, 돗토리 2, 시마네 1, 후쿠오카 8, 총 516명이다.
41) 재일본조선인교직원동맹 『민족교육』제10호(1958년 7월), 「재일조선인학교 지역별, 형태
별, 종류별 일람표 1957년 4월 현재」를 참고.

기 위해서는 '재일 조선사람이면서 어느 정도 배움과 열의가 있는' 같은 공통항이 부족한 재일조선인의 집단을 '조선학교 교원집단'으로 성화시켜나갈 필요가 있다. 전국 조선학교 교원의 절반가량이 한 자리에 모인 제1차 전국교연은 그 단초가 되는 자리였다. 조선학교를 위한 페다고지와 '공화국의 교육정책을 일본이라는 조건 속에 구체적으로 심화'[42]시키는 총련의 교육정책에 대한 이해라는 두 개를 중핵으로 삼으면서 조선학교 교원으로서 공통인식, 공통의 소양이 만들어지도록 하고 있었다. 교연은 그 후에도 명칭이나 역점을 조금씩 바꾸어가며 현재에 이르기까지 계속해서 개최되고 있다(표 2-4).

표 2-4 조선학교 교원들의 교연대회개최시기 및 명칭, 개최장소 일람(1957~2011년)

개최일시	명칭	개최장소
1957년 7월 28~31일	재일본조선인학교 제1차 교육연구중앙집회	도꾜조선중고급학교, 도요시마(豊島)공회당
1958년 7월 27~30일	재일본조선인학교 제2차 교육연구중앙집회	고베 이쿠타(生田)공회당, 히가시고베조선초급학교, 니시고베조선초급학교, 코베시 카이인(海員)회관
1961년 7월 28~30일	(제1차) 재일본조선인교육열성자대회	조선대학교
1962년 8월 23~?일	제2차 재일본조선인 교육열성자대회	조선대학교
1963년 8월 22~25일	제3차 재일본조선인 교육열성자대회	도꾜조선회관
1965년 7월 29~31일	재일본조선인 (제1차) 교육방법연구중앙대회	조선대학교
1966년 7월 29~31일	재일본조선인학교 제2차 교육방법연구대회	조선대학교
1967년 7월 29~31일	재일본조선인학교 제3차 교육방법연구대회	조선대학교
1968년 7월 29~31일	재일본조선인학교 제4차 교육방법연구대회	조선대학교
1969년 7월 29~31일	재일본조선교원 제5차 교육방법연구대회	조선대학교
1971년 8월 4~6일	재일본조선교원 제6차 교육방법연구대회	도꾜조선문화회관, 도꾜조선중급학교
1975년 7월 20~21일	재일본조선교원 제7차 교육방법연구대회	조선대학교
1976년 8월 3~6일	재일본조선교원 제8차 교육방법연구대회	도꾜조선중급학교 오사까조선중급학교
1978년 8월 26일	재일본조선교원 제9차 교육방법연구대회	조선대학교
1983년 8월 26~27일	재일본조선교원 제10차 교육방법연구대회	조선대학교
1986년 1월 25~26일	제11차 총련각급학교교원들의 교육연구대회	도꾜조선문화회관,

....

42) 「사설-교육연구중앙집회가 맺은 거대한 성과」 『조선민보』 1957년 8월 6일자.

개최일시	명칭	개최장소
		도꾜조선중고급학교
1988년 1월 29~30일	제12차 총련각급학교교원들의 교육연구대회	오사까조선문화회관
1990년 1월 27~28일	제13차 총련각급학교교원들의 교육연구대회	도쿄
1997년 1월 25~26일	제14차 총련각급학교교원들의 교육연구대회	도쿄, 오사카
1999년 1월 23~24일	제15차 총련각급학교교원들의 교육연구대회	도쿄
2001년 1월 27~28일	제16차 총련각급학교교원들의 교육연구대회	도쿄
2003년 1월 25~26일	제17차 총련각급학교교원들의 교육연구대회	가나가와
2005년 1월 29~30일	제18차 총련각급학교교원들의 교육연구대회	도쿄
2007년 1월 29~30일	제19차 총련각급학교교원들의 교육연구대회	도쿄
2009년 1월 31 ~2월 1일	제20차 총련각급학교교원들의 교육연구대회	도꾜조선문화회관, 도꾜조선중고급학교
2011년 1월 29~30일	제21차 총련각급학교교원들의 교육연구대회	도꾜조선중고급학교

출처

• 1957년은『민족교육 – 재일본조선인학교 제1차 교연보고집』(1958년 5월 15일 발행), 1958년은「제2차 교육연구중앙집회 운영요강」『교육연구』제8호(1958년 7월) 및『조선민보』1958년 8월 5일자 및 9일자를 참조.

• 1961~1963년:「수령의 교시를 높이 받들어 새로운 혁신을! 재일조선인교육열성자대회집행」『조선신보』1961년 8월 1일자, 「총련중앙 제29차 회의결정관철을 위해서 재일본조선인교육열성자대회집행」 『조선신보』1962년 8월 25일자, 「제3차 재일조선인교육열성자대회폐막」『조선신보』1963년 8월 24일자, 「제3차 재일조선인교육열성자대회 성과리에 폐막」『조선신보』1963년 8월 28일자 참조.

• 1965년 이후: 제1차~제6차, 제8차~제11차까지는「교수교양사업의 과학적인 이론과 방법을 깊이 연구 체득하자! 총련결성 10주년기념재일본조선인교육방법연구중앙대회폐막」『조선신보』1965년 7월 30일자, 「민족교육을 고수하여 교수교양의 질을 높여나는 데 있어 큰 성과 선진적인 교육방법을 일반화 재일조선인중등교육실시 20주년기념 재일조선인 제2차 교육방법연구대회진행」『조선신보』1966년 7월 30일자, 「조국과 수령의 주변에 보다 굳건히 모여 총련 제8차 전체대회결정을 교육사업에서 관철시키자 재일조선인 제3차교육방법연구대회 진행」『조선신보』1967년 8월 1일자, 「조선민주주의인민공화국 창건 20주년기념 재일조선인 제4차 교육방법연구대회진행」『조선신보』1968년 8월 2일자, 「김일성 원수의 위대한 교육사상을 철저히 구현하자 재일본조선교원 제5차 교육방법연구대회가 끝났다.」『조선신보』1969년 8월 4일자, 「재일본조선교원 제6차 교육방법연구대회가 시작했다」『조선신보』1971년 8월 6일자, 「재일본조선교원들의 제8차 교육방법연구대회가 열렸다. 도쿄와 오사카에서」『조선신보』1976년 8월 10일자, 「우리 교원들의 제9차 교육방법연구대회가 열렸다. 6개 분과에서 연구토론진행」『조선신보』1978년 8월 29일자, 「민주주의적 민족교육사업을 보다 심화발전시키자 위대한 수령 김일성 원수의 1973년 8월 31일 교시 10주년기념 재일조선인교원들의 제10차 교육방법연구대회진행」『조선신보』1983년 8월 30일자, 「올해를 교수의 질, 학생들의 학력을 높이는 결정적인 해로 제11차 총련각급학교 교원들의 교육연구대회가 열렸다」『조선신보』1986년 1월 29일자를 참조. 그 외에 관해서는 『제20차 총련각급학교 교원들의 교육연구대회』(2009년 1월), 「총련교원들의 교육연구대회 개최일과 장소」및『제21차 총련각급학교 교원들의 중앙교육연구대회』(2011년 1월)를 참조.

또한, 2014학년도 이후는 동일본, 서일본이라는 틀에서 교연이 개최되고 있다.

이렇게 1950년대에는 교육경험도 학력도, 또 조선어능력과 조선역사에 관한 지식, 공화국 및 총련의 교육정책에 관한 이해도 제각기였던 조선학교 교원집단이 교원양성체계가 확립하기 시작함과 맞물려서 1960대 중반에는 점차 그 최대 공약수를 공유하게 된다. 조선학교 교원으로서 요구된 교육학적인 소양과 정치적·사상적 소양의 양쪽 수준의 최저기준이 상향되는 동시에 그 표준화가 진행되었다고 말할 수 있을 것이다.

제2절 교육의 재편

이렇게 조선학교의 학교체계는 다시 구축되어갔지만 1950년대 중반 이후 조선학교 교육의 변화는 이러한 외부적인 변화에 그치지 않는다. 더욱 중요한 것은 교육의 중심이 되는 내용 자체가 공화국 교육자원을 활용함으로써 재편되었다는 사실이다. 이 책에서는 그 과정을 공화국교육의 '이식'이라고 파악한다. 여기에서는 교과서, 교육규정, 교육방침이라는 세 가지 측면으로 이식의 큰 틀을 파악하고자 한다.

(1) 본국교과서의 번각사용

학교폐쇄조치로 파괴된 조선학교 교육을 재구축하는 데 새로운 교과서의 편찬은 가장 중요한 과제 중 하나였다. 그러나 1950년대 초반 민전에는 교과서 편찬사업을 추진할 만한 충분한 조직력이 갖추어져 있지 않았다. 일부 학부모들로부터 일본학교와 비교하여 '기초학력이 낮은 것'은 아닌가 하는 '우려와 비판'의 목소리도 있었지만[43] 1953년 5월 시점에서는 '교재편찬의 조직화와 출판사업의 조직화가 충분하지 않아 아직도 예정된 교과서를 전부 발행하지 못하고 있다'는 상태였다.[44]

....

43) 리진규 「민주민족교육방위투쟁을 보다 높은 단계로 전진시키기 위해(下)」 『해방신문』 1952년 12월 10일자.
44) 재일조선통일민주전선중앙위원회 「제10차 중앙위원회 보고와 결정서」 (1953년 5월 30일), 43쪽.

이런 가운데 1953년 7월, '공화국으로부터 초·중교과서 40여 점이 보내져' 온다.[45] 보내온 경로나 방법에 대해서는 자세하지 않으나, 입수하게 된 공화국의 교과서를 사용하여 학우서방은 11월까지 46종, 8만 부의 교과서를 간행하게 된다.[46] 그 다음 해에도 공화국의 교과서를 사용한 교재편찬 작업은 계속해서 조직되어 1954학년도에는 '소·중·고의 교과서 60여 종, 부수로는 13,675부, 700만에 가까운 경비로 학우서방과 편찬위원회의 노력으로 거대한 사업[＝교과서편찬사업]이 수행되었다.'[47] 같은 해 11월 민전 5전대회 보고서에서도 '지난 한 해 동안 경애하는 수령님의 따뜻한 배려로 보내주신 교과서를 비롯한 일반서적 수백여 점은 우리들의 교육문화 활동에 있어 큰 도움이 되었다'고 되어 있어[48] 많은 교과서가 1953년 7월 이후 출간된 것을 확인할 수 있다.

이러한 민전과 교동의 문서에서는 조선학교 교과서편찬에 관해 공화국의 교과서가 '큰 도움'이 되었다는 취지로 기술되어 있으나 구체적으로 어떻게 '도움'이 되었는지는 나와 있지 않다. 1954년 이후에 학우서방에서 출판된 조선학교용 교과서를 확인하면 그 내용은 공화국 교과서를 번각한 것이라는 것을 알 수 있다.

즉, 공화국에서 편찬·출판된 교과서를 계절의 단원 순서를 바꾸거나, 초등교육의 연한이 공화국과 다른 점을 고려하여 수정하기는 했어도 기본적인 내용상의 변경을 가하지 않고 조선학교에서도 공화국의 교과서를 사용하게 된 것이다. 공화국의 교과서를 번각출판하게 되어 새로운 교과서의 편찬에 대한 필요한 학습내용의 선정, 배열에 대한 결정, 집필, 삽화나 사진의 확보 등 방대한 작업과정이 생략되면서 조선학교 측에서는 주로 인쇄만을 맡으면 되었다. 국가적인 총력을 기울여 만들어진 교과서를 원용(援用)한다는 선택은 조직적인 힘이 약했던 민족단체 및 조선학교에게는 지극히 합리적인 선택이라고 할 수 있다. 1956년 작

---

45) 재일조선통일민주전선중앙위원회 「민전 4전대회 교육부문 보고」(1952년 11월), 174쪽.

46) 상동, 174쪽.

47) 재일본조선인학교 PTA전국연합회·재일조선인교육자동맹 「대회결정서」(1954년 6월 20일), 17쪽. 표지에 기재되어 있지는 않으나 PTA와 교육자동맹의 합동대회로 각각 제4차대회, 제7차대회에 해당한다.

48) 재일조선인통일민주전선중앙위원회 「민전 제5차 전체대회 보고서(초안)」(1954년 11월), 30쪽.

표 2-5 │ 1954~1957년에 걸쳐 번각출판되어 조선학교에서 사용된 교과서 일람

사용 연도	교과서명	대상 학년	공화국 교과서		번각판	
			발행시기	발행소·저자	발행시기	발행소·저자
1954	국어	초1	1953년 5월 15일	교육성교과서편찬국	1954년 3월 15일	재일조선교재편찬위원회(이하 조교위)
	산수	중1	1953년 9월 25일	교육도서출판사	1954년 3월 15일	기재 없음
	리과	초4	1953년 5월 31일	교육성교과서편찬국	1954년 3월 15일	조교위
	리과	초5	1953년 5월 15일	교육성교과서편찬국	1954년 3월 15일	조교위
	지리	초6	1952년 11월 10일	교육성교과서편찬국	1954년 3월 15일	조교위
	대수	중2	1951년 11월 30일	교육성편찬관리국	불명	기재 없음
	세계 지리(下)	중	1953년 3월 31일	교육성교과서편찬국	1954년 3월 15일	기재 없음
1955	국어 문법	중3	1954년 9월 20일	정렬모, 리근영 (발행: 원우홈)	1955년 1월 30일	기재 없음
1956	로어	중1	1955년 9월 15일	교육도서출판사 리학룡	1956년 2월 5일	기재 없음
	로어	중2	1956년 3월 31일	교육도서출판사 유성걸	1956년 10월 15일	기재 없음
	조선어 고등문법	고	1955년 7월 20일	교육도서출판사 리근영 리군열 (편집 및 발행: 원우홈)	1956년 1월 5일	기재 없음
1957	국어	초1	1956년 1월 10일	교육도서출판사	1957년 1월 15일	총련교과서편찬위원회 (이하 총교위)
	문학 독본	중1	1955년 5월 30일	교육도서출판사	1956년 1월 10일	기재 없음
	문학 독본	중2	1955년 6월 30일	교육도서출판사	1956년 1월 10일	기재 없음
	문학 독본	중3	1955년 5월 30일	교육도서출판사	1956년 1월 10일	기재 없음
	지리	초5	1956년 6월 30일	교육도서출판사	1957년 1월 15일	총교위
	지리	초6	1956년 6월 30일	교육도서출판사	1957년 1월 15일	총교위
	산수	초5	1956년 8월 25일	교육도서출판사	1957년 8월 20일	총교위
	산수	초6	1956년 8월 25일	교육도서출판사	1957년 8월 20일	총교위
	산수	중1~2	1956년 1월 20일	교육도서출판사	1957년 1월 15일	총교위
	기하	중2~3	1955년 3월 25일	교육도서출판사	1957년 1월 15일	총교위
	조선지리	중	1955년 9월 30일	교육도서출판사	1956년 1월 31일	기재 없음

사용연도	교과서명	대상학년	공화국 교과서		번각판	
			발행시기	발행소·저자	발행시기	발행소·저자
	조선경제지리	고2	1956년 3월 25일	교육도서출판사	1957년 3월 20일	총교위
	물리	중2	1956년 2월 25일	교육도서출판사	1957년 3월 20일	기재 없음
	물리	중3	1955년 8월 20일	교육도서출판사	1957년 1월 20일	총교위
	물리	고1	1955년 8월 20일	교육도서출판사	1957년 1월 20일	총교위
	조선력사 (下)	불명	1956년 6월 30일	교육도서출판사	1957년 1월 15일	총교위

주1: '사용연도'는 교과서 표지에 기재된 연도를 나타낸다. 언제부터 또는 어느 해 사용되었는가는 정확하지 않다. 그 외의 정보는 교과서의 판권장[奧付] 참고.
주2: '중1~2'는 중급학교 1학년생과 2학년생용의 공통교과서를 가리킨다.
주3: '발행소·저자'란에는 저자에 관한 기술이 있는 경우 저자명을 기록했다.

성된 「도꾜조선중고급학교 10년사」에서도 교과서의 번각사용에 관해서 언급되고 있다. 여기에서는 '몇몇 교과서를 제외하고는 전부 조국의 교과서를 사용하고 조국의 학생과 동등한 수준에서 수업을 하게 되었'고 긍정적으로 평가하고 있다.[49] 본국 교과서의 번각사용은 교과서편찬에 드는 모든 비용·작업경비를 절감시킨 것뿐만 아니라 본국과 '동등한 수준'의 교육을 보장시켰다는 점, 본국과 조선학교와의 연결고리의 역할을 했다는 점에서 환영받았던 것이다.

필자가 확인할 수 있었던 1954년~1957년까지 조선학교용 교과서로서 번각 출판된 교과서의 일람을 [표 2-5]에 정리했다. 그 내역을 보면 조선학교 교육에서 핵심이 되는 국어와 역사, 지리에 관한 것이 많고 자연계 교과목의 교과서도 순차적으로 번각 출판되었다는 것을 알 수 있다. 다만 당시에는 일본어, 영어, 중국어에 관해서는 계속해서 일본 출판사가 발행한 교과서가 사용되었다.[50] 또한 미술이나 음악 교과서는 발견하지 못했고[51] 체육, 기술계 과목은 아예 교과서가

49) 창립 10주년 기념 연혁편찬위원회(1956), 42쪽.
50) 재일본조선인총련합회중앙상임위원회 「교과서 사용에 관한 해설—주로 중고급학교에 관해서」(1956년 3월 2일).
51) 1957년 2월 시점에서는 1957학년 3월에는 초급학교 제1학년용 교과서와 중급학교 1학년용 교과서, 9월에는 제3학기용과 5학년용 음악교과서를, '조국으로부터 보내준 음악교재와 그 외 교재에 기초해서' 출판하는 것을 목표로 하고 있다. 총련교과서편찬위원회 「교과서편찬 월보」 제3호(1957년 2월 28일), 참조.

존재하지 않는다.

번각 교과서는 그 이후에도 미세한 수정을 더해 1960년 초기까지 사용되었다. 그 배경에도 총련의 교육방침, 교육원조비 송부로 공화국과의 유대강화가 있었다고 생각해도 좋을 것이다. 또한 귀국의 실현도 번각 교과서 사용을 뒷받침했다. 번각 교과서가 조선학교 교육에 미친 영향에 대해서는 제4장에서 검토한다.

(2) 학교규정의 제정

총련이 조선학교 교육목적과 학교의 설치, 수업연한, 교육내용 등 통일된 규정을 마련한 것은 1956년의 일이다. 총련은 조선민주주의인민공화국으로부터 받은 각종 교육규정을 사용하여 조선학교 교육체계의 정비를 도모한다.[52] 그 중에서도 '조선학교라는 것은 무엇인가'라는 것을 규정하는 것은 그 핵심이 되는 작업이라고 말할 수 있다. 공화국에서는 1950년 4월 8일에 「각급학교규정」, 즉 「인민학교에 관한 규정」, 「초급중학교에 관한 규정」, 「고급학교에 관한 규정」이 제정·실시되었다(인민학교, 초급중학교, 고급중학교는 각각 초등교육, 전기중등교육, 후기중등교육기관에 해당한다). 각급학교 규정에는 각각 단계에 해당하는 학교의 목적, 학급 수, 학생 수, 학기, 수업연한, 기구(機構), 재정 등 여러 항목이 나와 있다. 국가가 조직화한 것도 아니고, 법에 의한 구체적인 규정이 있는 것도 아닌 조선학교는 공화국의 각급학교 규정을 준용함으로써 '조선학교라는 것은 무엇인가'라는 규정을 만들어 갔다.

1956년 2월, 총련 제3차 중앙위원회에서 같은 해 4월부터 공화국의 각급학교

----

52) 재일본조선인총련합회 중앙본부교육부편 『조선민주주의 인민공화국 교육규정자료집[교육부자료집 제1집]』(1957년). 같은 자료에서는 「각급학교규정」, 「학교평의회에 관한 규정」, 「인민학교·초급중학교 및 고급중학교 학부형 위원회에 관한 규정」, 「각급학교내부 질서규정(초안)」, 「학교방위사업(日直·숙직업무)」, 「학급담임교원에 관한 규정」, 「학생규정」, 「학생생활표준세칙」, 「학교비치서류목록」, 「각급학교학생신체검사규정」, 「학교위생규정」, 「인민학교·초급중학교·고급중학교 졸업 및 진급시험에 관한 규정」, 「교육방법연구사업에 관한 규정」, 「교학 및 장학에 관한 규정」, 「조선소년단규정」, 「각급학교과정안(1956~1957학년도)」, 「인민체력검정에 관한 규정 및 인민체력검정실시요강」, 「인민학교교편물·실습기구기준표」가 나와 있다.

표 2-6 | '인민학교에 관한 규정'(1950년)과 '재일본조선인소학교에 관한 규정(1956년) 대조표

	인민학교에 관한 규정	재일본조선인소학교에 관한 규정
제1조	인민학교는 시, 군, 구역인민위원 위원장이 도(평양시를 포함함. 이하 동일) 인민위원회 위원장의 승인을 받아 설립 또는 폐지한다.	재일본조선인소학교는, <u>조선총련도도부현본부집행위원회의 승인을 받아</u>, 설립 또는 폐지한다.
제2조	인민학교는 인민적 민주주의의 원칙에 따라 교육교양사업을 실시하고, 조선민주주의인민공화국의 공민으로서 필요한 기초적 지식기능을 습득숙련시키고, 이로써 부강한 민주조국건설에 다방면으로 활동할 수 있는 인재를 양성하는 것을 목적으로 한다.	(주어 이외에 변경 없음)
제3조	전 조항의 목적을 달성하기 위해서 인민학교에서는 학생들에게 다음의 각 호를 근거로 한 교육교양사업을 조직·실시한다. 1. 조국과 인민을 위해 충실히 복무하는 애국사상을 배양한다. 2. 조선민주주의인민공화국의 헌법과 정부정강에 근거하여, 학생들의 정치적 교양의 향상과 정치훈련강화에 주력하여, 제반 민주과업의 의의와 성과를 철저히 인식시켜 국가적 사명을 자각시킨다. 3. 조국의 해방과 민주독립국가건설을 위한 소련과의 우의적인 방조를 깊이 인식시키고, 소련을 비롯한 자유와 평화를 애호하는 민주주의제국과의 영구친선과 세계 민주세력과의 단결을 굳건히 하는 국제주의 사상을 배양한다. 4. 모든 비과학적인 사상을 일소하고, 과학에 대한 흥미를 저장(貯藏)시킴으로써, 과학적 지식을 풍부히 하고, 모든 사물현상을 과학적으로 인식하여 처리할 수 있는 능력을 양성시켜 과학적 세계관을 확립한다. 5. 노동의 의식과 기술의 중요성을 자각시켜 생산의욕을 향상시키고, 국가자원을 애호하여 인민경제의 발전에 기여할 수 있도록 교양한다. 6. 우리 민족문화의 우수한 것을 구명·계승하고, 소련을 비롯한 선진국가의 문화를 적극적으로 도입하여, 민주주의조선민족문화를 창조·발전시킬 수 있는 능력을 배양한다. 7. 자각적으로 규율을 준수하고, 개인을 인민의 이익에 복종시키는 민주도덕의 실천자가 될 수 있도록 교양한다. 8. 학생들의 신체발육에 유의하여, 그들의 위생조건을 개선하고, 체력을 증진시키는 동시에 용감성과 강인함, 정교함을 배양한다.	(이하에 덧붙여 쓰여짐) 4항, 6항의 원칙에 따른 교육교양사업을 실천함에 있어서 특히 아래와 같은 점에 관해 유의한다. 1) <u>제국주의적인 요소와 봉건적 잔재, 퇴폐적인 생활양식을 철저히 배격한다.</u> 2) <u>모국어를 생활용어로서 민족적인 자각을 가지도록 하여 민족의 역사, 지리, 문화, 풍습에 관한 바른 지식을 키운다.</u>

	인민학교에 관한 규정	재일본조선인소학교에 관한 규정
	9. 학생의 예술적 창발성을 발휘시키고, 감상력을 향상시켜 학생들의 고상한 정조와 건전한 인민예술의 창조력을 배양한다. 10. 학생의 성별환경을 고려하여 이에 적절한 교양을 제공하여, 특히 개성에 유의하여 그 소질을 각 방면에 발전시킨다. 11. 가정 및 사회과의 연계를 긴밀히 가짐으로써 학교교육, 교양의 통일적 성장을 기대한다.	
제4조	인민학교의 수업연한은 5개년으로 한다.	재일본조선인소학교의 수업연한은 6개년으로 한다.
제5조	교과 및 수업시수배당은 교육성에서 제정한 「교과목과정표」에 근거한다.	교과목 및 수업시수배당은 조선총련중앙상임위원회에서 제정한 「교과목과정표」에 근거한다.
제6조	교과목의 교수내용은 교육성이 제정한 「교수요강」에 근거한다. 유치반을 설치한 경우에는 교육성이 제정한 「유치원보육요강 및 실행세칙」에 근거한다.	교과목의 수업내용은 교육성 및 조선총련중앙상임위원회가 제정한 「교수요강」에 근거한다.
제7조	교과서는 교육성에서 편찬한 것을 사용한다. 교육성 편찬이외의 교과서를 사용하는 경우는 교육성의 승인을 받아야만 한다.	교과서는 교육성 및 조선총련중앙교재편찬위원회에서 편찬한 것을 사용한다. 그 외 교과서를 사용하는 경우는, 조선총련중앙상임위원회의 승인을 받아야만 한다.
제12조	학년은 9월 1일에 시작하여 익년 8월 31일에 끝난다. 학년은 다음의 3학기로 나뉜다. 제1학기: 9월 1일~익년 1월 31일 제2학기: 2월 1일~3월 31일 제3학기: 4월 1일~8월 31일	학년은 4월 1일에 시작하여 익년 3월 20일에 끝난다. 학년은 다음의 3학기로 나뉜다. 제1학기: 4월 1일~7월 20일 제2학기: 9월 1일~12월 24일 제3학기: 1월 10일~3월 20일
제48조	인민학교는 시, 군, 구역인민위원회의 예산으로 운영한다.	재일본조선인소학교는 학부형 및 해당지역동포들이 각출한 교육비, 그 외 예산으로 운영한다.

주 1: 「인민학교에 관한 규정」에 관해서는 재일본조선인총련합회중앙상임위원회 「『각급학교규정』 및 교육참고자료」(1956년 2월)에서 필자 작성.
주 2: 「재일본조선인소학교에 관한 규정」에 관해서는 재일본조선인총련합회중앙상임위원회 「"인민학교에 관한 규정"의 실시에 관해서」(1956년 2월)에 보여지는 사항에서 정리했다. 밑줄은 인용자에 의함.
주 3: 인민학교의 수업연한은 1953년 7월 11일의 「인민학교, 기술전문학교 및 대학의 학제개편에 관해서」에서 4개년으로 변경되고 있다.

규정을 일부 개정하여 사용하는 것이 결정되었다.[53) [표 2-6]은 공화국의 「인민학교에 관한 규정」과 「재일본조선인 소학교에 관한 규정」의 일부이다. 여기에서는 '재일본조선인 소학교'라는 호칭이 사용되어있지만 실제로는 1956년부터 많

----

53) 상동, 「간행의 말」.

은 조선학교가 'ㅇ급학교'라는 명칭으로 현재 사용하고 있는 학교명으로 변경하고 있다. 공화국의 호칭에 맞추자는 의견도 있었으나, 학교교육법상 1조교 이외는 소학교 등의 호칭을 사용할 수 없는 만큼 그것에 맞추어 다시 변경했을 것이다. 또한 중급학교, 고급학교의 규정에 관해서도 주요한 개정부분은 동일하다.

주된 개정부분은 첫째, 감독 주체에 대한 사항으로(제1, 5, 6, 7, 48조), 조선학교의 설치 및 폐지, 교육내용에 관해서는 총련중앙이 결정할 권한을 갖는다고 규정되어 있다. 운영비에 관해서도 보호자와 지역동포가 갹출하는 것이 나타나 있다. 둘째, 수업연한과 학기의 개시시기 등의 시간에 관한 사항으로(제4, 12조), 조선학교는 공화국이 아닌 일본학제와 같은 학년력에서 운영되는 것을 명확히 밝히고 있다. 1학년도의 흐름을 본국에서가 아닌 일본에 맞추는 것은 일본 학교에/로부터의 진학·편입학과 일본 직업사회로의 접촉을 고려한 것이며, 조선학교가 이른바 '일본사회적 시간의 흐름'으로부터 독립하여 존재할 수 없다는 사실을 바로 보여주는 것이라 할 수 있다.

셋째, 교육목적에 관한 사항(제3, 4조)으로, 기본적인 선으로서는 공화국과 같은 목적을 지닌다는 것을 나타내고 있지만, 단서로 기록되어 있는 두 가지 항, 즉 조선학교가 교육을 실시함에 있어 제국주의성, 봉건성, 퇴폐적인 생활양식(이 말은 서구식 생활양식을 지칭하는 데 사용되었다)을 배제하라는 사상적 입장과 조선어를 통한 민족의 역사, 지리, 문화, 풍습을 학습하여 민족적인 자각과 지식을 키우는 교육내용 및 교육목적이 강조되는 것이 중요했던 것이다.

이들은 재일조선인이 일본에 있다[在日]는 상황을 단적으로 반영한 문구라고 할 수 있다. 제1항은 공화국과 다른 자본주의사회인 일본에서 생활하고 있는 재일조선인의 교육 때문에 의식적으로 지향해야 한다는 의미로 부언한 것이고, 또한 제2항은 공화국의 규정에서는 언어로 드러나 있지 않은 것을 명시한 것이다. 모국어(조선어)를 생활용어로 하는 것, 또한 이를 통해 민족적 자각을 키워 민족의 역사와 문화를 가르친다는 것은 재일조선인에게 있어서는 언어로 드러내어 강조해야만 하는 것으로, 결코 그저 당연시하고 넘어갈 수 있는 부분은 아니었던 것이다. 공화국에서 보면 해외공민이며, 일본에서 보면 외국인이라는 의미에서 일반적인 국민과는 다른 위치에 있는 재일조선인이 조직하고, 재일조선인의 교육기관으로서의 조선학교는 그 교육을 규정할 때에도 국민국가가 조직하는 국민교육에 있어서는 당연한 것을 언어로 표현하여 명시할 필요가 있었던 것이다.

각주 52에 나와 있듯이 공화국으로부터는 각급학교규정 이외에도 여러 가지 교육규정을 받게 된다. 총련은 조선학교에 관한 여러 규정과 규칙을 공화국의 교육 법제를 참고하면서 만들어갔고 이를 근거로 전국 조선학교 운영방식을 통일해 나갔다.

(3) 3대 중점과업의 설정

총련이 결성한 대회에서 내걸었던 '모든 청소년을 공화국의 충실한 아들, 딸로 교육한다'라는 큰 교육방침은 1958년에 '3대 중점과업'으로서 명확해진다. 1958년 10월, 총련은 ① 애국주의 교양을 강화, ② 국어교육의 강화－국어실력의 향상과 생활에서 국어상용, ③ 기본생산기술교육의 실시－국가의 현실과 장래에 대처하여 과학기술교육을 한층 강화한다는 3대 중점과업을 당면한 교육방침으로서 결정한다.[54] 물론 여기에서 말하는 '국어'는 조선어를, '국가'는 공화국을 가리킨다. 3대 중점과업은 1959년에 들어서면서 한층 정식화되어 총련 5전대회(1959년 6월 10~12일)의 결정을 받아 개최된 교직동 제12차 정기대회(1959년 6월 14~15일)에서 정식으로 주지된다.[55] 3대 중점과업은 전국 모든 조선학교가 공통으로 중시해야 하는 교육과제가 되었다.

3대 중점과업에 기초한 구체적인 교육실천에 대해서는 후술할 장에서 다루기 때문에 여기에서는 개요를 서술하고자 한다.

먼저 애국주의양성이라는 단어를 보도록 한다. '애국주의(愛國主義)'라는 것은 국가를 사랑하는 노력과 사상, 조국에 대한 자랑을 가리키고 '교양(敎養)'은 그런 것을 기르는 의미에서 사용하고 있다. 달리 말하면 애국주의는 애국심, 애국주의

---

54) 재일본조선인 총련합회 중앙상임이사회 「총련중앙위원회 제15차 확대회의에서 결정된 1959년 신학년 제준비사업에 관한 방침」(1958년 10월), 3쪽 참고. 총련중앙위원회 제15차 확대회의는 1958년 10월 8~10일에 걸쳐 개최되었다.
55) 「교원들의 주체확립과 교육의 질, 양의 제고를 위해」 『조선민보』 1959년 6월 20일자.

교양은 애국심의 함양 혹은 애국심 교육이라고 말할 수 있다. 당시의 조선학교에서 '교육'은 교과교육을 비롯한 지식 등과 조합하여 이용되는 경우가 많았고, 이에 비해 '교양'은 과학적인 지식 등이 아닌 도덕적인, 혹은 정서적인 감정과 사상의 함양 등의 말과 함께 또는 유아교육을 나타낼 때 사용되었다. 3대 중점과업으로서 제시된 애국주의교양의 강화방침은 구체적으로는 애국전통과 공화국에 대한 의식을 높이자는 것, 또한 조국의 서적을 읽고, 김일성 원수의 약전(略傳)과 애국투쟁을 연구하는 활동을 추진하는 것이었다.[56] 애국주의교양은 재일조선인이 귀속된 조선민족, 또한 특히 조국인 조선민주주의인민공화국에 대한 애정을 함양, 그를 위한 지식의 습득을 주안점으로 두고 있다. 태어나고 자란 나라는 아니지만 재일조선인의 권리옹호를 호소하며 교육물자를 보내준 조국으로서의 공화국에 대한 정서적인 접근은 재일조선인의 공화국 국민화로 탈식민화를 목표하는 조선학교 교육에 있어서 그 실효성을 높이는 촉진제였다. 물론 애국주의의 함양은 그 이전부터 요구되었지만[57] 3대 중점과업에 의해 명확히 방침화됨으로써 보다 적극적으로 추진되었다.

계속해서 국어교육강화에 대해서 보도록 한다. 국어강습소로부터 시작된 조선학교에 있어서, 국어＝조선어가 그 교육의 핵심을 차지한다는 것은 물론이다. 수업은 물론, 모든 교육활동을 조선어로 실시하고 있는 조선학교에서 조선어의 소양은 바로 애국심의 정도로 치환되어 학교뿐만이 아니라 '생활 측면에서의 국어상용', 또는 생활의 모든 측면에서(즉, 통학로나 가정에서도) 국어를 사용하는 '국어생활화'가 목표가 되었다. 이를 통해 '떳떳한 조선사람'이 되는 것을 목표로 한 것이다. 국어교육의 강화에 관련해서는 교원의 지도성을 높이고 학생들이 자각적으로 국어를 애용하기 위해 '국어상용운동'을 벌이기도 했다.

상기한 두 가지와 비교할 때 기본생산기술교육의 강화라는 교육방침은 다소 거리가 있는 것처럼 생각될지도 모른다. 이 기본생산기술교육은 1950년대 중반

---

56) 재일본조선인교직원동맹 「교동 제12차 정기대회문헌집」(1959년 6월 14~15일).

57) 예를 들면, 재일본조선인교직원동맹 중앙상임위원회 「교동 제23차 확대중앙위원회 결정서」(1956년 8월 21~22일), 28－29쪽.

공화국에서 초등교육 또는 전기중등교육에 도입된 기초적인 직업교육, 기술교육
이다. 공화국에서 60년대 초반까지 '전반적 9년제 기술의무교육'의 완전 실시를
목표로 하고 있었기 때문에 그에 따라 조선학교에서도 기본생산기술교육의 강화
를 목표로 하게 된 것이다.[58) 기본생산기술교육을 강화하는 목적은 '선진적인 과
학기술을 습득시켜 귀국 시 즉시 조국의 유능한 건설역군으로 공헌할 수 있도록'
하기 위한 것으로, 50년대 후반에 귀국에 대한 기운이 높아졌던 것과 관계가 있
다. 기본생산기술교육은 직접적으로 조국에 공헌하는 힘을 키우는 것으로서 당시
의 조선학교에서 애국주의교양 및 국어교육과 함께 중요한 위치를 차지하고 있
었던 것이다.

　　총련중앙교육문화부는 3대 중점과업의 실천지도를 위한 센터를 설치하고 3
대 중점과업에 따른 성과를 거둔 학교를 모범학교로서 표창하거나 전체 학교에
'김일성 원수 애국활동 연구실'을 개설하는 등, 구체적인 대책을 세운다.[59) 이러
한 총련중앙의 방침을 따라 각 학교에서도 '김일성 원수 애국활동연구실'이나 '조
국연구실', 기본생산기술교육을 실시하기 위한 목공실이나 기계공작실 등이 정비
되고,[60) 또한 공화국 서적을 읽는 운동이 전개된다.[61)

　　이상과 같이 교과서, 교육규정, 교육방침을 비롯하여 1950년대 중반 이후의
조선학교는 공화국의 교육을 순차적으로 이식하면서 그 교육을 재편하고 있다.
그러나 그 이식이 상정했던 것처럼 '잘 되었는가'라고 한다면 반드시 그렇다고만
은 할 수 없다. 비유적인 표현으로 계속한다면, 이식은 항상 거절반응을 만들어
내기 마련이다. 조선학교에 이식된 공화국의 교육은 어떠한 모순과 갈등을 현현
(顯現)시키게 되었던 것일까.

---

58) 최초로 기본생산기술교육 실시가 알려지게 된 것은 1956년이다. 재일본조선인교직원동맹
　　중앙상임위원회 「교동 제23차 확대중앙위원회 결정서」(1956년 8월 21~22일).
59) 총련중앙교육문화부 「1960~1961학년도 신학년도 준비사업조직요강」(작성시기 불명. 내용
　　부터 1960년 1~2월 작성된 것으로 짐작[推察]된다). 11쪽.
60) 송지학(宋枝学) 「애국주의교양을 강화하기 위한 김일성원수 애국활동연구실을 조직운영하
　　는 것에 관해서」『중앙교육연구』제11호(1960년 2월 1일 발행), 36－48쪽.
61) 재일본조선인교직원동맹 중앙위원회 「교동 중앙위원회 제39차 확대회의결정서」(1960년
　　12월 3~4일).

제3장
모순의 발현

    교육의 이식과 함께 나타난 모순으로서 이번 장은 조선학교에서의 기본생산기술교육 실천에 대해 살펴보고자 한다.

    1957년부터 3대 중점과제 중 하나로 여겨진 기본생산기술교육은 1950년대 중반 조선민주주의인민공화국에서 초등교육 및 전기중등교육에 도입된 기초적인 직업교육, 기술교육이다.[1] 공화국에서는 1950년대 후반에서 1960년대에 걸쳐 전쟁 후 복구와 공업화라는 국가적인 경제성장 정책 아래 기술력을 보유한 노동력을 배출할 것을 학교에 요구하게 되었고, 그 결과 기초생산기술교육이 실시되었다. 그리고 그 경제적인 요구는 기초기술교육에 그치지 않고 고도의 전문분야 기술자 양성을 목적으로 한 기술학교의 의무화까지 이르게 되지만 이 정책은 대중의 지지를 받지 못하고 결국 기술학교는 보통교육기관처럼 되어 의무교육의 내용은 기초기술교육을 실시하는 보통교육으로 수렴해갔다. 김지수는 이러한 일련의 흐름을 정리하며 '결국 기술의무교육제는 그 이름만이 남아 실질적인 내용은 사라진 채 1957년에 도입되었던 기초기술교육이 일반교육기관인 중학교와 고등학교에서 강화되는 형식으로 1967년 교육개혁이 이루어졌던 것'이라고 평가하고

---

1) 공화국의 기본생산기술교육에 관해서는 1차 자료를 활용하여 1940~1960년대의 공화국교육 제도사를 논한 김지수(2005)에 자세히 나와 있음.

있다.[2] 조선학교에서 기본생산기술교육이 추진된 것은 1956, 1957~1962, 1963
년경으로 결코 긴 기간은 아니었으나 본국의 교육정책 그대로를 제대로 이식하
는 것이었기에 그 시도는 조선학교 고유의 교육이란 어떤 것이냐는 질문을 관계
자들에게 던지게 했다. 본국의 교육정책이 여러 번 번복되는 상황을 총련교육국
이나 조선학교 교원들도 주시하고 있었다. 조선학교의 교원, 아이들은 본국과는
모든 조건이 다른 가운데서 이 기본생산기술교육에 어떻게 대응했을까. 다음 내
용을 보도록 하자.

제1절 기초생산기술교육의 이식과 실천

(1) 조국건설을 위하여

조선학교에서 기본생산기술교육 실시를 제창하게 된 것은 공화국에서 기본
생산기술교육의 실시방침이 나온 1956년 4월 직후인 그해 8월이다. 이러한 빠른
대응은 총련중앙이나 교직동이 공화국의 교육정책을 지침으로서 의식하고 있었
음을 보여준다.

교직동은 8월 21~22일 열린 제23차 확대 중앙위원회에서 공화국 내 기본
생산기술교육이 추진되고 있는 현상을 지적하고, '미래의 조국 건설에 참여하는
일꾼들을 양성하는 우리학교에서는 어떠한 난관이 있어도 [조국의 교육정책 및
요구를] 가능한 것부터 착수해나가야만 합니다'라고 했다.[3] 그리고 조선학교에서
도 '당장 착수해야만 하는 문제'로서 첫째로, '기본생산기술교육에 대한 이론 및
실천적인 연구가 필요'한 것, 둘째로, 자연과학계 교과에서 교육과 생산노동을 결
부시키는 의식을 갖고 실험, 실습을 강화하는 것과 이를 위한 실험, 실습기자재
를 정비할 필요가 있다는 것, 셋째로, 초급학교에서도 중·고급학교와의 연계를
의식하고 사회과학으로 편중된 교육을 시정하고 산수와 자연 과목의 교육을 강

---

2) 김지수(2005), 225쪽.
3) 재일본조선인교직원동맹중앙상임위원회 「교직동 제23차 확대중앙위원회 결정서」(1956년
   8월 21~22일).

화하는 것이 꼽혔다. 1957년에 열린 제1차 전국 교연에서도 다루어야만 하는 주제로서 '7. 기본생산기술교육에 관한 것 – ① 생산기술교육에 관한 이론과 실천대책, ② 중·고급학교 실시방법, ③ 소학교에서의 준비'를 내걸었다.[4]

그 이후에도 '교과지도에서 조국과 현실이 요구하는 애국주의 사상에 기초한 과학기술교육에 중심을 두어야 한다. 중·고급학교에서는 교수와 생산을 결부하여 '기본생산기술교육'을 창조적으로 실천하는 것에 한층 노력하고, 고급학교에서는 '공업과'를 설치한다'(1958년 6월),[5] '특히 조국의 현실에 비추어 생산노동과 결합된 교육을 강화하고', 각급학교에서는 공작실, 작업실을 '반드시 설치'하며, 특히 '각 고급학교에서는 조건이 될 때마다 공업과정을 설치하는 대책을 강구한다'(1959년 2월)와 같이[6] 기본생산기술교육은 강력하게 추진된다.

총련중앙과 교직동의 교육방침에서 공통적으로 읽어낼 수 있는 것은 기본생산기술교육실시의 정당성을 조국 건설과 강하게 연결짓고 있다는 것이다. 공화국에서도 하기 때문에 조선학교에서도 해야 한다는 단순한 명분이 아니라, 조국 건설에 직접 참여하는 인재로서 능력을 함양하기 위해서 기본생산기술교육이 필요하다는 것이었다. 공화국으로의 귀국이 현실성을 띠어가는 가운데 이러한 논리에 따라 조선학교에서도 기본적으로는 차이 없이 공화국에서 추진되는 기본생산기술교육 실시를 지향하였다.

(2) 열악한 교육환경과 교원들의 노력

기본생산기술교육은 '학교 전체적인 사업으로서', 곧 모든 교원이 하나가 되어 함께 노력해야만 하는 교육이 되었다. 그러나 사실상 그 중심이 되는 담당자는 자연과학 교원들이었다. 기본생산기술교육을 실시하는 데 있어서 다양한 실험기구나 공구, 재료, 또한 목공실, 금속공예실[金工室] 등의 정비가 필요했지만,

....

4) 「교육연구대회 준비를 위해」『민족교육』 제2호(1956년 10월 10일 발행), 20 – 21쪽.
5) 재일본조선인총련합회중앙교육문화부 「1958/9학년도 연간사업계획서 교육관계」(1958년 6월), 3쪽.
6) 재일본조선인교육자 제3차 대회 「1959년 새학년 준비사업을 성공시키기 위해서」(1959년 2월 26~27일), 「1959학년도의 사업방향」에서 인용.

교직원의 급여를 지급하는 것도 어려운 상황에서 그러한 교재나 시설을 충분히 갖추고 있는 학교가 많지 않았을 것은 상상하기 어렵지 않다.

총련중앙도 '조국에서 강조하고 있는 생산기술 기초교육을 일본에서도 실시할 수 있도록 실험 실습 기자재와 시설 정비에 일정 예산을 충당할 것이며, 각급 학교에서는 공화국에서 제정한『직관 교편물, 실험기자재, 실험 약품 기준목록』을 의무적으로 갖추어야 할 필요가' 있다고 하면서도, 조선학교의 재정상황을 감안하여 '그저 구입해서 쓸 생각만 하지 말고, 교육계획의 일환으로서 간단한 교편물, 교구 등은 아이들과 공동제작하는 노력을 게을리해서는 안 된다'라고 하고 있다.[7] 재정난과 함께 어려운 교육환경은 교원들의 창의적인 노력에 의해 극복되어야만 했다.

교재를 자체적으로 제작한 예를 아이오이조선초급학교(相生朝鮮初級学校) 교원들의 실천보고에서 보도록 하자.[8] 아이오이조선초급학교는 1945년에 창립된 학교이나 아이오이(相生)지역에는 '재일조선인의 절대적인 수가 적고, 또한 유복한 생활을 하는 것도 아니었기 때문'에, 창립 이래 학교운영은 늘 어려운 상황에 있었다. 실험기구나 표본을 구입하는 것도 쉽지 않은 가운데, 교원들은 이과수업의 목적을 충분히 달성하지 못하는 것에 고민을 안고 있었다. 특히 어려웠던 것은 제4학년의 '인체'에 관한 단원이었다. '인체의 장기[內臓]'에 관하여 아이들의 이해를 촉진시키는 데 있어 교과서의 삽화는 너무나 불분명했고, 그렇다고 학교에 인체표본이 있는 것도 아니었다. 일반적으로 사용되는 교구는 3,500엔으로 비쌌기 때문에, 학교 재정상 쉽게 엄두를 낼 수 있는 것은 아니었다. 그렇기 때문에 '인체'에 대한 단원은 그저 말로만 설명하는 것에 그쳐야 했다.

이런 이유로 교원들은 '인체'에 관한 괘도를 스스로 제작하게 된다. 조선학

---

7) 「총련중앙위원회 제1차 회의에 제출된 1956 새학년도 준비사업총괄보고와 1957 신학년도 준비사업방침(上)」『해방신문』 1956년 11월 17일자. 1956년 10월 24~26일에 걸쳐 개최된 총련중앙위원회 제7차 회의에 대한 보고서 「2. 학교시설정비와 확충을 위하여」로부터 인용.

8) 아이오이조선초급학교 박관근 「리과교육과 직관물교재」(1957년 6월 22~23일). 이것은 제1차 효고현 교연에서 발표된 것이다. 제1차 전국교연에서 발표된 김영석의 보고도 같은 학교의 같은 사례에 대해 서술하고 있다.

교의 이러한 노력을 적극적으로 지지하는 재일조선인들은 종이나 그림 도구, 확대기를 구입하기 위한 자금 600엔을 빌려주었고, 모사의 원본이 되는 교재는 같은 학교의 교원의 아들이 일본 고등학교에서 사용하고 있는 교과서를 빌려 사용했다. 교원 부족으로 일주일에 30시간 이상 수업을 맡는 교원도 있는 가운데, 교원들은 밤낮 없이 괘도를 만드는 작업을 하게 된다. 장기(臟器)를 모사하는 것은 무척 어려운 작업이었지만 무려 3주간의 시간을 들여 결국 22매의 괘도가 완성된다. 아이오이 학교의 교원들은 직접 만든 괘도를 사용하여 교육의 질을 지키려 한 것이다.

제1차 전국교연에서 발표된 히로시마조선초급학교(広島朝鮮初級学校) 려상호의 실천보고도 매우 흥미롭다.[9] 려상호는 학교에 '실험도구가 몇 개의 알코올램프와 시험관, 플라스크 1개밖에 없었던 상황'에서 어떻게 실험·관찰을 전개했는지에 대해서 보고하고 있다. '플라스크가 없는 경우는 맥주병 같은 것으로 쉽게 실험이 가능하다'라고 하여 맥주병을 이용한 공기의 팽창을 보여주는 실험을 하고, '물 여과실험'에서는 여과지가 없는 경우에도 모래와 헌 솜을 이용하여 실험을 하며, '증류수를 만드는 실험'에서는 소주 만드는 법을 견학하고, '공기의 압축성과 탄성'에 관해서는 아이들이 종이 딱총을 만들어 이용하는 등[10] 그는 '원시적으로', '유치하고 부정확하나 주변의 폐품을 이용하여 약간의 노력으로 기구를 모으면 초급학교에서도 다루고 있는 실험은 가능하다'라고 하여 미비한 실험교구들에 대응했다.

그러나 과연 맥주병으로 플라스크를 대체할 수 있을까. 맥주병으로는 시약의 색깔을 확인할 수 없을 뿐더러 계량도 정확하지 않기 때문에 의도한 학습목표에 지장을 줄 수 있는 가능성이 있다. 려상호 자신도 밝히고 있는 것처럼 그것은 '유치하고 부정확한' 실험기구였다. 그러나 그럼에도 자연과학에 관한, 자연과학을 통한 배움을 아이들에게 제공한다는 점에서는 실험은 반드시 이루어져야만

---

9) 히로시마조선초급학교 려상호 「초급학교 자연과 수업에서 얻은 몇 개의 경험」(1957년 7월 28~31일).
10) 보고에서는 이 외에도 5학년에서 다루고 있는 9개의 실험이 소개되어 있다.

하는 것이다. 려상호는 이러한 인식 아래, '주변의 폐품'과 '약간의 노력'을 구사하여 자연과학교육의 질을 보장하려 했던 것이다.

이러한 교원들의 경험은 제1차 전국교연 자연분과에서 공유되고 있다. 자연과학분과의 전체토의에서는 '과학교육에 있어서 실험기구, 직관물교구는 반드시 필요한 것이지만, 초급학교 전체에서, 중급학교 일부 교과서에서 다루고 있는 실험·관찰의 대부분은 돈을 들여 그 기구를 구입하지 않고도 교원들의 열정과 폐품을 이용하여, 혹은 직접 제작함으로써 충분히 실천할 수 있다'라는 것이 확인되고 있다.[11] 어떤 학교도 충분한 시설·실험기구 등을 갖추고 있지 않았다. 그러한 환경 아래에서도 교원들이 열정을 가지고 대처하면 쓰레기까지도 실험기구로서 재활용할 수 있고, 또한 실험기구 제작을 위해 활용할 수 있다고 하는 것이 1950년대 후반의 조선학교 자연과학교육의 현실이었다.

교육기자재 제작의 경험은 전국 교연의 실천보고가 끝난 후에 열린 도꾜중고 교원들의 실험 시연과[12] 도꾜중고추최의 「귀국실현 리과전시회」(1959년 10월),[13] 도쿄에서 열린 「제1차 전국교편물전시회」(1960년 2월) 등[14] 여러 가지 장에서 공유되었다.

그렇다고 해도 교원들의 노력에는 한계가 있었다. 1958년에 나타난 「초급학교 교편물, 실험기구 최저비치 기준표」에서 초급학교 자연과학교육에 필요한 교구로 제시되고 있는 것을 발췌하면, [표 3-1]과 같다. 또한 이러한 교구들을 자

---

11) 『민족교육-재일본조선인학교 제1차 교연보고집』(1958년 5월 15일 발행), 45쪽.

12) 상동, 45쪽 참조. 도꾜중고 실험실에서 열린 실험은 '토끼와 닭의 해부법과 실험', '단순한 식물의 표본 제작법과 현미경 조작', '물의 전기분해', '공기성분 분석' 등, 실험내용은 물리, 화학, 생물 분야 등 다방면에 걸쳐 있었다. 이러한 것은 실험기구가 충분히 갖추어지지 않은 지방 교원들에게 큰 도움이 되었다고 한다.

13) 도꾜조선중고급학교 「귀국실현 리과전시회」(1959년 10월 18일), 팸플릿을 참조. 이 전시회는 '민족교육의 3대 중점과업의 하나인 기본생산기술교육이 유효함을 일반 재일조선인 모두에게 보여주는 것'과 동시에 '학생들이 날마다 길러온 힘을 생활 가까운 것에서부터 구현화 하는 경험을 마련해 준다'는 목적 아래 행해졌다.

14) 재일본조선인교직원동맹 중앙상임회 「교동중앙위원회 제38차 회의 결정서」(1960년 3월), 8쪽. 1960년 2월 21일에 열려 4개의 지방, 24점의 교재(敎材)가 출품되었다. 여기에서는 각지의 조선학교교원들이 제작한 교재가 전시되고 그 제작방법이나 그것을 이용한 수업방법의 경험이 공유되었다.

주학교의 초급학교가 어느 정도 갖추고 있었는지에 대한 조사통계를 [표 3-2]에 나타낸다. 표 안의 '실험기구' 항목에 구체적으로 무엇이 포함되는지는 정확하지 않지만 아이치나 오사카, 효고 등 비교적 재일동포가 많은 지역에서도 과학교구가 충분하게 갖추어지지 않았다는 것을 알 수 있다. 한편 중고급학교에 관해서는 '중·고급학교 이과실험기구 최저 비치기준표'에 중고급학교의 자연과학계 교과서에 제시된 실험과 과학적 탐구를 하기 위해 필요한 실험기구 303점이 나와 있으나,[15] 이것도 충분하게 갖추어져 있지 않았다고 생각된다.

(3) 기본생산기술교육의 실제

이렇게 열악한 교육여건에서 교원들은 기본생산기술교육을 마주하게 된 것이다.

지방 및 전국교연에서는 각 학교에서 대처하고 있는 바가 보고되고 있다. 1957년 제2차 전국교연에서는 「열기관 학습과 견학학습에 관해서」(도꾜중고, 림광진), 「실습장을 설치하는 것에 대한 나의 의견」(아이찌중고, 김수형), 「양계기술을 중심으로 한 기본생산기술교육」(히메지초급, 강방준), 「기본생산기술교육에 관한 문제점」(고베중고, 문동기) 등이 발표되었다. 또한 지역별 교연에서도 '기본생산기술교육과 리과실험계획표'(가나가와현(학교불명), 엄손악)[16] 「리과실험경험을 통해 느낀 점」(요꼬하마초급, 강병국), 「리과교육에 몇 개의 제기와 초급중학교 물리실험계획표」(가나가와중고, 윤형원), 「중고기본생산(목공) 체계와 공작실 건설계획」(같은 학교, 한동휘), 「초급학교 공작체계」(다이와초급, 송상견), 「아동의 학력 향상을 위한 사업」(난부초급, 임송자),[17] 「기본생산기술교육을 당면실시하는 초보적인 과정에서 경험과 소견」(고베중고 리과분과)[18] 등이 발표되어 각 지역에서 많은 실천경험이

---

15) 재일본조선인교육회, 재일본조선인교직원동맹 「교육회 제4회 정기대회, 교동 제11차 정기대회 문헌집」(1958년), 20-41쪽, 「중·고급학교 리과실험기구 최저비치기준표」 참조. 단 가가 나와 있지 않은 것이 많으나 나와 있는 것의 총액이 약 56만 엔이 된다.

16) 엄손악 「기본생산기술교육과 리과실험계획표」(1959년 4월 3~4일). 제2차 가나가와교육방법연구대회에서 보고되었던 것. 소속 학교는 알려져 있지 않다.

17) 제시된 것들은 제3차 가나가와교육경험발표회(1960년 1월 6~7일) 기본생산기술교육분과에서 보고되었다.

18) 효고현 제3차 교육경험발표회(1960년 2월 28일 개최)에서 발표된 보고.

표 3-1 │ 초급학교 교편물, 실험기구 최저비치 기준표(1958년)

종류	실험기구 및 직관물의 내용	수량	가격(円)	종류	실험기구 및 직관물의 내용	수량	가격(円)
표본	암석표본 50종	1조	3000	실험기구 및 기자재	루버(ルーパー) * 5	3개	90
	금속표본 15종	1조	1500		루버*10	1개	140
	종합 표본 무생물 1) 모래, 석탄, 원유로 만든 것 2) 광물질비료 3) 토양 종류 4 해충 구제약	각 1부	제작		실내온도계	1개	70
					실외온도계	1개	70
					윗접시 저울	1개	1500
					메스실린더 100cc	1개	145
					메스실린더 500cc	1개	235
	종합표본 생물 1) 씨앗(곡물, 화초, 채소, 잡초) 2) 곤충의 발육(모기, 파리, 벌, 누에) 각 1부 제작 3) 각종 과일 및 곡물 4) 농업해충과 그 가해	각 1부	제작		해부기기 (10점)	1개	1000
					알코올램프	50개	60
					시험관	50개	300
					시험대	1개	30
					시험관 집게	1개	300
	석엽(腊葉) 표본 1) 여러 형태의 잎 2) 여러 형태의 뿌리 3) 여러 가지 꽃 4) 잡초	각 1부	2000 (제작)		시험관 수세미	2개	30
					깔때기	2개	80
					비커 500cc, 1000cc	1조	150
					유리판	0.5kg	100
					고무관 1m		100
	박제표본 1) 조류: 기러기, 매, 갈매기 등	각 1부	제작		펜찌 콕	2개	40
					여과지	1묶음	60
					리트머스지	1묶음	40
	액침표본 1) 개구리의 발육 2) 뱀(유혈목이, 살무사) 3) 어류(청어, 석수어, 갈치 등)	각 1부	2500 1800 2000		플라스크 (3개구 200cc, 일반형 300cc)	1조	200
					시약병	10개	350
					표본병	10개	5600
	골격 1) 어류골격 2) 토끼 골격 3) 포유류의 척추뼈	각 1개	2500 4500 1500		피펫(액량계)	1개	350
					냉각장치 360	1개	450
					증발접시 90	1개	35
					금속 망	2개	30
모형	인체 외구조(남자 4척, 해부 27) 1) 몸통(근육 및 내장) 2) 귀의 구조(B형)	각 1개	28000 3000		지지대	2개	200
					봉, 용수철저울	2개	1000
					건전지	6개	1000
	수차	1조	5500		모터(조립용)		
	증기터빈		5200		자석(막대, 말굽, 전자석)	3개	860
	기관차 피스톤		700		종	1개	300
	풍력계 소형		3500		부저	1개	240

종류	실험기구 및 직관물의 내용	수량	가격(円)	종류	실험기구 및 직관물의 내용	수량	가격(円)
괘도 및 지도	소형 우량계 A		1600		전화기 구조 설명기	1개	2400
	압력계(아네로이드 형)				렌즈	6개	1000
	동물 괘도				프리즘	1개	500
	동식물 도감		1200		광원	1개	1100
	지구본		2500		소리굽쇠	1개	1500
시약	과망간산칼륨	1파운드	500	교구 그 외	실험기구정리 상자	4개	제작
	황산	1파운드	500		환등기	1개	2200
	염산	1파운드	500		현미경(500배)	1개	2500
	초산	1파운드	500		곤충표본상자	3개	2400
	가성소다	500g	560		동식물화석	1조	3500
	탄산소다	500g	400				
	석회수	1파운드	300				
시약	식염	1파운드	200				
	포름알데히드	1파운드	400				
	알코올	1파운드	300				
	아미노산	1파운드	1600				
	아연(과립형)	300g	360				
	수소 탄산소다	1파운드	700				

출처: 「초급학교교편물, 실험기구 최저비치 기준표」(1958년)부터, 필자 작성

주: 가격 란에 '제작'이라고 되어 있는 항목은 제작하는 것이 권장되었기 때문에 가격이 표기되어 있지 않음. 또한 원자료에서의 공백은 그대로 공백으로 하였음.

표 3-2 | 자주초급학교 이과교구비품 일람표(1958년 4월 기준)

	도쿄 12개교	치바 2개교	도치기 1개교	아이치 9개교	시즈오카 1개교	교토 1개교	오사카 10개교	효고 14개교	오카야마 2개교	야마구치 2개교	히로시마 4개교	아이치 1개교	계 59개교
현미경	31		2	2	1	1	2	7			1	1	48
표본모형	279			9			8	79			4	1	380
실험기구	952	3	27	54	20		53	204	15		17		1345

출처: 「자주초급학교 시설 및 비품 일람표 (1958년 4월)」에서 작성.

공유되고 있었다. 1959년 12월 25~26일에 걸쳐 열린 제3차 도쿄 교육경험발표대회(도쿄중고급학교에서 개최)에서도 전 46편의 보고 중에서 기본생산기술교육에 관한 것이 8편 보고되고 있다.[19]

그러나 이러한 보고를 보고 자연과학교육에서 실험·관찰을 중시한 실천과 무엇이 다른지를 묻는다면 명확하게 대답할 수 없는 실천이 많다. 쉽게 말해 대부분의 실천은 자연과학교육의 실천을 기본생산기술교육이라고 바꾸어 말한 것에 지나지 않는 것으로 보인다. 물론 전기에 관한 단원에서 공화국의 전력상황을 함께 제시하여 수업하는 등 조선학교만의 실천이라 할 수 있는 것도 발견되지만 이것은 반드시 기본생산기술교육에 대한 것이라고 할 수 있는 것은 아닐 것이다.

공화국의 기본생산기술교육은 이론학습과 함께 실습을 도입한 기초적인 기술교육을 실시하고 그 학습의 과정과 성과를 구체적인 것의 생산에 연결시키는 것을 목적으로 한다('생산과 교육의 결합', '노동과 교육의 결합'). 필자가 조선학교에서의 기본생산기술교육 실천이 일반적인 자연과학교육의 실천과 다르지 않다고 느끼는 것은 시설, 설비가 충분하지 않았기 때문에 실습은 물론 실험과 관찰도 충분히 할 수 없었다는 점 때문이 아니라, 기본생산기술 교육의 핵심인 '생산과 교육의 결합', '노동과 교육의 결합'이 관찰되지 않기 때문이다.

당시의 교원들에게 제일 큰 문제도 바로 이 '교육과 생산·노동의 결합' 문제였다. 몇 개의 실천사례를 보면서 이 문제에 대한 대응을 보기로 한다.

'교육과 생산·노동의 결합' 문제

먼저, 교직동중앙 사업총괄보고서에서 높이 평가되고 있는[20] 『중앙교육연구』에도 소개된 아이찌조선제9초급학교 오일환의 실천보고 「우리 학교의 토끼사육

---

19) 『중앙교육연구』(1960년 2월 11일 발행), 「제3차 도쿄교육경험발표대회를 마치고서」, 20쪽. ① 직접적 애국주의교양을 주제로 한 테마 12편, ② 국어과를 중심으로 한 학력향상을 주제로 한 테마 23편, ③ 기본생산기술교육을 주제로 한 테마 8편, ④ 예능·체육과를 주제로 한 테마 3편 총 46편의 연구가 보고되었다.

20) 재일본조선인교직원동맹 중앙위원회 「중앙위원회 제37차 회의에 제출한 사업총괄보고 및 당면 임무」(1959년 11월 6~7일).

경험」을 보도록 한다.[21]

　아이치현 내의 조선학교에서는 '조국의 각급학교학생'이 '토끼사육, 아주까리 생산 등을 광범위하게 조직하고 이를 통해 사회주의건설에 직접 공헌하기 위해 학생 1인당 (토끼를) 30마리씩 사육'하고 있는 것을 따라 배워, 한 학교에서 100마리 이상씩의 토끼를 사육하는 것이 결정되었다. 아이찌제9초급에서는 다른 학교보다 앞서 1958년 6월부터 토끼를 사육하고 있었다. 토끼사육의 의의는 '학생의 실천적인 생산적 노동 기능 및 숙련을 배양하여 학생들의 실천적인 생산 활동을 준비시킨다'는 것으로 여겨졌다.

　학생들은 토끼를 사육하는 과정에서 생물학적인 토끼에 대한 이해를 경험적으로 심화시켰을 뿐만 아니라 토끼의 먹이를 확보하는 풀베기를 계획적으로 실행하는 절차나 학교부지 내에 어떤 토끼장을 지으면 사육하는 사람에게도 토끼에게도 적절한 환경이 될 것인가 등 동물을 사육·관리하기 위한 기능도 습득해 갔다고 오일환은 기술하고 있다.

　오일환의 실천은 실험·관찰을 중시하는 자연과학교육 실천에 그치지 않는다. 그는 사육한 토끼를 햄 공장에 판매하고 거기서 얻은 이익을 학교 재정에 보탰다고 한다. 학교에서의 여러 가지 생산 활동이 자연과학적인 학습에 그치지 않고 실제로 경제적인 이익을 낸다는 것이야말로 기본생산기술교육이라는 것이 그의 주장이었다.

　그러나 조선학교가 일본에 존재하기 때문에 조선학교 내의 생산 활동을 통해 공화국경제를 직접 돕는다는 것을 아이들에게 실감시키는 것은 매우 어려웠다. 그 때문에 오일환은 사육한 토끼의 고기를 팔아 그 돈을 학교 재정에 환원시키는 것을 통해 아이들이 자신의 생산 활동이, 예를 들면 학교의 시설을 새롭게 한다는 직접적인 경제적 이익을 만들었다는 것을 실감할 수 있도록 했다. 여기에서 실감할 수 있도록 했다는 것은 '노동을 통해 생산한 토끼의 고기가 돈이 되었다'는 경제적인 이익이 아니라, '그 돈이 조선사람을 키우는 조선학교의 이익이

---

21) 아이찌조선제9초급학교 오일환 「우리학교의 토끼사육 경험(1)」 『중앙교육연구』 제11호 (1960년 2월 1일 발행). 이 실천보고는 1959년에 발표된 것으로 짐작된다.

되었다'라는 자신이 속한 사회를 위해 생산노동을 했다는 공헌을 포함한 경제적 이익이었다. 여기에서 사회라는 것은 조국과 연결된 조선학교이며, 또한 재일동포사회인 것이다. 이것이 오일환이 찾아낸 조선학교에서의 '교육과 생산·노동의 결합'의 기본 방향이었다.

사실 기본생산기술교육의 추진과 관련해서는 교직동 중앙도 강화방침을 제정하는 초기부터 약간의 당혹감을 가지고 있었다.

생산노동과 교육을 연결시키는 것은 조국에서와는 달리 어려운 조건을 가지고 있다고 말할 수 있습니다. 그러나 가능한 범위에서 토끼사육 등 또는 한 학생이 한 가지 기술을 배우게 한다는 관점에서 학교 부근의 공장, 기업과 연계한 운동을 벌이거나, 학교 내에서도 가능한 시설을 이용해서 [기본생산기술교육을] 실시할 필요가 있습니다.

이것은 1959년 6월 교직동 제12차 대회의 결정서에서 인용한 것이다.[22] 공화국과는 애초부터 사회제도 그 자체가 다른 바탕에서 '교육과 생산·노동의 결합'이 성립될 수 있는가라는 물음을 포함하고 있다. 실제로 아이찌제9초급학교에서도 학부모나 교원들로부터 '생산교육의 의의는 알겠으나 조국의 사정과 일본의 조건은 다르다', '풀을 깎는 것에 쓰는 시간을 공부하는 데 돌리는 편이···'라는 부정적인 의견도 나왔다고 한다. 이 학교에서의 실천이 실질적으로 어떤 정도의 이익을 만들었는지는 알 수 없으나 1961년 시점에서도 '[아이치의 교원들은] 현(県)적 규모에서 토끼와 닭을 사육하고, 일정한 성과를 낸다'고 평가되었고[23] 이러한 학교의 대응은 계속되어갔다고 생각된다.

한편, 조선학교의 '교육과 생산·노동의 결합'이라는 기본 방향에 대해 날카롭게 비판하는 교원들도 있었다. 오일환의 실천보고가 게재된 다음 『중앙교육연

---

22) 재일본조선인교직원동맹 「교동 제12차 정기대회문헌집」(1959년 6월 14~15일).
23) 재일본조선인교직원동맹 중앙위원회 「교동 제13차 정기대회에 제출한 사업총괄보고 및 이후의 방침」(1961년 5월 20~21일), 44쪽.

구』 제12호(1960년 5월)에는 조선학교의 기본생산기술교육이 안고 있는 문제를 정면으로 다룬 논문이 게재되어 있다. 1959년 12월 제3차 도쿄 교육경험발표대회에서 발표된 도꾜조선제11초급학교 류영빈의 「초급학교 기본생산기술교육의 방향성」이 그것이다.[24] 오일환의 보고처럼 지방교연에서 발표된 보고를 전국지에 실은 것부터 류영빈의 보고 역시 교직동 중앙으로서도 전국 조선학교 교원과 공유되어야 하는 것으로 판단했다고 말할 수 있다. 다음에 나와 있는 그 취지를 확인해보도록 한다.

류영빈은 먼저 '비판, 바로잡아야만 하는 몇 개의 문제'로서 이과 교원뿐만 아니라 학교전체에서 대응해나가야만 할 것을 확인한 후 다음과 같이 계속한다.

둘째로 '기본생산기술교육'을 실시하는 데 있어서, 토끼나 닭을 대량으로 구입하여 이것들의 생존을 보장해주는 작업으로 그럴듯하게 파악하거나 학교작업에 학생들을 동원하여 삽이나 곡괭이질이라는 일을 시켜 만족하는 등의 개념. 이러한 개념은 매우 형식주의적으로 교원의 자기만족은 될지언정 학생들에게 올바른 생산 기본과 올바른 노동관을 길러줄 수는 없다고 생각된다. 따라서 이러한 개념을 '기본생산기술교육'에 대한 모험적 형식주의 또는 좌경적 개념이라고 규정하고 싶다.

류영빈은 앞에서 본 아이치의 실천으로 대표되는 기본생산기술교육에 대해서 '매우 형식주의적', '교원의 자기만족'이며 '학생들의 올바른 생산 기본과 올바른 노동관을 길러줄 수는 없다'고 강하게 비판하고 있다. 류영빈은 공화국의 신문과 잡지에 소개된 5개년 계획 중의 공화국 아이들이 토끼와 아주까리를 키워서 어른들에게 큰 도움이 되었다는 보도를 보고 '우리도 한번 토끼를 사육해보자'고 하는 조선학교가 각 지역에 많이 생겼지만 '이러한 현상을 결코 옳다고 볼 수는 없다'고 비판한다.

....

24) 류영빈, 「초급학교기본생산기술교육의 방향성」, 『중앙교육연구』 제12호(1960년 5월 25일 발행), 36-49쪽.

왜냐하면 우리의 아이들이 생활하는 사회에서 생산과 노동은 무계획적인 상품생산이 되어버리기 때문이다. 물론, 그렇다고 토끼사육에 전면적으로 반대하는 것은 아니다. [중략] 그러나 토끼를 사육함으로써 기본생산기술교육의 형식만을 갖추거나 대량사육을 통해 이것을 시장에 팔아 버리는 교육은 일종의 이 [일본] 사회의 상품생산과 그것을 위한 잘못된 노동개념을 학생들에게 심어주게 되는 것은 아닐까?

[중략] 우리들의 아이들이 살고 있는 이곳은 인간의 노동력이 하나의 상품에 불과하고 일에 대한 의욕을 가지면 가질수록 인간다운 인간은 착취라는 쇠사슬에 묶여버리게 된다. 이런 가운데 우리 아이들에게 노동을 사랑하는 품성을 갖게 하는 것은 매우 어려운 일 중 하나이다.

이러한 일본사회에 대한 이해 아래에서 '기본생산기술교육을 하고 있는가', 라고 류영빈은 묻고 있는 것이다. 이러한 지적은 조선학교가 혹은 재일조선인이 자본주의사회인 일본에 존재하는 이상 해결하기 어려운 문제이기도 했다. 일본에서 실시하는 모든 노동이 '잘못된 노동'이 되어버린다면 공화국에서 행해지고 있는 '교육과 생산·노동의 결합'을 핵심으로 한 기본생산기술교육을 실시하는 것은 원리적으로 불가능하다. 류영빈은 시장경제적 가치가 반드시 적용되는 것은 아닌 학교생활 속에서 아이들이 스스로 자신의 청소도구를 만들어내는 것이야말로 '올바른 노동'이라고 논하고 있다. 하지만 이것은 이미 공화국에서 실시하고 있는 기본생산기술교육과는 적지 않은 차이가 있었다고 말할 수밖에 없다.

3대 중점과업에서 국어교육강화방침과 애국주의 교양강화 방침이 재일조선인이 놓인 실정에 맞게 제정된 것과는 달리 기본생산기술교육은 공화국에서 제정된 교육정책이었다. 학교현장에서 구체적으로 실천한 경험은 그 이식이 어려웠다는 것으로 드러나게 된다.

물론 기본생산기술교육의 실천이 어려웠던 원인은 이러한 이론적 문제만 있었던 것은 아니다. 1960년 1월 가나가와중고의 실천보고에서는 '보통과 1학년에서는 기계의 기본, 즉 수공, 금속의 열처리, 선반작업 등을 강의(형식)만으로 가르치고 있었다. 또 주 1시간이라는 실습시간을 충분하게 확보하지 못하는 가운데 학생들은 흥미를 잃어버리고 암기만 하는 학습이 되어버리고 말았다. 이번 학년도가 되어도 이런 현실은 변하지 않았다. 우리들의 학교에서는 공업과가 있음에도 불구하고 기초적인 설비를 갖추지 않은 것은 큰 문제'라는 것이 보고되고 있다.[25] 게다가 교원이 공업 및 농업에 관한 기본적인 지식과 기술을 숙지하지 않은 문제도 지적되고 있다. 기본생산기술교육에 관한 전문지식을 가진 교원과 설비가 부족하다는 것이다. 이것은 공화국에서 기술학교 계획이 좌절된 것과도 닮은꼴을 이루고 있었다. 총련중앙도 이러한 문제에 대처할 수 있도록 기술교육에 필요한 지식·기능을 전수받는 장으로서 도쿄와 오사카에 야간기술학교(가칭. 기간 6개월. 전기, 기계, 화학의 3학과) 설치와 여름방학기간에 현직교원을 대상으로 기술교육 강습회를 여는 등 조직적인 대책을 구상했으나[26] 이것은 실현되지 못했다.

이렇게 3대 중점과업의 하나로서 내세워졌던 기본생산기술교육은 1963년경부터 그 모습이 사라지게 된다. 이후 총련중앙과 교직동의 교육정책에서도, 교원들의 실천보고에서도 기본생산기술교육에 대한 언급을 찾아볼 수 없다. 그것은 공화국에서 기술의무교육제의 내실이 점차 드러나게 되었다는 것과도 관련이 있으나, 더욱 본질적으로는 본국의 교육을 그대로 조선학교에 이식하는 것이 어려웠다는 것이 많은 경험을 통해 인식되었기 때문이라고 말할 수 있을 것이다.

제2절 바라보던 미래

기본생산기술교육의 추진방침이 소거된 배경에는 원리적인 난점과 실시상의 하드웨어적인 부족 외에도 또 하나의 큰 원인이 있었다.

공화국 류의 기본생산기술교육의 추진은 공화국으로 귀국한 후에 아이들의 생활이나 노동과 관련지어짐으로써 그 의의가 발견되고 있었다. 그러기에 앞의

---

25) 가나가와조선중고급학교 윤형원 「이과교육에 대한 몇 개의 제기와 초급중학교 물리실험계획표」(1960년 1월 6~7일). 이것은 제3차 가나가와교육경험발표회에서 발표된 실천보고이다.
26) 총련중앙교육문화부 「1960~1961학년도 새학년도 준비사업조직요강」(1960년 1월).

류영빈의 논문에서도 언급된 것처럼, 예를 들어 일본에서의 교육과 생산노동을 연결시킨 기본생산기술교육을 실현시키지 않더라도 그것은 공화국사회에서 살아갈 힘을 몸에 익히는 데 (오히려) 유익하다고 여겨지고 있었다. 50년대 중반에 조국과의 유대를 더욱 강화하는 가운데 귀국 후의 '조국건설'에 이바지하는 힘을 기르는 생산기술교육은 이러한 의미가 있었기에 국어교육 및 애국주의 교양교육과 함께 조선학교 교육에서 중요한 위치를 차지할 수 있었던 것이다.

그러나 애초부터 그 당시 조선학교 어린이와 학부모에게 '귀국하여 직접 조국 건설에 공헌한다'라는 것이 어느 정도 현실적인 것으로 받아들여졌을까. 기본생산기술교육에 의미를 부여하는 것이 재일조선인들의 생활과 미래상이 괴리되는 것이라면 이를 추진하는 합리성(타당성)은 없어지게 된다. 몇 가지 자료를 통해 이 점에 대해 살펴보기로 한다.

기본생산기술교육이 추진되기 시작한 1957년, 제1차 도쿄교육연구대회에서 발표된 '어린이들의 가정환경과 민족교육에 대한 학부모들의 의식조사'에서는 조선학교에 아이들을 취학시킨 학부모들이 그리는 아이들과 그 가족의 미래상을 엿볼 수 있다.[27] '학교에 대한 의견'란에 기입 된 학부모들의 목소리 중 일부를 다음과 같이 써놓는다.

- 현재, 부모님이 바라는 대로 할 수 없는 것이 많다. 고향에 가고 싶어도 갈 수 없고, 공화국에도 갈 수 없는 실정이기 때문에 고향에 가도 사용할 수 있는 교육과 일본에서도 살아갈 수 있는 교육을 연구해서 실시해 달라!
- 조국통일 후에 귀국할 예정이다. 그러나 아직 그 시기가 명확하지 않다. 그렇기에 상급학교는 일본의 학교에서 충분한 과학기술학을 습득시키자고 생각하고 있다. 일본어 공부를 더 가르쳐주면 고맙겠다.

....

27) 정용환 「아이들의 가정환경과 민족교육에 대한 학부모들의 의식조사」(1957년 5월)를 참조. 조사는 같은 해 3월 초순부터 15일까지 실시되었고, 171가구 가운데 129가구의 보호자들이 응답하였다. 의견란에는 53명이 기입했다.

- 일본의 상급학교에 진학할 수 있도록 가르쳐달라!
- 최고학교(대학을 지칭하는 것이라 생각됨)는 일본학교에 보낼 예정. 일본어, 일본역사, 일본지리를 더 가르쳐준다면 기쁘겠다.
- 교과서 문제에 관해서, 좋고 나쁘고, 어렵고 하는 문제를 떠나서 구체적으로 일본에 있는 조건과 실력에 비추어 편집할 필요가 있다.
- 일본학교를 희망하는 사람들의 이유는 여러 가지로 다소 다른 점들이 있을 것으로 생각하지만, 그 주된 이유는 실력문제에 있다고 생각한다. 우리의 최고학부(=조선대학교)도 일본의 우수한 학교에 대해 뒤쳐지지 않는 모든 조건을 갖춤으로써 청소년의 학력을 보장할 수 있다면, 학부모들도 안심하고 초급학교부터 대학교까지 조선학교에 보낼 것이다. 또한 조선중학교 졸업 후 일본 대학에 입학할 수 있는 실력과 진로를 보장하기 위해 당국과의 대외접촉이 필요할 것이다.
- 우리가 일본에 사는 한 일본어를 제대로 알지 않으면 어느 공장에도 취직할 수 없기 때문에, 이런 점들을 잘 생각해서 일본어를 잘 가르쳐주셨으면 좋겠다.

공화국에 귀국하고 싶지만 그럴 수 없다, 통일하면 귀국한다, 일본에서 살아간다, 일본 학교에 진학한다, 일본 공장에 취직한다, 고향에서도 일본에서도 살아갈 수 있는 교육을 해달라……. 학교에 대한 학부모들의 요구사항은 다양하지만, 그 밑바탕에는 여러 가지 제약 속에서 조선반도(고향 또는 조국)에 갈지, 계속해서 일본에서 살아갈지 확정할 수 없는 재일조선인의 현실이 있다. 귀국길이 열리지 않은 시점에서는 특히 일본 학교나 회사에 들어가는 데 지장이 없는 교육을 해주었으면 한다는 요구가 눈에 띈다. 학부모들이 아이들을 '떳떳한 조선사람'으로 키우고 싶다는 생각과 함께 일본에서도 충분히 생활할 수 있는 능력을 갖출 수 있었으면 하고 바라는 것은 모순 없이 양립하는 것이라 말할 수 있다. 조선학교의 교육은 언제나 이러한 학부모와 아이들의 현실을 바탕으로 만들어져온 것이다. 조국건설을 위한 힘을 키우기 위해 자리매김한 기본생산기술교육은 학부모들의

표 3-3 │ 조선고급학교 학생들의 진로희망 및 졸업 후 동태

① 고급학교졸업예정자 진로희망 (1959년)

진로희망		희망자 수(명)	
진학	공화국	149	(25%)
	조선대학교	70	(12%)
	일본의 대학	41	(7%)
	소계	260	(43%)
취직	교원(3개월 양성)	162	(27%)
	조직활동	5	(1%)
	기업체	54	(9%)
	소계	221	(37%)
가업, 가사종사		78	(13%)
기타		4	(1%)
귀국(진학을 제외)		29	(5%)
미정		13	(2%)
계		605명	

② 도꾜조고 졸업생 동태 (1954~58년)

상황	내역(명)
대학진학생	약 256(38%)
대학원생	약 15(2%)
대학졸업생	약 50(7%)
조국진학	약 24(4%)
조직활동가	약 80(12%)
각급학교 교원	약 180(27%)
기술자	약 70(10%)
합계	675명

③ 고급학교 졸업생 진로 (1961년)

상황	내역
귀국 후 진학	11%
조대진학	21%
일본 대학진학	9%
교원	16%
조직기관	22%
개인기업	4%
가업	10%
기타	7%

출처

① 총련교육문화부 「1959－1960학년도 각 고급학교 졸업반 진로희망조사통계표」(1959년 11월)를 보고 작성. 본 조사는 전국 9개 조선고급학교에 다니는 학생 605명을 대상으로 실시한 조사임.

② 도꾜조선중고급학교 「학교안내 학생모집요강 1959－1960학년도」의 「고교졸업생 동태」를 보고 작성. 1948－1958년까지 같은 학교 고급졸업생(902명) 내 675명(약 75%)의 상황이 기재되어 있다. 이 수는 진학·취직한 졸업생만을 대상으로 하고 있다고 생각된다.

③ 재일본조선인교직원동맹 중앙위원회 「교동 제13차 정기대회에 제출한 사업 총괄보고 및 이후의 방침」(1961년 5월 21일)의 「고급학교 졸업생의 진로」로부터 작성. 본 조사는 1961년 3월 도꾜, 가나가와, 아이치, 고베의 고급부 졸업생 298명을 대상으로 실시했다.

주: 음영부분이 귀국과 관련된 항목임.

지지와 이해를 그리 간단하게 받을 수 있는 것은 아니었다고 추정된다.

아이들은 자신의 미래를 어떻게 바라보고 있었던 것일까. [표 3－3]은 1959년 전국 고급학교졸업예정자의 진로희망, 1954~1958년 도꾜조고 졸업생의 진학·취직상황, 1961년 전국 고급학교졸업생의 진로를 정리한 것이다.

먼저 귀국운동이 절정을 이루었던 1959년 11월 단계의 고급학교 졸업예정자의 진로희망을 보면(표 3－3의 ①) 대략 30%가 귀국을 희망하고 있다고 응답하고 있다. 전체의 약 1/3이기 때문에 그 수는 결코 적다고 할 수는 없지만, 적어도 절정기에 있어서도 7할의 고급부 졸업예정자들은 앞으로도 일본에서 살기를 희망하고 있다.

계속해서 [표 3-3]의 ②는 1954~1958년까지 도꾜조선중고급학교 졸업생 902명의 진학·취직한 675명의 상황을 정리한 것이다. 여기에서 공화국의 대학으로 진학한 사람들은 24명(4%)으로 나와 있다. 정식 귀국선이 없었던 시기에는 조국으로 진학을 희망하는 학생들에게 선발시험을 실시하고 연 4~5명 정도가 일본에 온 소련의 배 등을 이용하여 귀국했다고 전해진다. 귀국한 후 조국의 대학에 진학하는 것은 선발된 학생들만이 가능한 좁은 문이었던 것이다.[28] 대부분의 도꾜조고생에게 있어 졸업 후에 귀국한다는 선택지는 현실성이 없는 것이었다.

또한 귀국이 가능해진 1961년 고급학교 졸업생의 졸업 후 진로(3-3의 ③)를 보면, 귀국하고 진학한 사람은 전체의 11%이며, 그 외 약 9할은 일본에서 진학·취직이라고 되어 있다. 1960년 및 61년에 재일조선인 전체 중 대부분의 귀국자가 집중되어 있으며, 조선학교 귀국생이 집중하던 것도 이 시기이다. 다만 이 시기에도 귀국생의 수는 취학자 수 전체의 1~2할에 지나지 않는다.

각 학교의 『학교연혁사』를 사용하여 조사한 범위 내이기는 하나 당시 취학자 수 중 차지하고 있는 귀국자 수가 차지하는 비율을 연도별로 정리한 것을 [표 3-4]에 제시한다.

전체의 학교가 아니고, 또한 지역별 차이도 무시할 수 없지만(특히 1960~1961년 후쿠오카현 및 야마구치현의 비율은 전체와 비교했을 때 약 10% 가까이 높음), 실제로 귀국한 사람, 또는 귀국할 수 있었던 사람이 전체적으로 결코 많지 않았다는 것을 이로부터 읽어낼 수 있을 것이다.

기본생산기술교육이 사라진 배경에는 이러한 당시를 살아가던 재일조선인들이 위치한 현실과 바라던 미래상이 있다. 1961년, 1962년이 되어 귀국에 대해 고조되었던 분위기가 점차 안정되어가면서 1~4%의 아이들만이 귀국하는, 즉 반대

---

28) 1958년 10월 총련중앙교육문화부 요강에서는 '조국진학 희망자는 특히 정치사상성이 강하고, 학력, 체력이 우수하여 조국에 진학할 때까지 몇 개월이고, 몇 년이고 참을성 있게 기다리면서 준비할 수 있는 학생으로 한정하여 추천할 것'이라고 나와 있다. 총련중앙교육문화부 「1959 새학년도 준비사업 조직요강」(1958년 10월 27일), 참조.

표 3-4 │ 귀국자 수 비율(1957~1965년)

연도	초급학교			중급학교		
	취학자 수	귀국자 수	비율	취학자 수	귀국자 수	비율
1957	2,422	-	-	2,410	1	0.0%
1958	2,446	-	-	2,435	-	0.0%
1959	3,420	244	7.1%	3,025	270	8.9%
1960	4,825	1,004	20.8%	4,824	661	13.7%
1961	4,605	678	14.7%	5,408	550	10.2%
1962	4,356	9	1.8%	4,990	251	5.0%
1963	3,995	67	1.7%	4,539	97	2.1%
1964	4,271	42	1.0%	4,322	79	1.8%
1965	4,079	69	1.7%	4,026	74	1.8%

연도	고급학교			전체		
	취학자 수	귀국자 수	비율	취학자 수	귀국자 수	비율
1957	1,469	4	0.3%	6,301	5	0.1%
1958	1,559	4	0.3%	7,414	4	0.1%
1959	1,987	75	3.8%	9,837	589	6.0%
1960	2,693	156	5.8%	12,122	1,821	15.0%
1961	2,454	402	16.4%	12,218	1,630	13.3%
1962	2,735	144	5.3%	11,720	474	4.0%
1963	3,450	88	2.6%	12,260	252	2.1%
1964	4,012	70	1.7%	12,413	191	1.5%
1965	4,644	116	2.5%	12,749	259	2.0%

출처: 이하의 학교의『학교연혁사』중 취학자 수 및 귀국자 수로부터 필자가 작성. 埼玉初級, 西東京第一初中, 東京中高, 愛知中高, 京都中高, 東大阪中級, 堺初級, 城北初級, 大阪福島初級, 東大阪第三初級, 東大阪第四初級, 東大阪第五初級, 神戸中高, 伊丹初級, 高砂初級, 飾磨初級, 西播中級, 西脇初級, 川辺初級, 宝塚初級, 網干初級, 有馬初級, 広島第一初級, 下関初中, 九州中高, 小倉初級, 八幡初級, 福岡初級 총 28개교.

주1: 다만 이하의 학교·연도에 관해서는 데이터가 비어있음. 埼玉初級(1957~1960), 東大阪中級(1957~1960), 堺初級(1957~1958), 城北初級(1957~1959), 下関初中(1957~1958), 小倉初級(1957~1958), 八幡初級(1957~1958), 福岡初級(1957~1959).

주2: 도꾜중고 귀국자수는 1959 및 1960학년도에 관해서 중급부와 고급부가 분리되어 기재되어 있지 않았기에 전체 중급부의 귀국자 수로서 계산하였다.

로 말하면 대부분 아이들이 (당장은) 귀국하지 않고 일본에서 생활할 것이라는 것이 자명해지게 된 현재, '귀국해서 직접적으로 조국건설에 공헌한다'라는 의미 부여는 넓은 지지를 얻을 수 있는 것이 아니었다. 내실이 빠져버린 현실의 측면에서도, 또한 대의명분으로서도 기본생산기술교육을 내거는 적극적인 의미는 희미해진 것이다. 조선학교가 각종학교 인가취득 운동에 본격적으로 나서기 시작한 것도,[29] 또한 다음 장에서 볼 수 있는 것처럼 재일조선인만의 교과서가 편찬된 것도 1963년, 1964년경이었고, 기본생산기술교육의 강화방침이 사라지게 된 시기와 겹쳐있다. 조선학교는 귀국사업이라는 큰 사건을 겪으면서 오히려 일본에 있는 교육기관으로 일본에 사는 조선인 자녀들을 위한 교육을 실시한다는 성격을 다시금 확인하게 된 것이다.

이렇게 1956년경부터 추진된 기본생산기술교육은 1963년 전후반에 조선학교의 교육 속에서 모습을 감추게 된다. 교육을 어떤 공동체에 소속된 사람들이 그 공동체의 미래를 바라보면서 조직화하는 집단적인 행위로 간주한다면, 미래의 공동체 구성원의 재생산에 있어서 꼭 필요한 내용이 아니라고 판단되는 것은 자연스럽게 도태되어간다고 생각할 수 있다(반대로 필요하다고 받아들여지는 것은 차례대로 받아들여져 간다). 기본생산기술교육은 재일조선인이 그리는 미래에 있어서 필수적인 것은 아니었던 것이다.

본국 교육의 이식은 파괴된 교육체계를 재구축하는 데 있어서도, 또한 탈식민화가 요구하는 국민국가성을 활용하는 데 있어서도 1950년대 조선학교에 있어서 매우 유효한 선택이었다. 그러나 이식은 조선학교 교육을 조국과 똑같이 만들려고 한 것, 말하자면 '교육의 조국화'와는 다른 것이다. 1950년대 후반의 조선학교에서 나타난 '교육의 조국화'는 조선학교가 놓인 현황, 그리고 아이들과 보호자들이 상정한 미래와 맞서는 과정에 많은 모순을 일으키게 되었다.

그러나 모순이 드러났다는[顯現] 것은 발전의 계기이기도 하다. 조선학교는 이러한 모순에 직면했기에 그 모순을 해결하기 위한 교육―탈식민화를 위해 국

---

29) 교육회 제7차 정기대회(1964년 6월)에서 '이후 우리들은 미인가 자주학교에 대해 '학교설치인가'와 미인가현 교육회의 '법인화'를 획득하기 위한 사업을 강력하게 전개해 나갈 것입니다. 학교설치인가와 현 교육법인화는 우리들의 당연하게 있어야만 하는 신성한 권리이고, 이것은 교육사업에서도 가장 중요한 사업의 하나입니다'라고 되어 있다. 그 이전에도 각종학교 인가취득운동과제가 있기는 했으나 '가장 중요한 사업', '신성한 권리'라고 할 정도의 위치를 갖게 된 것은 이 대회 이후이다. 「재일본조선인 중앙교육회상임이사회 재일본조선인교육회 제7차 정기대회 문헌집」(1964년 6월), 26쪽.

민 국가성을 동원하게 되지만 '조국화'하는 것이 아닌 재일조선인의 현실을 바탕으로 한 교육을 시행착오 속에서 창조해가게 된다. 이러한 대응의 구체적인 모습에 조선학교에서의 탈식민화를 위한 교육의 특징을 찾을 수 있을 것이다. 계속해서 제4장에서는 1963년 교과서 개편에 대해 다루도록 한다.

제4장
교과서의 창조

제1절 본국 교과서의 한계

제2장에서 살펴본 것과 같이, 전국의 조선학교는 1954년도부터 공화국의 교과서를 번각해서 사용하기 시작했다. 조련의 강제해산과 학교 폐쇄령 조치로 새로운 교과서 편찬을 위한 체제가 없던 중, 공화국 귀국을 상정하면서 공화국 교과서의 번각판을 사용하게 된 것이다.

번각 교과서의 사용은 조국과 '동등한 수준'의 교육을 담보한다는 적극적인 평가를 받고 있기도 하나, 한편으로는 그 내용에 관해서 실제로 교과서를 사용하는 교원들로부터 의문의 목소리가 높아지기도 했다.

1954년 12월 28일, 도쿄에서는 '새 학년도 교과서 간행에 관한 토론회'가 열렸다.[1] 토론회에서는 도내 조선학교(당시는 도립조선인학교)의 교원들이 참가하여 번각 교과서를 둘러싼 여러 가지 문제를 의논하게 된다. 여기에서 토론회에 참가한 어떤 교원은 토론내용을 다음과 같이 정리하고 있다. '① 우리가 사는 일본이

---

[1] 「1955년도용 교과서 편찬출판 및 당면한 그 사용에 관한 토의자료」라는 문서자료에 붙어 있는 메모장 참조. 이 메모에는 「신학년도 교과서 간행에 관한 토론회」에서 나온 의견과 토론회에 참가한 메모 작성자의 감상 등이 적혀 있다. 작성자, 작성연도는 명확하지 않으나 「조교조(朝敎組)」라고 하는 단어가 있는 것으로부터 도립조선인학교 교원이 1955년 초반에 작성한 것으로 추측할 수 있다.

라는 구체적인 환경에 맞지 않음. 일본의 생활과 ■ ■ [해독불명], 내용의 수준이 높고 어려우며 양이 많아 전부 가르칠 수 없다. ② 국기(인공기)와 초상화를 교과서에서 빼는 것이 좋다. 민단계 학생들을 끌어안는 데 방해가 되고 있다. ③ 삽화가 전쟁에 관한 것이 많다. 평화교육을 하는 데 지장이 된다. ④ 남북통일에 대한 소망을 갖게 하는 교재가 없다. 이를 위해 조국의 호소문을 지지하는 교재를 넣을 필요가 있다. ⑤ 교과서 내용이 일본의 노동계급에 승인될 만한 내용이어야만 한다. 공화국 교과서로는 지지를 얻을 수 없다.'2)

이 메모를 통해 번각 교과서에 관한 도립조선인학교 교원들의 평가 중 한 측면을 볼 수 있다. 도립조선인학교 교원들이 정치체제에 대한 지지나 소속 단체와 관련 없이 넓은 재일조선인 아이들 전체를 교육대상으로 삼고 있었다는 것과 평화교육, 남북통일을 지향하기 위한 교육을 목표로 하고 있었다는 것, 또한 '일본의 노동계급'으로부터의 '승인'을 의식하고 있었다는 것 등을 엿볼 수 있다. 주목하고 싶은 것은 첫 번째 지적이다. '① 우리가 사는 일본이라는 구체적인 환경에 맞지 않음.' 당연한 이야기지만 공화국의 교과서는 공화국에서 생활하는 아이들을 위하여 만들어진 교과서이다. 교원들은 번각 교과서가 일본에서 생활하는 조선학교 아이들에게 적절하지 않은 측면이 있다는 것을 교과서의 사용경험을 통해 발견하고 그 문제점을 공유했다.

메모에는 '일본에서 우리들의 교육은, 공화국민으로서 교육교양을 제공하는 것이 아니라, 공화국 공민이 되기 위한 교양교육을 제공하는 것'이라는 조교조(朝敎組) 서기장의 발언도 적혀있다.3) 공화국에서 일상생활을 하는 공화국 거주 어린이들을 대상으로 한 '공화국민**으로서**'의 교육과 구 종주국 일본에서 '공화국 공민**이 되기 위한**' 교육은 다르기에 후자인 조선학교가 전자의 교과서를 사용하는 모순에 관해 지적한 것으로 간주될 수 있을 것이다.

토론에 기초하여 조교조 위원장은 '현실적인 정치정세를 보면 교과서 문제

---

2) 위와 같음. 메모 필기로부터.

3) 조교조(朝敎組)는 1950년 11월 말에 결성된 도꾜도립조선인학교교직원조합의 약칭이다. 도꾜도립조선인 중·고등학교 교원으로서 유명한 梶井陟은 조교조결성대회에서 일본인교사 측의 의장으로 일한 바 있다. 자세한 내용은 梶井(1966)을 참고.

를 고려할 수밖에 없기 때문에, 이 교과서는 사용할 수 없다'고 발언하여 '3학기부터는 다른 교과서를 프린트해서 사용한다'는 것이 결정되었다.[4] 1954년 말 도립조선인학교는 10월 도교육위원회로부터 학교 폐지통고를 철회하기 위해 교섭을 계속하였는데, 도교육위원회가 내세운 조선인학교 폐지 이유 중 하나로 '편향교육'이 거론된 가운데 조선학교 측에서 번각 교과서를 사용할 수 없다는 배경에 '정치정세'가 있었다는 것은 확실하다. 그럼에도 토론 내용을 근거로 했을 때, 조국과 '동등한 수준'의 교육을 담보한다고 민전에 의해 높이 평가된 번각 교과서 사용을 중지하는 표면적인 이유로 '정치적 상황'이 뒷받침하고 있다는 점도 찾아볼 수 있다.

번각 교과서가 조선학교의 교육에 적합하지 않다는 현장의 목소리를 반영하여 총련중앙에서는 조선학교의 교육에서 보다 적절한 교과서를 만들기 위한 대책이 점차 본격화된다. 1956년 10월 24~26일에 걸쳐 열린 총련중앙위원회 제7차 회의에서 새로운 교과서를 편찬하기 위한 방침이 결정된다.[5] 번각 교과서의 사용개시로부터 불과 3년이 되던 때의 일이다. 이를 반영하여 11월 2일에는 초급학교의 교과서 편찬위원회가, 8일에는 중고급학교 교과서편찬위원회가 열린다. 회의에서는 '공화국의 교과서를 그대로 사용하는 것은 학제, 계절의 차이, 학생의 일본어 상용과 사회환경 차이 등 고려해야 할 점이 많다'는 인식 아래[6] '조국교과서를 일본이라는 현실에 어떻게 창조적으로 이용할 것인가'라는 문제가 토론되

---

4) 전술한 바와 같음. 메모 필기로부터.

5) 총련 교과서 출판위원회 「교과서편찬월보」 제1호(1956년 11월). 발행자명은 「총련교과서 출판위원회」로 기재되어 있으나 제2호부터는 「총련교과서편찬위원회 발행」으로 고쳐져 있다. 이 월보는 「총련교과서 편찬위원회 사업의 일환으로서」 발행이 시작되었다(제1호 편집후기부분). 그 목적은 다음과 같이 설명되어 있다. '일본에서 우리의 다음 세대를 교육하기 위해 조국교과서를 창조적으로 이용하기 위한 귀중한 경험, 의견, 요구가 광범위하게 제기되어 이것이 종합적인 검토를 받아 조국교과서를 창조적으로 이용하기 위해 도와야만 한다. 이러한 바탕에서 조국의 배려에 부응할 수 있을 것이다. 이러한 의미에서 교과서와 교과서편찬사업에 대한 의견과 요구가 제기되기를 바라며 투고를 환영한다. 교과서 출판에 관한 의견, 그 외 의견도 환영한다.' 각 지역의 조선학교의 여러 가지 의견을 집약하여 교과서를 개편하기 위해서 우선 총련중앙에 설치된 교과서편찬위원회 사업의 진행 상황과 토의과정을 공개하기로 한 것으로 생각된다.

6) 위와 같음. 1쪽.

었다. 각 학교의 위원회는 그 후 분과(교과)별로 회의를 열고 11월 23일 다시 전체 편집위원회가 열려 의견이 집약되었다.

편집위원회는 '이러한 문제[교과서 개편의 문제]는 독립국가 국민＝공화국 공민으로서의 교육교양을 행한다는 기본관점으로부터 고려된 문제였다. 이를 위해 교과서에 대해서는, 특히 초급학교 저학년에 대해서는 어휘 분량, 삽화 등 고려할 점이 적지 않았다. 이러한 점을 개편하기 위해서는 공화국 교과서가 가지고 있는 과학적인 체계성, 높은 사상성, 풍부한 내용을 깊이 연구하여 기본적으로는 공화국 교과서와 다르지 않은 방향으로 편찬사업이 추진되어야 한다'고 편찬방침을 결정하고, '내년도(1957학년도)의 교과서 문제에 관해서는 일부 교과서는 개편 혹은 학년을 조정하여 실시하고 남은 교과서는 그대로 사용'하기로 했다.[7] 이렇게 1957년에는 초급학교 1학년 및 중급학교 1학년의 음악 교과서가 '조국에서 받은 음악교재와 그 외 교재에 기반하여' 새롭게 작성되었고, 또한 산수 교과서도 '조국에서 새로운 교과서가 도착하여 이에 기초하여 편찬'되었다.[8]

교과서 개정의 입장

교과서 개편, 또 교육과정안의 책정같이 조선학교 교육내용과 관련한 의논이나 정책문서에 종종 등장하는 표현이 공화국의 교육이나 방침 등을 '창조적으로 적용한다', '창조적으로 이용한다'라는 것이다. 이 표현에는 단순히 조선학교는 공화국과 같은 교육을 하면 된다는 것도 아니고, 그렇다고 재일조선인의 형편만을 고려한 교육만도 아닌, 공화국의 해외 공민으로서 재일조선인의 교육을 해야한다는 의지가 담겨있다. 어디까지나 본국의 교육과 관계성 속에서 조선학교 교육의 위치를 정하는 것, 이것이 '창조적인 적용'이라는 말에 의해 표현된 조선학교 교육을 만드는 사람들에게 요구된 교육의 입장이었다.

교과서 개편에 관한 총련중앙의 방침에서도 이러한 입장이 명확하게 나타나

----

7) 상동, 2쪽.
8) 총련 교과서편찬위원회 「교과서편찬월보」 제3호(1957년 2월 28일). 과제로서 제기되던 도공 및 사회, 체육 교과서는 편찬되지 않은 상태가 계속되었다.

있다(밑줄은 인용자).[9]

교과서 문제를 검토하는 데 있어 원칙적인 문제는 공화국의 교육자가 공화국의 청소년에게 교육·교양을 시행할 때 당연히 공화국의 교과서를 사용해야만 한다는 것입니다. 그것은 어느 나라의 교과서든 편찬의 목적과 지향성에서 그 국가의 사회, 경제제도를 반영하고 있기 때문입니다. 그러므로 모든 교육자(＝조선학교 교원)는 우리나라의 제도가 가진 훌륭함을 이해하는 문제와 관련하여 공화국 교과서가 가지고 있는 과학적인 체계성과 높은 사상성, 풍부한 내용에 관해 깊이 있는 연구를 스스로의 문제로 여기고 부단히 계속해나가야만 할 것입니다.

물론 우리가 공화국 교과서를 사용해야 하고, 또한 연구한다는 것이 우리 교과서가 가지고 있는 부분적인 결함을 지적하면 안 된다거나 또는 일본의 현실에 적합하지 않은 것까지 기계적으로 적용해야만 한다는 의미는 아닙니다. 문제는 정반대입니다.

<u>공화국의 교과서를 깊이 연구해야만 그것의 장점과 불충분한 점이 어떠한 것이며, 일본이라는 구체적인 현실에 창조적으로 적용하기 위해서는 어떤 부분을 어떻게 개편해야만 하는가 하는 것이 한층 더 명확해질 것입니다.</u> 이러한 관점에서 도쿄 교동, 박상득 교원이 초급학교 교과서의 전체 어휘 30만 개 이상의 조사를 완성한 업적에 대해 우리는 크게 평가할 수밖에 없을 것입니다. 교과서에 대한 이러한 구체적인 조사연구사업이 없이는 충실한 교과서 개편사업이 추진될 수 없을 것입니다.

그러나 일부 교원 중에서는 교과서의 문제를 제기하면서, 우리 교과서를 보다 사용하기 쉽게 하자는 구체적인 노력보다도, 성급하게 결함만을 먼저 지적하거나, 또는 교원들이 제3자의 입장에서 우리 교과서를 형식적으로 일본 교과서와 비교하고 일본 교과서의 우수한 부분만을 강조하는 편향도 부분

---

9) 총련 중앙 상임위원회 「총련중앙위원회 제8차 회의에 제출한 교육문제에 관한 의회 안건(초안)」(1957년 3월 7~9일).

적으로 나타나고 있습니다.

우리는 이러한 점에 유의하여 이제부터 교과서 검토사업을 다음과 같은 점에서 조직해야 할 것입니다.

첫째로, 조국에서 1960년을 목표로 전면적인 교과서 개편사업이 추진된 실정에 비추어, 일본에서도 이것에 발맞추어 조국의 교과서를 일본이라는 구체적인 조건에서 한층 사용하기 쉽게, 실정에 맞도록 개정하는 사업이 조기에 착수되어야만 합니다. 개편되는 교과서가 출판되기까지는 현재의 조국 교과서를 사용하고 분량이 많은 것은 적당히 줄여 사용할 수 있도록 「교수지도요령」을 작성합니다. 또한 교원을 대상으로 하는 「교수법」 해설사업이 널리 조직되어야 할 것입니다.

둘째로, 교과서 검토사업을 조직할 때 도쿄와 그 외 일부 지방에서 추진하고 있는 것처럼, 현장 교원의 귀중한 실천 경험과 창조적인 연구 활동을 효과적으로 종합할 수 있는 집단적인 조직체계가 확립되어야만 할 것입니다.

셋째로, 교과서편찬위원회 조직을 강화하고, 교과서 편찬사업을 모든 교원과 협력사업으로 조직하여 구체적인 개편사업계획을 세워야만 할 것입니다. 교과서 검토사업과 함께 각급 학교 교수요강과 과정안 검토사업이 조직, 추진되어야만 할 것입니다.

조선학교의 교육은 공화국의 교육자가 공화국의 아이들을 공화국의 교과서를 사용하여 실시한다는 원칙적인 입장을 견지하면서도, 공화국의 교과서를 '기계적으로 적용'하는 것만으로는 안 되고, 그렇다고 그것을 '제3자의 입장에서… 형식적으로' 비판하는 것도 안 된다. 공화국 교과서의 장점과 단점을 구체적이고 신중하게 조사한 결과를 가지고 공화국 교과서를 '일본이라는 구체적인 현실에 창조적으로 적용'했을 때만 원칙적인 입장에서 저촉되지 않는 조선학교를 위한 교과서 개정이 실현될 수 있다. 이것이 교과서 개편사업에 대한 총련 중앙의 자세였다.

교과서 개편에 있어, 현장 교원의 건설적인 비판을 장려하고, '교과서편찬사업을 모든 교원과의 협력사업으로 조직'한다는 방침은 작은 규모의 조선학교만이 할 수 있는 기동성을 살린 것이었다. 실제로 현장 교원들은 '구체적인 조사연구'를 실시하고, 그 결과를 발표, 공유한다.

도꾜조선중고급학교의 교원 박상득은 총련중앙교육부의 협력 아래 초급학교 신입생을 대상으로 한 어휘력 조사를 실시하고, 그 결과를 제1차 도꾜교연에서 보고하고 있다.[10] 여기에서는 '조국의 아동에 비해서 우리 신입생 아동의 대부분이 조선어를 모르는 실정에 맞추어 최소한, 신입생용 교과서는 글씨 공부를 기본으로 할 것이 아니라, 말 공부를 기본으로 하여 편찬할 것'을 제안하고 있다. 번각 교과서는 재일조선인 아동들과 비교가 안 될 정도로 조선어 어휘 수가 많은 공화국 어린이들을 위해 만들어진 것이다. 박상득은 실태조사에 기초하여 우선 글씨보다도 말(문어보다 구어)부터 시작함으로써 계통적인 조선어 교육의 원만한 전개가 보장될 수 있다고 판단하고 이를 위해서는 초급학교 1학년에 한해서도 재일조선인용 교과서를 편찬해야만 한다고 제안하고 있다. 그리고 '이것(신입생용 교과서 편찬)에 관해서 이미 우리가 사용하는 교과서, 특히 1950년도 판 교과서가 많은 도움을 줄 것을 확신한다'고 하고 있다. 즉, 번각 교과서 사용 이전에 사용하던 재일조선인이 독자적으로 편찬한 교과서가 적어도 초급학교 1학년생에게는 적당한 것으로 결론짓고 있다.

그 외에도 제1차 가나가와 교연에서는 초급학교 국어교과서에 관해서 '5, 6학년에서는 전투에 대한 이야기가 전 단원의 약 20%, 페이지 수의 약 28%를 차지한다'는 것이 보고되어, 재일조선인 아이들의 생활 현실과 교과서에서 묘사하고 있는 전쟁 이야기 사이에 적지 않은 차이가 있음을 지적하고 있다.[11] 식민지 시기의 항일무장투쟁과 조선전쟁에서 공화국 인민군 및 민중의 투쟁은 국가 정체성을 함양하기 위해서는 알맞은 소재였지만, 그러나 이러한 이유를 제외한다고 해도 재일조선인 아이들에게 전투와 관련한 이야기는 적합한 교육의 소재가 아

---

10) 박상득 「우리들의 말과 우리들의 교육 — 몇 개의 제안」 재일본 조선인교직원동맹 도꾜본부 편 『제1차 도꾜교육연구집회 연구보고』(1957년 5월), 423 – 429쪽.
11) 쯔루미(鶴見)교직원동맹 분회 「국어교과서의 실정과 학생이 가지고 있는 능력, 이해정도의 실정조사」(1957년 6월).

사진 4-1 「발사된 포탄의 탄도」『물리』(중2, 1957년 번각 교과서), 83쪽

니라고 현장의 교원들은 판단하고 있었다.

[사진 4-1]은 중급학교 2학년 『물리』 교과서에 제시된 포물선 운동에 관한 삽화이다. 포물선 운동의 예로서 「발사된 포탄의 탄도」가 표시되고 있다. 물론 이 예가 과학적으로 잘못된 것은 아니다. 그러나 조선학교의 아이들에게 포물선 운동을 상상하기 위한 적절한 예로서는 말하기가 어렵지 않을까. 당시의 교원들은 이러한 재일조선인의 생활과 괴리를 지적하고 있었다.

그 후 초급학교 국어를 시작으로, 몇 개의 교과서에서는 분량상의 대책으로서 몇 개의 과(課)가 삭제되기도 하고 이동하기도 했으나, 1958년 5월 시점에서도 '재일본이라는 구체적인 조건 아래에서 조국의 교재를 창조적으로 개편하는 문제는 이후의 연구과제 목표로 삼는다'라고 되어 있다.[12] 1957년 교과서 개편사업의 방침에서 보여주는 것처럼, 총련 중앙에서는 공화국의 교과서가 개편된 1960년대 이후, 위와 같은 부분을 재일조선인의 현재 상태에 '창조적으로 적용'하기 위한 교과서 편찬사업에 몰두하게 된다. 1963년, 드디어 새로운 교과서가

----

12) 총련교과서편찬위원회 「교과서 편찬회보」 제6호(1958년 5월 15일).

완성된다.

제2절 1963년 신판 교과서 - '창조적인 적용'의 내실

1963년 4월에 새롭게 편찬된 교과서는 국어(초급 1~6, 중급 1~3), 문학(고급 1~3), 역사(초급 5~6, 중급 1~3, 고급 2~3), 지리(초급 5~6, 중급 3, 고급 2), 초급 1학년용의 산수, 총 24종이다.

총련 중앙교육부는 새로운 교과서의 발간과 함께, 「1963~1964학년도 신판 교과서 취급에 관한 요강(이하 「요강」으로 표기)」을 내고 그 편찬 취지, 사용상의 주의 등에 관해 주지시키고 있다. 「요강」에 의하면 민족교과를 중심으로 한 교과서가 먼저 편찬된 이유는 '바로 이런 과목은 조국의 눈부신 사회주의 건설의 모습과 찬란한 역사, 문화, 자연, 지리에 대한 인식을 재일조선청년에게 전해줌으로써 사회주의, 애국주의 교양을 어느 과목보다 한층 강화할 수 있기 때문에 우선적으로 편찬하게 되었다(1학년 산수는 이것을 통해서 주로 모국어를 발전시킨다는 의의가 있다고 봤다).'[13] 이과 과목이나 외국어 과목보다 이른바 민족교과로 불리는 교과가 공화국 국민으로서 필요한 이식을 한층 더 길러줄 것으로 판단되어 이들 교과서가 우선적으로 편찬되었다는 것이다. 다음해인 1964년에는 이과계통 교과서도 새롭게 편찬되어 출판된다.

1963년 새 교과서 이후로는 판권장[奧付]에서 '번각인쇄'라는 표기 및 표지 다음 페이지에 쓰여 있었던 '조선민주주의인민공화국 교육성 비준'이라는 표기와 집필자 이름의 표기가 없어지고, 편찬은 '총련 중앙상임위원회 교과서 편찬위원회'가 되었다. 편찬위원회의 일원은 상세하지 않으나, 예를 들면 1958년 번각판 교과서가 없던 『음악』교과서 편찬에 관련하여 '음악 교과서의 발간은 도꾜 교동(교직동)의 음악교원들이 중심이 되어 수년간 걸친 집단연구로서 얻은 결과다. 특히 서정협(徐庭協) 교원을 비롯한 많은 교원의 특별한 노력의 결과다'라고 되어

---

13) 재일본조선인총련합회 중앙상임위원회 교육부 「1963~1964학년도 신판 교과서 취급에 관한 요강」(1963년 4월), 1쪽.

있는 점 등으로 미루어 볼 때,[14] 학우서방 직원, 조선대학교 교원들과 함께 교육 경험이 풍부한 학교 현장의 교원들도 편찬에 참여했다고 생각된다. 새로운 교과서에서는 글자 크기도 이전보다 커졌고, 표지도 컬러가 되었다. 머리말에 교과서 내용에 근거한 몇 가지 사진이 게재된 것도 있어 아이들이 보다 친숙해지기 쉽도록 만들어져 있다.

「요강」은 새 교과서에 대해서 '조국에서 멀리 떨어진 이역에서 공부한다는 실정'을 고려하여 만들어졌다고 쓰고 있다.[15] 새로운 교과서를 편찬하면서 고려한 것은 무엇인가. 번각 교과서에서 새로운 교과서로 이행함에 따라 나타난 교과서의 변화를 내용적 측면에서 세 가지로 정리하여, '창조적인 적용'의 내실을 탐구하고자 한다.

(1) 재일조선인의 시점, 생활의 도입

내용적인 변화로서 첫 번째는, 재일조선인의 시점, 재일조선인의 생활이 다루어지게 되었다는 점이다. 「요강」에서는 '조국 건설의 모습, 조국에서의 생활내용을 교과서에 반영하는 한편, 일본에서의 동포들의 생활, 일본의 실정도 많이 반영하여', 예를 들면 국어교과서는 다음의 3가지를 주된 교과서의 주제로 삼아 편찬했다고 여겨진다.[16]

① 조국의 생활을 내용으로 한 교재(조국의 사회주의건설의 모습, 조국의 인민과 특히 재일동포의 생활을 반영하여 조국에 대한 애정과 민족적 자부심을 배양한다)
② 일본에서의 동포, 학생 생활을 내용으로 한 교재(재일동포, 학생의 생활 속에서 조국을 동경하고 조국을 사랑할 수 있는 내용의 교재를 선택하여 반영했다)
③ 입지조건에 관계없이 공통으로 배울 수 있는 교재(즉, 우리나라의 역사와 문화, 자연, 지리에 관한 교재를 염두에 두었음)

....

14) 총련교과서편찬위원회 「교과서 편찬회보 제6호」(1958년 5월 15일), 8쪽 참조.
15) 「요강」, 1쪽.
16) 위와 같음, 1쪽.

입지조건이라는 것은 '어디에 살고 있는가'라는 의미이다. ①, ②에서 보여주고 있는 것처럼, 교과서 내용의 큰 축으로서 '조국'이라는 주제가 놓여있기는 하지만 그 '조국'을 바라보는 주체·시점은 재일조선인이 되었고, 또한 재일조선인의 생활과 역사를 다루는 교육자료들도 다루어지게 되었다.

구체적인 예로서 국어교과서를 보면, 아래와 같은 과가 신설되었다. 조선학교로 편입한 편입생들을 주제로 한 「순자 씨를 맞이하며」, 「조국에서 온 편지」(초2), 「새 교사 준공의 날」(초4), 『사회 공부』 교과서(1953, 4년경 작성. 제8장에서 상세히 서술한다)에서 다루는 「우리는 어째서 일본에 살고 있나」(초5), 공화국이 보내준 교육원조비와 장학금에 관한 「교육비를 받은 날」(초6), 「우리학교」, 「대운동회」(중1), 「귀국선을 맞이하며」, 「재일본조선인총련합회」(중3), 귀국선에 관한 「니이가타(新潟)의 부두에서」(고1), 「총련이 걸어온 나날들」(고2), 「국어강습소」(고3) 등, 재일조선인 및 조선학교의 역사, 또는 민족단체를 다룬 내용의 과(課)가 새롭게 마련되었다.

또한 신설하는 것뿐만 아니라 번각 교과서와 같은 제목이지만 내용은 재일조선인에게 맞추어 변경한 과도 있다. 예를 들면 초급학교 2학년의 국어교과서에는 「우리 누나」라는 과가 있다. 번각 교과서(1961년)에서는 '우리 누나는 트랙터 운전수'로 되어 있고, '누나는 모범 트랙터 운전수로서 나라로부터 훈장을' 받아, 그러한 누나를 '자랑스럽게 생각하는' 내가 그려지고 있으나[17] 새로운 교과서의 '우리 누나'에서는 '우리 누나는 조선대학교에 다니고' 있고, '공부를 열심히 하라고 편지를 보내주기'도 하고, 여름방학 등에서 '집에 돌아오면 즐겁게 이야기를 많이 해줘서 공부도 도와준다'라는 이야기로 바뀌어 있다.[18] 가족에 관한 이야기라는 점에서 같은 주제이기는 하지만, 공화국에 살고 있는 '나'가 일본에서 살고 있는 '나'로 주인공을 바꾸어 그 내용을 재일조선인의 생활에 보다 가깝게 하는 것을 알 수 있다.

....

17) 『국어 초급학교 제2학년용』(학우서방, 1961년), 66쪽.
18) 총련중앙상임위원회 교과서편찬위원회 『국어 초급학교 제2학년용』(학우서방, 1963년), 36−37쪽.

또한, 번각판 국어교과서의 「라디오」라는 과에서는 '어머니가 공장에서 일을 열심히 했다고 나라에서 상으로 받은 라디오'에서 '아득히 멀리 있는 모스크바의 뉴스'가 들려와 '소련에서 공부하고 있는 형을 더욱 만나고 싶어진' '나'에 대해 묘사되어 있으나, 새로운 교과서의 같은 제목, 같은 삽화가 있는 과에서는 '아버지'가 '백화점에서 구입한 라디오'에서 '평양중앙방송국'의 노래가 들려와 '라디오의 비밀을 공부해서' 밝히려고 결심하는 '나'에 대해 묘사되어 있다. 내가 놓인 생활환경이 공화국에서 일본으로 바뀐 것을 알 수 있을 것이다.

더욱 재일조선인의 시점을 도입하거나 재일조선인의 생활을 반영한다는 편찬방침은 삽화에 등장하는 건물과 사람들의 복장, 머리모양, 또는 교육의 소재로서 다루어지는 아이들의 놀이를 고르는 데도 관철되고 있다. 즉, '형식에 있어서는 가능한 대로 공화국의 것을 기본으로 삼았다. 놀이는 주로 조국에서 하는 것을 기본으로 복장, 삽화의 배경도 조국의 것을 다루는 방향으로 했다. 그러나 일부 건물, 복장, 머리모양은 재일동포의 것을 적용하고(그때는 단정한 복장을 고른다), 내용상 불가피한 경우에는 일본의 배경을 반영한다(실제 예로서 초급 2학년의 국어, 산수에서 여성교원, 여학생들의 복장과 머리모양, 초급 2학년 국어의 술래잡기 삽화 같은 것을 들 수 있다)'고 되어 있다.[19] 교재 내용 중 이른바 '배경'이라는 부분에 관해서도 공화국의 것뿐만 아니라 재일조선인의 어린이들이 보다 익숙한 것을 받아들일 수 있도록 하는 노력이 이루어진 것이다.

이렇게 새로운 교과서에는 번각 교과서에서는 다루어지지 않았던 재일조선인의 역사와 그 생활에 관한 내용을 다루고, 또한 공화국에서 생활과 사람들의 시점에서 그려진 교육의 소재를 재일조선인의 그것으로 옮겨옴으로써 재일조선인이라는 주제가 교육내용에 대두되게 되었다. 이것은 번각 교과서가 상정하고 있는 공화국의 생활과 재일조선인의 그것과 다소 괴리가 있었기 때문에 취해진 방법적인 대응이었지만(일본에서는 나의 누나가 모범트랙터 운전자로서 국가의 훈장을 받는 일은 없다), 동시에 재일조선인, 또는 조선학교 취학 경험자로서의 공통적인

---

19) 「요강」, 2쪽.

인식과 기억을 교과서를 통해 생성·강화·유지하는 기능도 가지고 있었다고 말할 수 있다.

(2) 한자표기의 재개

둘째로, 교과서를 기술하는 문자의 변화이다. 1950년대 공화국에서는 한자 사용을 점차 폐지한다는 방침이 있어서 번각 교과서에서는 한자가 전혀 등장하지 않는다. 그러나 새로운 교과서에서는 한글을 기본적인 기술언어로 하면서도 새로 나오는 개념이나 일본어 고유의 명사는 한자로 표기하도록 되었다. 조련 시기의 교과서에서도 한자는 적당한 정도 사용되었는데 그러한 기술방식이 재개된 것이다. 한자표기 재개의 이유는 다음과 같이 설명된다.[20]

> 한자 문제에 관해서는 초급 3학년 국어 이상 혹은 그 외의 교과(1학년 산수 제외)에서 한자를 혼용한다. 그것은 재일동포가 남반부(조선반도의 남측, 한국)와 편지를 주고받으며 실제로 한자를 사용하고 있다는 것, 일본의 교과서에서 한자를 사용하고 있어 일본어를 통해 한자를 알고 있다는 것과 관련된다.
> 한자의 범위는 초급국어 3~6학년의 한자는 일본어 소학교 1~4학년에서 배우는 한자의 범위를 사용하고, 중급국어 1~3학년에서는 일본어 소학교 5학년~중학교 3학년에서 배우는 한자 범위를 사용하며, 고급문학에서는 제한을 두지 않고 한자를 사용하였다. 일본에서 사용하는 한자를 참고할 때는, 물론 우리나라(공화국)의 한자 도입방식에 따라 보충, 삭제를 실시했다. 이렇게 국어, 문학에서 적용한 한자를 기준으로 인접과목에서는 학년을 하나 낮추어 한자를 적용했다. 예를 들면, 중급 1학년의 조선역사에서는 초급 6학년까지의 국어교과서에 나오는 한자를 사용했다. 그러나 인접과목에서는 해당 과목의 특성을 고려하여 (예를 들면 지명, 인명, 국가명) 보충을 많이

---

20) 위와 같음, 2−3쪽.

했고, 일반 서술과 관련한 부분에서는 한자를 많이 다루지 않았다.

빈도수가 높은 한자는 학년이 올라가면서 한자의 비중이 커지는 것을 고려하여 약 10회 정도 나오면 다시 우리글(한글)로 표기했다. 한자는 일본에서 사용하는 약자를 사용했다.

한자 표기에 관해서는 사실 이전부터 일본어과목 담당교원들에 의해 의견이 제기되어왔다. 제1차 도쿄교연에서는 '공화국에서는 한자를 전부 폐지하는 방향으로 가고 있어 그것과 반대로 한자를 철저히 가르친다는 것은 약간 모순같이 느껴진다. 그러나 현재, 한자를 바로 폐지할 수 없는 일본의 실정을 이해하고 일본의 모든 출판물이 문장의 중요한 표현수단으로 한자를 사용하고 있는 이상, 우리 또한 학생들에게 충분한 한자 독해력을 전달해주어야만 한다'고 논의하고 있다.[21] 많은 재일조선인의 고향인 남조선지역의 사람들과 편지를 주고받을 때 사용한다는 이유도 흥미롭지만, 일본에서 생활하는 재일조선인에게 한자의 습득과 사용, 한자를 통해 사고한다는 것은 피할 수 없는 것이었다.

한자를 폐지하는 공화국의 방침을 염두에 두면서도, 학교 외의 일상생활에서 접하게 되는 거의 모든 문자가 일본어의 문자체계로 되어 있고, 많은 아이들의 제1언어가 일본어라는 상황을 고려해야 했다. 교과서에 기술된 내용의 이해를 촉진하기 위해서도 교과서를 한글로만 기술하지 않고 한자표기를 섞어 기술하는 방식이 다시 도입된 것이다. 다만 아무리 위와 같은 상황이 있다 하더라도 히라가나나 가타가나 표기가 적용되지 않았다는 것은 지적하고 싶다. 조선학교 교과서는 어디까지나 한글표기를 기본으로 한 교과서이다. 기본적으로는 한글로 기술하면서도 중요한 부분은 한자로 기술되어 있고, 그러면서도 히라가나나 가타가나는 사용하지 않는 형식이 '창조적 적용'의 기본적인 형태였다.

교과서에서 다루거나 혹은 취급하지 않은 한자들의 종류도 조선학교 교육의 고유성을 나타낸다는 점에서 흥미롭다. 다음은 「요강」에 제시된 초급학교 국어교

---

21) 재일본조선인교직원동맹 도쿄지부 「제1차 도쿄교육연구집회 연구보고」(1957년 5월), 189쪽.

과서의 한자에 관한 설명이다.[22]

> 초급학교 국어에서는 3학년부터 한자를 혼용한다. 한자는 3학년에서 27자, 4학년에서 80자, 5학년에서 114자, 6학년에서 158자의 새로운 한자를 다루어 총 379자를 다룬다. 한자는 일본학교의 국어 1~4학년 간의 새로 나오는 한자를 기준으로 하나, 다음과 같은 부분을 고려하여 보충, 삭제하였다.
> - 보충한 것: 일상적으로 사용하는 단어('人民'에서 '民'은 보충적으로 다룬 것이다), 조국과 특히 관련된 단어, 즉 국가명, 수도명, 지방명(朝鮮, 平壤 등).
> - 삭제한 것: 어쩔 수 없이 삭제한 것이 대부분임(예를 들어 '石'은 이미 3학년에서 다루지만 '石' 자체로는 조선어에서 사용하지 않고 다른 글자와 함께 단어로서 사용한다고 하면 그 글자는 또한 배우지 않은 한자이기 때문에 어쩔 수 없이 삭제했다). 이러한 것에는 일본어 중 한 글자 한자로 사용되는 것들이 해당한다 (耳, 鼻…).

조선학교의 교과서에서도 일본어 소학교 1~4학년까지 배운 한자가 사용되기는 하나 어디까지나 교과서에서 사용되는 언어는 일본어가 아닌 조선어이다. 그 때문에 조선어 중에서 한자어 단어는 한자로 표기하는 것이 가능하지만, 위에 나타난 것처럼 石, 耳, 鼻과 같은 조선어로는 한자표기가 없는 고유한 단어를 표기할 때는 그 한자가 학년에 해당하는 것이어도 사용할 수 없었다(물론 그런 한자는 일본어 수업에서 다루어짐). 반대로, '조선민주주의인민공화국(朝鮮民主主義人民共和國)'과 수도 '평양(平壤)' 등, 조선학교 교과서의 문맥에서 빈번하게 사용되는 한자에 관해서는 학년 범위 외의 한자임에도 사용되어야 했다.

(3) 일본사회와 자연의 반영

세 번째로, 일본 사회와 일본 자연에 관한 내용을 다루었다는 점이다.

---

22) 「요강」, 6쪽.

지리교과서

먼저 지리교과서를 보도록 한다. 새로운 지리교과서는 '재일 조선학교 학생이 일본에서 생활하는 것을 고려하여 일본지리를 독립적인 제목으로서 설정한 교과서를 편찬하였다'고 되어 있어,[23] 「지구편」, 「우리나라편」'[24]과 병행하여 「일본편」이 편찬되어 일본지리를 다루게 되었다. 83쪽으로 되어 있는 교과서 안에서, 15쪽이 일본지리를 다루고 있으며,[25] 3학기 16시간이 배당되었다.[26] 다루고 있는 내용으로는, '위치와 크기', '자연조건', '주민과 도시', '공업', '농업', '수산업', '운수'의 7개 주제이다.

일본의 지리와 경제를 다루게 된 것은 재일조선인이 생활하고 있는 일본사회에 관한 필요한 지식을 획득하기 위해서인데, 이때 기술하는 문장의 방식도 흥미롭다. 예를 들면 다음과 같다.

'도쿄(인구 908만)는 일본의 수도이며, 정치, 경제, 과학, 문화, 교통의 중심지이다. 도쿄의 정치적 중심지는 치요다(한글로 표기한 후 '千代田'라고 한문표기. 이하 같은 식의 기술은 (※)을 붙임)구이며, 상점가를 이루고 있는 곳은 긴자(※)이다. 오오모리(※), 가마타(※)는 공장지대로, 우에노(※)에는 공원, 미술관, 동물원 등이 있다. 오사카는 일본 4대 공업지대 중 하나로 '연기의 도시'라고 불려왔다. 방직, 금속, 기계공업이 발전하여 다양한 생활용품도 많이 생산한다. 오사카는 에도(※)시대부터 상업의 중심지로서 주민 중 85% 이상이 상업과 공업에 종사한다.', '일본은 아시아 자본주의국가 중에서도 가장 공업이 발전한 국가이다', '일본은 세계에서도 수산업이 발전한 국가 중의 하나이다. 바다로 둘러싸인 인본 연해에는 난류와 한류가 흐르고 있기 때문에 여러 종류의 물고기가 많이 잡힌다.', '일

---

23) 「요강」, 24쪽.
24) 「우리나라」편에서는 경중의 차이는 있으나 조선반도 전체의 지리를 다루었다. 이후 서술할 재일조선인이 직면한 '우리'문제라는 난제와도 관련되어 있는데, '우리나라'는 문맥에 맞추어 공화국만을 지칭하기도 하고 혹은 조선반도 전체를 지칭하는 경우도 있다.
25) 총련 중앙상임위원회4 교과서편찬위원회 『지리 초급학교 제6학년용』(학우서방, 1964년), 69-83쪽.
26) 「요강」, 24쪽.

본은 사방으로 퍼져있는 각 지역을 연결하고 다른 국가와의 무역을 하기 위해 바다를 통한 교통이 빠르게 발전했다. 큰 항구로는 요코하마, 고베, 오사카, 나가사키 등이 있다.'

이렇게 지리교과서에서는 다음 절에서 볼 수 있는 이데올로기에 근거한 가치평가(예를 들면 같은 교과서에서 공화국을 다룬 장의 제목은 '부강한 우리의 조국', 한국의 경우 '날로 쇠퇴되어 가는 남조선 경제'로 되어 있음)는 물론, 재일조선인에게 관계가 깊은 지역임에도 그런 사실이 언급되지 않고, 말하자면 '담담한 서술'이 계속된다.

「요강」에서는 일본편에 관해서, '과학적인 깊이보다도 생활상 필요한 일본의 지리적 지식을 전달하는 것을 목적으로 한다'라는 취지를 밝히고 있으며[27] 자본주의보다도 사회주의가 우수하다는 판단을 포함하여 '과학적 깊이'보다도 필요 최저한의 '일본의 지리 지식을 전달하기' 위해 이러한 담담한 서술이 되었는지 모른다.

또한 여기에는 '일본'에 관한 것을 교육내용으로 채택할 때 어떤 종류의 경계가 존재하는 것은 아닌가 생각된다. 원래 지리는 국어, 역사와 나란히 조선학교 교육내용의 핵심인 민족교과를 구성하는 과목으로 자리 잡았다. 학교폐쇄령 시기에 전학한 일본학교나 특설 학급, 또는 공립 분교에서 재일조선인들이 그 실시를 강력히 요구한 것이 국어, 역사, 지리였고 또한 일본정부가 공립학교 내에서 실시를 금지한 것도 이 교과들이다. 조선반도의 경제나 자연을 다루는 지리 과목은 조선학교 아이들이 공화국 국민으로서 국가 정체성을 기르는 데 매우 중요한 과목으로 자리매김하고 있었던 것이다.

새로운 교과서에서도 이와 마찬가지로 「요강」에서는 각 교과서에서 공화국의 자연을 다루는 목적이 명시되어 있다. 국어과에서는 '조국의 유구한 역사, 찬란한 문화, 아름다운 강산, 번영하는 오늘날 공화국 북반부의 모습… [중략] …, 조국의 강산과 유물에 관한 기행문을 강의하면서 교원은 항상 조국의 풍토, 기

....

27) 「요강」, 25 – 26쪽.

후, 지리적 위치에 관해서 명확한 이해를 하고 일본의 자연과 대비적으로 인정하게 함으로써 학생들이 세계에서 가장 살기 좋고, 아름다운 조국을 가지고 있다는 긍지를 가지도록 해야 한다'라고 되어 있다.[28]

초급학교 지리교과서에 관해서도, '초급학교 5, 6학년 「지리」에서 자연을 다루는 것은 자연요소의 인과관계나 그 이용의 측면보다도 조국의 강산의 아름다움과 거기에 담긴 애국적인 이야기를 통해서 재미와 함께 이해시켜', '자연지리적인 내용을 확보할 수 있도록' 하며, 또한 그러한 산천 등의 여러 가지 자연이 공화국 노동자들의 휴식처와 학생들에게 임해학교(臨海學校)로서 의미 있게 이용되고 있다는 것을 포함하여 가르쳐야 할 것이 제시되어 있다. 순수한 조선반도의 자연에 관한 지식을 얻게 하는 것뿐만 아니라 조국 풍경의 아름다움, 살기 좋은 환경과 같은 긍정적인 가치와 결합한 가르침이 요구되는 것은 멀리 일본에서 태어나 자란 아이들에게 공화국 국민으로서의 정체성을 길러주기 위해서였다.

바꾸어 말하면, 일본의 자연에 관한 학습에 대해서는 이러한 것에 대해 다룰 필요는 없었다. 오히려 일본 산하의 아름다움이나 그 효과적인 이용에 대한 방법이 아이들의 국가 정체성과 결부되지 않도록 경계해야 할 대상이었을 것이다. 그래서 적어도 교과서 서술 수준에서는 앞에 서술한 것처럼, 필요한 내용 중 최소수준의 사실만을 거론한 것은 아니었을까 싶다. 일본에서 생활하는 이상, 조선학교 교과서에서도 일본에 관한 여러 가지 내용을 다루어야만 하나, 전체의 교육내용은 아이들을 조선인으로 키우는 방향으로 의식적으로 집약되어야만 했던 것이다.

일본어의 위치

비슷한 문제로 가장 밀접하게 관련되는 것은, 다름 아닌 일본어 과목이었다. 공화국에는 일본어 교과서가 존재하지 않기 때문에 일본어 교과서는 조선학교용으로 독자적으로 편찬해야 할 필요가 있었으나, 번각 교과서 사용이 개시된 시기

---

28) 「요강」, 11쪽 및 18쪽.

에 조선학교에는 그럴 만한 여력이 없었다. 때문에, 예를 들어 1956년 당시 '「일본어」 교과서는 올해 편찬이 어렵기 때문에 임시로' 일본 출판사의 교과서를 사용하는 것이 결정되었고, 쥬쿄샤(中敎社, 초급학교), 교이쿠슈판샤(敎育出版社, 중급학교), 다이슈칸슈판(大修館出版, 고급학교) 등 일본 출판사가 발행한 일본어 교과서가 사용되고 있었다.[29]

일본의 출판사가 발행한 일본어 교과서를 사용하는 것은 어디까지나 '임시'의 조치로 여겨지는 것이었지만, 결과적으로 1969년 학우서방이 『일본어 공부』라는 일본어 교과서를 발간할 때까지는 조선학교에서 일본의 교과서를 사용하고 있었다. 때문에 총련중앙은 일본의 교과서를 사용하는 일본어 교육에 있어 모종의 '주의'를 촉구했다. 다음은 1961학년도 과정안 실시요강에 실린 '과정안에 관한 설명'에서 일본어에 관한 부분을 발췌한 것이다.[30]

(초급학교)

5) 일본어는 [일본어 출판사가 발행한] 「일본어」 교과서를 사용하고 있으나, 교과서를 그대로 가르치지 않고, 50음부터 시작하여 6년간 해당 상용한자를 전부 이해하고, 현대 문장을 읽고 쓸 수 있는 정도로 교육한다. 따라서 일본어 교과서를 가지고 생활지도를 해서는 안 된다. 일본어를 다룰 때는 전부를 가르치는 것이 아니라, 위의 관점으로 외국어로서, 문자를 읽고 쓰기에 충분하도록 하는 것을 기본으로 한다.

(중급학교)

2) 일본어는 일본어 교과서들을 사용하나, 일본어 교수목적을 명백하게 하여, 다음과 같은 점들을 유의한다.

• 일본어는 외국어로서 현대의 일본어를 해독하고 서술할 수 있도록 한다.

29) 재일본조선인총련합회중앙상임위원회 「교과서사용에 관한 해설 – 주로 중고급학교에 관해서」 (1956년 3월 2일).
30) 총련중앙교육문화부 「1961/1962학년도 과정안 실시에 관해서」(1961년), 「과정안에 관한 설명」.

- 일본어를 가지고 <u>정서교양이나 기타 생활지도를 하지 않는다</u>.
- 일본어 교과서를 전부 가르치는 것이 아니라, <u>취사선택하여 가르친다</u>.

(고급학교)

2) 일본어는 일본의 교과서를 사용하나, <u>취사선택하여 사용하고, 현대문을 충분히 해독할 수 있는 정도, 약간의 고문(古文)을 이해하는 정도로 가르친다</u>.

- 일본어를 통해 학생들의 <u>정서교양이나 문학감정 및 생활지도를 하지 않는다</u>.
- 일본어는 <u>외국어로서 취급하고, 외국어로서 교수한다</u>.

(밑줄은 인용자)

이렇게 모든 학교급의 과정안 내에서 일본어는 '외국어'로서의 위치가 강조되었고, 조선학교의 일본어 교육은 어디까지나 그 기능적인 측면의 육성만을 도모하였다. 일본의 교과서에서 다루는 일본의 문학작품, 또는 일본인이 주인공, 일본에 관한 주제는 '취사선택'되어 그것을 통한 정서교육이나 '이렇게 살아가는 것이 훌륭한 것이다'라는 생활지도, 또는 일본의 전통·역사·공통의 기억을 관통하는 고전 학습은 기피되었다. 이것은 일본적이라고 생각되는 요소가 조선인의 육성에 있어 유익하지 않거나, 혹은 때에 따라서는 저해하고 있다고 판단되었기 때문일 것이다. 이러한 일본어 교육에 대한 일종의 경계는 조선학교에서 가르치는 다른 외국어 교육에서는 볼 수 없다는 점에서, 제1언어와 정체성 사이의 강한 연관 관계를 엿볼 수 있다.

교과서가 출판된 1963년부터는 전체 학교급에서 일본 출판사에서 발행한 일본어 교과서가 사용되었다. 그리고 상기한 교과서 내용의 '취사선택'도 1963년부터 총련중앙이 삭제할 부분을 결정하고 있다.[31]

---

31) 재일본조선인총련합회중앙상임위원회 교육부 「각급학교용 일본어교과서의 취급에 대해서」 (1963년 4월 27일).

총련중앙은 '우리들의 민주주의 민족교육의 목적을 달성하는 데 저해가 되는지를, 혹은 부적당한 제목을 다음 원칙과 기준으로 삭제한다'라고 했다. 즉, 취사선택의 원칙은 '민주주의 민족교육의 기본목적과 교양목적에 적합해야만 하며, 일본어가 가진 외국어로서의 교재 내용이 동포생활의 실정에 맞고 도움이 되는 것'이었다. 삭제 기준은 '① 부르주아 사상(모든 불건전한 사상)이 포함된, 특히 사회주의, 애국주의 교양을 저해하는 교재, ② 미제와 자본주의, 제국주의에 대한 증오를 마비시키는 교재, ③ 비과학적인 사상, 미신, 종교를 다룬 교재, ④ 일본의 고전, 방언 및 일본 고유의 문학형식(俳諧, 和歌, 狂言 등)으로 구성된 작품과 그것에 대한 해설, ⑤ 일본정부의 교육교양목적이 너무 명확하여 조선학교 학생들의 민족적 주체로 자각, 긍지를 높이는 것을 저해하는 교재(일본국민의 교양과 예의를 다룬 것 등), ⑥ 한문, 한시와 한자에 관한 교재(조선의 한자, 한문교육을 저해하는 것), ⑦ 초급 일본어교과서에서 독서지도에 대한 단원(조선 도서의 독서지도를 저해하는 것)'으로 되어 있다.

구체적으로는 1963년 일본어 교과서에서 다루지 않게 된 내용과 이유는 [표의 4-1]과 같다.

자연과학계열 교과서

일본의 자연을 다루는 것은 자연과학계열의 교과서에서도 마찬가지이다. 초급학교의 자연교과서는 1964년에 제4~6학년용이 새로 편찬되지만, 이들은 1966년에 다시 개편되어 이후 1973년까지 같은 교과서가 이용된다. 자연교과서에서 사실상 새로운 교과서는 1966년 교과서와 함께 보는 것이 타당할 것이다. 그러나 왜 1964년 교과서는 2년이라는 짧은 기간밖에 사용되지 않았던 것일까. 1964년과 1966년의 교과서상의 기술의 차이점을 확인해보도록 한다.

표 4-1 | 학교급별 일본어 교과서에서 삭제된 내용 일람(1963년)

초급학교 (교이쿠슈판샤)			중급학교(교이쿠슈판샤)	
학년	제목	이유	학년	제목
1	엄마, 다녀왔습니다	인사, 예절교육에 혼란을 줌	1	시. 일본어
	푸른, 하늘	일본의 명절을 과도하게 다루고 있음	2	간디
	나의 이름	일본식 이름을 장려하고 있음		「16세의 일기」 초록
	토끼와 거북이	뒤처진 친구에 대한 바람직한 우정이 결여		산의 기재기
	엄지동자	개인영웅주의를 칭송. 지배계급을 긍정함		고전
	우라시마 타로 이야기	노동 애호정신을 마비. 태만성을 조장함		하이쿠와 단가
	칠석	미신을 다루고 있음		어떤 아침
2	유리의 얼굴	지나치게 감상적(센티멘털)	3	'비모관음상'을 보고
	할아버지 찾기	지나치게 일본적(민족적)인 이야기		「도연초(徒然草)」
	여러 가지 카드놀이	내용이 빈약. 일본의 놀이를 선전함		말 놀이
3	염소 삼형제	개인 이기주의적. 타자를 사랑하는 마음이 결여		일본의 고전
	그림동화	내용이 비현실적이며, 조국도서 장려에 지장을 줌		가곡과 하이쿠
	피노키오			희극무악[狂言武惡]
	'백설공주'의 이야기	지배계층에 대한 의식적인 저항이 없음		「서유기」의 세계
	에디슨의 어린시절	미제에 대한 증오를 마비시킬 우려가 있음		「사유상」
	글러브	부르주아적인 스포츠(야구)에 대한 흥미를 양성		한시를 맛보다
	저녁노을	분량이 많고, 내용적으로 유익이 없음		
4	마법	비과학적임		
	아기돼지와 사과	공동재산 애호심, 폭력에 대한 반항심을 마비시킴		
	책 이야기	사회발전법칙에 대한 부르주아적 이데올로기		
	노구치 히데요(野口英世)	미제와 독점자본가에 대한 환상		
	작은 신	일본 천황제와 미신을 다루고 있음		
5	마나슬루의 일장기	민족적 주체와 긍지를 상실시킴		
	여름방학의 독서에 관하여	제시한 서적이 부르주아적이고, 조국 서적의 독서에 유해함		
	우리를 위한 세계			
	도꾜올림픽 결정의 날	내용이 일본 아동을 기준으로 되어 있음		
	나라(奈良)의 가을	민족적 주체의 확립에 유해함		
	낚시	내용이 비관적이고 우울함		
	일본의 문자	일본의 문자와 일본의 로마자에 집중함		
	바다의 편리함	부르주아적 자본주의를 칭송		
	후쿠자와 유키치(福沢諭吉)	부르주아적 민주주의자를 다룸		
6	시와 생활	사상적이지 않은 시를 지도함		
	선향불꽃	지나치게 일본적인 정서를 다룸		
	여름방학 공부	조선 도서 독서에 지장		
	고전의 세계	일본교육을 기본으로 함		
	이야기: 나이 든 박사	주체 확립에 유해함. 종교를 다루고 있음		
	남극의 기록			
	일본의 말	주제가 초급교육에 불필요함		

주1: 재일본조선인총련합회 중앙상임위원회 교육부 「각급학교용 일본어 교과서 취급에 관하여」(1963년 4월 27일)부터, 저자 작성.
주2: 「이유」가 빈칸인 경우는 삭제이유가 기술되어 있지 않은 것임.

| 중급학교(교이쿠슈판샤) | 고급학교(교이쿠슈판샤) | | |
이유	학년	제목	이유
일본의 교육목적에 집중 (일본어에 대한 애정)	1	한문의 훈독	
유해한 무저항사상		한학의 전래와 유교	
일본의 방언을 다루고 있음 (교양적 의미가 없음)		단가의 전통	
주제가 너무 특수함		사건	노동계급에 대한 멸시
		이즈(伊豆)의 무희	부르주아 사상이 농후함
노인에 대한 경시		가랑눈	
종교적임		현대의 시	
		한자의 구조	
교양적인 의의가 없음		일기와 기행	
		수필문학	
	2	하이카이(俳諧)	
		시골의 말과 도시의 말	일본어에 대한 특수한 문제를 다룸
종교적 색채가 농후함.		지시어	
		말의 울음소리	
		중국의 시	
		오층탑	봉건사상이 농후함
		다시 노래하는 책	
		근대단가	
		사생(写生)이라는 것	
		근대하이쿠	
		문장표현	너무 특수한 문제를 다루고 있음
		이야기 문학	
		평론과 어록	
		'인(仁)'에 대하여	유교사상

먼저는 1964년 교과서이다. 1964년 교과서에는, 특히 생물, 지구과학 부분의 내용을 다루는 경우, 공화국의 산과 강, 동식물이 자주 등장한다. 한 예로 1964년 교과서, 제4학년의 「22. 평원과 고원」의 「3. 저지대와 고원」의 기술을 보도록 한다.[32)]

여기에서는 '우리나라의 자연지도와 반구(半球) 자연지도를 열어 높이를 표시한 색을 잘 살펴봅시다'라는 서술로 도입이 시작되고, 저지대, 와지, 대지, 고원에 대한 정의가 삽화를 이용하여 2쪽에 걸쳐 제시된 후, 다음과 같이 이어진다.

> 우리나라에는 개마고원, 백금고원, 영서고원 등, 넓은 고원이 있습니다. 오늘날 우리나라의 대지와 고원은 훌륭하게 개발되어, 그곳에 많은 국영농장과 목장이 지어져 있습니다. 이런 농장에서는 감자, 설탕, 무, 홉 등을 심고, 양, 소, 말, 돼지 등의 가축을 길러 인민들의 생활을 더욱 좋게 하고 있습니다.

'우리나라'로서 공화국의 자연이 소개되는 것뿐만 아니라 그것을 이용한 공화국 국민의 생활 또는 정부의 정책이 언급되고 있다. 계속해서 「3. 산의 이용」에 대해서도 마찬가지로 공화국의 산과 연관된 철도터널 건설사업이나 산에 사는 동식물, 공장이나 농장의 노동 상황 등이 소개되어 있다. 삽화로서 '개마고원의 목축', '해산의 홉 농장', '강계분지의 거리', '전기철도', '임산철도'가 사진으로 나와 있고, '산의 사면이 과수원이 된다'라는 사진에서는 공화국 노동자들의 모습이 소개되어 있다.

이 외에 제4학년 「24. 철새」에서는 '우리 조국에서는 매년 4월의 첫째 주를 '새를 보호하는 주간'으로 설정하고 있습니다. 이 주간에 새를 보호하는 다양한 일을 합니다.'라고 서술하고 있는 것이나,[33)] 제5학년 「1. 지구 위의 물」[34)] 또는

---

32) 총련중앙상임교원회 교과서편찬위원회 편 『자연(4)』(학우서방, 1964년 3월 25일), 161-172쪽 참조.

33) 총련중앙상임교원회 교과서편찬위원회 편 『자연(4)』(학우서방, 1964년 3월 25일), 173-174쪽 참조.

34) 총련중앙상임교원회 교과서편찬위원회 편 『자연(5)』(학우서방, 1964년 3월 25일), 5-30쪽

「18. 여러 가지 동물」,[35] 제6학년의 「9. 암석과 광물」과 같이,[36] 1964년 자연 교과서에서 생물 및 지구과학 영역에 관한 내용에서 대상으로 하는 자연은 거의 공화국의 것이다. 지리 교과서와 같이, 공화국의 자연을 교재의 중심으로 삼음으로써 공화국 국민으로서의 인식을 육성하고 있다고 할 수 있다.

그러나 이러한 교재 선정의 태도는 번각 교과서와 본질적으로는 변함이 없다. 실제로 1964년 교과서는 일본의 자연은 거의 다루지 않거나 상대적으로 적은 기술을 하거나, 또는 간단한 문제로 다루고 있다.[37] 이것은 재일조선인의 실정에 맞는 교과서를 편찬하겠다는 새 교과서 편찬의 방향·요구와 충분히 부합하지 않는 것이다. 분량이 과다하다는 문제도 있으나 이러한 내용과 요구의 불일치가 1964년 교과서가 2년밖에 다루어지지 않고, 1966년에 새로운 자연교과서가 편찬되게 된 주요한 요인일 것으로 추측된다.

실제로 1966년부터 8년간 사용된 1966년 자연 교과서에서는 물리 및 화학 영역의 교재는 1964년 교과서의 것을 계승하고 있는데, 생물이나 지구과학 영역의 내용은 크게 개편되어 있다. 1966년 교과서에 새로 추가된 제6학년의 「10. 화산과 온천」의 기술을 다음과 같이 제시한다(한자표기 단어는 굵은 글씨로 한다).[38]

참조. 다루는 하천이나 호수는 모두 공화국의 것을 다루고 있다.

35) 상동, 131−137쪽 참조. 포경선 사진이나 공화국에서 보호하고 있는 동물들을 다루고 있다.

36) 총련중앙상임위원회 교과서편찬위원회 편 『자연(6)』(학우서방, 1964년 3월 25일), 118−137쪽 참조. 예를 들면 화강암의 사용 용도로 대동강 하천부지와 천리마 동상이 소개되어 있다.

37) 예를 들면 1964년 『자연(4)』, 80−82쪽 참조. 여기에서는 「11. 평면도와 지도」의 「4. 지리」에서 지도의 보는 방법에 관한 기술을 한 다음에 문제와 과제가 설정되어 있다. 문제는 '우리나라의 자연지도에서 다음과 같은 곳을 알아보세요'라는 4개의 질문이 제시되어 있다. 질문은 다음과 같다. '① 산의 봉우리와 골짜기는 어떻게 표시되어 있습니까? ② 바다와 그 깊이는 어떻게 표시되고 있습니까? ③ 평양, 함흥, 해산, 보천보 등 도시의 크기는 어떻게 기호로 표시되어 있습니까? ④ 평양부터 백두산까지 여행하기 위해서는 기차로 어디까지 가야 하고, 자동차로는 얼마나 가야 하나요?(자동차 길을 따라 실을 대어보고 계산합니다)'. 그 후에 과제로서 '일본의 지도를 보면서 기차를 타고, 도로로부터 니이가타에 가기 위해서는 어느 방향으로 어느 정도 거리를 가야만 하는지 알아보십시오.)라고 되어 있을 뿐이다. 참고로 니이가타는 공화국으로 귀국선이 출항하고 있던 곳이다.

38) 총련중앙상임위원회 교과서편찬위원회 편 『자연(6)』(학우서방, 1966년, 3월 25일), 74−76쪽 참조.

10. 화산과 온천

일본에는 화산과 온천이 많습니다. 화산과 온천은 어떻게 생기는지 살펴보도록 합시다.

1. 화산

아사마산(淺間山), 미하라산(三原山), 아소산(阿蘇山) 등의 화산에서는 지금도 계속 연기가 나오고 있습니다. 왜 이러한 화산이 생기는지 보도록 합시다.

땅 속 깊은 곳에는 암장[嚴漿, 마그마]이라는 것이 있습니다. 암장은 수증기를 비롯한 여러 가지 **기체**와 식으면 암석이 되는 용암으로 이루어져 있습니다. 암장에 들어 있는 기체는 흙의 얼마 안 되는 틈을 관통하여 분출하는 일이 있습니다. 이때에는 **기체**와 함께 녹은 용암이 흘러내립니다. 흘러내린 용암이 식으면 단단한 **암석**이 되는데, 이 **암석**에는 벌집처럼 작은 구멍이 많이 생기게 됩니다. 이것은 녹은 용암이 식을 때 그 안에 있던 **기체**가 빠져나갔기 때문입니다.

화산이 폭발할 때는 녹은 용암 덩어리가 공중에 흩날리기도 합니다. 이것이 공중에서 식어 떨어지게 되면 다양한 크기와 형태가 됩니다. 이것을 화산탄, 화산력, 화산재로 나눌 수 있습니다.

[중략]

화산에는 현재 연기를 내뿜고 있는 것도 있으나, 이전에 연기를 뿜었으나 멈춘 것도 있습니다. 아사마산, 미하라산, 아소산 등처럼 현재에도 연기를 내뿜고 있는 **화산을 활화산**이라고 말합니다. 백두산처럼 과거 **분화**한 것으로 알려졌으나 현재는 연기를 내뿜지 않는 **화산을 휴화산**이라고 합니다. 두류산처럼 산의 형태나 암석에 의해 분화되었을 것으로 추측되지만 언제 분화했는지 모르는 **화산을 사화산**이라고 합니다.

1964년 교과서에서는 주로 공화국의 자연을 다루고 있었으나 이렇게 1966

표 4-2 | 1966년 자연교과서와 1958년 학습지도요령과의 내용 대비

	1966년 자연 초4				1966년 자연 초5		1966년 자연 초6
1	복숭아 꽃	23	단백질	1	꽃	1	렌즈
2	감자	24	음식물과 영양소	2	꺾꽂이를 해요	2	산성과 알칼리성(日→5)
3	온도조사	25	팽창과 수축	3	종자의 발아	3	몸의 구조와 기능
4	몸과 위생	26	생물의 겨울나기	4	빛	4	식물의 뿌리, 줄기, 잎
5	개구리	27	수증기	5	물고기	5	산림
6	자석(日→3)	28	얼음	6	마찰	6	지구의 공전과 계절
7	북극성	29	소금물	7	별(日→6)	7	곰팡이와 버섯
8	닭	30	펌프	8	전염병	8	섬유
9	나비	31	전류	9	기생충	9	전동기
10	누에			10	벼	10	화산과 온천
11	물속에서 자라는 풀			11	구름과 비(日→6)	11	암석
12	천칭과 메스실린더			12	바람	12	광물
13	해변의 생물			13	흙(日→4)	13	금속
14	물을 깨끗이 하는 방법			14	스프링(日→6)	14	기계와 기구
15	동물			15	진자(日→6)	15	전기가 하는 일
16	가라앉는 것과 뜨는 것			16	소리	16	우주의 정복
17	강물의 흐름			17	열 전달		
18	공기(日→6)			18	연소와 공기		
19	과일과 씨앗이 우거지다			19	산소와 탄산가스		
20	철새			20	목탄과 석탄		
21	녹말			21	태양, 지구, 달		
22	기름			22	전자석		

주1: 조선학교에서 사용한 『자연』(학우서방, 1966년) 제4~6학년 교과서 및 1958년판 학습지도요령 이과편으로부터 작성.
주2: 음영처리 한 단위가 조선학교에서만 취급된 내용.
주3: (日→○)의 숫자는 1958년 학습지도요령에서 다루고 있는 학년을 나타냄. (日→6)은 학습지도요령에서는 제6 학년 시기에 다루도록 제시하고 있는 내용임.

년 교과서에서는 일본과 공화국, 양쪽의 자연에 관한 내용을 다루게 된 것이다.

이러한 것과도 관련되나, 1966년 교과서가 갖는 또 하나의 특징은, 거기에서 다루어지고 있는 내용이 일본의 학습지도요령에서 제시하고 있는 내용과 거의 같은 것이라는 것이다. 1966년 자연 교과서에서 다루고 있는 내용과 그 배열은 번각판 교과서와 크게 다르다. 번각판 교과서에서는 제4학년에서 식물, 보건과 위생, 동물, 인체, 제5학년에서 물, 공기, 제6학년에서 전기, 유용한 광물, 토양에 관해서 다음과 같이 교육내용의 영역이 학년별로 명확히 구분되고 있으나, 새 교과서에서는 물리, 화학, 생물, 지구과학 영역의 내용이 각 학년에 들어 있으며 나선형 구조를 이루고 있다.

[표 4-2]는 1966년 자연 교과서에서 다루고 있는 내용을 나타낸 것이다. 음영처리를 한 4학년의 「1. 복숭아 꽃」, 「4. 개구리」, 제5학년의 「2. 꺾꽂이[揷木]를 해요」, 제6학년의 「16. 우주의 정복」을 제외한 모든 내용이 일본의 학습지도요령으로 다뤄야 한다고 한 내용과 같은 것이다.

위 내용을 통해, 새로운 자연 교과서의 교재 선택에 있어서는 일본 이과 교과서가 다분히 참고되었을 것이라 말해도 좋을 것이다.[39] 이러한 경향은 중급 및 고급학교에서 다루는 자연과학계열 과목에도 비슷하게 나타나게 된다.

1966년 자연과학계열 교과서의 내용은, 일본의 학습지도요령에서 제시하고 있는 내용과 거의 같은 형태로, 또한 구체적인 교과내용의 대상으로서도 일본의 산하 등의 자연을 다루게 되었다. 그리고 이처럼, 탈식민화의 중요한 요소인 산하(山河)나 풍경을 간직한 국민으로서의 공통의 기억·감정의 생성이라는 중요한 역할의 한 축을 담당하는 과목으로서 자연과학계열 교과서는 조선반도의 자연을 다루는 데 있어 역할을 담당하고 있었다. 이러한 대응도 바로 새로운 교과서에서 이루어진 '창조적인 적용'을 보여주고 있다고 할 수 있다.

위와 같이 번각 교과서부터 새로운 교과서까지 걸친 변화는 ① 재일조선인의 시점, 재일조선인의 생활과 역사를 다룬 내용이 받아들여진 것, ② 한자표기가 재개된 것, ③ 일본 사회와 자연을 다루게 된 것, 이 세 가지로 정리해 볼 수 있다. 이것이 1960년대 초반의 교과서 편찬에 반영된 '재일조선인의 실정'이며, 조선학교 교원을 비롯한 많은 관계자의 힘으로 실현한 '창조적인 적용'의 구체적

---

39) 물론, 교육내용의 세부는 일본의 교과서와 다르다. 예를 들면 제6학년에서 지레를 배우는 것과 관련하여 일본교과서(교이쿠슈판의 『신판 표준이과』(1965년), 도쿄서적의 『신판 새로운 이과』(1965년))와 비교해보면, 모두 힘의 모멘트에 관한 학습을 하도록 한다는 학습의 취지는 같지만, 지점에서 작동하는 힘의 취급 방법이 다르다. 또한 일본 교과서에서는 제4학년 시기에 이미 지렛대에 대한 기본적인 내용을 다루고 있으나, 조선학교 교과서에서는 그렇지 않다.

모습이었다.

제3절 교과서 내용의 사회적 규정

「신판 교과서의 취급에 관한 요강」에는 1963년에 개편된 각 교과서의 사용상 유의점이 상세하게 기록되어 있다. 여기에는 교과서의 편찬과정에서 직면한 어려움, 또는 이를 극복하기 위한 노력을 읽을 수 있다. 본 절에서는 이러한 부분에서 조선학교의 교육과 사회와의 관계를 보려한다. 여기에서 말하는 사회라는 것은 조국으로서의 공화국, 일본 사회, 그리고 냉전구조를 가리킨다.

(1) '우리'라는 것은 누구인가 - 조국과 재일조선인

첫 번째로 교과서 기술에서 등장하는 '우리'가 가리키는 의미의 문제이다. 「요강」의 초급학교 국어 교과서 취급에 관한 유의점, 제일 첫 번째에는 다음과 같은 내용이 제시되어 있다.[40]

생활내용에 따른 교재의 취급에 대해 유의해야만 한다. 즉, <u>학생이 현재 일본에서 생활하는 실정에서 조국의 생활을 내용으로 한 교재, 그중에서도 교재 본문의 주인공이 '나, 우리들'로 되어 있는 교재에 대한 취급에 있어서</u> 그러하다.

실제로, 4학년의 「우리 마을의 봄」에서는 일본에서의 생활내용도 반영된 동시에, 조국의 생활내용도 반영된 조건 아래에서 (학생들은) 이러한 '우리 마을'을, 즉 자신이 살고 있는 마을이나 일본에 있는 어딘가의 마을로서 파악할 것이다. 수업자(=교원)는 <u>학생이 이러한 오해를 하지 않도록 유의해야만 한다. 이를 위해 이러한 경우 이 교재가 조국 사람들의 생활을 보여준다는 것을 반드시 강조해야만 한다.</u> 그래서 조국에 있는 '우리'와 일본에 있

---

40) 「요강」, 8쪽 참고.

는 '우리'를 명확히 구분할 수 있도록 해야 한다.

다음으로 2학년 「샘물」이라는 교재이다. 이 교재는 자연에 관한 것을 노래한 시인데, 그 자연이 어떤 나라의 자연을 노래하는 것인지가 명확하게 드러나 있지 않다. 이러한 경우에는, 그 교재가 추구하고 있는 목적 즉, 「샘물」에서는 <u>아름다운 자연을 보여주려고 한다는 것을 파악하고, 이를 위해 이것은 곧 조국의 자연이라는 것</u>을 바르게 인식하고 수업에 임해야만 한다. (밑줄은 인용자)

주인공이 '나' 혹은 '우리'로 되어 있고, 또한, 본문에서는 그것이 조국의 사람들이나 그 생활인지, 아니면 일본의 사람들이나 생활인지가 판단되지 않는 경우 해당 교재에서 '나', '우리'가 조국에 있는 '나', '우리'인지, 일본에 있는 '나', '우리'인지 아이들이 '명확하게 구분할 수 있도록 하는' 것을 교원들에게 요구하고 있다. 계속해서 「샘물」이라는 과에 대한 설명에서도 보이는 것처럼, 이것은 애국의식의 함양과 조국에 대한 정서적 접근이라는 교재의 목적을 달성하기 위해 요구되는 지도였다. 풍부한 생활과 아름다운 자연은 곧 조국의 것이었고 아이들이 그것을 일본의 생활과 자연이라고 '오해하지 않도록' 해야만 했던 것이다.

여기에서 '조국에 있는 '우리'와 일본에 있는 '우리'를 명확히 구분할 수 있도록 해주어야 한다'라는 부분에 주목하고 싶다. 조선학교 교과서를 읽는 재일조선인 어린이들은 조국이 아닌 일본에 살고 있다. 그러나 조국의 사람들은 타자로서의 '그들'이 아닌 동일 집단 내로의 귀속을 일컫는 '우리'라는 말로 표현된다. 재일조선인인 '우리'는 일본에 있는 '우리'이기도 하며 동시에 조국에 있는 '우리'이기도 하다. 즉, 한편으로는 일본에 있는 재일조선인으로서 '우리'를, 조국에 있는 '우리'와 구분하는 동시에 '우리'는 조국의 일원, 공화국의 공민이라는 것을 아이들에게 인식시켜야 했던 것이다. 도대체 '우리'라는 것은 누구인가. 조선학교 교과서는 이 물음에서 피해갈 수 없다. 때문에 이 점에 관해서 아이들에게 혼란을 초래하지 않도록 교육방법 내 배려가 요구되었던 것이다.

분명히 교과서 기술에서 '우리'라는 말은 골칫거리로 생각되었던 것 같다. 그 예로 초급학교 5학년용 국어 교과서를 보도록 하자. 해당 교과서에는 재일조선인의 형성사를 주제로 한 「제8과 우리는 어째서 일본에 살고 있나?」라는 과가 신설되어 있다.[41] 그 기술을 일부분 원문 그대로 발췌한다.[42]

'나는 어째서 일본에 살고 있나? 여러분은 이러한 생각을 가져본 때가 있었을 것입니다. 이런 의문을 가지게 된다는 것은 우선 우리가 일본 사람이 아니고 조선 사람이기 때문입니다. 지금 일본에서는 60만이나 되는 우리 동포들이 살고 있습니다. 8.15해방 전에는 240만이라는 수많은 동포들이 살고 있었습니다. 어째서 이와 같이 많은 우리 동포들이 정든 고향과 조국을 떠나 일본에 와서 살게 되었을까요?

(중략)

재일 동포들은 고향을 남조선에 두고도 돌아가지 않고 일본에 남아 있었습니다. 재일 동포들의 생활은 여전히 곤란하였습니다. 김일성 원수님께서는 이러한 우리들을 가슴 아프게 생각하시고 1959년 12월부터 귀국선을 보내주셨습니다. 이미 수많은 우리 동포들이 이국살이의 슬픔과 고생을 영원히 가지고 그리운 어머니 조국의 품에 안겨 행복한 생활을 누리고 있습니다. 지금 우리는 비록 조국에서 멀리 떨어져 있으나 희망찬 래일을 바라보며 공화국 기발 아래에서 보람찬 생활을 지니고 있습니다.

여기에서 상정된 '우리'는 '조선인'으로 '일본에 와서 살게 된', '재일동포', 즉 분명히 재일조선인을 가리키고 있다. 조국을 떠나 살고 있지만, 조국의 깃발 아래 자랑스러운 삶을 사는 일본에 있는 우리가 교재의 주인공이라는 점은 분명하다.

......

41) 그 기술내용의 유사성에서부터 1953, 1954년경에 작성된 교과서 『사회 공부』의 「일본에 살고 있는 조선동포」를 기본으로 만들어진 교재라는 것을 알 수 있다. 해당 교과서 내용에 대해서는 제8장에서 논한다.

42) 총련중앙상임위원회 교과서편찬위원회 편 『국어(초급학교, 제5학년용)』(학우서방, 1964년), 33-38쪽.

그러나 계속해서 제9과는 「우리 집에 오신 원수」로 되어있다.[43] 제목부터 명확한 것처럼 조국에 있는 우리 집에 김일성이 방문한 내용으로 교재의 주인공은 조국에 있는 '우리'이다. 일본에 있는 '우리'의 집에 김일성 원수가 방문할 수는 없다. 앞 과와 뒤 과에서 '우리'가 있는 물리적인 공간은 전혀 다른 것이다.

번각 교과서에도 같은 주제를 다루고 있는 과로 「김일성 원수가 학교에 오신 날」이 있다.[44] 이것과 비교해보면 번각판은 산문, 새 교과서는 산문시로 형식이 다르기는 하지만 주인공인 내 학교 혹은 집에 김일성이 방문하여 주인공이 김일성 앞에서 열심히 공부한다고 결의하는 주제는 두 교과서에서 동일하고 이야기의 배경도 모두 공화국으로 설정되어 있다.

그러나 두 개의 교과서에서 '나'의 성격은 크게 다르다. 번각판 교과서의 '나'가 (구체적인 서술은 없지만 당연히) 조국에서 태어나 자란 '나'인 데 비해, 새 교과서의 '나'는 '나는 조국에서 배운 첫 노래를 원수 앞에서 목청껏 불렀습니다', '그리고 웃는 얼굴로 '아직 우리말이 익숙하지 않은 듯', '원수님이 슬픔이 많은 이역 땅에서 우리를 조국으로 불러주셨다'라는 서술에서 판단할 수 있는 것처럼 귀국자라는 설정이다. 즉 새 교과서의 주인공은 이전에는 일본에 있던 '우리'였으나 현재는 조국에 있는 '우리'인 것이다.

주인공을 재일조선인 귀국생으로 설정함으로써 나타내려고 한 것은 일본에 사는 '우리'와 조국에 있는 '우리'는 생활과 환경의 면에서 확실히 다르지만, 그러나 공화국 국민이라는 점에서 같은 '우리'라는 점이 아니었을까. '우리'를 공화국의 사람들과 재일조선인으로 구별하면서도 통일시 하는 방법은 아이들에게, 우리는 일본에 살고 있지만 공화국 국민이라는 것을 인식시키기 위해 요청된 교육적 방법의 하나일 것이다.

조선학교 교육에 요구된 것은 단순히 조선민주주의인민공화국에 관한 학습은 아니었다. 그 나라를 조국으로 부르는 '우리'는 도대체 누구인가, 라는 물음은 언제든지 불쑥 튀어나오는 것이다. 그러한 조국과의 관계 속에서 조선학교 교육

------

43) 상동, 39－41쪽.
44) 『국어(초급학교, 제5학년용)』 (학우서방, 1960년), 96－100쪽.

은 만들어져 온 것이다.

(2) '약한 표현'의 채택 – 일본 사회의 평가

두 번째로, 첫 번째와도 연결되지만, 교과서 기술에 사용하는 용어나 표현의 문제이다. 「요강」에 나타난 몇 개의 유의점을 들어보도록 한다.

국어문학 교재는 일반적으로 재일 학생의 입지조건을 고려하여 객관적 서술형식을 따랐다. 예컨대 '우리들의 당'을 '조선노동당'으로 했다. 그래서 교원은 이 점을 유의하여 강의해야만 한다. 만일 이 점을 유의하지 않으면 학생은 어떤 외국에 관한 것을 배우고 있는 듯한 느낌이 들 수 있다.[45]

재일학생의 입지조건을 고려하여 국어문학의 개관, 작품분석, 문학 이론, 문장법이론, 논설문에서는 '공산주의 교양' 대신 '사회주의', '애국주의'를 사용했다.[46]

일본에서 사용하는 교과서라는 것을 고려하여 '공산주의 건설', '당의 붉은 전사', '독재' 등 술어를 피하고, 약한 표현으로 서술하였으나 이것에 관해서는 수업하는 과정에서 강조하여 서술할 수 있다.[47]

새 교과서에는 '우리들의 당'은 '조선노동당'으로, '공산주의 교양', '공산주의 건설', '당의 붉은 전사', '독재' 등의 공화국에서 사용될 것 같은 표현을 피하고, '사회주의'나 '애국주의'라는 '약한 표현'으로 기술하는 방침을 채택하였다. 이러한 기술 방침이 채택된 것은 왜일까. 그 이유는 명확하지 않으나 추측해 볼 수 있는

··

45) 재일본조선인 총련합회 중앙상임위원회 교육부 「1963~1964학년도 신판 교과서 취급에 관한 요강」(1963년 4월), 16쪽.
46) 상동, 17쪽.
47) 상동, 23쪽.

가장 단순한 이유는 '재일학생의 입지조건을 고려하여'라는 설명에서처럼 일본에서 생활하는 재일조선인 어린이들에게서 낯선 용어·표현의 선택을 피할 수 있도록 하는 것이었다. 적어도 아이들에게 사회주의, 애국주의라는 말을 쓰는 것이 보다 '약한 표현'이고 쉽게 흡수될 수 있을 것이라 판단한 측면이 있었을 것이다.

그러나 위에 인용한 유의점이 흥미로운 것은 교과서의 기술에서는 이러한 용어·표현을 사용하지 않지만, 구체적인 수업 과정에서는 이러한 것을 가르쳐야만 한다고 제시되어 있다는 점이다. '객관적 서술형식'에 따라 '우리 당'을 '조선노동당'이라고 기록하였으나 그것은 아이들이 조국의 일이 아니라 '어느 외국을 배우고 있는 듯한 느낌이 드는' 것으로 그것은 공화국 국민으로서의 의식을 기르는 조선학교 교육에서 피해야만 하는 일이었다. 그러나 교과서를 객관적으로 기술함으로써 학습의 질을 떨어뜨릴 것이라는 점을 교과서 사용 전부터 예상할 수 있었다면 객관적인 기술보다는 '우리 당'이라는 단어를 사용하는 것 역시 가능했을 것이다. 폐단의 가능성을 예상할 수 있었음에도 '객관적 서술형식'을 채택하고, 또한 '약한 표현'을 사용한 것은, 대체 왜일까.

여기에서 가능한 이유 중 하나로 제시하고 싶은 것은 '일본 사회의 시선'이 주는 영향이다. 조선학교는 설립 이래, 항상 일본 사회 안에 존재했으며, 일본 사회에서 부정적인 시선을 계속해서 받아왔으며, 그 시선에 대응이 새 교과서에 대한 표현·용어 사용의 변화에도 나타난 것은 아닌가 생각해볼 수 있다.

조선학교는 1961년경부터 각 지역에서 조선학원 법인설치인가 및 각종학교 인가취득을 본격적이고 조직적으로 벌여나간다.[48] 합법적인 운동을 활동 원칙으로 하는 총련을 보더라도 무허가인 조선학교를 방치하는 것은 바람직하지도 않을 뿐더러, 귀국사업이 일단 축소되고 있는 가운데 본국보다도 일본에서 생활하기 위한 교육을 실시하는 학교로서의 기대가 더욱 높았다는 것이 이 시기에 각종학교 인가취득 운동이 교육 운동의 중심 과제가 되었던 배경에 존재한다. 세금제도상의 우대조치 및 학생 할인 적용과 같은 재정적인 혜택과 사회적 승인을 얻

---

48) 재일본조선인교육회 중앙상임위원회 「재일본조선인교육회 제6차 정기대회 결정서」(1961년 6월).

고, 이에 더해 일본학교로 진학하는 데 있어 자격의 제한을 개선시켜 나가기 위해서도 일본에 존재하는 학교로서 법적 지위의 상대적 안정이 필요했고, 교육내용에 대한 학습지도요령에 제한이 없는 각종학교의 법적 지위취득이 전체 조선학교적인 과제로 설정되었던 것이다.

주변이기는 하나, 일본 학교 교육제도 안에 들어가 일본의 공적인 인가를 받는 것을 목적으로 한 이상, 조선학교 측은 일본 사회로부터의 평가를 의식할 수밖에 없었다. 사립 각종학교 설치인가 기준에 교육내용에 관한 사항은 존재하지 않으나, 도립조선인학교 시기처럼 대중매체가 왜곡된 형태로 조선학교와 그 교육내용을 다루게 되어[49] 인가반대의 여론이 형성되는 사태는 조선학교에 있어 좋지 않은 것이었다. 전국적으로 도입되는 인가 취득운동이 교과서 기술의 문제로 발목 잡힐 가능성이 조금이라도 존재한다면 그 기술의 방법을 일부 변경하여 위험성을 미리 방지하는 것이 좋다고 판단했을 가능성은 충분히 있다. 그리고 실제 수업에서는 이렇게 받아들인 '약한 표현'의 효과를 지워내려는 내부적인 요구가 있었다.

즉, '약한 표현'을 사용한 배경에는 조선학교에 다니는 아이들에게 보다 친숙하고 쉬운 표현을 사용하자는 교육방법상의 의도만이 아니라 일본 사회에 불필요한 공격의 소지를 주지 않으려는 운동적 요구도 영향을 주었다고 생각할 수 있다. 1965년, 김일성은 조선학교 교육방침에 대해서 다음과 같이 말했으며 이러

---

49) 1952년, 도립조선인학교 폐지를 위한 움직임이 등장하는 가운데, 요미우리신문(読売新聞)은 조선학교에 대한 의도적인 인상 조작을 적극적으로 시작한다. 특히 1952년 7~8월에 걸쳐 많은 보도를 했고 질적으로 추문에 해당하는 것이었다. 다음에 그 예를 들면, 「학교 내에서 화염병제조? 제1조선인학교(닛뽀리)를 급습」(7월 16일)을 시작으로, 「빨갱이 조선인에게 든 혈세가 이미 1천억 엔 지출 생활보호도 일본인의 네 배」(8월 7일), 「경시청 수사비의 일 년 몫 노동절, 5.30 양 사건에 쓰인 돈」(8월 7일), 「경찰 2만 5천 명이 대기 내일 8.15기념일 3개의 집회, 오지(王子)지역 특히 경계」(8월 14일), 「조선학교의 일본인교관추방투쟁 "스파이다"라며 흥분한 학생들이 때리고 차고 연일 협박, 돌 던지며 도 내를 전전」(8월 20일), 「조선학교, 우리는 '정신병원'이라고 부른다. 인터(インター)에서 조례 굴욕당하는 날들을 살다 조선학교 교무주임의 수기」, 「학교건물에서 조방대(祖防隊)도 훈련 조선인학교에서는 무엇을 가르치는가」(8월 22일), 「조선인학교의 실태는 이것이다. 일본인 교관의 익명 좌담회 붉은 교련의 거점 "공립"을 왜 취소하지 않나?」(8월 24일), 「극좌의 지령으로 움직이는 조선인학교 무시되는 법규 미지근한 당국에 비판의 목소리'(8월 26일), 「사설 조선인학교와 당국」(8월 27일)으로 이어진다.

한 추측이 빗나간 것은 아니라고 생각된다.[50]

　　일본의 반동들이 총련학교를 탄압하려는 것은 부당한 책동입니다. <u>총련에서</u>
<u>는 일본의 반동이 총련학교의 교육내용을 가지고 비판한다고 하여 두려워하</u>
<u>거나 총련학교를 회색 학교로 만들어서는 안 됩니다.</u> 일본의 반동이 총련학
교의 교육내용에 대해 비난한다면 그들에게 우리 공화국은 사회주의, 공산
주의를 건설하는 나라, 사회주의, 공산주의를 건설하는 것은 우리들의 국책
이다. 그런데도 우리가 어떻게 동포자녀에게 국책을 가르치지 않을 수 있느
냐고, 우리는 우리의 국책을 다른 나라의 아이들에게 가르치는 것이 아니라
우리 조선의 아이들에게 가르치는 것이라고 말하지 않으면 안 됩니다.
<u>물론 교과서에 일본인을 자극할 수 있는 표현은 고려해야 하지만, 사회주의</u>
<u>적 교양 내용을 거부해서는 안 됩니다.</u> 총련은 동포자녀들에게 사회주의적
애국주의교양을 제대로 실시해야 합니다. 총련학교에서 우등불모임과 같은
것은 하지 않는 것이 좋습니다. 항일무장투쟁의 시기에는 집이 없어 어쩔
수 없이 우등불(＝모닥불)을 사용했습니다.[51]

　　일본 정부의 조선학교에 대한 부당한 탄압·비난에 굴복할 필요는 없으며,
또한 조선학교가 조국인 공화국의 국책에 따르는 교육을 시행하는 것에 대해 무
어라고 할 필요는 없다는 원칙적인 입장을 확인하면서, '교과서에서는 일본인에
게 자극을 줄 수 있는 표현은 고려해야만 한다'라고 지적하고 있다. 이 담화는
1965년 열린 것이지만 1960년대 초반의 재일조선인들이 같은 판단을 하고 있었
다고 해도 이상하지는 않을 것이다.
　　1960년대 중반에서도 외국어과인 일본어, 영어, 러시아어 교과서는 조선학

....

50) 김일성 「총련의 핵심대열을 강화하는 총련사업에서 주체를 제대로 세우는 것에 대하여 (조
　선노동당 창건 20주년 재일조선인 축하단과 가진 담화) 1965년 9월 30일」.
51) 조선학교에서는 임해학교(臨海學校) 등에서 하던 캠프파이어를 '우등불모임'이라고 부르고
　있었다. 항일투쟁 시기에 모닥불을 피우며 따뜻했던, 김일성이 생각하는 '우등불모임'이라는
　것은 의미상의 차이가 있었고 그래서 '안 하는 것이 좋다'는 평가가 내려진 것이라 추측된다.

교 독자적인 교과서가 만들어지지 않아 일본어는 일본어 출판사의 것을, 영어와 러시아어는 공화국의 것을 번각하여 사용하고 있었으나, 후자에 관해서는 제1차 교육방법 연구대회(1965년)의 외국어분과 토론에서 '조국 교과서 그대로이기 때문에 적에게 우리의 민주주의적 민족교육에 대한 공격의 구실을 주는 내용도 있다'라고 지적하고 있다.[52] 여기에서도 '적', 즉 조선학교에 대해 비판적인 입장을 취하는 행정이나 사람들을 염두에 둔 교과서 개편이 제기되고 있다.

이렇게 조선학교 교과서는 공화국의 교육방침과 재일조선인의 실정뿐만 아니라 일본 사회부터의 평가ー특히 그 공격ー를 고려해가며 작성될 수밖에 없었다. 어린이들을 공화국 국민으로 키우는 데 재일조선인의 실정을 고려한다는 것과 일본 사회의 적대시와 공격에 대처한다는 두 가지 요구가 겹치는 지점에서, '약한 표현'을 선택했다고 생각된다.

(3) 냉전·분단 이데올로기의 지속

마지막으로 짚고 넘어갈 문제는 1963년 신판 교과서에서도 냉전·분단 이데올로기가 계속 짙게 존재한다는 것이다. 이것은 특히 사회과 교과서에서 두드러진다.

1990년대 및 2000년대 조선학교의 역사 교과서 편찬을 담당한 강성은(康成銀)은 조선학교 역사 교과서의 성격을 3개의 시기로 나누어 정리하고 있다(康成銀, 2003). 제1기(해방 직후~1955년)는 '재일조선인에 의한 조선사 연구의 성과를 바탕으로' 작성된 교과서였고, 계속해서 제2기(1955년~1992년)의 교과서는 '조국으로부터 온 교과서와 자료에 따라 편찬된' 교과서, 그리고 제3기(1993년~2003년 개정판)의 교과서는 '남북조선, 해외동포가 공유할 수 있는 '통일 교과서'를 목표'로 한, '특히 냉전·분단 이데올로기의 영향이 강한 현대사의 기술을 대폭 개정'하였다고 서술하고 있다.

....

52) 작성자불명 「외국어분과교육방법연구회 토론 정리 1965년 7월 29일~31일」, 참조. 전체 11쪽이 되는 해당 자료에는 조선대학교의 종이가 사용되었기 때문에 교육방법 연구대회의 조언자 혹은 종료 후 정리를 담당한 조선대학교 관계자가 작성했던 것으로 추측된다.

강성은은 1955~1992년까지 사용된 교과서의 특징을 다음과 같이 설명하고 있다.

이 시기의 조선사 교과서는 조국에서 역사연구의 성과가 최대한으로 반영됨으로써, 타율론(他律論), 정체론(停滯論)을 불식시키고 사회발전의 법칙(다섯 단계)이 내부적으로 관철된 역사, 조선 역사의 자율적인 발전이라는 점을 강조하게 된다. 그러나 식민지 사관의 탈피를 최우선의 과제라고 하면서 독자적인 발전이라는 측면만을 부각시켜 강조했을 뿐, 동아시아 지역의 정치·문화교류라는 국제적인 계기는 타율론으로 이어진다고 경계하여, 제외[捨象]해 버렸다. 말하자면 조선 역사를 일국사적으로 완결되는 것처럼 그린 것이다. 또한 냉전·분단 이데올로기의 영향을 받아 근현대사가 특정한 정치적 입장으로부터 기술되어 근현대사의 다양한 측면을 경시 혹은 제외[捨象]하고 있는 것이다.

강성은에 의한 평가는 타당할 것이다. 1963년의 새 역사교과서의 교육목적은 다음과 같이 제시되었다. 즉, '유구한 역사와 문화를 가진 우리 조국에 대한 높은 긍지와 자부심의 배양, 외래침략자들을 반대하며 싸워온 우리 인민의 영웅주의와 애국주의 교양, 온갖 착취와 착취계급에 반대하며 견실히 싸운 선조들의 계급투쟁의 사상교양, 부강한 사회주의 조국에 대한 긍지와 애정, 사회주의제도의 훌륭함에 관한 교양을 전달하여, 조선노동당과 김일성 원수님의 영도의 현명성과 정당성을 가르쳐, 조선역사의 과정을 통해 사회발전에 관한 합법성을 명확하게 파악시키는 것'을 역사교육의 목적으로 삼고 있다.[53] 전통과 위인의 활약에서부터 애국심을 기른다는 의도는 국사교육 전반에 공통된 것이라고 말할 수 있으나, 현대사 교육의 지향하는 바가 사회주의제도, 조선노동당의 정책, 김일성 지도의 정당성으로 여겨지고 있는 것은 다른 하나의 특징이라고 말할 수 있다. 이

---

53) 「요강」, 19쪽.

것이 조선사의 타율사관, 정체사관을 극복하려는 지향성과 공진할 수 있도록 기능하고 있었다.

1960년대 초반, 조선노동당은 소련의 현대수정주의를 경계하며 1950년대 후반~1960년대 초반에는 사회주의진영에 대한 조선노동당의 자립성을 강조하고 있다. 이러한 정치적 판단은 역사서술에도 영향을 미치고 있다. 1963년 새 교과서에서는 '최근세사[最近世史, 현대사]의 시작으로서 8.15해방이라는 역사의 변화를, 종래는 소련군대가 가져온 조선해방과 국제정세에서 시작했으나, 8.15해방에서 주체적 역량의 역할과 국내정세부터 시작하는 것을 통해 8.15해방 직후 나라의 역사서술을 우리의 주체적인 입장에서 서술했다. 모스크바 3상 회의결정, 미소공동위원회 등은 국제협약이며, 국제적인 회의라는 의미에서 장황한 서술을 피하고, 조선 인민의 주체적인 투쟁의 역사를 서술하면서 그 사실을 간단하게 언급'함으로써,[54] 1950년대의 교과서에서 볼 수 있는 것처럼 '위대한 소련군대가 가져온 조선의 해방과 민주기지창설'이라는 단원이 수정되고,[55] 소련군에 의한 조선의 해방이라는 서술을 철회하고, 김일성을 중심으로 한 조선인의 투쟁이 강조되었다. 조련시기의 사회교과서에서 '악덕한 일본제국주의는 소련을 선두로 한 연합군에게 무조건 항복하고, 우리의 조선도 해방시켰습니다'라는 서술에서 보이는 역사관과는 크게 다른 역사상이 교육된 것이다.

강성은이 서술한 것처럼 이러한 조선역사의 일국사적 서술과 함께, 냉전·분단이데올로기의 영향도 크게 받았다. 한국(혹은 한국정부를 인정하지 않는 입장에서는 '공화국 남반부', '남조선'이라는 호칭이 사용되었다. 이것은 한국에서도 비슷하게 '북괴', '북한'이라는 호칭이 사용되고 있음)의 정치, 경제, 교육, 문화 등 모든 것은 부정의 대상이었다. 조선반도에서 공화국과 한국이 냉전 이데올로기 아래 분단·대립하고 있는 이상, 특히 근현대사 이후의 역사서술에는 냉전·분단 이데올로기가 여실히 나타나지 않을 수 없었다.

....

54) 상동, 22쪽.
55) 『조선력사(하)』(공화국교육도서출판사, 1956년 6월 30일 발행. 총련교과서편찬위원회에서 1957년 1월 15일에 번각), 53-56쪽.

지리과목에서는 조선반도 전체의 지리를 대상으로 그 자연과 경제발전에 대한 지식을 알려주고, 특히 조선노동당의 경제정책의 정당성을 인식시키는 것이 목표가 되었다. 교과서에서는 북조선 지역뿐만 아니라 남조선지역에 관해서도 다루고 있다. 1963년 지리교과서 개편 취지 중 하나는, '조선반도의 정치행정구분에 관하여 종전의 교과서에서는 남반부 행정구역을 국내교과서(=공화국의 교과서)와 같도록, 종전의 행정구역 그대로 따르고 있었다. 그러나 이번 새롭게 편찬한 지리교과서에서는 해방 후 괴뢰도당에 의해 개편된 행정구역에 의거하여 서술했다. 그 이유는, 현재 남조선 행정구역을 우리는 인정하고 있지 않으나 현재 일본에 거주하는 재일동포의 대부분의 고향은 남조선에 있어 편지를 교환하는 경우도 있기 때문'이라고 설명하고 있다.[56]

물론 한국정부가 정해놓은 행정구역을 인정하지 않겠다는 입장은 분단을 바탕으로 한 정치적 갈등의 소산이다. 그러나 재일조선인의 고향이 대부분 남조선 지역에 있고, 고향의 사람들과 편지를 교환하기 위해서는 정확한 행정구역의 이해가 필요했기 때문에 이를 가르친다는 언급은 소박한 이유이기는 했으나 재일조선인의 실정을 가미함으로써 교과서 서술의 냉전과 분담이념이 어느 정도 완화되는 가능성을 보여주고 있었다고 말할 수 있다. 비록 국제적인 냉전구조 아래 양 국가가 정치적으로 대립하고 있었지만 많은 재일 1세 조선인의 고향은 남조선지역에 있어 그것을 다루지 않는 것은 심정적으로도 어려웠을 것이다. 고향을 남조선 지역에 두고, 조국을 북조선 지역에 건국된 공화국으로 삼고 있는 재일조선인의 복잡함이 교과서에도 표현되는 것이다.

조선반도에서 물리적인 거리를 두고 생활하는 재일조선인들에게는 냉전·분단이데올로기를 상대화하는 가능성이 있다고 할지 모르지만, 공화국지지를 표명하는 조선학교 교육이 그 당시 이런 것으로부터 자유롭기는 어려웠다. 지리교과서에는 고향을 향한 심정과 직결시키는 형태로 '남반부'의 농지나 식량상황의 처참함을 그려 한국정부의 정책을 비판했고, 이에 대비하는 형태로 공화국 정부 정

56) 「요강」, 24쪽.

책의 정당성을 강조하는 논법이 많이 발견된다. 「요강」에서는 지리교과서를 사용하여 다음과 같이 지도가 이루어져야만 한다는 것을 나타내고 있다.

중급학교 조선지리에서는 초급학교와는 다르게 자연요소의 분포와 그 인과관계, 각 지역에 대한 자연지리적인 분석을 중심으로 하면서 공화국 북반부에서의 자연조건의 합리적 이용과 남반부지리에서의 약탈적 이용을 대비하여 가르칠 필요가 있다. [중략] 공화국 남북반부의 대비에서는 평야지방을 설명하는 것은 평야의 기본특징을 설명하고, 다음으로 관개 체계와 치산, 치수 사업에 중점을 두면서 북반구 평야는 모두 황금밭으로 바뀌고, 남반부 평야는 황무지로 전락했다는 것을 사회제도의 성격에서부터 설명해야 한다.[57]

각 과목을 통한 주민편에서는 공화국 남반부 인민 생활의 영락(零落)을 생동적으로 (구체적으로 현실적인) 자료를 통해 명확히 인식시켜야 하며, 왜 남반부 인민이 기아에 시달려야만 하는지에 관한 근본적인 문제를 이해시켜야만 한다.[58]

남조선지역에 대한 향수를 하나의 기반으로 한국의 자연이 '약탈적'으로 이용되어 대지가 황폐화된 모습을 보여주고, 그 근본적인 원인은 사회제도에 있다(사회주의제도가 더욱 좋은 생활을 보장할 수 있다)고 함으로써, 공화국 정부 경제정책의 정당성을 강조하고, 그 우위성을 교육하는 것을 지향하고 있었다. 재일조선인의 뿌리로서 조선반도가 남북으로 분단되어 대립하고 있다는 상황은 이러한 형태로 교육에 나타나 있었다.

다만, 시급히 보완해야만 하는 점은 조선학교의 사회교과목 교과서에서 부정적으로 그려지고 있는 것은 한국정부이지 '남조선 인민'이 아니라는 것이다. 특

----

57) 상동, 27 – 28쪽.
58) 상동, 29쪽.

히 반정부를 내건 한국의 시민운동은 적극적으로 평가받고 있다. 초급학교 6학년용 역사교과서에서는 이승만 정부를 타도하기 위한 1960년의 '4월 인민봉기(한국에서는 4.19 민주혁명 또는 4.19 학생운동 등으로 불림)'를 거론하며 그 전말을 서술하는데, '가장 영웅적으로 싸운 것은 서울시의 학생, 시민들이었다'라고 서술하며 한국 국민들의 민주화를 요구하는 반정부 투쟁을 긍정적으로 평가하고 있다.[59] 상정된 적은 같은 민족인 '남조선 인민'이 아닌 미국을 추종하는 한국 정부였던 것이다.

이렇게 조선학교의 교과서는 1960년대 전반에 본국의 교과서를 주로 참조의 축으로 두고 일본에서의 조선인을 키우기 위한 다양한 노력이 기울여진 것으로 창조되어 갔다.

총련 초대 의장인 한덕수는 조선학교 교직원들이 모인 자리에서 다음과 같이 이야기한 적이 있다.[60] '(교원들은) 부단히 조국을 알아가려는 노력을 기울임으로써 그것을 일본에 창조적으로 적용할 수 있는 인재가 되어야만 한다. 우리 앞에는 선배가 없기 때문에 우리가 창조자가 되어야만 한다.' 이 말은 조선학교의 교육적 성격을 매우 잘 드러내고 있다. 일본에서 조선인을 기르기 위한 교육은 본국의 교육을 그대로 이식하여 성립시키는 것도 아니었고, 거주하는 국가인 일본 교육을 모방하는 것으로도 성립시킬 수 있는 것이 아니었다. 조선학교 교육을 만드는 사람들은 본국, 일본사회, 재일조선인사회와의 관계 속에서 시행착오를 반복해가면서 눈앞에 있는 재일조선인 아이들을 위한 교육을 만들어갔던 것이다.

교과서의 창조에서 보이는 조선학교의 대응은 조선학교의 탈식민화 양상을 잘 나타내고 있다고 말할 수 있다. 그러나 이것은 어디까지나 교육을 만드는 쪽의 대응에 불과하다. 조선학교에서 탈식민화를 보다 깊이 검토하기 위해서는 교육실천의 수준에서 가르치는 쪽과 배우는 쪽의 상호작용에 눈을 돌려야만 한다.

....

59) 재일본조선인 총련합회 중앙상임위원회 교육부 『초급조선력사 6년』(학우서방, 1963년), 113－117쪽.

60) 재일본조선인교직원동맹중앙위원회 「중앙위원회 제37차 회의에 지출한 사업총괄보고 및 당면한 임무」 1959년 11월 6~7일.

교육이라는 것은 설정한 의도를 항상 관철시킬 수 있는 행위가 아니다. 오히려 대부분의 경우 만드는 쪽의 의도는 받아들이는 아이들에 따라 관철되지 않는다. 그러한 의미에서 교육은 항상 '실패'에 가까이 있지만 그 '실패' 속에서도 여전히 사람은 성장한다. 조선학교에서도 이는 마찬가지였다. 계속해서 제5장에서는 아이들을 '떳떳한 조선사람'으로 키우는 데 있어 가장 중요한 요소 중 하나인 국어교육의 의도가 관철되지 않는 상황과 그 안에서 진행되었다고 보이는 탈식민화의 양상을 검토하도록 한다.

제5장

생겨나는 말들

이번 장에서는 1950년대 중반부터 1960년대 중반까지의 국어교육의 실천을 검토함으로써 조선학교의 탈식민화라는 본연의 모습을 탐구하고자 한다. 논의를 시작하면서 키워드가 되는 '우리말'이라는 단어에 대해 약간의 설명을 하려 한다. 본 장에서는 많은 실천보고를 인용하고 있으나 그 경우, 원문에서 '우리말'이라고 쓰인 말은 그대로 '우리말'이라고 표기했다. '우리' 문제에 대한 복잡성에 대해서는 제4장에서 지적했으나, '우리말'을 '조선어'라고 표기하면 조선어를 객관화하는 뉘앙스가 덧붙여져서 적확한 표현이 어렵다고 판단했기 때문이다. 이와 관련하여 1950년대에 '국어상용(国語常用)'이라고 표현된 말들도, 1960년대를 즈음하여 점차 '우리말 상용'이나 '우리말 생활화'라는 표현으로 바뀌게 된다. 본 장에서는 조선학교의 우리말을 배우고─가르치는 실천에서부터 조선학교의 탈식민화 양상을 그리려 한다.

제1절 국어상용이라는 대응

(1) 이중언어환경과 교원들의 실력

조선학교의 전신이 국어강습소였다는 것에서도 드러나듯이, 조선학교에서 국어＝조선어 교육은 그 교육의 바탕을 이루고 있다. 국어습득의 중요성은 조선학교 설립 초기부터 관계자 사이에서 넓게 공유되고 있었다. 1957년 제1차 전국 교연 개최를 전후로 조선학교에서의 국어교육을 과학적인 고찰에 기반하여 조직하려는 움직임이 현저히 나타나게 된다.

그 효시가 된 것이 1957년 6월, 교직동의 기관지인 『중앙교육연구』에 게재된 박상득의 논문이다.[1] 이 논문은 같은 해 5월에 열린 도쿄지방 교연에서 발표한 내용에 약간의 수정을 더한 것이다. 당시 도꾜조선중고급학교의 교원이었던 박상득은 총련 중앙 교육부의 협력 아래 초급학교 신입생을 대상으로 어휘력을 조사하고 그 결과를 보고한 것이다.

논문의 첫머리에서 박상득은 스탈린이 말한 언어에 대한 정의를 인용하면서 각 민족의 고유한 언어는 민족의 전통 풍속 등을 반영하는 민족성을 뒷받침하는 것이며, '따라서, 학생들의 언어발전은 그들의 심리적 능력, 특히 사고력을 발전시키고 과학적 지식과 세계관을 확충시키며, 더불어 민주주의적 사상과 애국주의 사상 및 민족성을 교양하는 데 가장 중요한 수단의 하나가 된다'고 국어교육의 중요성을 서술하고 있다. 그러므로 조선학교에서의 국어교육은 국어라는 교과만의 문제가 아니라 '학교 교육 전반에 걸친 가장 중요한 문제 중 하나'이면서, 그 위치가 보여주는 것처럼, '특히 국어 그대로를 일상어로 사용하지 않는 우리에게는 언어 문제가 학교에서뿐만 아니라 가정에서도 가장 중요하게 다루어져야만 한다'고 지적한다.

이 조사는 초급학교 1학년의 국어교과서에서 가장 많이 등장하는 상위 단어 10개－우리, 간다, 나라, 온다, 집, 좋다, 봄, 모두, 학교, 어서－를 선정하여 이것에 관해 구두로 질문하고 그 이해 정도를 탐구한 것이다. 1957년 4월 20일 기준으로 북쪽지역은 무로란(室蘭), 남쪽지역은 시모노세키(下関)의 15개교, 291명의 조사 결과를 입수하였고, 대상자는 입학 후 1~2주 내의 초급학교 1학년생이었다. 조사 결과 전체 문항을 정확하게 이해한 학생은 3명(이 중 1명의 출생지는 조선

1) 박상득 「우리말과 우리 교육－몇 가지 제기(提起)」 『중앙교육연구－조국의 평화적 통일과 민주민족교육의 발전을 위하여』(1957년 6월 발행), 참조.

이었다. 전체 조사 대상 중 조선에서 출생한 아이는 모두 5명이었다), 전체 문항을 이해하지 못한 것은 51명이었다. 남학생은 평균 2.5개, 여학생은 평균 3.1개, 전체 평균 2.82개의 단어를 알고 있을 뿐이었다. 또한 가장 정답률이 높은 어휘는 '학교'로 77.3%, 정답률이 낮은 어휘는 '나라'로 5.15%였다.

박상득은 이 조사결과를 공화국의 정무남 교원의 조사와 비교하여 조선학교 아이들의 조선어 어휘 수가 적다는 것, 또한 이중언어환경 아래에서는 언어발달이 저해된다고 하는 미국과 이탈리아의 연구를 보여주며 '이러한 사실(조선학교 아동의 조선어 어휘 수가 적다는 것)은 조국에 있는 아이들과 비교했을 때 일본에 사는 우리 아이들의 머리가 나쁜 것이 원인이 아니라, 일본에 사는 우리 아이들의 언어환경이 이중으로 되어 있다는 것, 즉 국어가 조선어임에도 불구하고, 일상어는 일본어를 쓴다는 것에 원인이 있다는 것은 증명할 필요가 없는 사실이다'라고 서술하고 있다.

박상득이 강조한 것은 재일조선인 아이들을 둘러싼 '이중언어 환경'이었다. 조선학교라는 시공간을 아무리 조선어로 넘쳐나는 환경으로 만들려고 해도 아이들이 학교 밖에서 만나는 환경은 일본어로 채워진 세계이다. 따라서 박상득의 논문에서 사용한 말을 인용하자면, 아이들뿐만 아니라 교원까지 포함하여 재일조선인의 '일상언어는 일본어'이며 조선어는 국어임에도 비일상어였다는 것이다. 앞으로 논하게 되는 것처럼, 여기서 지적된 이 문제는 1960년대 이후도 계속해서 해결하기 어려운 문제로서 조선학교의 국어교육 앞을 크게 가로막고 있었다.

그런데 박상득은 위와 같은 조사 결과를 통해서 세 개의 문제를 제기하고 있다. 첫째로, '후대의 올바른 발전을 위해 가정에서 이중언어환경을 해소하기 위해서 재일동포 모두가 국어를 상용화할 것을 제기한다. 주지한 것처럼 교육은 그저 학교에서 이루어지는 것이 아니라 사회에서도 이루어진다. 특히 가정 내 교육이야말로 각 아이의 올바른 발전을 보장할 수 있는 것이다. 이렇게 가정에서 국어가 상용화되는 것은 큰 교육적 보장이 된다. 모든 동포들이 적극적으로 국어를 상용화해야만 한다'라고 하며 조선어 습득에 부정적인 영향을 주는 이중언어환경을 해소하기 위해 특히 가정에서 조선어를 사용할 것을 호소했다. 이러한 제기가 그 다음 해 '국어상용' 방침으로 이어지는 것을 볼 수 있다.

둘째로, 교원들에게 아이들의 언어실태를 조사할 것을 요구하였다. 실제로, 제1차 전국 교연의 국어교육분과회에서 발표된 24개의 보고 중, 14개의 보고가 국어 상용 문제와 국어 실력 실태조사와 관련되어 논한 것이었다.[2] 이러한 경향은 전국교연에 앞서 열린 지방교연에서도 마찬가지였다. 예를 들어 도쿄교연의 국어분과회 내 보고에서는 '실천기록이 주를 이룬 것이 아니라 실천조사가 주를 이루었다'고 지적될 정도였다.[3] 국어교육을 조직적·과학적으로 만들어가는 데 있어 아이들의 언어상황을 파악하는 것은 필수적이었다.

셋째는 앞 장에서 본 것처럼 재일조선인 아이들만을 위한 전용 국어교과서를 편찬해야만 한다는 것을 제안하고 있다.

가로막는 벽

박상득이 지적한 조선학교 국어교육의 어려움은 다른 지역 교원들도 직면하고 있는 어려운 문제였다. 예를 들면, 1957년 6월, 가나가와(神奈川) 지방 교연에서 가나가와중고 한배원은 다음과 같이 말하고 있다.[4]

일본에 있는 조선인은 대부분이 우리말로 문장을 쓰거나, 조선의 글을 읽거나, 혹은 우리말로 이야기하는 것이 어려운 실정이다. 그들의 대부분은 우리 민족의 말을 빼앗긴 상태가 된 것이다. 이러한 상태가 계속된다면 (아이들은) 우리말로 우리의 문화와 과학을 자신의 것으로 할 수 없을 뿐만 아니라 일본어를 모르는 자신의 부모나 조부모와 소통도 충분히 할 수 없게 된다. 우리가 민족교육을 하는 것은 잃어버린 우리말을 다시 찾으려는 교육인

----

2) 「제1차 교육연구중앙집회경과보고」『민족교육 – 재일본조선인학교 제1차 교연보고집』(1958년 5월), 참조.

3) 재일본 조선인 교직원동맹 도쿄본부 『제1차 도쿄교육 연구집회 연구보고』(1957년 5월), 「국어분과회보고(토론요지)」, 494쪽 참조. 박상득의 실천보고도 여기에 수록되어 있음.

4) 가나가와 조선중고등학교 한배원 「국어교육의 난점」(1957년 6월) 참조. 이것은 제1차 가나가와 교연 연구대회의 문학분과에서 발표된 실천보고임. 학교명은 '중고급학교'였을 것이라 생각되나, 원자료에 기초하여 여기에는 '중고등학교'로 표기함.

동시에 기형적인 민족감정과 정신으로부터 완전한 조선인으로서 감정과 정신을 배양하는 교육으로서의 의의가 있기 때문이다.

그러나 우리 학생들이 직면하고 있는 생활환경이 국어보다 일본어가 생활용어로서 절대적으로 우위를 점하고 있는 현실 속에서 우리말과 글을 완벽하게 체득하고 그것을 사용하여 조국의 문화와 과학을 이해하고, 나아가 조선인으로서 감정과 정신을 가진 인간으로 키우기 위해서는 너무나 많은 어려움이 있다. [중략] 특히, 국어인 '조선어'와 외국어인 '일본어'라는 서로 다른 두 언어 형태가 섞여 있는 가운데 완전한 조선어를 교육하는 것은 너무나도 큰 어려움이 있다.

아이들을 조선사람으로 키우는 것을 목적으로 한 조선학교에서 국어교육이 담당해야만 하는 중요한 역할과 의의가 확인되는 한편, '완전한 조선어'를 교육하고 그것을 '완벽히 체득'시켜 그것을 사용하여 교육하는 것은 어려운 것이 아닌가, 라는 경험에서 나온 의문이 솔직하게 제기되고 있다. 조선사람으로 키우기 위해서는 조선어를 습득하는 것이 필요하지만, 그러나 그 조선어를 충분히 습득하고 사용할 수 없다. 한배원이 서술한 '어려움'은 아마 조선학교 설립 이래 많은 교원이 머리 아프게 고민해온 문제였을 것이다.

제1차 전국교연에서 발표된 히로시마의 박수룡의 보고 역시 '아이들은 어떤 측면을 보더라도 우리말보다 일본어가 단연코 발전되어 있다'고 아이들의 언어능력을 평가하고 이와 같은 인식을 드러내고 있다.[5] 또한 '학부모들이 일본에서 생활하는데 굳이 우리말을 배울 필요성을 크게 느끼지 않기' 때문에 가정에서 적극적으로 조선어를 사용하지 않고, 국어 발음이나 생활용어 습득에서도 한계가 있는 것이 아니냐고 지적하고 있다.

1957년 지방 및 전국 교연에서는 가정에서 조선어 사용상황을 조사한 내용이 적지 않다. [표 5-1]은 도꾜교연에서 공유된 이러한 조사를 정리한 것이다.

....

5) 교동 히로시마현본부 박수룡 「국어과 지도에서 체험한 몇 개의 난점」 『재일본조선인학교 제1차 교육연구중앙집회 총괄보고집』(1957년), 참조.

표 5-1 | 가정에서의 조선어 사용상황(1957년 조사)

① 아이들이 집에서 국어를 사용하는 정도	
조선어를 전혀 사용하지 않음	108명(29%)
조선어를 가끔 사용함	227명(59%)
사용하라고 했을 때 어쩔 수 없이 사용함	23명(5%)
늘 사용함	31명(7%)

② 부모의 조선어 독해력	부	모
정확히 읽을 수 있음	66명(52%)	26명(20%)
더듬더듬 읽을 수 있음	41명(32%)	54명(42%)
전혀 읽지 못함	11명(8%)	37명(27%)
무응답	11명(8%)	12명(9%)

③ 집에서 회화	부모	자녀
늘 조선어를 사용함	17명(13%)	1명(1%)
일본어와 섞어서 사용함	83명(64%)	69명(54%)
일본어만 사용함	23명(18%)	52명(40%)
무응답	6명(5%)	7명(5%)

출처: ①은 도꾜조선제1초급학교 정은령 「생활지도에 관해서」, 제1차 교연도꾜대회(1957년) 생활지
도분과, ②와 ③은 도꾜조선제7초급학교 정용환 「아이들의 가정환경과 민족교육에 대한 학부모
들의 의식조사」, 제1차 교연 도쿄대회(1957년) 생활지도분과에서 필자 작성.

조사 결과는 1957년 시점에서 가정에서 조선어를 사용하는 부모－자녀가 결코 많지 않았음을 보여준다. 박상득이 굳이 가정에서 조선어 사용을 강조했던 것은 이러한 가정에서의 언어 사용상황 때문이었을 것이다. 부모세대조차 일상적으로 사용하는 언어의 대부분이 일본어였다는 것이다.

게다가 히로시마 박수룡의 보고에서는 '교원들의 발음이 정확하지 않다는 것도 아이들의 국어발음을 가르칠 때 바르게 지도하거나 시정해줄 수 없는 약점'이라고 지적하고 있다. 조선학교의 국어교육을 생각할 때, 이 지적은 매우 중요하다. 즉, 교원들의 제1언어도 일본어인 경우가 많고, '정확'한 조선어 발음을 비롯한 '바른' 국어를 지도하는 데 적지 않은 어려움이 있었다고 인식되고 있었던 것이다. 1955년에 열린 교직원 하계강습회의 총괄보고서에는 이런 점을 단적으로 보여주는 지적이 있다. 강습회의 주최자였던 교직동의 정구일(鄭求一)은 참가

자들이 쓴 감상문을 보고 다음과 같은 의견을 남기고 있다.[6]

아이들의 교수교양 사업에서 '모국어'를 바르게 지도하는 것이 그 기본인 동시에 꼭 필요하다는 것은 누구라도 납득할 수 있는 부분입니다. 이를 위해 우리는 아이들을 교수교양하는 교원이라는 입장에서 문장을 하나 쓰는 것에서도, 우리 자신이 어법(철자법, 문법)에 맞게 표기해야 할 것이고, 칠판에 글자를 쓸 때, 혹은 작문을 지도할 때도 오류가 없도록 항상 정확한 모국어를 지도해야 할 것입니다.

그러나 이번 많은 선생님이 쓰신 '감상문'을 보면, 몇 명의 선생님들을 제외하고, 많든 적든 오류가 있었습니다. 이런 오류(문장구성 또는 표현, 철자, 문법)를 우리 스스로 즉각 시정해야 하며 모국어를 지도할 때 여러 가지 오류를 각 현장[職場]에서 지적하고 토론하고 연구하여 오류를 없앨 수 있도록 해야만 합니다. 이를 위해 모국어 지도에 대한 발전을 기대하면서 감상문에서 볼 수 있었던 오류에 관해 여기에서 지적하도록 하겠습니다.

입말에서도, 글말에서도, 교원들의 조선어에는 적잖은 '오류'가 있었다. 이처럼 가정에서는 일본어를 사용하고 조선학교에서만 조선어를 사용하는 이중언어 환경, 또한 교원들의 조선어도 충분하지 않다는 두 가지 상황은 국어(조선어)를 통해 조선인을 육성한다는 목표를 가진 교원들의 앞을 가로막고 있었던 것이었다.

(2) 국어를 말하게 하는 어려움

이러한 가운데 3대 중점과업이 제시되어 전국의 조선학교에서 국어상용운동이 전개된다. 실천보고에서 당시의 국어상용에 대한 대처를 보도록 하자.

우선은 아마가사끼조선중급학교(尼崎朝鮮中級学校) 김옥근의 실천보고(1960년

---

6) 도꾜조선학원 강습회 편찬위원회 「교직원 하기강습회 총괄」(1955. 7. 25 – 8. 3.에 걸쳐 열린 교직원하기강습회 총괄서)(1955년 8월 5일), 참조.

2월)를 보도록 한다.[7] 김옥근에 의하면 해당 학교 학생의 3분의 2가 아마가사키 시내의 공립조선학교 출신으로 국어습득의 측면에서는 크게 뒤처지고 있었다. 이러한 현상을 인식하고 있었음에도 불구하고, 교무주임이었던 자신도 직원회의 등의 경우에서 "국어상용이 아직 잘 되고 있지 않지만, 그 원인은 대체로 우리 교원의 노력 부족과 함께 교원과 학생 사이의 유기적인 연관성이 희박하기 때문인 점(=커뮤니케이션의 부족)에 기인하므로, 오늘부터는 우리말을 상용하지 않는 학생에 대해서는 종래와 같이 가만히 방관할 것이 아니라 즉각 학생들에게 바르게 교육교양 시켜주십시오'라고 말로만 할 뿐'이라고 하며 구체적인 대책을 세우지 않았다고 전하고 있다.

학생들은 학교 교원들을 ① 학생들이 일본어를 사용해도 아무 말도 하지 않는 교사, ② 학생들과도 일본어로 말하는 교사, ③ '시끄럽도록 우리말 사용! 우리말 사용!이라고 말하는' 교사로 나누어서 인식하고 있고, '③의 교원이 학생들끼리 이야기하는 곳을 지나는 때는 그 교원이 어느 정도 가까이 오면 이야기를 중단하고, 그 교원이 지나갈 때까지 이야기를 안 하게' 되었다. 학생들은 교원의 눈을 의식해서 사용하는 언어를 가려 쓰거나 또는 이야기를 아예 하지 않는 것이다. 학생들은 ①, ②의 교사를 '좋은 교사'로 따르면서, ③의 교사는 싫어한다. 우리말을 잘 쓰지 않는 신임교원들에 대해서는 '그 선생님보다 우리 국어능력이 더 낫다'라고 교원을 아래로 보는 학생들도 있다. 또한 전체적으로 '국어상용은 상급학년일수록 실천되고 있지 않다'는 상황이라고 말하고 있다. 교원들이 그저 구호로만 '국어상용'을 이야기한 결과, 이러한 바람직하지 못한 사태가 일어나고 있다고 김옥근은 말한다.

이런 상황을 타개하기 위해, 해당 학교는 크게 다음과 같은 대책을 세운다. 첫째로 학생 중에 '우리말 리더'를 만드는 것. '우리말 리더'에 선출된 학생들이 앞장서서 조선어를 사용하도록 했고, 일본어를 사용하는 학생들에 대해서는 교원들뿐만 아니라 학생들 사이에도 주의를 주도록 했다. 둘째, 학교 전체 7학급 내,

7) 교직동 아마가사끼조선중급학교분회 김옥근 「교육경험발표보고서—학생에게 애국주의교양을 주입하기 위한 과정에서 나타난 몇 개의 현상」(1960년 2월 27일).

우리말 상용에서 모범이 되는 학급을 하나 만들어 그 학급이 전체를 견인하는 형태로 국어상용운동을 추진해가도록 했다. 모범학급의 임시담임이 된 김옥근의 대처는 다음과 같다.

- 11월 1일~15일: 학생들의 국어상용에 관한 관심을 학급회의, 또한 개별적으로 조사, 그 중에서 리더를 발굴했다.
- 11월 16일~30일: 리더들의 책임감을 향상시키기 위해 학급시간 후에 그날 그날의 국어상용정도를 이들과 함께 분석하고 다음 날의 대책을 생각했다. 그러던 중 리더들이 학급전원이 국어상용하는 것에 도전해보자는 마음을 가다듬어갔다.
- 12월: 학급 38명을 6개의 반으로 나누어 각각 반장에게 우리말 리더를 맡게 하고, 각 반마다 국어 상용의 경쟁을 시킨다. 그리고 하교 전 담임시간(학급시간)에서 1반은 2반을, 2반은 3반을, 하는 식으로 각 반의 국어상용정도를 평가해 간다. 잘 된 개인과 반은 학급 전체가 박수를 보내 칭찬한다. 반면 반대로 나쁜 결과를 보인 학생에 대해서는 비판하면서도 반드시 실행할 수 있는 용기와 자신감을 주도록 한다. 이러한 작업은 주로 학생이 실시하고, 교원은 이것을 기록한다. 또한 학생들끼리 이야기할 때, 우리말로 표현하지 못하거나 우리말을 몰라 일본어를 사용할 때는 그 일본어를 사용하기 전에 '일본어로 하면−'이라고 말하도록 하여 어쩔 수 없는 경우에는 미리 양해를 얻어 일본어 단어를 사용할 수 있도록 했다.
- 1월 11일~25일: 학생들은 국어를 점점 사용하게 되었지만 'あの−'나 'え−っと' 등의 일본어가 나오는 경우가 많았다. 이를 위해 이러한 조선어인 '저−', '에−'를 사용할 수 있게 해서 보다 질 높은 국어상용을 지향하도록 지도하였다. 또한 아름다운 단어를 사용하는 것의 의의를 학생들에게 설명했는데, 예를 들면 친구들의 이름을 부를 때도, 이름 다음에 반드시 '○○동무'라고 부르도록 지도했다.
- 1월 26일~1월 말: 매년 실시하는 우리말 상용정도의 보고를 학생들 자

신이 할 수 있었으므로, 수요일과 토요일만 보고를 받는 것으로 하고, 학생들이 교원의 확인 없이도 자발적으로 국어상용을 노력하게 되었다. 또한 학교 전체적으로도 이런 학급을 평가했다.

• 2월의 계획: 1월 국어 상용에 대한 성과와 결함을 밝힌 뒤, 개별지도와 학급회의, 혹은 담임시간을 통해서 모두가 부정적인 현상을 알아내고 지도한다.

김옥근은 10월 말경에는 학생들끼리 말할 때 모두 일본어를 사용했으나 '현재(다음 해 2월)에는 우리말 사용이 원칙으로 자리잡기 시작했다'라고 말하고 있다. 학교에서는 조선어를 사용한다는 원칙과 질서가 만들어진 것이다. 이러한 실천에서 볼 수 있는 것처럼 학교생활 전반의 과정에서 아이들에게 이야기하기 쉬운 일본어가 아닌, 조선어를 사용하게 하는 것은 단연코 쉬운 일이 아니다. 사용 언어를 통제하는 것은 강제성이 수반되는 경우가 많고, 이런 것을 피하려 하거나 또는 이에 저항하려는 아이들도 나타나게 된다. 아이들을 '떳떳한 조선사람'으로 키우기 위해서는 우리말 말하기가 익숙해야 한다. 이를 위한 노력이 교원들의 강제성으로만 실행된다면 조선학교가 지향하는 국어상용의 목적, 즉, 민족의 말로서 혹은 공화국 국민으로서의 긍지를 가지고 조선어를 스스로 사용한다는 목적이 달성되기 어렵다. 국어상용이라는 규범에서 이를 피하려 하거나 반발하는 것을 최소화하고, 오히려 아이들 스스로가 적극적으로 조선어를 사용하고 싶다고 생각하도록 학급운영의 구조를 만들기 위해서 교원들은 시행착오를 반복해갔다.

제2차 가나가와교연(1959년 4월 3~4일)에서 발표된 배인봉의 실천보고에서도 교원들의 시행착오를 찾아볼 수 있다. 배인봉은 요꼬스까(橫須賀)시립 스와(諏訪)소학교분교에서 국어상용운동의 대응에 대해 다음과 같이 서술하고 있다.[8]

[1957년] 최초의 시기에는 어떠한 이유로든 국어를 상용할 것을 학생들에

---

8) 재일본조선인교직원동맹 가나가와현 요꼬스까지부 배인봉 「국어상용운동의 지도경험」 (1959년 4월 3~4일), 참조.

게 의무적으로 요구하고 강조했다. 무엇보다도 학교 내에서 국어상용의 일대돌풍을 만들어내고자 했던 것이 선결해야 할 과제였기 때문이었다. [중략] 학교 내에서 국어상용 운동이 치열하게 전개되면서 몇 개의 결점과 문제가 제기되었다. 학생들에게 국어를 상용시킬 때, 교원의 의식적·조직적인 운동이 필요했는데, 그 자체는 좋은 것이었으나 이러한 운동이 선을 넘어 강제적으로 [국어상용을] 요구하여 추진되고, 교원들의 감독이 없거나 눈이 닿지 않는 곳에서는 국어를 사용하지 않는 학생들이 나타났다.

아마가사끼중급과 비슷한 상황은 요꼬스까(橫須賀)학교에서도 일어났던 듯하다. 원래 해당 학교는 공립학교의 분교로서 일본인 교원도 있다. 아이들은 응당 일본인 교원과 이야기할 때는 일본어를 사용하고, 일본인 교원의 수업은 일본어로 진행되었다. 학교에서도 '이중언어환경'이 전제되었던 가운데, 국어상용을 실현시키는 것은 상당히 어려운 문제였음이 분명하다. 그럼에도 교원들은 국어상용을 달성하기 위해 여러 가지 대응책을 반복해가게 된다.

해당 학교에서는 국어상용운동에서 아이들의 자립성을 높이기 위해 아이들의 자치회에 국어상용부를 설치하도록 했다. 국어상용부는 3학년생 이상의 아이들에게 '국어상용 카드'를 한 명에 20매씩 나누어주고 일본어를 한 번 사용할 때마다 카드를 한 장씩 잃도록 하는 룰을 만들었다. 방과 후 학급 자치회 때 국어상용부가 그 수를 체크하여 학급별로 성적을 발표하고, 또한 학급회에서 반성회를 열도록 했다. 그런데 일본어를 사용하지 않았다고 속이려고 하는 아이들이 증가하거나, 또는 카드에만 집중해서 카드를 빼앗기지 않으려고 하는 것이 목적이 되어버리는 경향이 나타나게 되었다. 결국에는 하루에 한마디도 말하지 않는 아이도 생기게 되어버렸다고 한다. 어떻게 하면 국어상용운동을 '올바르게 할 수 있을까'라는 교원들의 고민은 여전했다. 현(縣) 내의 다른 학교에서 실행하던 국어상용을 경쟁시키는 계획도 나왔으나,9) 이것은 '교육적으로 좋지 않다고 판단하

---

9) 예컨대, 가와사끼 시립소학교분교 김우종의 실천보고 「1959학년도 제3차 교수경험발표회 국어과 국어실력 향상을 위한 지도경험」(1959년)에서는 국어상용의 정도를 그래프로 표시하여 아이들의 경쟁심을 불러일으키면서 국어상용을 촉구하는 방법이 보고되고 있다. 그러

여' 실시하지 않았다. 또한 '조선어를 모르는 경우는 상대에게 허가를 받아 일본어로 말하는 방식'은 결국 '국어상용운동을 향상시키는 데 큰 장애가 된다'고 판단하여 행해지지 않았다.

시행착오와 잦은 논의를 거쳐 교원들이 도달한 결론은 소박한 것이었다. 일본어를 섞어가며 의사소통과 수업을 하는 1~2학년과는 달리 3학년생 이상은 국어상용을 철저히 하도록 계속 지도해간다. 이런 경우 어떤 종류의 강제성이나 통제가 수반되는 것은 어쩔 수가 없다. 그러나 그저 강하게 주의를 주거나 감시하는 것이 아니라 '아이들 속에 들어가서' 국어상용을 지도하도록 한다. 보고자였던 배인봉이 예로 든 '아이들 속에 들어가서' 실천한 내용을 보도록 하자.

수업 사이 쉬는 시간에 남학생들은 씨름을, 여학생들은 줄넘기를 자주 한다. 배인봉은 그때 문득 일본어가 나와버리게 된 것을 발견한다. 씨름을 하면서, 예를 들면 '足が出た!(발이 나왔다!)', '上手投げでいけー!(잘 던져봐ー!)'라는 소리 등, '여러 일본어가 순간적이고 무의식적으로 튀어나오는 현상'이 있었던 것이다. 그때 배인봉은 자신도 함께 아이들의 씨름을 관전하면서 '발을 이쪽으로 걸어!', '밀어라, 밀어라', '좀 더 힘을 내라ー!'라고 조선어로 옆에서 의식적으로 외치도록 했다. 그러자 학생들도 조금씩 의식하게 되었는지 점차 조선어로 구호를 외치게 되었다. 지켜볼 뿐만 아니라 실제로 자신도 씨름을 하며 기술 설명을 조선어로 하고, 수업에서는 다루지 않는 조선어도 가르쳐 주었다. 이러한 대응을 반복

나 해당 학교에서는 국어상용경쟁운동만을 실시하고 있었던 것은 아니다. '일상적인 설득, 의미설명, 그래프 위반자(일본어를 사용한 학생)를 기록하는 등, 또는 어려운 단어를 설명해주는 등 다종다양한 방법으로 운동을 전개하여 어느 정도의 성과를 거두었다. 그럼에도 이러한 운동의 전개는 일시적인 것에 머물렀고 일상적인 수준으로 스며들지는 못했다. 그러나 이러한 운동을 전개하는 동안, 과거에는 국어를 사용하면서 부끄러워하거나 장난을 치며 웃는 아이들도 있었는데, 이러한 아이들도 점차 국어상용을 하려는 의욕'을 갖게 되었다고 말한다. 그리고 수업이나 쉬는 시간에 관계없이 국어 사용 운동의 의의를 논하면서 수업시간에 새롭게 배운 단어를 교원이 적극적으로 사용하도록 하거나 또한 일본어를 사용한 아이들을 주의시키는 것을 계속해 나갔다. 그러던 중 자녀들 사이에서 자발적으로 일본어 사용자에 대해 주의를 기울이게 되어 매일 방과 후 시간에는 그 반성회를 열었다. 그런 가운데 학교 내에서 조선어를 사용하는 것이 일상적인 것으로 자리잡게 되었다고 하고 있다. 보고자인 김우종은 아이들이 국어를 상용하다보니 바로 말 그대로 '조선학교다움'을 느낄 수 있게 되었다. 해당 학교가 공립분교의 형태였다는 것을 감안했을 때 이러한 언급은 매우 흥미롭다.

해가면서 서서히 조선어를 사용하는 것이 자연스러운 것으로 정착하기 시작했다고 한다. 사소했을 수 있지만, 이것이 국어상용운동을 아이들 자신들의 것으로 만들기 위한 배인봉 나름의 노력이었던 것이다.

배인봉은 국어상용운동을 추진하면서 '선생님의 적극적인 도움(조언)과 엄격한 점검을 모두 해야만 한다'고 경험을 정리하고 있다. 일본어를 쓰고 싶어하고 혹은 일본어를 자연스럽게 말해버리는 아이들에게 조선어를 사용하도록 하기 위해서는 강제성이 어느 정도 필요한 일이었다. 그러나 교사들은 그 강제성이 내포하는 위험성을 아이들에게 가까이 다가가는 실천을 통해 정교하게 완화하려 했던 것이다.

(3) '이상한 국어'

그런데 배인봉의 실천보고 가운데, 더욱 흥미롭게 느껴지는 것은 다음과 같은 기술이다. '[아이들 사이에서는] 이상한 국어가 오가는 경우도 있다. 그것도 자신들끼리는 충분히 의미가 통하고 있는 듯하다.' 여기에서 말하는 '이상한 국어'라는 것은 대체 무엇일까.

'이상한 국어'의 예로서, '내가 만 케니까'라는 문장이 소개되고 있다. 이 문장을 보았을 때는 필자 스스로도 의미를 알 수 없었다. 배인봉은 다음과 같이 해설하고 있다.

'내가 만 케니까'는 이해하기가 조금 어렵다. 이것은 '내가 만켓는데', 즉, '내가 말하지 않았는데'라는 의미이다. 이러한 현상은 학년이 낮아질수록 심해진다. 그러나 아이들 스스로가 '국어상용'을 하려는 성의와 노력은 부정할 수 없는 사실이다.

결국 배인봉이 말하는 '이상한 국어'라는 것은 아이들이 만들어낸 독자적인 말이었다. 학교 전체의 측면에서 국어를 항상 사용하려는 분위기—즉, 제1언어인 일본어를 사용하지 않으려는 분위기가 만들어져서 아이들도 "국어상용"하려는 성의와 노력'을 갖게 되었다. 그러나 그러한 가운데에서 아이들이 사용하는 말은 일본어는 아니지만 '올바른 국어'도 아닌, 그러나 아이들 사이에서는 '충분히 뜻이 통하는' 독자적인 말인 경우도 있었다. 이것이 '올바른 국어'라고 생각했던 아이도 있었을지 모르고, 자연스럽게 사용되었던 말일지도 모른다. 소통할 때 어떻게 해서든 조선어로 표현하는 방법을 알지 못하고 만들어 낸 경우도 있었을 것이다. 또한 장난치는 가운데 만들어낸 아이들 사이에서는 자리를 잡은 표현이나 말습관도 있을 수 있다. 어쨌든 아이들은 조선어스러운, 또는 조선어와 비슷한 언어를 자신들이 창조하고 사용했던 것이다.

배인봉이 서술한 것처럼 '우리 사이에서는 충분히 뜻이 통한다', '이상한 국어'로 표현한 말을 아이들이 사용하고 있었던 것은 제1차 전국교연의 국어분과회 마당에서도 지적되고 있다. 여기에서는 '완전한 국어도 아니고 일본어도 아닌 말'이라고 표현되어 전국적인 과제로서 제기되고 있다.[10] '이상한 국어'는 정도의 차이는 있어도 아마 학교급이나 학년에 관계없이 많은 조선학교에서도 보이는 현상이었다고 생각된다. 다시 한 번 확인해둔다면, 조선학교에서는 국어상용을 지향하기는 했으나 제1언어가 일본어라는 점, 그리고 교원들도 충분한 지도를 할 수 없다는 벽이 그 실현을 막고 있었다. 그리고 보다 복잡한 것은, 비록 그 벽을 넘을 수 있었다고 하더라도 조선학교의 언어환경 아래에서 일본어가 제1언어인 아이들이 만들어낸 '이상한 국어'라는 어려운 문제와 대치할 필요가 있었던 것이다.

후술하겠지만, 1960년대에 들어서도 '이상한 국어'는 계속해서 각지의 조선학교에서 관찰되고 있다. '올바른 국어'를 상용하자는 활동 속에서 의도하지 않는 형태로 생겨난, 조선학교 아이들의 독특한 말, 그 구체적인 형태와 평가에 대해서는 후술하는 것으로, 먼저 1960년대에 들어서 한층 강화되는 총련 및 조선학교의 국어교육방침에 관해서 확인하려 한다. 국어강화 방침이 반복해서 나오게 되는 것은 오히려 이것이 계속해서 해결되지 못한 문제로 남아있었기 때문이다.

....

10) 『민족교육－재일본조선인학교 제1차 교연보고집』(1958년 5월), 14쪽.

제2절 높아가는 '올바른 국어' 습득의 기운

　1950년대 말엽에 귀국운동이 고양된 이후, 재일조선인 가운데서는 국어인 조선어 학습에 대한 열의가 한층 높아진다. 이것은 성인 교육에서 조선어학습에 대한 고조된 학습분위기에서도 확인할 수 있다. 예를 들면 1959년 1월 『조선민보』에 "꿈처럼 살기 좋은 조국'이라는 생각이 아니라 엄연한 현실적인 문제로서 조국에 봉사한다는 관점이 필요하다'라면서 성인들도 '먼저 우리말을 배워야만 한다'는 호소가 실린다.[11] 또한 교직동 역시 성인교육을 '귀국 앞둔 지금에 있어서' '긴급하게 중요한 과업'으로서 내세우고 있다.'[12] 각급 조선학교에서 3대 중점과업이 채택되게 된 배경에도 귀국운동이 영향을 주고 있다는 것은 틀림없다.

　1959년 12월 귀국이 실현되고, 1960년 들어오면서도 조선학교에서는 '우리는 개편된 인민교육체계를 일본이라는 현실에 근거하여 적용하기 위한 구체적인 실천으로서, 총련이 제시한 3개의 중심과업을 성과적으로 보장하는'(1960년)[13] '3개의 중심과업을 성과적으로 수행하는'(1961년) 것을 내세우며,[14] 계속해서 3대 중점과업을 중심으로 교육의 질 향상을 지향했다. 그러나 제3장에서 본 것처럼 1962~1963년경부터 3대 중점과제 중 하나였던 기본생산기술교육강화 방침은 명시적으로는 아니지만 실제적으로는 철회되어 1960년대 중반 이후는 사실상 국어교육과 애국주의교양의 강화가 조선학교 교육의 2개의 기둥이 되어갔다.

　구체적으로는 1964년 5월 25~27일에 걸쳐 열린 총련 7전대회에서 '특히 각급학교에서는 우리의 교육사업에서 모국어교육이 갖는 중요한 의의를 깊이 인식하고 모든 학생이 우리말과 문자를 바르게 사용할 수 있도록 국어교육을 결정적으로 강화해야만 한다'는 방침이 제시되어서[15] 국어교육 강화를 위한 여러 정책

----

11)「먼저 우리들의 말과 문자를 배우자－'벙어리'인 채로 조국에 갈 수 있는가… 」『조선민보』 1959년 1월 8일자.
12) 재일본조선인교직원동맹 「교동 제12차 정기대회 문헌집」(1959년), 52쪽 참조.
13) 재일본조선인교직원동맹 중앙위원회 「교동중앙위원회 제38차 회의결정서」(1960년 3월 23~24일), 8쪽.
14) 재일본조선인교직원동맹 중앙상임위원회 「교동중앙위원회 제40차 회의에 제출된 사업총괄 보고 및 이후의 방침」(1961년 4월 8~9일), 23쪽.

이 실시된다. 총련의 활동가들도 '우리의 말과 문자를 보다 잘 배우고 올바르게 사용하자!'라는 제목으로 각지에서 강연을 하고, 재일조선인사회에서 조선어사용의 기운을 북돋우려 분주했다.[16] 여기서는 조선학교 내에서의 실제 예로서 국어등급제 시험과 중앙국어교육방법 연구회의를 보도록 한다.

국어등급제 시험

1964년 10월, 총련중앙은 「각급학교교원 및 학생의 국어습득운동과 등급제시험실시에 관한 조직요강」을 발표한다.[17] 제목에서부터 알 수 있는 것처럼 이 요강은 조선학교에 대한 것으로 모든 학교에서는 교원뿐만 아니라 아이들에게도 이 내용을 익히도록 요구되었다. 요강에서는 우선 국어교육을 한층 강화할 필요성을 다음의 세 가지에서 찾고 있다. '첫째로, 학교는 모국어교육의 거점이 되어 진정한 조선의 애국자로 학생을 성장시키는 속에서 모국어가 기본이 되어야만 한다. 둘째로, 모국어는 모두 학과학습의 기본이고, 학교사업에서 학생의 성적을 올리기 위한 기본적인 열쇠였기 때문이다. 셋째로, 총련사업의 요구라는 측면에서 보는 경우 학생의 국어실력이 낮고, 언어생활에서 결함이 많기 때문에, 총련의 애국사업발전에 지장을 끼치고 있다.' 위의 내용을 근거로 각 학교에서는 국어습득을 위한 노력을 한층 강화하는 것과 그리고 국어등급제 시험을 개시하는 것이 제기되었다.

국어 등급제 시험이라는 것은 다음과 같다. 이 시험은 7~1이라는 급수가 설정되어 있어서 각각의 시험범주는 7급은 초급학교 국어 1~2학년, 6급은 초등

---

15) 「총련 제7차 전체대회에서 실시한 중앙교원회사업보고」 『조선신보』 1964년 5월 26일자.

16) 재일본조선인총연합회 중앙상임위원회 선전부 「강연제강(간부 강연용) 1964년 제10호 우리말과 글을 보다 잘 배우고 올바르게 사용하자!」(1964년 7월), 참조. 「제강」은 공화국의 『조선어대사전』(사회과학출판사, 1992년)에 의하면, '강연이나 강의의 기본내용을 체계적으로 적은 글'을 가리킨다. 총련의 강연제강에는 강연에서 이야기해야만 하는 내용이 상세하게 기록되어 있다. 강연을 실시하는 사람은 기본적으로는 이 제강에 따라 강연한다.

17) 재일본조선인총련합회 중앙상임위원회 「각급학교교원 및 학생의 국어습득운동과 등급제시험실시에 관한 조직요강」(1964년 10월 1일). 이하의 국어 등급제시험에 관한 내용도 모두 같은 요강에 의함.

학교 3~4학년, 5급은 초급학교 5~6학년, 4급은 중급학교 1학년의 국어 및 문법, 3급은 중급학교 2학년의 국어 및 문법, 1급에서 고급학교 1~3학년의 문법으로 하고 있다. 모든 학생은 7급부터 시험을 보도록 정해져 있다.

시험은 필기, 구두의 두 가지가 있어서 해당하는 학년의 교과서 범위 안에서 시험을 실시하고, 성적이 4~5점이면 필기는 합격, 필기시험에 합격한 사람만이 구두시험을 보게 된다. 구두시험에서는 국어지도위원 2명 이상이 평가한다. 구두시험에서 5점을 받게 되면 합격이고 합격자에게는 해당 급수의 배지를 수여하게 된다. 시험은 기본적으로 매 학기 말에 실시하는 것으로 알려졌지만 시험자 수의 많고 적음에 따라서 수시로 실시되기도 하며, 1964학년도의 두 번째 학기 말부터 시행된 것으로 알려졌다.

시험문제는 중앙국어지도위원회가 작성하여 배포한다. 시험은 각 현의 국어지도위원회의 지도 아래 각 학교의 국어지도위원회가 실시한다. 중앙국어지도위원회의 구성은 중앙의 경우, 교육부 부부장을 책임자로 하여 약간의 교직동의 직원, 조선대학교 및 각급학교 교원들로 구성되며, 각 현의 국어지도위원회는 총련 내 해당 현 본부의 교육문화부장을 책임자로 약간의 교원으로 구성하고, 각 학교 국어지도위원회는 학교장을 책임자로 하여 약간의 교원으로 구성되고 있다. 국어지도위원회는 학교에서 국어습득운동 전반에 책임을 지고, 등급제시험을 실시하는 것, 또한 학기마다 국어습득 운동에 관한 총괄을 담당하여 중앙에 보고하도록 되어 있었다. 지도위원은 사전에 해당 등급에 합격하는 것이 조건으로 되어 있다.

국어등급제시험은 아이들뿐만이 아니라 교원에게도 동일하게 부과되고 있다. 앞에 설명한 것과 같이 국어교육의 질을 높이기 위해서는 전체 교원의 국어 실력을 향상시킬 필요가 있고, 또 현실적으로 1960년대 중반에서도 조선어를 모르거나 능숙히 사용하지 못하는 교원이 결코 적지 않았기 때문이다. 교원들에게는 총련 결성 10주년이 되는 다음 해까지 제4급 이상, 또한 1967년 8전대회까지는 제1급을 합격하는 것이 목표로 정해졌다. 물론 교원들이 이 등급제시험에 합격하기 위해서는 모든 학년의 국어교과서 내용을 상세히 파악하고 있어야만 했다. 조선어를 습득하지 않고 조선학교 교원이 된 사람들에게 이러한 것은 결코 간단한 시험이 아니었을 것이다. 시험제도를 의무화함으로써 소위 '강제로' 조선학교의 국어교과서에 준하는 조선어 능력을 교원들에게 심어주려고 했던 것이다.

1966년에 작성된 각 학교의『학교연혁사』에서는 근년의 학교사업에 관한 부분에서 이 국어등급제시험의 결과를 지표로 자주 활용하면서 해당 학교의 교육성과를 언급하는 서술이 등장한다. 예를 들면, 고베중고의『학교연혁사』에서는「국어생활화와 국어등급제[시험의] 학습을 착실히 실천하는 과정에서 학생들의 모국어에 대한 관점이 올바르게 설 수 있게 되어 국어학습이 보다 강화되었다. 또한 변론대회, 구연대회, 시 낭독회 등을 수시로 조직했다. 그 결과, 학생들의 국어실력이 점차 높아져서 현재 국어등급제의 합격률은 고급부 7급 94%, 6급 69%, 중급부 7급 87%, 6급 58%로 성장하여 많은 학생들이 정확한 발음으로 국어를 사용하도록 되었다.」라고 되어 있다.18) 국어등급제시험이 언제까지 실시되었는가는 분명하지 않으나, 실제로 실시되어 학교 내 국어를 습득하게 하는 분위기를 조성하고 있었던 듯하다.

중앙국어교육방법 연구회의

중앙이 중심이 된 국어교육강화조치는 이뿐만이 아니다. 조선학교의 전국적인 교육실천연구의 마당인 교육방법연구대회(약칭 '교방')가 1965년부터 시작되었는데, 같은 학년도인 1966년 2월부터는 '중앙국어교육방법연구회의'도 개최되고 있다. 이것은 국어교육에 한정된 교방 같은 것이었다.

제1차는 1966년 2월 26~27일에 걸쳐 도꾜조선제1초중급학교 및 도꾜조선중고급학교에서 개최되었다.19) 첫째 날에는 실천보고 전체 58개의 주제가 보고되었고, 둘째 날인 전체회의에서는 초급부 저학년분과, 초급부고학년분과, 중급분과, 고급분과, 교장분과의 5개 분과회의가 보고된 후, 총련중앙 김보현(金宝鉉)교육부장이 마무리 인사를 하는 것으로 되어 있다. 김보현은「모국어교육에서 무

18) 고베조선중급학교『학교연혁사』1966년, 참조.
19)「모국어교육을 결정적으로 강화하자! ─중앙국어교육방법연구회의 진행, 도쿄에서 2월 26, 27일 양일에 걸침」『조선신보』1966년 3월 1일자.

엇보다 중요한 것은 학생들이 풍부한 어휘를 가질 수 있도록 하는 문제와 정확한 발음법을 익힐 수 있도록 하는 문제이다. 모든 교원은 국어교육의 중요성을 제대로 파악하고, 일본 실정에 맞는 국어교육의 이론을 세워야만 한다」고 말했다.

　　제1차 중앙국어교육방법연구회의에서 발표된 실천보고 일부를 [표 5-2]에 나타내었다(전체 58편 보고에서 33편의 보고원문이 확인가능했기에 이들만 발췌했다). 자세한 내용에 대해서는 다음 절에 나와 있으나, 보고 제목을 보는 것만으로도 아동학생들에게 보다 많은 어휘를 습득시키기 위한 실천과 발음을 정확히 하기 위한 실천이 대부분을 차지하고 있다는 것을 알 수 있을 것이다. 전자와 관련하여 작문과 일기지도의 실천사례도 일부 보인다.

　　여기에서 사용되는 '정화(淨化, 다듬기)'라는 단어는 앞에 언급한 '이상한 국어'를 아름다운 것, 올바른 것으로 만드는 것이나 높임말을 제대로 쓰는 것 등, '올바른 국어를 습득시킨다'는 의미에서 쓰여지고 있다. '정화'라는 말이 사용된 것은 1966년에 공화국의 표준어인 '문화어'가 정식으로 제정된 것과 관계가 있어 보인다. 그때까지 조선반도에서는 서울에서 사용하고 있는 조선어가 표준어로 되어 있었으나 공화국에서는 그것과는 다른 문화어를 제정하여 '통치계급의 사대주의적이고 민족 허무주의적인 입장과 반인민적인 사상관점의 산물'로 치부되는 외국어와 한자어를 없애고 '어휘순화'의 방침을 세워, 이것을 일반 대중에게 정착시키기 위한 시책을 전개하게 된다.[20] 그럼에도 강유선(康悠仙, 2014)에 의하면, 조선학교 국어교육에서 교재 수준에서 문화어를 다루게 된 것은 1970년대 중반 이후의 것이었기 때문에, 본고가 다루고 있는 범위 내에서는 문화어의 영향을 그다지 고려하지 않아도 좋을 것이라고 생각된다. 무엇보다 '바른 국어'의 모델은 항상 공화국의 조선어였음을 기억해 둘 필요가 있다.

....

20) 『문화어학습』 제1호(1968년, 과학백과사전종합출판사), 48쪽 참조. 이 잡지는 잡지 이름처럼 새롭게 만들어진 문화어를 정확하게 배우기 위한 학습교재이자 잡지이다. 이 잡지의 '창간사'에 의하면 『문화어학습』은 그 내용을 ① 독자가 문화어에 대한 폭넓은 지식을 갖도록 어휘자료 등 모든 뛰어난 자료를 소개함으로써 문화어 교육과 그 보급, 사람들의 언어생활에서 제기되는 이론적이고 실천적인 문제를 알기 쉽게 설명한다, ② 어휘순화 등 사람들의 언어생활과 문화어학습에 대한 경험과 예시 등을 소개한다, ③ 아이들의 언어생활을 보다 풍부하게 정련시키기 위해 제기될 다양한 문제를 다룬다고 되어 있다.

표 5-2 | 중앙 국어교육방법연구회(1966년 2월)에서 발표된 실천보고 일람(발췌)

분류	학교명	보고자명	보고 제목
초급학교 저학년	교또조선제1초급학교	리우성	1학년 국어수업에서 얻은 몇 개의 경험
	시까마조선초급학교	리랑순	학생의 회화정화에서 독법지도로 발전시킨 몇 개의 경험에 대해서
	아이찌조선제5초급학교	최월계	의식적 독법지도에서 얻은 경험
	욕가이찌조선초중급학교	강정휘	초급1학년 학생들에게 받침 발음지도를 어떻게 했는가
	가와사끼조선초급학교	오영려	국어수업에서 읽기, 쓰기지도경험
	고꾸라조선초급학교	정행수	학생들의 일본어식 발음을 없애고 정확한 발음법을 하게 한 경험
	다가와조선초급학교	최려나	학생에게 풍부한 어휘를 갖게 한 경험
	히가시고베조선초급학교	저학년집단	우리말 사용을 위한 국어교수에서 어휘지도-여기에서 얻은 경험
	히메지조선초급학교	김정식	학생의 국어습득을 위한 사업에서 얻은 경험
	기따오사까초급학교	김이옥	국어생활화에서 얻은 사업경험에 대해서
초급학교 고학년	도꾜조선제5초중급학교	김기순	국어 어휘조사사업에서 얻은 경험
	도꾜조선제6초중급학교	리홍심	표현적 독법을 어떻게 지도할 것인가?
	도꾜조선제7초중급학교	변정삼	서술능력을 향상시키기기 위한 일기지도에서 얻은 경험
	기따간또조선초중급학교	김성렬	학생들에게 생활용어를 풍부하게 갖도록 한 경험
	아이찌조선제6초급학교	윤정환	어휘의 표현적 해석을 위한 사업에서 얻은 성과와 경험에 대해서
	소노다조선초급학교	최휘수	교과서 10회 읽기와 국어생활화지도에서 얻은 경험
	가와사끼조선초급학교	고학년집단	일기지도를 통해 국어실력을 높인 경험
	시까마조선초급학교	엄무일	말정화운동을 국어독법지도로 발전시킨 몇 개의 경험
	야와따조선초급학교	황용해	학생에게 풍부한 어휘를 갖도록 하기 위한 경험
	히가시고베조선초급학교	고학년집단	언어발음쟁화에서 얻은 몇 개의 경험
중급학교	아마가사끼조선중급학교	고휘덕	교재내용을 어떻게 이해시킬 것인가
	도꾜조선중고급학교	최향림	국어수업에서 단어해석과 표현의 해석
	세이방조선중급학교	도영상	45분 수업에서 말하기방법 지도
	도꾜조선중고급학교	불명	교재를 이해시키기 위한 어휘 다루기
	미나미오사까조선초중급학교	김문자	문학수업을 국어수업으로 전화시켜 얻은 교훈과 분과성원의 노력
	가나가와조선중고급학교	김정호	서술지도에서 얻은 경험
고급학	도꾜조선중고급학교	1학년분과집단	국어독법교수에서 걸리는 발음지도
	도꾜조선중고급학교	정윤옥	작문수업 및 학생들의 서술력과 사고력을 발전시킨 경험

분류	학교명	보고자명	보고 제목
교	도꾜조선중고급학교	황옥배	학생들에게 어휘를 축적시킨 경험
	교또조선중고급학교	정용화, 정제우	교원의 언어구사가 학생에게 어떻게 영향을 미치는가
	규슈조선중고급학교	김형진	학생에게 풍부한 어휘를 갖게 하기 위한 어휘지도 사업에서 얻은 경험
	고베조선중고급학교	고급부국어집단	국어교수에서 국어생활화의 발음지도경험
	가나가와조선중고급학교	정화흠	서술지도에서 얻은 경험

참고: 필자가 발견할 수 있었던 해당 회의에서 발표된 실천보고의 원문을 바탕으로 필자 작성.

주: 1966년 3월 1일자 『조선신보』에 의하면 해당 회의에서 발표된 보고서는 총 58편이다. 필자는 33편만을 발견했기 때문에 '(발췌)'라고 표기하였다. 또한 '교장분과'의 실천보고는 한 건도 찾을 수 없었다.

다음 1967년 1월 27일에는 제2회째가 되는 국어교육방법연구회의가 개최되었는데, 여기에서는 전체 95편의 실천보고가 발표되었다.[21] 제2차에서는 토론에 앞서 초급부 1학년, 3학년, 5학년, 6학년, 중급부 3학년, 고급부 3학년의 연구수업이 진행되었고, 보다 실천적인 지향이 강화되었다고 말할 수 있다.[22] 토론에서는 '우선 우리말을 아름답게 발음, 고저장단, 풍부한 표현을 많이 가르치는 동시에 일본어 발음의 영향에 의해 생기는 어색한 표현을 고쳐주는 것이 중요하다는 것'에 대해 공유된 인식을 얻었다고 되어 있다. 즉, '일본어의 영향을 받는다는 것은 우리말을 더럽히는 것이며, 올바른 우리말 교육을 어렵다고 생각하는 것은 민족적 주체가 미약해서 하는 생각이다'라고 지적되었다. 앞서 언급한 '정화'라는 표현은 이러한 문맥에 위치한다. 일본어의 영향을 받은 우리말은 더럽혀진 것이라고 하면서 그것을 아름다운 것으로 고쳐야 한다는 것이 '정화'였다.

또한 다음날에 실시된 재일본조선인학교 모범교원집단열성자 제2차 대회에서는 총련의 한덕수 의장이 '민주주의적 민족교육사업에서 보다 중요한 문제는 국어교육이며, 전 교직원은 올바른 말과 글을 쓰는 운동의 선두에 서야만 하고 그 모범이 되어야만 한다'고 강조하고 있다.[23] 『조선신보』에서도 각 학교의 국어

21) 「국어교육의 질 개선을 위하여-국어교육방법연구회의를 개최」 『민족교육』 1967년 2월 15일자.

22) 「모국어교육을 중심으로 한 교육의 질 제고-재일조선인중앙국어교육방법연구 제2차 회의 진행」 『조선신보』 1967년 1월 30일자.

교육강화에 대한 노력이 자주 소개되어24) 그 방법론을 표창·보급함으로써 모든 학교에서도 국어교육강화를 위해 진지하게 고민을 해야 한다는 분위기가 조성되어갔다.

이렇게 1960년대 중반은 국어교육을 강화하려는 노력이 조선학교 역사상 어느 때보다 강력하면서도 조직적으로 추진되었던 시기였다. 이런 가운데 조선학교 교원들과 아이들은 어떻게 국어습득, 국어 생활화, 국어의 '정화'를 실천해 갔을까.

제3절 탈식민화의 양태-목표로 한 정화, 만들어진 아종

(1) 생성되고 이어지는 재일조선어

조선학교에서 국어교육강화라는 방침이 제시되고, 국어의 '정화'를 지향했던 시기에 교원들은 문제를 어떻게 파악하고 그것을 해결해나갔을까. 1960년대 중반의 국어교원들의 대응을 보도록 하자.

1966년(제1차) 중앙국어교육방법연구대회에서 발표된 아이찌조선중고급학교 정영화, 정재우 교원이 발표한 「교원의 언어구사가 학생에게 어떤 영향을 끼치고 있을까」는 국어교육의 질을 향상시키는 데 필수적인 과제인 교원들의 국어수준 문제를 다룬 실천보고이다.25) 이들은 교원의 국어수준을 높이기 위해 교원집단 스스로 국어수준을 분석하고 다음과 같은 11개의 문제를 지적하고 있다. 조금 길

---

23) 「민족교육의 한층 발전을 위해-재일본조선인학교모범교원집단열성자대회, 한덕수 의장국어교육의 강화를 강조」『민족교육』1967년 2월 15일자.

24) 예를 들면, 「1학년 초 수업부터 우리말로-생활에서 바로 쓸 수 있도록 국어를 가르친 도꾜조선제3초급학교 교원집단의 노력」『조선신보』1966년 7월 23일자. 「언제 어디에서도 바른 우리말-학생의 자각성을 높이는 도꾜조선제3초급학교사업에서」『조선신보』1967년 1월 16일자. 「국어실력을 높인 일기쓰기」『조선신보』1967년 1월 19일자. 「교원집단을 한층 제대로 구축하여 국어를 중심으로 한 수업교양의 질을 높이자」『조선신보』1967년 1월 26일자, 「학생좌담회-'우리는 이렇게 공부했습니다'」『조선신보』1967년 1월 31일자 등을 참조.

25) 아이찌조선중고급학교 정영화, 정재우「교원의 언어구사가 학생에게 어떻게 영향을 끼치고 있을까」(1966년 2월 26-27일), 참조.

기는 하나 당시의 국어교육실천의 실태를 고찰한다는 의미에서 중요하기에 자세히 보도록 한다.

첫 번째는 발음으로 이것은 3개로 나누어 설명되고 있다. 즉, ① 모음에서는 ㅓ와 ㅗ, ㅐ와 ㅚ, ㅟ와 ㅣ라는 발음을 혼동하고 있는 것(예를 들면, 일본어로는 같은 'オ(오)'라고 발음되더라도, ㅓ와 ㅗ는 입모양이 다름), ② 예사소리, 거센소리, 된소리의 구별이 없는 것(조선어에서는 예를 들면 일본어의 'カ'의 음도 가, 카, 까라는 세 가지가 있음), ③ 받침에서 ㄴ과 ㅁ, ㄱ과 ㄷ, ㄴ과 ㅁ을 구분하는 것이 제대로 되지 않는 것(예를 들면 'おはよう', 'こんにちは'를 의미하는 '안녕'은 'アンニョン'으로 발음하지만, 여기에서 'ン'의 발음은 앞의 'ン'과 뒤의 'ン'이 다르게 발음된다)이라는 세 가지가 있다.

두 번째로 언급되고 있는 것은 '일본어식 우리말'이다. 즉, 어떤 표현을 조선어로 말하는 경우, 일본어를 조선어로 직역하는 형태로 사용하는 표현이 있는데, '다섯 명분', '전전 모른다', '꿈을 보다', '머리에 오다' 등이 언급되고 있다. '다섯 명분'은 일본어에서 말하면 '五人分'을 나타내려는 것이지만, 올바른 표현은 '다섯 명 몫'이고, '五人分'의 '分'을 그대로 조선어로 읽으면 '분'이 된다는 데에 오류가 있다. 또한 일본어로 '全然(일본어 발음은 '젠젠'-역자주)'을 '전전'이라고 하는 오류는, 한자를 그대로 읽으면 '전연(全然)'이기는 하지만, 일본어 발음인 '젠젠'이라는 소리를 일본어 뉘앙스 그대로 조선어 읽기에도 사용하는 것, '夢を見る'의 '見る'를 '映画を見る(영화를 보다)'라고 말하는 경우 사용하는 '見る'와 동일하게 사용하는 오류(바른 표현은 '꿈을 꾸다'), '頭に来る'를 그대로 직역하여 ─ 즉, 頭→머리, に→~에, 来る→오다, 라는 오류(바른 표현은 '화가 나다') 등을 지적하고 있다.

세 번째는 '반말'과 '속된 말'로 이것은 아름다운 조선어를 가르친다는 목표에 반하고 있다. 네 번째는 사투리이다. 당시 조선학교는 표준어에 기초하여 교육을 실시하고 있었기 때문에 경상도나 제주도의 사투리를 사용하는 교원은 악영향을 미친다고 여겨졌다. 다섯 번째는 일본어 감탄사가 조선어로 말하고 있을 때도 나와 버리는 문제로, 특히 '에─(えーっと)', '네(はい)', '저기─(あのー)', '뭐

(まあ)', '그리고(あのね)'와 같은 말이 언급되고 있다. 이러한 무의식적인 말이 조선어가 아닌 일본어로 나온다는 지적은 아이들에게도 동일하게 나타나는 현상이었고, 이는 제1언어가 일본어였던 교원에게도 마찬가지였다.

여섯 번째는 존댓말로, 아이들이 '웃어른을 대할 때 친구한테 말하는 것과 같이' 하고 있음에도 교원들은 그것을 신경쓰지 않고 이를 지도하지 않았다고 지적하고 있다. 이것은 아이들이나 교원들이 조선어의 존댓말을 잘 모르기 때문인지 혹은 그 외의 의도가 있는 것인지 실천보고를 통해서는 판단할 수 없다.

일곱 번째는 악센트이다. 이것은 두 가지를 지적하고 있다. 하나는 나고야 사투리와 관련하여 어미를 올리는 것을 조선어에도 그대로 적용하는 것이고(여기에서는 '그래서'를 예로 들어 어미가 올라가는 것을 지적하고 있다), 둘째는 조금 넓은 범위에서, 특히 한자어를 읽을 때 일본어식 억양이 되는 것을 지적하고 있다. 여기에서는 주기(週期), 토론(討論), 단위(單位), 암기(暗記)라는 어휘의 억양이 일본어식인 것을 언급하고 있다.

여덟 번째는 조사의 사용법에 대한 오류인데, 이것은 두 번째 지적된 '일본어식 우리말'과 마찬가지로 일본어를 직역하면서 생겨난 오류이다. 조선어와 일본어의 언어구조는 비슷하다는 측면이 있으나, 일대일 대응으로는 번역할 수 없는 조사가 있는데 교원이 이를 판단하지 못한 채 직역하여 조선어로 말하고 있다는 지적일 것이다.

아홉 번째는 '말이 안 되는 말 – 일본어에서 크게 영향을 받은 표현'으로 '전화가 오고 있다', '알 수가 못하다', '계속을 시작하겠습니다' 등이 그 예로 언급되고 있다. 이런 오류가 일어난 방식의 뉘앙스를 일본어를 모르는 사람들에게는 적절히 전달하기 어려울 수 있다.

열 번째는 판서할 때, 한글의 맞춤법에 오류가 많다는 점, 또한 열한 번째는 수학·과학[理數科]이나 미술과, 음악과, 체육과 수업에서 등장하는 외국어 표기나 말하는 방식이 통일되어 있지 않다는 것을 지적하고 있다.

이렇게 이들은 보고에서 교원의 모음, 자음, 받침 발음, 일본어식 우리말, 반말, 속어, 방언, 감탄사, 존댓말, 악센트, 조사사용, '말이라 할 수 없는 말', 판서,

외국어 등 교원들이 안고 있는 국어 사용상의 문제를 실제로 자세하게 지적하고 있다. 이러한 세세한 부분이 문제시되었던 것은, 말할 것도 없이 올바르고 아름답고 '정화'된 국어사용이 요구되었기 때문이다. 교원들은 조선어 악센트에 나고야 사투리의 악센트가 영향을 주고 있는 것을 발견하고 이를 고쳐야 할 대상으로 보고 있다. 공화국의 바른 조선어를 규범으로 두고 이를 목표로 지향할수록 그것과는 다른 자신들의 조선어에서 여러 가지 '문제'를 발견하게 된다. 발견된 문제의 해결은 쉽지 않았을 것이다. 교원들조차도 이러한 문제를 안고 있었는데, 아이들에게 '올바른 국어'를 가르치는 일은 더욱 어려운 일이었을 것이다.

다양한 '일본어식 우리말'

당시 실천보고에서 국어습득 및 사용에 가장 큰 장벽 중 하나로 언급되었던 것은 일본어의 영향을 받은 조선어, 앞에 언급한 '이상한 국어'와 '일본어식 우리말' 같이 표현되는 문제였다. 몇 개의 실천보고를 인용하면서 일본어식 우리말은 어떤 것이었는지 그 다양한 양상을 확인해보도록 한다.

1965년, 제1차 교방 국어분과회에서 발표된 고베중고 량우직의 실천보고에서는 '학생들 사이에서 사용되는 부정확한 말, 일본어식 조선어를 퇴치하고 국어를 상용하는 분위기를 조성하기 위한 수업을 전개'한 경험이 보고되고 있다.[26] 여기에서 량우직은 학생들이 'あの(저기)', 'えーっと(음–)', 'サボり 했다(땡땡이쳤다)', '선생님가 왔다' 등의 말과, 또한 이미 학교에 와 있는 학생을 보고 'ㅇㅇ군이 오고 있습니다'라고 말하는 것, 그리고 교원실에 찾는 교원이 없을 경우 'ㅇㅇㅇ선생님 모릅니까'라고 묻는 말, 또한 '아직입니다'라고 말하는 것 등 '일본식 말'을 사용하고 있는 것을 보고하고 있다.

하나씩 설명하도록 한다. 'あの(저기)', 'えーっと(음–)'은 이제까지 설명한 것처럼 무의식적으로 나오는 일본어 표현이다. 아마 계속해서 조선어로 이야기하고 있으나 발언의 시작 부분이나 그 사이에 이러한 일본어가 섞이게 되는 것을

....

26) 고베조선중고급학교 량우직 「국어수업에서 정책을 어떻게 관철할 것인가?」(1965년 7월 29~31일) 참조.

량우직은 문제라고 본 것이다. 계속해서 'サボり했다(땡땡이쳤다)'라는 것은 'サボ る(사보타주하다, 게으름을 피우다)'라는 일본어와 '~했다'라는 조선어를 합성한 말이다. 또한 '빌려 받았다'는 '빌리다(借りる)'와 '받았다(もらった)'를 합성시켜 일본어의 '貸してもらった'를 조선어로 표현하려 한 말이지만, 조선어는 'A에게 빌려 받았다(Aに貸してもらった)'라는 수동형 표현을 쓰기보다는 'A가 빌려주었다(Aが貸した)'라고 말하는 능동형 표현을 쓰는 것이 일반적이다. 따라서 '빌려받았다'는 일본어를 그대로 직역한 오류라고 할 수 있다.

'선생님가 왔다'는 '先生が来た'라는 의미이지만 일단 '선생님(先生)'이라는 명사의 가장 끝에 받침이 있기 때문에 조사인 '가'는 '이'가 되어야 한다. 이러한 오류는 일본어에서는 조사인 'が'가 쓰이나 조선어의 조사 '가'가 의미도 발음도 같기 때문에 빈번히 일어나는 오류이다. 즉 여기에서 사용되고 있는 'ガ(가)'라는 발음의 조사는 일본어의 'が'이지만 조선어의 '가'인지 발음만으로는 판단할 수 없다. 또한 '선생님'은 손윗사람이기 때문에 '아름다운 국어'를 지향한다고 하면 '왔다(来た)'가 아닌 '오셨다(来られた. いらした)'라고 경어를 사용해야만 한다. 따라서 '선생님가 왔다'는 올바른 표현은 '선생님이 오셨다'가 된다.

'○○군이 오고 있습니다'는 과거완료를 의미하는 '와있다(来ている)'를 지금 이쪽으로 향하고 있다는 현재진행형인 '오고 있습니다(来ている)'로 표현하는 오류인데, 이것도 일본어를 직역해서 나타나는 오류이다. 또한 '아직입니다'는 '아직(まだ)'과 '입니다(です)'를 합쳐서 말하고 있으나, 조선어의 '아직'은 부사이기 때문에 'まだ来ていないです(아직 오지 않았습니다)'라고 말하는 것처럼 동사를 뒤로 붙여야 한다. 하지만 이것 역시 일본어를 직역한 것으로 틀린 표현이라고 할 수 있다.

이렇듯 조선어와 일본어의 합성어를 사용하거나, 또는 일본어를 그대로 바꾼 일본어식 우리말의 예는 일일이 셀 수 없이 많다. 제1차 중앙국어교육방법 연구대회에서 발표된 고베중·고급부 국어집단이 한 보고에서도 '아직 일본어식 조선어인 '빌려 받았다(貸してもらった의 직역)', '읽어 얻었다(読んでもらった의 직역)'' 등과 'あの-(말을 꺼낼 때 하는 일본어 표현)', ~네(조선어임에도 어미에 일본어의 종결

어 형태인~네(~ね)를 붙이는 것) 등이 없어지지 않는 것'이 지적되고 있다.[27)]

　기따오사까초중급학교의 초급학교 2학년을 맡은 김이옥의 실천보고에서도 동일하게 '학생의 언어생활은 반이 우리말, 반이 일본말, 즉 말하자면 섞어서 사용하고 있었습니다. 그리고 그것도 교실 안이라는 극히 한정된 범위에서 우리말 사용이 가능했습니다. 예컨대, 'わすれ했습니다(잊어버렸습니다)', 'あかん이지요(안 되지요)', 'した입니다(했습니다)' 등 일본어의 종결술어로 우리말을 붙여 이야기하고 있습니다. 또한 언어생활이 그러한 상황이기 때문에 쓰기 실력이 충분할 리가 없지요. 받침이나 띄어쓰기 등 틀리기 시작하면 눈도 마주치지 못했어요'라고 교실현장을 설명하고 있다.[28)]

　기따간또조선초급학교의 김성렬의 실천보고에서도 '일본어식 우리말'로서 다음과 같은 표현을 언급하고 있다(이하 앞에 표시하는 것은 '일본어식 우리말'로 알려진 것이고, 괄호 안이 보고에서 제시하고 있는 올바른 조선어).[29)] 전화가 오고 있다(전화가 왔다), 6학년에 되여서(6학년이 되여서 – 역자주: 표준어는 '되어서'이지만 자료에 표기된 방식 그대로 표기함), 학교에 가자(학교로 가자), 그 동무가 했는 일(그 동무가 한 일), 할 수 못하다(할 수 없다, 하지 못하다), 전기를 붙이다(전기를 켜다), 그 책은 몇 원입니까?(그 책은 얼마입니까?), 그림을 쓰다(그림을 그리다) 등이 있다. 이것 역시 조사(助詞)의 오류와 일본어를 직역한 데서 기인한 오류이다.

　히가시고베초급의 저학년집단에 의한 보고도 무척 흥미롭다.[30)] 이 보고에서는 해당 학교의 아이들의 언어사용상황이 다음과 같이 기술되어 있다. 인용문 중의 〈 〉 안에는 원문이 일본어로 되어 있고, 그 외는 조선어로 쓰여 있다.

---

27) 고베조선중고급학교 고급부국어집단 「국어수업에서 국어생활화에서의 발음지도경험」 (1966년 2월 26~27일), 참조.
28) 기따오사까초중급학교 김이옥 「국어생활화에서 얻은 사업경험에 대해서」(1966년 2월 26~27일), 참조.
29) 기따간또조선초중급학교 김성렬 「학생들에게 생활용어를 풍부하게 갖도록한 경험」(1966년 2월 26~27일), 참조.
30) 히가시고베조선초급학교 저학년집단 「우리말 사용을 위한 국어교수에서 어휘지도 – 여기에서 얻은 경험」(1966년 2월 26~27일), 참조.

아이들의 성적, 취미, 행동을 이해하기 위해서 아이들과 함께 잘 놀기도 하고, 한 명씩 이야기하기도 했습니다. 3학년 학생들과 사귀는 과정에서 나는 아이들이 나누는 이야기에 놀라는 일이 아주 많았습니다. 'ㅇㅇ군, 〈むこう(저쪽)〉에 가서 놀자', '뭐하고 놀아?', '음—〈ぶらんこ(그네)〉에서 놀자', 또 한 학생이 내 쪽으로 달려와서 '선생님! 제가〈ね〉놀고 있는데〈あの(저)〉애가〈いたずら(장난)〉쳐서〈あそばさんように(못 놀게)〉해요' 라고 일본어인지 조선어인지 알 수 없는 말로 이야기합니다. 이것은 아주 작은 예에 불과합니다.

주목해야 할 것은 제1절에서 본 1950년대의 '이상한 국어'와 상기 소개한 1960년대에 지적되고 있는 일본어식 우리말은 대체로 닮아있다는 것이다. 1950년대 조선학교에도 일본어식 우리말은 존재했고, 문제로서 인식되었으나 10년 후인 1960년대에도 일본어식 우리말은 사라지지 않고 생성되며 이어지고 있던 것이다. 그것이 아이들(또는 교원들도 포함한)의 일본어식 우리말을 고치지 못했기 때문인 것인지, 아니면 새롭게 조선학교에 입학한 아이들이 만들어 이어나간 것인지 알 수 없다. 어느 경우든지 일본어식 우리말은 조선학교가 지향하는 '올바른 국어'라는 교육에서 늘 그 실현을 막는 '불순한' '아종'으로서 존재했다.

이에 더불어 이러한 현상은 오늘날 조선학교에서도 계속되고 있다. 필자는 2008년 2월에 규슈조선중고급학교를 방문했는데, 이 학교 식당에는 '틀린 조선어를 고치자'라고 쓰여 있는 포스터가 붙어있었다. 거기에는 '했다ちゃ(틀림) → 했어요(맞음)'라고 쓰여 있다. '했다'는 'やった'라는 의미의 조선어이다. 아이들은 이 조선어에 큐슈지방 방언의 접미어인 'ちゃ'를 붙인 말을 빈번하게 쓰고 있던 것이다. 때문에 식당에 대대적으로 포스터가 만들어졌고 그 '정화'가 이루어지고 있었던 것이다. 아마 조선학교의 초창기였던 1940년대에도 이러한 일본어식 우리말 같은 것은 있었을 것이고, 또한 2010년대 이후에도 '불완전한 국어', '일본

어인지 조선어인지 알 수 없는 말'은 없어지지 않을 것이다.[31]

사회언어학의 영역에서는 이러한 재일조선인의 특유한 억양이나 표현을 지닌 조선어를 '재일조선어'라고 부르기도 한다.[32] 조선학교에서는 제1언어가 일본어인 사람들이 조선어를 국어로 가르치고 배우며 사용하는 가운데 이러한 재일조선어가 늘 생겨나기 때문이다. 재일조선어는 조선학교라는 교육공간과 관계성이라는 인위적인 조건 속에서 의도하지 않은 형태로 생겨난 재일조선인의 독특한 언어이다. 이것이 태어난 것 자체는 부정할 수 없으며 아마도 조선학교 교원들도 이것의 필연성을 자각하고 있을 것이다.

이것은 '떳떳한 조선사람'이 사용하는 '올바른 국어'라고는 할 수 없는, 즉'정화'해야 할 대상이었다. 조선학교에서는 구 식민지 종주국의 언어인 일본어의 영향을 받은 '오염된 국어'가 아닌 '올바른 국어'를 습득·사용함으로써 재일조선인의 탈식민화를 지향하고 있기 때문이다. '올바른 국어'의 습득과 사용은 실현 가능성이 높고 낮다는 차원이 아닌 당시의 조선학교에서 결코 양보를 허락하지 않겠다는 원칙으로 존재했다.

많은 재일조선인의 제1언어인 일본어를 배제하고 '올바른 국어'를 상용시키는 것이 조선학교의 국어교육이 지향한 도달점이었으며, 이를 위한 다양한 실천이 펼쳐졌다. 그러나 이러한 실천을 아무리 반복해도 순수한 '올바른 국어'에는 도달하지 못하고 아종으로서의 재일조선어가 계속해서 만들어지고 만다. 1950~1960년대의 조선학교 교육은 국어를 둘러싼 규범과 현실의 모순을 늘 품고 있었던 것이다.

(2) '올바른 국어'의 습득을 목표로

그러나 조선학교 교원들은 '올바른 국어'를 위한 걸음을 멈추지 않는다. 비록 도달할 수 없는 목표라 하더라도 '떳떳한 조선사람'의 조건인 '올바른 국어'의 습득과 사용을 포기할 수는 없다. 이때 포기는 조선학교 교육의 목적, 즉 재일조

---

31) 참고로 오늘날 조선학교 아이들 사이에서는 이러한 '일본어식 우리말'을 '우리본말'이라고 부르기도 한다. '우리'는 우리말의 우리이고 '본'은 '일본'의 본이다. '우리본말'이라는 명칭 자체가 '우리본말'인 것이다.

32) 예를 들면 朴浩烈(2007) 등을 참조.

선인의 탈식민화 자체를 포기한다는 행위와 같은 의미가 되어버리기 때문이다. 그렇다면 조선학교의 교원들은 아이들에게 '올바른 국어'를 습득시키고 사용시키기 위해 어떤 노력을 했을까. 크게 3가지로 정리할 수 있겠다.

정공법

그 노력의 첫 번째는 이른바 '정공법'이다. 예를 들어 아이들에게 조선어로 일기를 쓰게 하거나 수업시간에도 짧은 글을 많이 짓도록 함으로써 정확한 국어 문법을 가르치는 것, 학급이나 반별로 우리말 생활화 운동을 조직하고 경쟁하도록 하면서 국어상용의 분위기를 조성하는 것, 사전이나 단어장을 모든 아이들에게 사주거나 교과서에서 자주 언급되는 한자어나 정치와 관련된 단어뿐만 아니라 아이들이 생활에서 쓸 수 있는 생활용어와 형용사, 부사를 집중적으로 가르치는 것, 아이들 사이에서 일본어식 우리말이 나왔을 때, 서로 지적하게 함으로써 문제점에 정면으로 대응해 나가는 것이다. 총련중앙에서 조직된 국어등급제시험이나 그 학습에서 교원들과 아이들을 적극적으로 참가시키는 것도 이러한 대응 중 하나라고 말할 수 있다. 제1차 교방 이후 교육실천보고의 많은 수가 이러한 정통적인 방법으로 국어교육 강화방침에 대응하고자 한 것이었다.

이러한 대응은 대응의 기본방향으로서는 단순한 것이었으나, 그 실천이 쉬웠다는 것을 의미하지는 않는다. 예를 들면 다음의 도꾜제3초급의 교원들의 국어상용에 대한 대응은 정공법의 어려움을 이야기해주고 있다.[33] 이 학교에서는 1학년 학생의 첫 등교일부터 모든 경우(수업은 물론 안내나 학급시간 등의 교원이 지도하는 전체 활동)에 국어만을 사용하는 방침을 세웠다. 다만 전년도의 1학년생이 2학년으로 진학하기 전에도 아이들은 '일본어를 같이 써주세요'라고 교원들에게 얘기했다고 한다. 조선어를 대부분 전혀 모르는 상태로 조선학교에 입학한 아이들에게 조선어만 써서 지도하는 것이 과연 타당한 일인지 교원들은 고민했다. 상식적으로 생각해도, 가령 국어라고 해도 제2언어로 조선어를 배우는 이상 그 학

----

33) 「1학년초 수업에서 우리말로-생활에서 바로 쓸 수 있는 국어를 가르침, 도꾜조선제3초급학교 교원집단의 노력」 『조선신보』 1966년 7월 23일자.

습은 제1언어인 일본어를 바탕으로 하는 편이 효율적일 것이라고 생각된다.

그러나 도꾜제3초급학교 교원들은 '아이들에게 일본어를 거치지 않고 바로 우리말을 배우게 하는 문제는 아이들의 이제부터의 사고활동, 정신생활에 결정적인 영향을 주는 것이고, 물러설 수 없는 문제'라는 의식 아래, 교원이 아이들에게 말하는 말은 철두철미하게 모두 조선어로 하자는 결론을 내리게 된다. 입학 첫날, 교원은 조선어로 '여러분, 안녕하십니까', '선생님의 이름은 ○○○입니다', '오늘부터 여러분은 1학년입니다', '모두 사이좋게 공부합시다'라고 인사했으나 아이들은 멍하니 교원의 얼굴을 보고 있을 뿐이었다. 또한 뒤에 서 있는 학부모들도 불안한 표정을 짓고 있었다고 한다. 인사는 30분간 계속되지만 이러한 상황은 끝까지 변하지 않았다.

가장 첫 수업도 조선어만으로 진행되었는데 상황은 같았다. 아이들은 슬픈 표정으로 교원들을 바라보았고, 또한 교원들도 마찬가지로 초조하게 되었다고 한다. 일본어가 목구멍까지 올라왔으나 몸짓이나 손짓, 표정 등 가능한 모든 방법을 이용하여 어떻게든 수업을 마무리했다고 한다. 교원 중에서도 '(우리)말을 모르는 아이들에게 우리말로 한다고 해도 뜻이 전달되지 않아 수업이 될 리가 없다.', '첫날부터 우리말만으로 가르치는 것은 역시 불가능한 것이 아닐까'라는 의문의 의견도 있었다. 그러나 학교 교원들은 끈질기게 학교에서 사용하는 책이나 노트, 가방, 모자, 신발 등의 일상용품이나 간단한 인사 등의 조선어를 가르쳐나가면서 국어상용실천을 계속해나갔다. 이러한 가운데 아이들도 생활용어부터 조금씩 조선어를 체득해나갔다고 한다.

도꾜제3초급의 이러한 실천은 『조선신보』에서 극찬을 받았으나 실제로 아이들이 교육내용을 소화했는지는 명확하지 않다. 단지 여기에서 말할 수 있는 것은 교과교육을 통해 습득되는 지식이나 기능보다도 '아이들에게 일본어를 거치지 않고 직접 우리말을 배우게 하는 문제는 아이들의 앞으로의 사고활동, 정신생활에 결정적인 영향을 준다'라는 논리가 우선되었다는 것이다. 교원들도 일본어를 사용하면 더욱 쉽게 의사소통이 가능한 것을 알고 있다. 그러나 그렇게 하지 않고 일본어가 나오려고 하는 것을 꾹 참았다. 그러한 인내를 뒷받침한 것은 아이들을 '떳떳한 조선사람'으로 키우기 위해서는 우리말로 교육해야만 한다는 교원들의 조선학교교육에 대한 신념이었다.

일본어의 활용

두 번째는 제1언어가 일본어라는 것을 역으로 적극적으로 이용하면서 '올바른 국어'를 습득하기 위한 노력이다. 구체적인 예를 들어보자.

고베중고 교원들은 학생들의 조선어 발음이 잘못되는 원인을 일본어식 발음에서 오는 영향과 문법적 지식의 부족에서 발견했다.[34] 학교 교원들은 특히 학생 중에서 현저하게 받침 발음을 틀리는 것을 일본어의 촉음이나 비음('ん'의 발음)을 사용하여 교정(수정)하려고 시도하고 있다. 앞에 서술한 바와 같이 일본어로 'っ'로 쓰여있는 발음에서도 조선어에서는 크게 'ㄱ', 'ㄷ', 'ㅂ'이라는 3개의 발음이 있어 학생들은 이것을 정확하게 사용하는 데 어려움을 겪고 있던 것이다. 고베중고 교원들은 이 오류를 설명하기 위해서 일본어의 발음을 사용하고 있다. 즉 촉음인 'ㄱ' 받침은 'がっこう(각꼬-)'라고 말할 때의 'っ'가 되고, 'ㄷ' 받침은 'ばった(받타)'라고 할 때의 'っ'이며, 'ㅂ' 받침은 'きっぷ(낍뿌)'라고 할 때의 'っ'라는 식으로, 일본어에서 발음하는 방법의 차이를 의식화시킴으로써 조선어의 받침의 차이를 인식시키려고 했다. 마찬가지로 'ん'의 발음도 'ㄴ' 받침은 'ほんのう(혼노-)'라고 할 때의 'ん'이고, 'ㅇ' 받침은 'にんげん(닝겐)'이라고 할 때의 'ん'이며, 'ㅁ' 발음은 'かんむり(캄무리)'라고 할 때의 'ん'이라고 가르쳤다.

이렇게 제1언어가 조선어가 아닌 일본어인 부정적인 점을 발판으로 삼아 '올바른 국어'의 발음습득을 목표로 둔 것이다. 이것은 조선어와 일본어의 양쪽을 능숙하게 구사하는 재일조선인만의 발상이자, 바로 조선학교다운 대응이었다고 할 수 있다.

....

34) 고베조선중고급학교 고급부국어집단 「국어교수 내 국어 생활화의 발음 지도 경험」(1966년 2월 26~27일), 참조.

가정에서의 움직임

세 번째 노력은 국어상용을 요구하는 언어환경을 확보하기 위해 가정에 노력을 촉구하는 것이었다. 1950년대에 가정 내 언어 사용상황이 그러했듯이 1960년대까지만 해도 조선어를 사용하는 가정은 거의 존재하지 않았다.

실천보고에서 가정의 상황을 살펴보면, 예를 들면 아마가사끼(尼崎)중급 고휘덕의 실천보고에서는 조선이름의 문패를 내걸고 있는 가정이 43%, 부모가 가정에서 조선어를 쓰는 것이 32%, 『조선신보』를 구독하는 가정이 70%, 일본신문을 구독하는 가정이 87%, 1년에 조선어로 된 책 한 권 이상을 읽는 학생이 13%였다고 보고되고 있다.[35] 도꾜중고 최향림의 실천보고에서는 중3 학생 183명 중에서 초급 1학년 때부터 조선학교 교육을 받았다고 응답한 학생은 23.5%, 중1부터는 30.5%, 모친이 일본인이라는 학생은 24.4%(부친의 데이터는 없음), 가정에서 국어상용은 학생 자신이 20.7%, 부모님이 33.3%, 조선어 사전을 가지고 있는 학생이 34.4%였다고 되어 있다.[36]

또한 기타간또초중의 김성렬에 의하면 그가 담당한 학급 아이들 21명 중에서 10명의 어머니가 일본인이었다고 한다.[37] 지역마다 차이는 있으나 당시 조선학교의 학생 중에서도 어머니가 일본인인 아이들은 결코 적지 않았다. 부친의 민족에 관한 언급은 어떤 실천보고에도 나와 있지 않으나 모친이 일본인인 경우, 조선어를 이해하지 못하는 경우가 많았기에 필연적으로 가정에서 사용하는 언어는 일본어가 우세했을 것이다.

히가시고베초급 보고에서도 가정에서는 부모도 아이도 모두 조선어를 사용하고 있지 않다는 것이 보고되고 있고,[38] 아이찌제5초급 최월계 역시 '가정 대

---

35) 아마가사끼조선중급학교 고휘덕 「교재내용을 어떻게 리해시킬 것인가」(1966년 2월 26~27일), 참조

36) 도꾜조선중고급학교 최향림 「국어수업에서 단어해석과 표현의 해석」(1966년 2월 26~27일), 참조.

37) 기타간또조선초중급학교 김성렬 「학생들에게 생활용어를 풍부하도록 해준 경험」(1966년 2월 26~27일), 참조.

38) 히가시고베조선초급학교고학년집단 「국어발음정화에서 얻은 몇 개의 경험」(1966년 2월

표 5-3 | 히로시마조선중고급학교 중고급학생들의 국어실력 조사결과(1965년)

	민족교육을 받은 기간			기초실력	
	초급1학년부터	도중부터	1년 전부터	우등·최우등	낙제
중1	51%	38%	11%	63%	26%
중2	21%	43%	36%	36%	34%
중3	20%	77%	3%	73%	14%
고1	16%	76%	8%	51%	13%
고2	5%	55%	40%	39%	34%
고3	16%	75%	9%	59%	5%

국어에 대한 정확한 기초지식을 가진 학생	21%
국어기초지식이 완전히 가까운 학생	29%
국어실력이 거의 없는 학생	21%

참고: 재일본조선인(제1차) 교육방법연구중앙대회에서 히로시마조선초중고급학교, 중고국어분과의 실천보고 「국어기초실력 및 학력조사와 그 결과」에서 필자 작성.
주: 조선학교에서는 4단계의 절대평가에서 아이들의 성적을 평가하여 위에부터 최우등, 우등, 보통, 낙제로 한다.

부분에서는 우리말을 사용하지 않고 우리 학생이 그리고 교원인 나 자신이 언어 생활에서 반 정도 일본화된 말을 자주 사용'한다고 서술하고 있다.[39] 히로시마중고의 「국어실력조사결과」도 매우 흥미롭다(표 5-3 참조). 역시 1960년대 중반에서도 국어상용을 위한 언어환경을 가정에 기대하는 것은 어려운 일이었다.

그러나 그럼에도 교원들은 가정에 대한 노력을 실천해 갔다. 도꾜제7초중 김화승의 실천 사례를 보도록 하자.[40] 김화승이 담당한 학급 아동 26명 중, 모친이 조선인인 경우는 73%, 모친이 일본인인 경우는 19%, 모친이 없는 경우는 8%였고, 또한 모친이 조선어를 완벽하게 사용할 수 있는 경우는 31%, 조금 알아듣는 정도 가능한 경우는 13%, 전혀 조선어를 이해하지 못하는 경우는 56%였다. 또한 가정에서 아이들의 이름도 일본식으로 부르며 일상의 인사도 일본식으로

26~27일), 참조.

39) 아이찌조선제5초급학교 최월계 「의식적 독법지도에서 얻은 경험」(1966년 2월 26~27일), 참조.

40) 도꾜조선제7초급학교 김화승 「학교와 가정과의 연대를 깊이 학생들의 학과실력을 향상시키는 것에 대하여」(1965년 7월 29~31일), 참조. (제1차) 재일본조선인교육방법연구중앙대회 초급부 1학년 분과에서 발표된 실천보고.

하는 것이 현실이었다.

　　김화승은 가정에서 조금씩이라도 조선어가 오가는 것이 낫다고 생각하고 다음과 같은 것을 실시했다. 첫 번째로 국어교과서 중 1학기 분량의 내용을 전부 일본어로 번역하여 이것을 복사하여 모든 가정에 보냈다. 이것은 특히 조선어를 모르는 모친이 조금이라도 조선어를 알게 하기 위한 시도였다. 두 번째로 사회 및 국어 수업에서 조선식 이름의 훌륭함에 대해서 가르치고 일본식이 아닌 조선식으로 이름을 부르게 시켰다. 이것은 부모가 아이를 어떻게 부르느냐라는 큰 문제로 연결되었다. 셋째로 '① 아버지, 어머니 안녕히 주무셨습니까, ② 맛있게 먹겠습니다, ③ 잘 먹었습니다, ④ 아버지, 어머니 학교 다녀오겠습니다, ⑤ 아버지, 어머니, 다녀왔습니다, ⑥ 아버지, 어머니, 안녕히 주무세요' 등 가정에서 사용할 수 있는 일상적인 조선어 표현을 표로 만들어 가정에 보냈다. 가정에서 사소하지만, 일상적인 말이라도 조선어를 사용해서 조선어에 대한 애착을 높이려고 했다. 이러한 조선학교 교원이 학교의 논리를 가정에 침투시키려는 시도는 여러 지역에서 계속해서 이어지고 있다. 그것은 필연적으로 가정과의 갈등을 낳게 된다.

　　도꾜제3초급의 경우를 보도록 하자.[41] 도꾜제3초급의 경우도 가정에서 국어 상용을 목표로 한 우리말생활화운동을 전개하고 있었으며 6학년의 리양자는 가정에서 자신의 어머니가 일본어로 말을 걸어왔을 때는 대답하지 않겠다는 결심을 하게 된다. 그러나 조선어를 잘 알지 못하는 리양자의 어머니는 자신의 딸이 자신이 묻는 말에 전혀 대답하지 않았기에 '그렇게까지 하지 않아도 되지 않느냐'하고 학교에 불만을 제기한다. 담임교원에 대해서도 분노를 터뜨렸다. 학교 측은 '숙제해라, 공부해라'라고 강조하기보다 아버지와 어머니가 우리말을 사용해주시는 것이 무엇보다 큰 교육이 된다'라는 입장으로 아이에게 협조해달라고 반복해서 설득했다. 이러한 가운데 리양자의 어머니도 점차 학교에 협조하게 되었다고 한다.

　　『조선신보』에 게재된 교육실천은 성공적인 사례만 있으나, 실제로는 학교의

----

41) 「언제 어디에서도 바른 우리말－학생의 자각성을 높이는 도꾜조선제3초급학교사업에서」
　　『조선신보』 1967년 1월 16일자.

이론을 가정에 가져오는 것에 대해 완강히 거부하는 가정도 있었을 것이다. 자신의 딸과 의사소통을 방해받은 리양자의 어머니가 학교에 대해 분노하게 된 것도 지극히 당연한 것으로 생각된다. 가정에서 사용되는 언어, 즉 지극히 사적인 공간에서 소박한 가족 간의 소통 영역까지 파고들어가 이러한 실천이 전개된 것은 학교 측, 교원들이 그렇게 하는 것이 옳다고 믿었기 때문이고, 또한 옳기 때문에 가정 역시 이에 응해줄 거라는 자신이 있었기 때문이라고 생각된다.

이러한 노력을 통해 '올바른 국어'가 습득·사용되었는지는 알 수 없다. 조선학교 아이들이 학교 내에서 사용하는 생활언어인 재일조선어가 사라진 일도 없었을 것이다. 그러나 그것은 조선학교에서 탈식민화의 '실패'를 의미하는 것은 아니다. 오히려 '올바른 국어'를 희구하는 과정에서 제1언어의 영향을 받은 재일조선어가 생겨나는 과정을 포함하여 그것을 조선학교의 탈식민화라는 어떤 상태로서 파악해야 하는 것은 아닐까.

아이들을 조선사람으로 키우는 데 가장 중요한 요소로 자리 잡은 국어의 습득과 사용. 이 시도는 몇 번이나 반복했어도 의도한 대로 '성공'하지 못하고 어떤 이유로 '실패'에 직면하게 된다. 그리고 그러한 '실패'에서 재일조선인의 탈식민화를 이루어내려고 했던 것이다.

제6장

조선학교 내 생활철방

　　조선학교 아이들에게 조선학교에 다니며 배운다는 것, 조선인이 된다는 것은 어떤 경험이었을까. 본 장에서는 그 단면을 1950년대 초반에 만들어진 작문집을 통해 들여다보려 한다. 작문에는 감상문, 의견문, 기행문, 설명문, 시 등 여러 가지가 있으나 여기에서 다루는 것은 아이들의 일상생활, 학교생활을 정리한 작문이다. 생활철방(生活綴方)은 주로 1950년대 일본 학교에서 도입했던 교육 방법 중 하나이다. 아이들이 자신의 생활을 돌아보고 생활과 관련한 일을 자신의 있는 그대로의 말로 문장을 적어서 이것을 학급이나 학년 같은 집단 내에서 공유하고 수정하고, 나아가 문집으로 정리하는 일련의 활동이다. 빈곤이나 차별, 전쟁이라는 이른바 '거대한 주제'를 아이들 자신의 자리에서 생각해볼 수 있는 계기를 주는 것으로 높이 평가받아 운동으로도 전개되었다. 후술할 내용같이 적어도 1950년대 초반의 조선학교에서는 생활철방 운동의 영향을 받은 시도들이 존재했다. 그러한 작문에서는 아이들이 '떳떳한 조선사람'이 되어 가는 데 안고 있었던 갈등과 아이들이 놓여있었던 사회적 상황을 읽어낼 수 있다.

　　이하에서는 먼저 고쿠분 이치타로(国分一太郎)를 비롯한 교육관계자나 지식인, 일본 교사와 관계 속에서 1950년대 조선학교에서 생활철방이 다루고 있었던 것을 밝히도록 한다. 이어서 1952년 편찬된 『새싹문집』을 조선학교 생활철방의 사례로 소개하면서 그들에게 탈식민화가 어떠한 문제로 받아들여지고 있었는지를 작문을 통해 검토해보려 한다.

제1절 교육관계자의 참여와 생활철방의 도입[輸入]

일본의 지식인과 시민운동이 재일조선인교육의 문제에 관심을 기울이게 된 것은 1952년 여름 이후, 도립조선인학교의 사립이관 반대운동이 본격화된 것이 계기였다고 전해진다(小沢, 1973). 1949년 학교폐쇄조치에 의해 도립화된 조선학교를 다시 사립으로 이관하려는 당국의 움직임에 반대하는 서명운동의 발기인에 우에하라 센로쿠(上原專禄), 이노우에 기요시(井上清), 하타다 다카시(旗田巍), 야가와 도쿠미쓰(矢川德光), 고쿠분 이치타로(国分一太郎), 이마이 다카지로(今井誉次郎)를 비롯한 학자, 문화인 등 100여 명이 이름을 올렸다.[1]

교육학자들의 움직임으로 눈을 돌리면, 가쓰타 슈이치(勝田守一)와 오오타 다카시(大田堯)가 도립조선인학교의 의뢰를 받고 1952년 10월부터 1953년 1월경에 걸쳐 도쿄, 오사카, 효고, 히로시마, 오카야마, 야마구치 등의 조선학교를 직접 방문하여 실태조사를 실시한다.[2] 10월 도쿄의 조사에서는 도쿄대학의 동료인 무나카타 세이야(宗像誠也), 미야하라 세이치(宮原誠一)도 동참했다.[3] 조사에 기초하여 가쓰타(勝田)는 1953년 2월, 일본 문화인회의가 주최하는 연구회(장소는 도쿄잡지회관)에서 「재일조선인교육문제」에 관해서 보고했다. 오오타(大田)가 '조사 후의 정리라는 것은 나도, 가쓰타 선생도 하지 않았습니다'라고 회상하고 있는 것처럼,[4] 보고의 구체적인 내용은 알 수 없으나, 가쓰다의 문제의식이 '조선인 학교에서 민족교육을 자주적으로 하는 것이 얼마나 큰 성과를 내고 있는지'를 '객관적인 증거를 통해 확실히' 했다는 것을 확인하

....

1) 「조선인 아이들의 교육을 지키기 위해서(공립조선인학교 사립이관 반대서명 취지서)」『平和と教育』 1962년 2호(1952년 11월), 1–3쪽.

2) 大田(1983), 128쪽. 또한 재일조선인 교직원조합 정선부『朝教組ニュース』 1953년 2월 11일자 참조.

3) 「東大教育學部勝田, 太田(원문 그대로 표기. 정확히는 大田)両教授 朝鮮人学校を調査」『平和と教育』 1952년 2호(1952년 11월), 48쪽.

4) 大田(1983), 129쪽.

고 있으며[5] 조선인 발행 신문은 '과학적인 조사'와 '자료'에 기초한 보고가 조일 및 40명의 참가자에게 '많은 감명'을 주었다고 전하고 있다.[6]

가쓰타와 오오타는 일교조(日教組) 강사단의 일원이기도 했다. 1953년 1월에 열린 일교조 제2회 교연의 제8분과회 '평화와 생산을 위한 교육의 구체적인 전개'에는 가지이 노보루(梶井陟)를 비롯한 조선학교의 교사가 참가했고[7] 같은 분과회의 제3소분과회에서 기타, 주둔군[駐留軍], 부락해방(部落解放), 오키나와 아마미오섬(沖縄奄美大島)과 함께 조선인의 교육 문제가 의론되고 있다. 여기에는 카쓰다 외에도 오사다 아라타(長田新), 나카노 시게하루(中野重治)가 참가하고 있었다.[8]

1953년 7월에 빈에서 열린 제1회 세계교원회의에서 일본대표의 보고에서도 '소수집단의 교육사정'으로서 '미개방 부락의 교육'과 함께 '재일조선인 아이들의 교육문제'가 다루어져서[9] 재일조선인교육이 관심을 받고 있었다는 것을 알 수 있다. 더불어 1957년 7월에 열린 조선학교 교원들의 제1차 교연에서는 오사다 아라타(長田新)가 특별강연을 했고, 폐회식에서 일교조 대표와 함께 야가와 도쿠미쓰(矢川徳光)가 인사를 하고 있다.[10]

이렇게 적지 않은 교육관계자와 지식인들이 조선학교에 관여하고 있음을 확인할 수 있으나, 그중에서도 주목되는 것은 전후 생활철방 운동을 이끈 인물인

---

5) 勝田守一, 矢川徳光, 高橋磌一, 渡辺威, 李東準, 李興烈의 6명에 의한 좌담회 「일본교육의 위기와 재일조선인교육의 현실」에서 勝田의 발언. 『平和と教育』 제2권 제2호(1953년 9월), 12-13쪽.

6) 「조선인교육문제에 관한 연구발표회를 개최 도쿄대 가쓰타(勝田)교수」 『해방신문』 1953년 2월 9일자. 「재일조선인교육문제 4가지 항목으로 분류보고 가쓰타(勝田)교수연구발표」 『해방신문』 1953년 2월 24일자.

7) 조선학교에서 참가한 사람은 가지이 노보루(梶井陟), 리진규(李珍珪), 리동준(李東準)으로, 전국 조선학교 대표 8명도 방청객 자격으로 참여하고 있다. 가지이 노보루(梶井陟, 1927~1988)는 1950년부터 도립조선인중학교에 부임한 일본인교사이다. 52년에 도립조선인학교 교직원조합집행위원장을 역임했다. 해당 학교에서 경험은 梶井(1966)에 정리되어 있다.

8) 「재일본조선인교육문제 민족해방과 동일문제 일교조 제2회 교육대회에서」 『해방신문』 1953년 2월 9일자.

9) 세계교원회의 일본대표단 「일본교육의 현실에 관한 일반보고서」(1953년 7월).

10) 『민족교육-재일본 조선인학교 제1차 교연보고집』(1958년 5월 15일 발행).

고쿠분 이치타로(国分一太郎)의 관여방식이다. 고쿠분은 조선학교를 둘러싼 당국의 대응과 조선어 습득을 둘러싼 문제를 일본의 교사들과 일본사회를 향해 이야기했을 뿐만 아니라 조선학교의 교원양성기관과 교원연수에서도 강의, 교과서편찬 등 조선학교 교육 그 자체에도 깊게 관여하고 있음을 발견할 수 있다.[11]

고쿠분은 일본 민주주의 문화연맹 산하의 일본민주주의 교육협회의 입장에서 '패전 직후부터 (재일본조선인) 연맹의 문화·교육 분야에서 활동하고 있던 리진규(李珍桂), 리은직(李殷直), 허남기(許南麒), …림광철(林光徹) 등의 조선사 연구가 사람들과 함께 재일조선인자녀를 위해 사용하는 일본어, 산수, 역사 등의 교과서 만들기에 협력'하고 있었다고 전쟁 직후 시기의 조선학교와의 관계를 돌아보고 있다.[12] 여기에서 등장하는 허남기를 제외한 3명은 1946년 2월에 조련문화부 내에 설치된 초등교재편찬위원회의 일원이었다. 리진규는 같은 위원회의 책임자였고 1950년대 초반에는 조선학교 교원조합이었던 재일본조선인교육자동맹의 위원장을 맡아 후에 조선대학교 부학장, 총련의 교육부장, 제1부의장이 된다. 일본대학 재학시기의 작품이 1939년 제10회 아쿠타가와상(芥川賞) 후보가 된 리은직은 나중에 가나가와조선중학교 교장, 조선장학회 이사 등을 역임한 작가이다. 또한 '리광철'은 림광철(林光澈)이라고 생각되는데, 그는 1949년부터 도꾜조선중고급학교 교장을 맡게 된다. 허남기는 조련문화부 영화과, 문화부 부장을 역임하고 나중에 재일본조선문학예술가동맹 위원장이 되어 많은 시작을 발표한 시인으로서 알려졌다. 1952년 이전부터 조선학교 및 재일본조선인단체의 중심인물들과 고쿠분과의 사이에서 '협력'관계가 구축되었다는 것이 주목된다.

조선학교 교과서편찬에 협력한 것에 대해서도 고쿠분은 특히 사회과 교과서의 편찬에 '힘을 보태었다'라고 말한다. '재일조선인은 언제, 어떤 고향으로부터 어떻게, 일본으로 오게 되어, 어떤 일을 하게 되었을까? 그리고 어떤 생활을 해왔는가? 지금은 어떤 상태로 살고 있는가?' 이러한 내용이 재일조선인 아이들을 대

---

11) 朴(2004), 146쪽, 또한 도꾜조선학원강습회 편찬위원회 「교직원 하기강습회총결 총결」(1955년 8월 5일), 참조.
12) 国分(1986), 103−104쪽.

상으로 하는 조선학교의 사회과 교과서에서 '가장 중요할 것'이라고 고쿠분은 생각하고 있었다.13)

조선학교 교과서를 출판하는 학우서방에서 확인 가능한 가장 오래된 사회 교과서는 1953년 발행된 『사회공부』(제5 및 제6학년)이다. 판권장[奧付]이 없어 집필자도 명기되어 있지 않으나 그 기술에서 고쿠분의 영향을 알 수 있다. 예를 들면 제5학년의 '13. 일본에 사는 조선동포들'의 도입부는 다음과 같이 되어 있다.14)

'나는 어째서 일본에 살고 있나?'

이러한 의문을 여러분은 가져본 적이 있습니까? 우리가 이런 의문을 갖는 것은 매우 당연합니다. 왜 그런 것일까요? 그것은 말할 필요도 없이, 우리는 일본인이 아닌 조선사람이기 때문입니다. 어떤 나라 사람이든지 특별한 이유 없이 다른 나라에 와서 살게 될 리가 없기 때문입니다.

그러나 지금 일본에는 약 60만이나 되는 우리 동포가 살고 있습니다. 그런데 해방되기 전에는 240만이 넘는 동포가 살고 있었습니다. 어째서 이렇게 많은 동포가 일본에 오게 되었을까요?

고쿠분은 자신과 관련된 사회과 교과서는 'GHQ의 검열로 그 사용을 금지당한 결과'가 되었다고 회상하고 있으나, 내용의 유사성에서 위 『사회공부』가 고쿠분이 작성에 관여한 교과서라고 추측할 수 있다. 이 과는 초반에 제시한 물음에 대한 답처럼, 식민지시기 조선의 상황과 도일 후의 조선인의 노동·거주·취학상황을 다루고 있어, 조선학교와 민족학급에 다니는 아이들의 작문을 통해 해방 후 재일조선인의 생활 실태를 본다는 구성으로 되어 있다. 내용은 물론 생활을 소재로 한 작문을 통해 재일조선인 삶의 실제를 배운다는 방법에서도 고쿠분의 영향을 볼 수 있다.

이렇게 고쿠분 이치타로를 비롯하여 구축된 교육관계자들과의 인적 관계를

----

13) 상동, 104쪽.
14) 사회교육연구회 『사회공부(5)』(1953년), 80-93쪽.

통해 1950년대 조선학교에서 생활철방 교육방법이 도입되었다. 그 배경에는 아마 생활철방운동, 생활기록운동, 서클운동이 고조되어 가는 시대적 분위기가 영향을 주었다고 추측되나 사람이 직접 연결되어 있던 것도 무시할 수 없다.

예를 들면 고쿠분도 편집자의 한 사람으로서 참여하고 있던 일본학교 사회과 지리의 부교재『철방풍토기(綴方風土記)』(平凡社, 1952~1954년, 전 9권)에 수록된 약 3천 편의 작품 중, 도립조선인학교 아이들의 작품을『제3권 간토편』에서 2편 찾을 수 있다. 또한 전국의 조선학교를 담은 다큐멘터리영화《조선의 아이》(1955년)15)의 첫 부분에는 '이 영화는 조선인학교 아이들이 적은 생활기록입니다'라는 글씨가 나오면서 아이들의 작문을 내레이션으로 조선인이 모여 사는 지역의 모습이나 가정의 생활고를 묘사하고 있다. 조선인이라는 것을 감추고 살아가는 자신의 내면을 성찰하는 작문을 학생들 자신이 학급 안에서 읽는 장면도 있다. 일교조 제3회 전국교연(1954년 1월, 시즈오카)에서 도립조선인중고등학교 교원인 박경식의 발표와16) 도립조선인학교 교직원조합이 작성한 책자『민족의 아이─조선인 학교문제』(1954년 11월 30일 발행)에서도 아이들 스스로의 생활에 관해 쓴 작문, 일본사회의 차별적인 시선이 내면화되는 것에 대한 고민을 담은 작문이 자주 거론되고 있다. 이러한 사실을 통해 조선학교에서도 생활철방이 진행되고 있음을 알 수 있으나, 많은 일본인이 일상적으로 만날 일이 적었을 조선학교 아이들의 목소리를 교연 마당이나 책자, 영화 등에서 아이들의 작문을 통해 전달하려고 한 것도 눈길을 끈다.

조선학교 교원들의 제1차 전국 교연 국어분과회에서도 생활철방에 대해 다루고 있다.17) 도꾜조선제1초급학교(아라카와구)의 림선옥은 '진보적인 사람들에 의한' 글쓰기 교육으로서 생활철방을 거론하며, 고쿠분 이치타로의『새로운 철방 교실』(1951년), 사카모토 이치로(坂本一郎)·가타오카 나미오(片岡並男)·이시다 사

---

15) 제작은 재일조선인학교 PTA전국연합회, 재일조선인교육자동맹, 재일조선영화인집단, 후원은 일본 어린이를 지키는 모임, 평화옹호일본위원회이다.

16) 박경식 「조선인학교에서의 역사교육」(1954년 1월), 3쪽, 朴編(2000).

17) 림선옥 「저학년에 대한 작문지도」 재일본조선인 교직원동맹도꾜본부『제1차 도꾜교육연구집회 연구보고』(1957년 5월), 469─487쪽.

쿠마(石田佐久馬)·요다 준이치(與田準一)의 『철방과 아동생활』(1952년), 그리고 사가와 미치오(寒川道夫)의 논고를 소개하고 있다. 여기에서 림선옥은 생활철방을 '보다 좋은 생활을 희망하도록 의욕을 북돋고, 새로운 생활을 건설하는 현명한 지혜를 연마시켜, 자유롭게 민주주의적으로 해방시키고 조직하려는 것'으로 규정하고 있으며 아이들의 작문에는 '슬픈 것, 기쁜 것의 기초가 되는 아이들의 생활 속 일들', '생활경험', '많은 아이에게 공명을 줄 수 있는 생생한 것'이 나타난다고 보고하고 있다. 분과회의 전체토론에서도 '인간형성의 한 교육방법으로써 글짓기를 다룬다'라는 것이나 '아이들의 작문집(을 작성하는) 활동을 학교 실정에 따라 적극적으로' 실천하는 것이 이후의 노력해나가야 할 교육활동으로 합의되고 있다.[18]

　이렇게 조선학교에 '도입'된 생활철방은 구체적으로 어떻게 실천되고 있었을까. 구체적으로 문집을 검토해보도록 하자.

제2절 도립조선인고등학교 『새싹문집』(1952년)

사진 6-1 『새싹문집』의 표지

　여기에서 조선학교 생활철방의 한 사례로 『새싹문집』이라는 제목의 도립 조선인고등학교 1학년생들의 문집을 다루려 한다(사진 6-1).

　학교폐쇄조치와 함께, 1949년 12월, 도쿄도 내 13개의 조선학교는 도쿄도 교육위원회가 설치한 도립조선인학교로 이관되어 도꾜조선중학교 및 고등학교(동일 부지 내에 병설)는 도꾜도립조선인중학교·고등학교가 되었다(이하 '도립조고'로 약칭한다). 학교의 학생들은 일본인 교사들이 일본어로 수업을 하고, 한자로 적혀진 명부를 조선어식 읽기가 아닌 일본어식 읽기로 부르는 것에 강하게 반발하여 조선

⋯⋯⋯⋯⋯⋯⋯⋯⋯⋯⋯⋯⋯⋯⋯⋯
18) 『민족교육－재일본조선인학교 제1차 교육보고집』(1958년 5월), 21－22쪽.

어로 수업을 할 것과 조선인 강사들의 채용 및 대우 개선을 거듭 요구했다. 후에 조선어 문학연구자로서 유명해진 가지이 노보루(梶井陟)처럼 조선인 학생들을 마주하는 가운데 자신들도 조선어를 배우거나 조선어로 수업하는 일본인 교사도 생겼다(梶井, 1966). 그럼에도 조선인 강사가 하는 수업 이외의 기본적인 것은 일본어로 실시되고 있었다.

『새싹문집』은 1951학년도 당시 고1 학생들이 52년 3월경에 발행한 문집이다. 51년 도립조고에 경찰의 강제수사―재일조선인은 '2.28 사건' 또는 '3.7사건'이라고 부른다―가 두 번 있었으나, 개설 당시 일본인 교사에 대한 학생들의 강한 반발도 어느 정도 누그러졌고, 해당 문집이 작성되기 시작한 51년 2학기 시점은 학교 전체로도 상대적으로 안정을 찾아가는 시기였던 것으로 보인다.

『새싹문집』의 「머리말」은 이 문집의 성격을 잘 보여주고 있다. 일부를 인용한다.

우리는 처음에는 작문을 무엇보다 싫어했습니다. 국어 실력도 없고, 할 줄도 모르는 문장을 짓기 위해 연필을 쥐고 앉아 생각한다는 것이 정말로 질색할 노릇이었습니다. 그러나 자세히 생각해볼 때, 우리가 지금 [중략] 이 사회에서 적들의 끊임없는 탄압을 박차고 우리 학교를 지키며 우리가 공부를 하는 현실의 생활이 여러 가지 의의가 있고 귀중한 것임을 깨닫게 되었습니다. 이렇게 생각하면 작년의 3.7투쟁이나 또는 4.24투쟁(1948년 한신교육투쟁)에서 영웅적으로 싸워 이긴 우리의 싸움은 그때의 그것만으로 잊어버릴 수 없는 귀중한 생활임을 깨닫게 되었습니다. 다만 그러한 투쟁에서뿐만 아니라 매일매일 학교에서 공부하는 생활 속에서도 우리들 자신이 영원히 기억해야 하는 중요한 요소가 적지 않습니다.
[중략] ―자신의 생활을 바르게 관찰하자― 이러한 생각으로 어떤 동무들은 집에서 싸움한 이야기를 작문으로 쓰기도 했고, 선생님에 대한 희망도 글짓기로 써보게 되었습니다! 우리는 지금까지의 잘못을 서서히 느끼게 되었습니다. 작문을 필요 이상으로 어렵게 생각하고 있었고 작문은 문장을 잘 써

야만 하는 것이라고 생각하고 있었으며, 작문은 누구나가 쓸 필요가 있는 것은 아니라고 생각하고 있었습니다. 자기가 한 일을 작문으로 써보고, 자기가 한 일에 대해 자신의 생각이 옳은가 그른가 선생님께 물어본다는 마음으로 작문을 쓰게 되었습니다.

여기에서 밝히고 있는 것처럼 학생들은 '국어(=조선어) 실력'이 모자란다는 것과 학교를 지키는 '투쟁'만이 아니라 '매일매일 학교에서 공부한다'는 것을 포함하여 '자신의 생활'을 '바르게 관찰'하고 그것을 계속 글로 쓰고 있었다. 서로의 작문을 들어주면서 학생들은 '마음을 울리는 무언가'를 느끼게 되었다고 한다. 또 '선생님에 대한 희망을 작문으로 쓰게 되었다'는 식으로, 이러한 과정에서 교사와 학생 간의 관계도 바뀌어 간 것을 살펴볼 수 있다.

3학기가 되어 '선생님이 우리의 글짓기 노트 속에서 그럴듯한 것을 모아 책으로 하자'라고 제안한다. 학생 중에는 '다른 사람에게 보여주는 것이 부끄러워서 반대하기도 했고 이 일에 착수하는 것을 주저한다'라는 목소리도 있었으나 '무언가의 자랑'이 아닌 '우리 생활을 기록한 것을 여러 동무에게 보여줌으로써 우리의 여러 가지 부족함에 대해 주의를 받는 것이 더욱 훌륭한 일이라는 결론에 이르러' 문집을 발간하기로 한다.

그렇게 시작된 문집 만들기는 '등사 원고지를 쓰는 것도, 인쇄, 제본, 편집, 모두 스스로 힘으로 한 것'이라고 되어 있어 기본적으로는 학생들이 스스로 맡아 한 것으로 보인다. 실제 『새싹문집』에서 교사의 코멘트 등은 「머리말」을 포함한 모든 원고에서 전혀 보이지 않는다. 다만 교사의 지도가 없었던 것은 아니다. 수록된 작문은 '한 학기 동안 쓰인 것도 있고, 몇 주간 걸려 수정한 것이 대부분'이고, 또한 '국어를 잘 모르는 동무는 일본어로 쓰면 그것을 선생님이 우리말로 고쳐주었다'고 한다. 『새싹문집』에는 전체 29개의 작품이 수록되어 있는데 몇 개의 단어를 제외하고는 전부 조선어로 쓰여 있다.

「머리말」에서는 학생들이 자신의 생활에 관한 글짓기를 쓰고, 발표하고, 고치고, 공유하는 것을 반복하면서, 그리고 그것들을 문집으로 엮게 된 일련의 과정을 통해 자신들의 생활을 발견할 수 있게 되었고, 반성하는 기회와 계기를 얻었다고 쓰여 있다. 그런 의미에서 『새싹문집』이라는 활동은 적어도 형식적인 측면에서는 생활철방의 성격을 가지고 있다고 말할 수 있을 것이다.

그러면 다음으로 『새싹문집』에 수록된 몇 개의 작문을 분석하면서 그들이 직면하고 있는 탈식민화의 실정을 따라가 보도록 하겠다.

제3절 아이들에게 있어서의 탈식민화

(1) 조선어로 '그대로 쓰기'의 의미

『새싹문집』 속에는 조선학교 학생이면서 조선어를 제대로 하지 못하는 고민을 적은 글이 있다. '비애'라는 제목의 김철의 글은 국어시간의 '실력조사 시험'에 관해 적은 것이다. 김철은 '국어를 모르는 사람은 그 나라의 민족이 아니라 남의 민족의 밑에 사는 압박민족이다'라는 교사들이 제시하는 조선인의 상을 따라, 학교에 입학하고서 2년간 조선어의 모음도 모르는 단계부터 필사적으로 공부해왔다. '국어를 알고 싶다'는 '생각이 머릿속에서 떠나지 않았다'라고 하고 있다. 그러나 시험종이를 봐도 '손을 댈 수 없을' 정도로 어려웠고, 결국 '빈 종이를 내고 말았다.' 그는 '벌써 고1'인데 그 정도의 실력을 가진 스스로가 '다른 사람 앞에서 '나는 조선사람이다'라고 말한다는 것이 부끄러워서', 동시에 '슬프다'라고 그 생각을 글로 쓰고 있다. 이 글은 조선사람임에도 조선어를 제대로 하지 못하는 것, 또한 그렇기 때문에 조선사람이라고 자신 있게 말할 수 없는 비애를 조선어로 쓴 것이다.

확인해두어야 할 것은 당시 도립조고 학생들에게 조선어로 글을 쓴다는 것이 결코 쉬운 일이 아니었다는 것이다. 『새싹문집』이 만들어진 51년 당시는 초등교육부터 체계적인 민족교육을 받고 자란 아이들은 거의 없었고, 대다수는 조선어를 충분히 이해하지 못한 채 입학했으며, 또한 일반적인 공립학교에서 편입해온 아이들도 적지 않았다. 도내 각 조선소학교의 학부모를 대상으로 한 조사를 참고해도 아버지의 조선어 및 일본어 문자 해독률은 5~8할 정도, 어머니 쪽은 3~4할 정도, 또한 가정에서 부모가 일상적으로 사용하는 언어는 조선어와 일본어가 비슷한 비율이었다.[19] 물론 조선반도에서 출생하거나 조부모와 그 외 친척과 함께 사는 경우, 일상 대화에서 조선어로 이야기를 듣는 기회가 있는 아이들도 있을 것으로 생각되나, 조선학교 외의 장소에서 조선어 문자(한글)를 학습하는 아이들은 극히 적었을 것이다.

『새싹문집』의 「머리말」에도 '조선어를 잘 알지 못하는 동무들'의 존재를 지적하고 있고, 학교 문예부가 중심이 되어 발간한 학생자치회의 기관지인 『학생기(学生旗)』에서도 '조선어로 생각하는 대로 글쓰기가 어려운 우리가 우리 손으로 직접 잡지를 만들었다'고 적고 있다.[20] 이전 장에서도 본 것처럼 일본에서 태어나 자란 많은 학생의 제1언어는 일본어인 것이다.[21] 다르게 표현하면 조선어는 '모국어'이기는 해도 '모어'는 아니다.

조선학교에서 생활철방적인 교육실천이 안고 있는 어려움 중 하나가 바로 이것이다. 생활철방이라는 방법은 자신의 생활을 '있는 그대로' '모어'로 적도록 한다.[22] 그러나 식민지 지배로 빼앗긴 민족성을 다시 세워나감으로써 아이들을 조선인으로 키우는 것을 목적으로 하는 조선학교에서 국어＝조선어가 차지하는 위치는 절대적이었다. 그러므로 조선학교 내 생활철방적인 교육실천은 학생들에게 자신의 생활을 대상화하고 반성한다는 어려움과 함께 그것을 제1언어가 아닌 조선어로 글을 써야 한다는 어려움까지 마주하게 한 것이다. 조선어로 말하는 것처럼 글을 쓸 수 없는 학생들은 물론, 생각하는 것을 조선어로 전달할 수 없는 학생들도 있었을 것이다.

....

19) 도꾜도립제3조선인소학교 PTA 「학교의 실태와 연혁사-창립 제9주년 도립제5주년, 교사(校舍) 수리 낙성년(修理落成年) 기념 특집호」(1954년 12월 24일). 도꾜도교직원조합연합 牛沢長夫 「제4차 교육연구전국대회 제1부회 제2분과회 보고서-작문지도에서 본 국제이해를 높이는 교육에 대해서」(1955년 1월), (조사대상은 도립제1 및 제2조선인소학교 보호자). 朝教祖 「제4차 교연대회 제3분과회자료」 1954년 11월(조사대상은 도립제9조선인소학교 보호자). 모두 朴編(2000), 수록.

20) 도꾜조선고등·중학교 교우회문예부편 『학생기』 제1호(1949년 12월 1일 발행).

21) 51년도는 아니나 54년도 가정조사에 관한 보고를 보면 이 학교 학생 중 73.6%가 일본에서 태어났다고 하고 있다. 도꾜도립조선인학교 교직원조합 김호경(金護経) 「조선인학교 및 일본인학교에서 조선인 어린이의 성장과정」(1954년 11월), 16쪽.

22) 中内(1998), 199쪽.

다만 '국어를 모르는 사람은 그 국가의 민족이 아니'라는 본질주의적인 규범과 실제 조선어 능력 간 괴리를 전제로 하면서도 그들의 작문에서 일본사회에서 조선인으로 당당하게 살고 싶다는 강한 생각을 읽을 수 있다.

정정수의 「전차 안에서」는 학교에서 돌아가는 전차 안에서 같은 학교 중학생이 '이 글자 무엇이라고 읽습니까?'라고 조선어 책을 가리키며 물은 것을 글로 쓴 것이다. 정정수는 '만원(滿員)은 아니었지만, 앉을 자리가 없을 정도로 사람들이 탄 전차 안에서 부끄러움 하나 없는 얼굴로, 또 확실한 우리의 국어로 질문한 그 태도가 나는 훌륭하다고 생각한 것이다'라고 말한다. 적어도 읽을 수 없는 글씨가 없다는 의미에서 후배보다도 조선어 능력이 높았던 정수가 후배를 '훌륭'하다고 느낀 것은, 조선학교 안이 아닌 작은 일본 사회인 '전차 안'에서도 '부끄러움 하나 없이' 조선어를 써서 조선사람인 것을 드러낸 후배의 '행동'에 대한 것이었다. 정수는 후배의 행동을 거울삼아 조선어를 그저 아는 것이 아니라 어떤 상황에서도 조선어를 '부끄럼' 없이 사용한다는 실천을 통해서 '당당'한 조선사람이 되어야 한다고 그 생각을 글로 적고 있다. 이렇게 조선학교 학생들은 본질주의적인 조선인관(朝鮮人觀)을 먼저 받아들임으로써 일본사회에서 조선사람으로 자라나려 하고 있었다.

다만 그러한 규범을 받아들이면서도 학생들이 조선어로 글을 쓰는 실천은 늘 그 규범을 벗어난다. 『새싹문집』에 수록된 많은 작품에는 문법적인 '오류'가 적지 않다. 그것은 단순히 한글 철자가 틀렸다거나 일본어 조사를 직역할 때 생기는 단순한 '오류'가 아니다. 조선어로 쓰인 글 중에는 갑자기 히라가나나 가타카나로 적힌 어휘가 등장하기도 하고 일본어 음을 그대로 한글로 표기한 것도 있다. 게다가 '기ーㄴ 다리'처럼 원래 조선어에는 없는 장음을 억지로 한글로 표기하여 일본어의 '기ーㄴ 다리(ながーい橋)'의 뉘앙스를 전달하려 했다고 추측되는 표기도 보인다. 이러한 독특한 표기는 전국의 조선학교를 대상으로 현상공모하여 당선작품만을 수록한, 말하자면 '제대로 된' 문집에서는 확인할 수 없다.23) 『새싹문집』이 학

---

23) 조선인교육자동맹편(1953) 『재일조선아동작문집 제2집』 학우서방. 작품모집기간은 52년 12월 10일~53년 1월 15일으로 되어 있다. 다만 리진규가 밝힌 선정 후 평가[選後評]에 의

생들이 직접 손으로 만든 작품집이었기 때문에 이러한 표기가 오기로서 수정되지 않고 학생들 자신의 '있는 그대로'의 언어로서 나타나 있다고 생각된다.

여기에서 상기되는 것은 이전 장에서 본 '재일조선어'이다. 이전 장에서는 주로 대화하는 말의 차원에서 아이들이 일본어도 아니고 완전한 국어도 아닌 말을 사용하고 있다는 것을 확인했으나, 상대적으로 자유도가 낮은 글쓰기 차원에서도 비슷한 현상이 나타나고 있던 것이다. 여기에서도 '올바른 국어' 습득은 '실패'하고 있다. 그러나 그것은 탈식민화의 실패를 의미하는 것이 아니다. 오히려 그러한 실패야말로 탈식민화의 계기가 된 것은 아닌가 생각된다. 예를 들면 김철은 조선어를 제대로 하지 못하는 자신의 '비애'를 서투른 조선어로 썼다. 규범과 현실 사이에서 갈등하는 자신, 그것을 같은 반 동무들과 교사에게 보여주는 자신은 대체 어떠한 존재였던 것일까. 고쿠분 이치타로가 조선학교 사회 교과서에서 중심이 되어야 한다고 한 질문—역사적 존재로서 재일조선인인 자신에게 향하는 질문의 공통성이 생활철방이라는 방법을 통해 한 명의 조선학교 학생의 내면에서 다시 태어나고 있었던 것은 아닐까.

(2) '해방'이라는 것은 무엇인가

『새싹문집』에 담긴 작품은 도립조고학생들의 가정에서의 일상이나 특별하지 않은 학교생활을 다루고 있으나, 그러한 평범한 일상 묘사의 단면은 재일조선인으로서 일본사회를 살아간다는 것의 어려움을 보여준다. 전술한 정정수의 글은 전차 안에서 그저 조선어를 사용했다는 것 자체가 조선학교 학생들에게 어떤 주저함을 상기시켰다는 것을 보여주고 있다. 조선인임을 일본 사회인 전차 안에서 적극적으로 드러내지 않는 편이 좋겠다는 것을 정수는 경험 속에서 체득하고 있던 것이다.

겨울방학에 교실을 들렀을 때의 심정을 글로 쓴 변해원의 「그리운 교실」도 도립조고 학생들이 놓여있는 상황을 잘 나타내고 있다.

하면 '작품 전체에서 동심이 나타나면서도 재일조선인의 생활현실이 구체적으로 그려진 작품이어야 한다'고 되어 있어, 여기에서도 생활철방의 영향을 볼 수 있다.

신발을 벗고 교실 안으로 들어가니 벽에 붙어있는 신문과 크게 걸려있는 제2학기 슬로건인 '강제추방을 실력으로 분쇄하자', '민족적 규율을 확립시키자'가 한 글자 한 글자 그대로 생생하게 남아있었고, 시간표와 투수통(해독불능: 저자)이 쓸쓸히 남아있었다.

[중략] 이 교실에 들어오면, 앞에 선생님이 계셔서 늘 나를 보고 있는 것 같아서 사방에서 밀려오는 온갖 혼란과 비판도 쉽게 물리쳐나갈 자신감을 갖게 된다.

교실을 묘사하면서 신문이나 시간표와 함께 '강제추방을 실력으로 분쇄하자'라는 슬로건이 나와 있는 것이 흥미롭다. 이 슬로건은 1951년 11월부터 시행된 재일조선인을 한국으로 강제송환하는 데 법적 근거가 된 출입국관리령에 반대하는 것으로 생각된다. 당시 '(조선)학교에서 공부하는 학생들에게나 학부모에게 학교 문제와 함께 이 강제 송환문제는 끊임없이 머리를 떠나지 않는 공포의 씨앗이었다.'[24] 49년의 학교폐쇄소동이나 51년 경찰들에 의한 2번의 강제수사를 경험한 것, 또한 한국으로 강제송환될지도 모른다는 두려움을 항상 느껴야만 했던 학생들에게 이러한 정치적 슬로건은 결코 어색한 강요가 아니라 학생들 스스로에게 현실적인 문제였다고 생각된다.

그렇기에 '사방에서 밀려오는 온갖 혼란과 비판'이라는 표현 또한 내용이 없는 단순한 비유라고 볼 수는 없다. 문집의 「머리말」에 나와 있는 것처럼 '투쟁'은 학생들의 틀림없는 '생활'의 한 부분이었던 것이다. 도립조고 학생들에게는 싸워야만 하는 비일상적인 상태가 일상화되어 있었다고 말할 수 있다.

「젊은이의 걸음」을 쓴 박정자(朴貞子)는 그러한 상황을 적확하게 파악하고 있다. 3년 전 입학한 박정자는 조선학교에서의 배움이나 동무 관계, 교사 관계 속에서 '자신의 민족을 사랑해 왔고, 자신이 가난함에도 부끄러움을 느끼지 않게 되었고', 그리고 무엇보다 '(조선민주주의) 인민공화국의 딸이라는 것을 알게 되었

----

24) 『민족의 아이 - 조선인학교문제』, 18쪽.

을 때는' '너무도 기뻤다'라고 말하고 있다. 박정자는 '빛나는 조국'을 가진 '행복'을 글로 쓰고 있다. 그러나 그녀는 '그러나 완전한 행복감을 가져서는 안 된다'고 하며 다음과 같이 글을 이어나고 있다.

우리가 지금 살고 있는 사회는 일본 사회이다. 자유와 독립을 위해 외치는 사람을 죽이고 있다는 사실을 보면 우리는 안심할 수 없다. 해방된 우리는 대체 언제 안심할 수 있을 것인가?

박정자가 일본 사회에 의해 살해당한 '자유와 독립을 위해 외치는 자'로서 구체적으로 누구를 상정하고 있는가는 알 수 없다. 그러나 1948년 학교폐쇄조치에 반대하는 한신교육투쟁에서 경찰의 총탄을 맞고 사망한 16세의 김태일과 체포되어 옥사한 박주범의 존재를 감안한다면 이 또한 비현실적인 표현은 아니다. 조선인은 식민지 지배에서 해방되었는데 왜 일본사회에서 안심하고 살지 못하는가. 우리는 대체 언제 안심할 수 있는 것인가. 박정자는 무거운 질문을 던지고 있다.

이처럼 학생들의 생활을 소재로 한 『새싹문집』은 그렇기 때문에 그들에게 '평화'라는 것은 무엇인지를 우리에게 묻고 있다. 앞에 서술한 도립조고에 대한 경찰들의 강제수사는 가와사키에서 같은 학교 학생이 한국전쟁에 관한 반전(反戰) 전단지를 소지하고 있었다는 이유로 이루어졌다. 경찰은 조선학교에 '비밀인쇄소'가 있다며 무장경찰대 500여 명과 사복경찰관 60여 명을 동원하여 2월 28일 새벽에 학교와 기숙사를 강제수사하고 교과서, 교재, 작문 등을 압수했다. 이어 이에 항의하는 집회가 3월 7일 같은 학교에서 열렸는데 이것이 미신고 집회라는 이유로 500여 명의 무장경찰대가 다시 동원되었다. 교원과 학생들은 수사 영장도 없이 학교로 몰려오는 경찰을 저지하려 했고, 경찰이 이들을 경찰봉으로 제압하는 과정에서 중상자 3명, 경상자 200여 명이라는 참사가 일어났다.

1950년 11월 말경부터 1951년까지는 한국전쟁 발발을 이유로 조선학교에 대한 관헌의 탄압이 다시 강화되는 시기였다. 예를 들면 1950년 11월 27일, 도카이(東海)의 호쿠리쿠(北陸) 민사부장관인 콜터는 학교폐쇄조치 이후에도 교육을 이어가는 조선학교를 가리켜, '지금까지 조련의 건물을 이용하여 학교교육활동을 실시'하고 있으며, '공산당의 온상이 되어 바람직하지 않다'며 이를 묵인한 아이치현 지사를 질타하고, 12월에는 이 학교를 '완전폐쇄'시키기 위한 조치를 강행했다(松下 2015). 이렇게 집행된 학교폐쇄 및 재산몰수조치에 반대한 것은 어른뿐만이 아니었다. 당시의 신문은 「학동 수십 명과 싸움」, 「학동의 저항선」이라는 제목으로 조선학교 아이들이 접수를 집행하는 경찰대와 직접 대치하고 있다고 전하고 있다.25)

　일본에서 태어나 자랐다고는 하나 자신의 '조국'이며 고향인 조선반도에 전쟁의 불꽃이 불어 닥친 한국전쟁은 당연히 조선학교 아이들에게도 강 건너 불구경은 아니었을 것이다. 그리고 조선학교 아이들은 그러한 심정적인 아픔뿐만 아니라 경찰에 의한 직접적인 폭력과도 대치해야만 했다. 그런 의미에서 한국전쟁은 확실하게 재일조선인 아이들의 평화도 위협하고 있었다고 말할 수 있다.

　이렇게 직접적으로 경험하는 폭력, 그리고 그 불안감('대체 언제쯤 안심할 수 있는가?'), 게다가 불법이라고 할 수는 없어도 생활에 분명히 영향을 주는 조선인을 향한 차별과 멸시, 분명한 불합리 등 평화라는 것과 먼 일상을 살아가야만 하는 이들이었기에 평화를 희구하는 마음은 삶 속에서부터 뿌리를 둔 구체적이고도 강한 것이었다.

　이러한 생각과 조국·조선민주주의인민공화국, 그리고 그 정치사상인 사회주의와의 관계를 학생들은 어떻게 받아들이고 있었을까. 『새싹문집』에는 앞서 서술한 박정자처럼, 조선인이라는 것을 숨기고 살아온 경험부터, 자신이 조국을 가진 국민임을 자기긍정감의 큰 원천으로 삼았다는 것을 표현한 글이 적지 않다. 그렇다고 해도 조국과 사회주의에 대한 그들의 평가에 반드시 칭송만 있는 것은 아니다. 오히려 『새싹문집』이 생활철방적인 것이었기 때문에, 말하자면 현실적인 평가를 하는 것으로 보인다. 「나의 설 명절(私の正月)」이라는 제목의 김명덕(金明德)

---

25) 「구 조련의 재산몰수－県下에서 5개소를 급습」『中部日本新聞』1950년 12월 21일자. 또한 나고야 시역소편(1960) 『名古屋市警察史』 나고야시 총무국 조사과에 의하면 12월 20일 접수시 나카무라구(中村区)에서 6명, 모리야마(守山)에서 7명의 조선인이 체포되었다.

의 글을 보도록 한다.

'설이라고 하면 옛날부터 어떤 사람도 나이를 한 살 먹는다는 점에서 맛있는 것을 먹고, 좋은 옷을 입고, 즐겁게 보내는 것이 보통'인데, 19번째 설을 맞은 날, 김명덕은 코타츠 속에서 '베개에 입 맞추고, 겨우 하루를 보냈을' 뿐이라고 하고 있다. 그리고 묻는다. '왜? 나는 좋은 옷을 입고, 즐겁게 노는 형편이 될 수 없는 거지?'라고. 김명덕의 사색은 계속된다.

그것은 이 사회가 돈으로 만들어졌다고 말해도 과언이 아닐 정도로 모든 것에 돈이 필요하기 때문이다. 그러나 지금 그 돈은 우리와 멀리 떨어져 있고, 그것을 가지려면 사람의 눈을 속이지 않고서는 구경도 할 수 없다. 그런데도 60이 넘은 아저씨가 하루에 겨우 270엔이라는 일당으로 가정을 먹여 살리는 이러한 상황 속에서 내가 어떻게 좋은 옷을 입고, 즐겁게 놀 수 있을까….

좋은 옷을 입고, 즐겁게 논다고 생각하는 것 자체가 이미 좋지 않은 생각이라고 마음을 바꾸었다. 그렇다. 뭐든지 돈이 있으면 해결되고, 돈을 가진 사람이 사회의 주인공이 되는 이러한 모순된 사회를 하루라도 빨리 변화시켜서 진정한 인민의 사회를, 즉 돈이 없어도 즐겁고 잘 살 수 있는, 일하는 인민들이 그 사회의 주인공이 되는, 그러한 사회를 하루빨리 건설시켜야만 한다는 것을 절실히 느낀다. 그래서 정말 일하는 사람이 주인공이 되는 사회를 만들어 나의 아버지와 같은 사람이 주인공이 된다고 생각하면, 아버지의 주름 많은 얼굴이 나의 머릿속에 떠오르는 것이다.

김명덕은 자신의 빈곤한 생활을 기점으로 '일하는 인민이 그 사회의 주인공이 되는, 그러한 사회를 하루빨리 건설'해간다는 결의에 이르고 있다. 여기에서는 사회주의를 '정답'이라고 하는 조선학교 교육―이 책 서장에 인용한 가쓰타의 말을 빌려오자면 '성급한 정치의식 교육'―이 적지 않게 영향을 주고 있다고 생각되지만, 자신의 생활 속 구체적인 경험, 현실로부터 사회주의 이념을 적극적으로 평가하는 논리가 발견되고 있기에 그 희구는 공허한 것이 아니었을 것으로 생각된다. 반복적으로 탄압받고, 차별당하고 빈곤으로부터도 벗어날 수 없다. 이러한 생활을 하지 않아도 좋은 사회를 바라는 것은 결코 부자연스러운 것은 아닐 것이다. 김명덕이 그린 '일하는 사람이 주인공이 되는 사회'의 구체적인 상은 가족을 위해 필사적으로 일하는 아버지의 웃는 얼굴이었다.

학생들은 자신의 생활을 성찰하고 이를 글쓰기라는 형태로 정리하여 서로의 글을 들으면서 재일조선인으로서 살아가는 자신들이 놓여있는 사회적 상황을 다시 한 번 보다 깊이 인식해나갔을 것이다. 그 과정에서 그들이 만들어 낸 물음, 즉 '왜 가난함에서 벗어나지 못하는가?', '왜 해방되었음에도 안심하고 살 수 없는가?'라는 무수한 물음은 재일조선인, 그리고 일본 사회에 완성되지 못한 탈식민화라는 과제의 소재를 비추고 있다.

전후 일본 사회에서 융성한 생활철방이라는 교육방법이 조선학교에 도입된 것은 그 방법이 조선학교 교육의 목적인 재일조선인의 탈식민화와 공명하고 있었기 때문이라 생각된다. 식민주의가 사람들의 인식에 새겨놓은 지배관계를 극복하는 것이 사람들 차원에서의 탈식민화라고 생각한다면, 그것은 독립된 국가를 얻거나 혹은 그 국가의 언어를 습득하는 것만으로 달성되는 것이 아니다. 비록 그 자체가 매우 중요한 것이라 하더라도 말이다. 물론 제국주의에 대한 비판의 목소리를 높여 외치는 것만으로도 이루어지지는 않을 것이다.

필요한 것은 자신이 어떤 사회를 어떻게 살아가는 어떤 존재인가를 성찰하는 것이며, 그것은 결코 추상적이지 않은 자신의 삶을 마주하는 것에서부터 시작되어야만 한다. 생활철방의 방법은 바로 이런 필요에 합치했다. 왜 자신은 조선어를 못 하는 것을 한탄하는가, 조선인이라는 것을 숨기려고 해버리는 것은 왜인가, 조선학교는 왜 탄압당하고 투쟁해야 하는가, 아직 안심하고 생활할 수 없는 우리에게 해방이라는 것은 도대체 무엇인가……. 도립조고 학생들이 생활철방적 실천을 통해 얻은 깨달음이나 자문(自問)은 그 자체가 사람들 차원에서의 탈식민화라는 모습을 보여주는 것으로 파악된다. 그리고 『새싹문집』이라는 생활철방의 문을 통해 보인 것은 전후(戰後)가 전후(戰後)가 아닌 사회, 식민지배에서의 해방이 곧 안심을 의미하는 것이 아닌 사회를 직시하면서도 당당하게 살아가려는 재일조선인들의 모습이었다.

　과연 이러한 모습들이 오늘에는 극복되었다고 말할 수 있을까. 조선학교는 여러 가지 제도에서 배제되고, 혐오발언에 노출되며, 수학여행으로 방문한 조국의 기념품을 압수당한다. 지금을 살아가는 조선학교 아이들은 대체 어떤 생활을 쓰게 될까.

제7장
조선에 대한 자긍심

　조선학교는 아이들을 '떳떳한 조선사람'으로 키우는 것을 교육목적으로 내걸고 있다. 여기서 말하는 '조선사람'은 조선 민족과 공화국의 해외 공민이라는 두 가지 의미를 포함하고 있으며, 양쪽이 명확히 구분되어 있지 않다. 조선 민족 그리고 조국의 문화나 역사 수업을 통해서 그것에 대한 애정과 긍지를 갖게 함으로써 조선사람으로서의 국가정체성을 키워주려는 것이다. 제5장에서 본 '올바른 국어'의 습득이나 애국주의 교양(≒애국심교육)의 강화방침 역시 이 맥락 안에 있다.

　그럼에도 이국땅에서 생활하는 재일조선인 아이들에게 이것이 전혀 쉽지 않았다는 것은 상상하기 어렵지 않다. 아이들의 많은 수가 일본에서 태어나 일본에서 자랐고 '고향'으로서의 조선 반도에 대해서는 물론 '조국'인 공화국도 그저 전해 들은 '상상의 장소'인 경우가 많았다. 이러한 아이들에게 어떻게 조국을 느끼도록 할 것인가. 어떻게 조선 민족, 공화국 국민으로서 긍지를 갖게 할 것인가.

　본 장에서는 애국주의 교양의 실천과 학교행사, 학교의 풍경 등에 집중하면서 국가정체성을 키우고, 또한 조선인이라는 것을 당연한 것으로 느낄 수 있도록 하는 조선학교의 시도에 대해서 검토한다.

제1절 애국전통의 학습

1950년대~1960년대 중반까지 조선학교에서 직접적으로 애국주의 교양을 목적으로 한 과목은 편성된 바가 없다. 사회과목이 애국주의 교양의 '중심'과목으로 자리 잡게 된 것은 1968학년도의 일로,[1] 그때부터 「김일성 원수 혁명활동」이 독립하여 전체 학교급[學種]의 교과목으로 편성된 것은 1970학년도이다.[2] 그 이전은 적어도 형식상으로라도 모든 교과목에서 애국주의 교양이 이루어져야 한다고 여겨졌다.

예를 들면 1963년에 개편된 초급학교 1학년용 산수교과서 편찬의 취지에 관한 설명에는 '학생에게 민족적 자긍심, 조국에 대한 동경심을 배양하는 것'이 산수교육이 담당하는 '교양'이라고 제시되어 있다.[3] 구체적으로는 '예컨대 교과서 내용에서는 평양, 전차여행, 금강산, 무궁화, 호랑이, 꿩 등(의 조국과 조선반도를 상징하는 내용)이 반영되어 있다. [중략] 예를 들어 삽화에 있는 꿩을 설명한다면, '우리나라의 꿩은 세계의 많은 꿩 중에서도 몸이 가장 크고, 그 털이 아름다운 것으로 유명하다'라는 내용을 소개할 것' 등이 요구되고 있다.

그리고 그중에서도 특히 조선민족의 역사나 지리, 문화, 또한 공화국의 사회제도 및 현황을 배우는 역사 과목과 지리 과목이 애국심을 교양하는 데 중요하다고 여겨졌다. 1960년, 3대 중점과업 실천 지도센터에서 애국주의 교양 부문의 책임자가 된 송지학(宋枝学)은 '다른 사람의 것은 모두 좋고, 자신의 것은 나쁘다고 생각하는' '민족 허무주의'에 빠지기 쉬운 일본에서 태어나고 자란 우리 아이들에

---

1) 재일조선인총련합회중앙상임위원회 「1968~1969학년도 총련각급학교 과정안실천요강」(1968년 3월).

2) 재일조선인총연합회중앙상임위원회 「1970~1971학년도 총련각급학교과정안을 정확하게 집행하는 데 대해서」 1970년 3월). 해당 과목은 초급학교에서는 1977년에 「김일성 원수의 어린 시절」, 중급학교에서는 1977년에 「김일성 원수의 혁명력사」, 고급학교에서는 1974년부터 「김일성 원수 혁명력사」로 편성되고 있다. 김일성과 관련된 과목은 1993~1994년 과정안개정에서 폐지되었다.

3) 재일본조선인총련합회중앙상임위원회 교육부 「1963~1964학년도 신판교과서의 취급에 관한 요강」(1963년 4월), 33쪽.

게 애국심을 함양하기 위해서는, '우리나라의 역사적인 애국적 업적을 계승·발전시키는 것이 중요하다'라고 애국주의 교양의 기본방침을 제시했다.[4] 그는 역사적 사상(事象)이나 '전형적인 '애국자'에 관한 학습'이 아이들의 '애국주의 감정'을 키워주어 '애국주의적 행동습관[慣習]'에 익숙하게 하는 데 효과적이라면서 다음과 같이 구체적인 예를 들었다. 즉, 고구려 고분벽화, 고려의 청자기, 경상북도 경주시에 있는 1,400여 년 전의 석굴암, 1234년 고려에서 최초로 금속활자를 사용하여 서적을 인쇄한 것, 1592년 임진왜란 시기 거북선, 실학자로서 많은 공적을 남긴 박지원, 정약용, 을지문덕 장군(612년, 수나라의 제2차 고구려 원정에서 수군에 거짓 항복을 제안하여 철수하도록 한 뒤 수군을 추격하여 큰 승리를 거둔 고구려의 장군), 이순신 장군(임진왜란에서 조선수군을 이끌고 일본군과 싸워 승리를 거둔 장군), 강감찬 장군(압록강을 건너 침입한 거란의 대군을 흥화진에서 격퇴한 장군), 19세기에 미국 군함 제너럴셔먼호가 대동강을 침범했을 때 이를 격퇴한 조선인민의 영웅성, 또한 9세기 말 적고적의 난, 황건적의 난이나 12세기 망이 망소이의 난, 15세기 함경도의 농민전쟁, 19세기 평안도의 농민봉기, 19세기 말 동학농민운동 등이다.

이러한 것을 조선반도와 관계된 단순한 역사학습으로서가 아닌 자신들의 민족, 자기 나라의 자랑스러운 문화와 역사로서, 또한 애국적으로 계승해야 할 전통으로서 배워야 할 필요가 있었다. 교원들은 역사교육은 '애국심의 원천'이라고 하면서,[5] 매일의 수업에 임했다. 다만 강화방침 제정 이후의 애국주의 교양에서 주목할 것은 오히려 수업 외에서 보이는 대처이다. 강화방침의 제정을 전후하여 각 지역의 조선학교에서는 조국인 조선민주주의인민공화국의 건국의 역사, 그에 대한 김일성의 역할을 학습하기 위한 특별한 연구실이 마련되었다. 그것이 '김일성 원수 애국활동연구실'이다.

4) 송지학(宋枝学), 「애국주의 교양을 강화하기 위한 김일성 원수 애국활동연구실을 조직 운영하는 것에 관해서」 『중앙교육연구』 제11호(1960년 2월 1일 발행), 36-48쪽.
5) 도쿄조선학원 강습회 편찬위원회 「교직원 하기강습회 총괄」(1955. 7. 25-8. 3에 걸쳐 열린 교직원 하기강습회의 총괄서)(1955년 8월 5일), 13쪽.

김일성 원수 애국활동 연구실/조국 연구실의 설치

김일성 원수 애국활동 연구실은 '조국연구실'이라고도 불린다. 연구실은 학교에서 애국주의 교양의 거점으로서 각 학교 내에 설치되어 운영하도록 장려되었다. 교직동의 사업보고나 교원들의 실천보고에서는 연구실을 이용하고 애국주의 교양을 실시하는 것이 종종 보고된다.[6] 『중앙교육연구』에 게재된 송지학의 해설을 참고하면서[7] 김일성 원수 애국활동 연구실이 어떠한 것이었는지 확인하도록 한다.

먼저 연구실은 각 학교의 교원들 중심으로 아이들과 함께 만들게 되었다. 구체적으로는 (1) 김일성 원수의 소년시절, (2) 김일성 원수를 필두로 한 진정한 애국주의자들의 항일 유격투쟁, (3) 김일성 원수의 해방 후 조국건설을 위한 투쟁, (4) 김일성 원수의 연설, 논문, (5) 조선인민의 대중적 애국주의와 영웅주의, (6) 재일조선인운동이라는 6개의 주제를 연구하고 '학생들의 자립적 연구'의 내용을 바탕으로 설치하기로 했다.[8] 연구실의 설치과정도 애국주의 교양의 일환으로서 위치하고 있었다고 할 수 있다.

그리고 연구실에는 다음과 같은 18개 항목을 갖추기로 되어 있다. 즉, '1. 김일성 원수의 초상화 및 흉상, 2. 애국활동과 주요 투쟁업적, 이와 관련된 그림이나 사진, 3. 투쟁 연대표, 4. 애국활동연구자료(각종 사진, 앨범, 스크랩), 5. 김일성 원수의 말씀—청소년을 대상으로 한 말씀, 원수가 학교를 방문했을 때 남긴 말씀, 6. 각종 지도와 약도, 7. 혁명 활동과 관련된 각종 지표(무장투쟁, 조국광복회 조

---

6) 재일본조선인교직원동맹 중앙상임위원회 「재일본조선인 교직원동맹 제34차 회의에 제출한 총괄 및 당면방침(초안)―귀국운동과 교육사업의 질적 발전을 위해서」(1959년 4월 18~19일). 참고. 실천보고로서는 예를 들면 니시고베조선초급학교 「조국연구실을 통한 애국주의 교양사업보고서」(1960년 1월 6일) 등.

7) 앞의 자료. 송지학 「애국주의 교양을 강화하기 위한 김일성 원수 애국활동 연구실을 조직 운영하는 것에 관해서」.

8) 송지학의 해설에서는 연구실의 크기, 연구실의 단위(학교 중심에 만들어야만 함), 스크랩의 표지 색(빨강이나 남색을 장려함), 개관식을 성대하게 하여 아이들의 인상에 남도록 해야 한다는 것처럼 그 외에도 연구실에 관한 자세한 것이 다수 지적되어 있으나 여기에서는 생략한다.

직, 해방 후 공화국의 발전도표 등), 8. 각종 파노라마(김일성 원수의 생가, 보천보전투, 만경대 등), 9. 김일성 원수의 논문 및 연설(선집 또는 그 외 논문), 10. 북반부의 건설(남반부의 반동적 제도의 본질과 대비시키는 자료), 11. 인민민주주의국가의 건설자료와 자본주의사회의 몰락 위기를 보여주는 자료, 12. 학교생활, 13. 학생작품(김일성 원수의 활동을 나타낸 것), 14. 혁명 활동을 표상한 문예작품, 15. 각종 도서와 신문 및 잡지, 16. 재일조선인운동에 관한 자료, 17. 총련의 조직사업을 나타낸 자료, 18. 학교에서 (공화국)정부의 교육정책을 집행하면서 모은 자료집, 학교 전통을 알리기 위한 자료'이다.[9] 초상화와 흉상, 그림이나 사진, 연표, 신문 스크랩, 논문, 지도, 도서……. 연구실 안의 모습을 상상할 수 있을까. 이렇게 만들어진 연구실에서 전교생을 대상으로 한 발표회나 보고회, 전시회, 강연회 등을 열어 애국주의 교양을 다양한 형태로 실시하도록 장려되었다.

더욱 흥미로운 것은 연구실을 이용할 때의 특정한 태도와 행동이 규정되어 있었다는 점이다. 즉, 지식뿐만 아니라 태도나 행동을 통해 애국주의의 함양을 지향했다거나 혹은 연구실을 통해서 애국주의를 체화할 수 있도록 했다고 말할 수 있을 것이다. '김일성 원수 연구실에서 수업이나 보고회, 발표회 등을 학급 단위로 할 때는 가장 엄숙한 태도로 조직해야 한다. 연구실에 들어가기 전에는 연구실 앞에 모여 정렬하고 복장을 점검하고 혁명가를 부른 뒤 입장한다. 들어간 후에는 김일성 장군의 노래를 합창하고 개회를 선언한 후, 문학작품의 낭독, 소년단행진곡, 민청행진곡 등으로 마친다'라고 규정되어 있다.[10] 게다가 '김일성 원수의 초상화, 항일유격 투쟁의 중요 전투일지 등이 첫머리에 수록되어 있는, "김일성 원수 애국활동 연구수첩'을 만들어 (전체 학생에게) 지니도록' 하는 것, 연구실에서 진행한 발표회나 보고회에서 중요한 사항은 여기에 기록하도록 했다.[11] 연구실을 이용하면서 여러 가지 규정을 만들어 아이들이 연구실에서 '가장 엄숙

---

9) 앞의 자료. 송지학 「애국주의 교양을 강화하기 위한 김일성 원수 애국활동 연구실을 조직 운영하는 것에 관해서」, 41 – 42쪽.

10) 상동, 46쪽.

11) 상동, 47쪽.

한' 모습으로 마주 보게 함으로써 연구실이 다루는 김일성이나 공화국에 대해 경외감을 느끼도록 하는 것이 애국주의 교양의 기반이 된다고 생각되었던 것이다.

김일성 원수 애국활동 연구실은 조선학교뿐만 아니라 총련의 각 지역본부나 지부 사무소에도 설치되었다. 1963년까지는 전국에서 400개의 연구실이 설치되었다.[12] 면담조사에 의하면 학교에 일본인과 그 외 국가의 내빈이 있는 경우, 여러 명의 대표 학생이 연구실에 게시된 판넬이나 사진 등을 해설하는 역할을 담당했다고 한다. 해설할 때 언어는 조선어, 일본어, 영어, 또는 고급학교에서는 러시아어를 쓰기도 했는데, 그때 해설을 담당한 대표 학생들은 그 해설내용을 전부 외우고 있었다고 한다.

제2절 조선사람답게 살아가는 방법을 추구

애국주의 교양의 저변은 조선 역사나 공화국에 관계된 학습과 같은 지식습득에 그치지 않는다.

예를 들면 1959년 5월 도쿄 교직동의 활동 보고에 조국의 역사와 현황에 관한 학습과 함께, 조국에 편지나 물건을 보내는 활동이나 아이들에게 '자신의 조국'을 주제로 글짓기를 하게 하거나 비슷한 주제로 미술작품 전시회를 개최한 것, 또는 한일회담을 반대하는 시위에 참여하거나 귀국 실현을 요구하는 활동, 일본 정부에 조선인차별·탄압을 멈출 것을 요구하는 편지를 보내는 활동 등도 애국주의 교양의 성과로 언급되고 있다.[13] 1960년대 이후 교육 열성자대회 내 검토나 교육방법 연구대회의 실천보고에서도 치마저고리를 입는 운동, 조선어를 사용하는 운동, 일본식 통명의 개명 또는 조선식 이름으로 바꾸어 부르는 운동, 또한 '부르주아식 생활양식'을 바로잡는 것이나 쉬는 시간에 야구를 하는 아이들을 '바

---

12) 재일본조선인총련합회 중앙상임위원회 「사회주의적 애국주의 교양을 한층 강화하는 데 대하여-총련선전원 열성자대회에서 한 총련중앙 한덕수 의장의 보고 및 대회결정문」 (1963년 7월 1–2일), 6쪽.

13) 재일본조선인교직원동맹 도쿄도위원회 「제13차 정기총회 활동보고 및 이후의 방침(안)」 (1959년 5월 5일), 36–38쪽.

로잡는 것' 등이 애국주의 교양으로서 자리매김하고 있었다.[14]

애국주의 교양은 지식만이 아니라 조국의 일원으로서 혹은 조선 민족의 일원으로서 활동하고, '조선사람다운' 일상생활을 보내는 것을 요구하는 것이었다. 여기에서는 일본식 이름을 고치는 것과 치마저고리를 교복으로 착용하는 운동을 통해 애국주의 교양을 더 다양한 측면에서 파악하도록 한다.

(1) 일본식 이름의 개명 – 가정의 논리와 충돌

당시의 조선학교에서는 조선식 이름을 부르도록 장려되기는 했으나 여기에는 두 가지 의미가 있다.

그중 하나는 이른바 '통명'을 사용하지 않도록 하는 것이다. 일본 사회에 존재하는 차별이나 멸시를 피하려고 혹은 직업 등의 상황에 의해 민족 이름을 감추고 '통명(通名)'이라는 일본식 이름을 사용하는 재일조선인이 적지 않았다. 그러나 조선학교에서는 조선인, 조선 민족, 그리고 공화국의 해외 공민으로서 자부심이 있다면 '통명'을 쓰지 않고 언제 어느 때라도 민족적인 이름을 밝혀야 한다고 되어 있었다.

다른 하나는 일본식 이름을 바꾸는 것이다. 일본식 이름이라는 것은 케이코(敬子) 혹은 요시오(義男)같이 일본인을 연상시키는 이름을 가리킨다. 조선학교에서는 敬子는 '케이코'가 아니라 '경자'라고 조선어로 읽기는 했으나 일본식 이름은 개선해야 할 대상이었다. 조선식 이름으로 개명하는 것은 민족정신을 나타내는 것으로서 장려되었고 실제로 당시 조선학교 관계자 중에서는 '옛날에는 ○○라는 이름이었다'라고 하는 사람도 적지 않았다.

....

14) 예를 들면, 아이찌조선제2초급학교 서덕근 「우리는 전학기에 애국주의 교양을 이렇게 실천해왔다」(1961년 7월 28~30일에 걸쳐 열린 (제1차) 재일본조선인교육열성자대회의 토론), 미나미오사카센보쿠(泉北)조선초급학교 김용려 「총련이 교육부문에서 제시한 사회주의 애국주의 교양을 관철하기 위해서」(1962년 8월 23일에 열린 제2차 재일본 조선인 교육열성자대회에서 토론)이나, 아이찌조선중고급학교 오창훈 「수령의 4월 25일 교시 및 5월 3일 교시를 높이 받들어 학생들에게 대해 사회주의적 애국주의 교양사업으로 달성한 성과와 사업경험」(1963년 8월 22~25일에 열린 제3차 재일조선인교육열성자모임에서 토론), 고베조선중고급학교 오정국 「사회주의애국주의 교양에서 학생의 민족적 주체를 확립시키기 위해」(상동, 제3차 재일조선인교육열성자대회에서 토론) 등을 참조.

조선식 이름으로 바꾼다는 실천을 군마조선초급학교 차영희의 실천보고에서 보도록 한다.15) 교원 생활 2년 차로 군마에 부임하게 된 그는 자신이 담당하는 학급의 명단을 보고 충격을 받는다. '일본학교에서 편입한 학생들과 일본식 이름'이 매우 많았기 때문이다. '이런 학생들은 사회주의적 애국주의 교양도 부족할 뿐만 아니라, [중략] 조선사람이라는 인식도 부족한 것 아닌가'하고 생각한 그는 아이들에게 '이제부터 떳떳한 조선사람이 된다고 한다면 (중략) 이름도 일본식 이름을 버리고 조선사람의 이름을 가져야 하는 것 아닌가?'하고 물으면서 개명에 관한 토론을 열었다.

토론회가 끝나고, 일본식 이름을 가진 아이들은 '조선식 이름으로 고쳐주세요'라고 그에게 개명을 부탁했다. 그는 '이름은 고쳐줄 테니 집에 돌아가서 아버지, 어머니에게 어떤 이름으로 고치면 좋을지 물어보세요'라고 했더니 그 다음날 4명의 아이가 '아버지 어머니는 잘 모른다고 하셔서요, 선생님이 고쳐주세요'라고 했다. 다만 1명, 어떤 말도 하지 않는 아이가 있었다. 왜 그러는지 물어보자 '어떤 말도 없이 전혀 대답이 없었다.' 이 아이는 평소는 활발한 아이인데 개명에 관한 토론 이후 무언가 이상하다. '혹시 집에 무슨 문제가 있을까'라고 느낀 그는 알림장에 개명에 관한 것을 적어 보냈으나, 부모로부터의 답은 없었다. 아이는 점점 기운을 잃어 갔다.

마침내 그는 결심하고 아이의 가정을 방문해서 직접 개명을 요구하기로 했다. 마침 아버지가 저녁 식사를 마쳤을 때였던 듯, '올라가라'라고 말했다. 방에 들어가 시덥지 않은 이야기를 시작했다. 적당한 때를 보아, "최근 아이가 학교에서 기운이 없는데 집에서 무슨 일이 있는지 여쭈어보려고 왔습니다"라고 하자 아버지는 얼굴이 빨개지면서 '선생은 아이들에게 문자나 가르칠 것이지, 뭣 하러 이름을 고치라고 집요하게 말하느냐'라고 따지며, '(외국인)등록증'에도, '장국강(菊江)'으로 되어 있고, 어릴 때부터 사용한 이름을 군이 고칠 필요는 없다, 선생은 그런 걱정은 하지 말고 아이들에게 글자나 제대로 가르쳐라'라고 말하며 차영희

<hr>

15) 군마조선초급학교 차영희 「사회주의적 애국주의 교양에서 주체를 확립하는 것에 대한 나의 경험」(1963년 8월 22~25일), 참조.

의 말을 들으려 하지 않았다. 국강은 죽은 것처럼 방구석에 앉아있을 뿐이었다. 또 일본인인 어머니는 조선어를 몰라 잠자코 있었으나 아버지가 일본어를 섞어가며 이야기한 내용을 알았는지 '菊江은 내가 지어준 이름이에요!'라고 화를 내었다. 이날은 그 이상 이야기해도 끝이 나지 않으리라 판단하고 차영희는 돌아오기로 한다. 분노와 분함과 슬픔……. 여러 가지 감정이 뒤섞이면서 그는 눈물을 흘렸다.

제5장에서도 봤지만, 당시 조선학교에서도 국제결혼을 한 가정의 아이들은 드문 일이 아니었다. 군마초급의 국강도 아버지는 조선인이었으나 어머니는 일본인이었다(차영희에 의하면 군마초급의 어머니의 50%가 일본인이었다고 한다). 그런 가정에서 태어난 아이의 이름이 '菊江(일본식으로는 기쿠에, 조선식으로는 국강. '기쿠에'는 소위 일본다운 이름의 하나이다)'이었다. 조선학교에 다니는 菊江은 조선학교에서는 이것을 조선어로 읽어서 '국강'이라고 했으나, 애국주의 교양의 강화가 강조되었던 조선학교에서는 일본식 이름인 '菊江'이 공격의 대상이 된 것이다. 조선학교 쪽의 논리로 말하자면, 자신이 어떤 사람인지 나타내는 이름이 일본식인 것은 바람직하지 않으므로 조선인다운 이름을 가졌을 때라야 그 아이가 '떳떳한 조선사람'이면서 '애국적'이라는 것이 된다.

이러한 조선학교식의 애국의 논리를 차영희는 가정에 가지고 들어갔으나 아버지부터는 '어렸을 적부터 쓰던 이름을 굳이 바꿀 필요가 없다', 또한 조선어를 이해하지 못하는 어머니도 '기쿠에(菊江)는 내가 붙여준 이름이에요!'라고 거절한 것이다. 부모 입장에서는 자신들이 붙여준 아이의 이름을 학교 교사가 애국주의 운운하며 개명하라고 했다고 해서 '네, 개명하겠습니다'라고 할 리는 없는 것이다. 각각의 가정에는 나름의 가정 속 논리가 있고, 이것은 조선학교의 애국주의 교양의 논리와 같다고는 할 수 없다. '선생님은 그런 걱정하지 말고 아이들한테 글자나 제대로 가르치세요'라고 말하는 아버지의 언명은 아이의 이름이라는 가정의 영역에 학교가 개입하지 말라는 가정 측의 강한 거절을 나타내고 있다.

菊江의 부모와 조선학교 교원인 차영희 사이에 일어난 충돌은, 애국주의 교양의 논리와 재일조선인 생활상의 논리가 때때로 충돌할 가능성이 있음을 나타내고 있다. 조선식 이름으로 개명하는 것을 순순히 받아들이는 아이와 가정도 있었겠지만, 군마의 菊江과 같은 예는 실제로는 적지 않았다고 생각된다. 일본에서 생활하는 재일조선인이 그 딸이나 아들의 이름을 '일본식'으로 붙일 가능성은 충분히 있을 수 있다. 그것은 통명을 의식했을 수도 있겠으나 그러한 의도와는 무관한 예도 있었을 것이다. 조선학교에는 무수한 菊江이 존재했을 것이다. 이러한 예는 제5장에서 본 우리말 생활화의 논리를 가정으로 가지고 들어온, 리양자의 예와도 닮은꼴을 보인다.16)

참고로 이후 이 학교 교원들은 모두 12차례 이 가정을 방문하여 설득을 계속했다. 그 결과 '菊江'라는 이름은 교원들에게 맡겨졌다고 한다. 반 모두가 조선식 이름으로 개명하는 가운데 기쿠에 본인이 개명을 강력하게 원했을지도 모른다. 그리하여 차영희가 담당했던 학급 아이들 중 일본식 이름을 쓰던 14명의 아이들은 모두 조선식 이름으로 개명하였다.

(2) 치마저고리 교복의 착용 - 아이들의 주체성

교원의 실천보고라는 자료의 제약상 일상생활 전반에 관한 애국주의 교양의 실천은 아무래도 교원들이 '시킨' 측면이 강조된다. 그러나 조선역사에 대해 배우는 것, 김일성에 대해 배우는 것, 조선식 이름으로 개명하는 것 어느 것이든 아이들의 주체성을 경시할 수는 없다. 1960년대 초반에 애국주의 교양의 성과로 평가된 치마저고리 입기운동에 대해서도 비슷한 모습이 나타난다.

한동현(韓東賢, 2006)은 치마저고리가 여성 교원의 근무복 혹은 여학생들의 교복으로 착용하게 되었다는 경위와 실제 그것을 착용했던 사람들과의 인터뷰를 통해서 단순히 민족의 상징을 짊어진 객체로서가 아닌 그들 자신의 주체성 (agency)을 그리고 있다. 한동현에 의하면 1957년의 교육원조비 송부나 1959년 말의 귀국 운동 분위기를 배경으로 조선학교 아이들이 조국을 한층 가까이 느끼는 속에 1960년을 전후로 교복으로 치마저고리를 입는 여학생 또는 여성 교원이

....

16) 참고로 리양자라는 이름은 한문으로 '李洋子'일 것이라 생각된다. 가정에서 조선어 상용화를 시도한 이 아이의 이름은 '일본식 이름'이었던 것이다.

나타나기 시작한다. 치마저고리를 입기 시작한 것은 총련의 결정과 학교의 교칙과 같은 강제성에 의한 것이 아니라 당시 교복이었던 세일러복이 싫다고 느끼는 학생들이나 민족성을 입음으로써 표현하고 싶다고 생각한 학생들, 또는 조선학교 학교생활을 통해 민족을 배우고 그 경험에 따르면서 여자 학생들에게 치마저고리를 입도록 권한 여성 교원 등 여러 가지 아래에서의 실천이 있었다.

사진 7-1 교또조선중고급학교 문예부 『등대』 제3호 (특별호), 1963년 12월

이렇게 작은 실천이 점차 『조선신보』나 귀국선을 환송하는 때를 통해 긍정적으로 퍼지면서 1963년경에는 치마저고리 교복이 많은 조선학교에서 도입되어 점차 제도화되었다고 한다. 당시 학교 교복으로 치마저고리를 입은 것은 본국인 조선민주주의인민공화국에서도, 또한 한국에서도 볼 수 없는 일이었다.[17] 그들은 1960년대 일본에 사는 조선인 여성이라는 위치에서 1920년대식 조선반도의 개량 치마저고리에 민족 전통을 찾아 치마저고리 교복을 만들어 입음으로써, 자신들의 민족적 정체성(ethnic identity)을 표현하고 있었던 것이었다.

당시 여학생들의 글짓기 속에서도 치마저고리 교복을 주제로 한 것이 몇 개 눈에 띈다. 교또중고문예부가 발간한 『등대』라는 문집(사진 7-1)에서 두 개의 작문과 한 개의 시를 인용하도록 한다(모두 일본어로 쓰여 있다).

「나와 조선의 옷」 중2 김미련(金美連)[18]

나는 조국에 대해서 무언가 물어오면, 언제나 빨리 귀국해서 나의 눈으로 실제로 조국의 모습을 보고 싶다고 대답합니다. 오래전에는 이렇게 생각한 적이 있습니다. '아직 본적도 없는 조선을 어째서 동경하느냐'고요. 하지만

....

17) 한동현(韓東賢, 2006), 54-57쪽.
18) 교또조선중고급학교 문예지 『등대』 제3호(특별호), 1963년 12월, 10쪽.

지금은 조선이라는 국가가 우리들의 조국인데 왜 동경하면 안 되는지 생각하면 나는 스스로 부끄러워집니다.

지금 평양은 빌딩, 아파트가 매일같이 지어지고 있습니다. 우리는 매우 기쁘게 힘을 얻을 수 있습니다. 나의 부모님은 아직 조국으로 돌아갈 생각은 없습니다만 나는 무척 조국에 돌아가고 싶습니다. 고급부생이 되면 혼자서라도 귀국을 할 수 있다고 들었습니다. 조국을 보는 동시에 조국의 땅을 밟는 것은 재일조선인 누구라도 그렇게 해보고 싶어 하는 일이라고 생각합니다. 우리는 조선에서 보내주신 영화를 자주 봅니다. 영화에서 조국의 아름다운 풍경과 그러한 민족들의 행복한 모습을 볼 수 있습니다. 그러한 조국의 모습을 보면 나는 조국의 사람들이 부러워집니다.

나는 조선인이라 해서 조금도 부끄럽게 생각한 적이 없습니다. 전차 안이나 밖에서 걸어 다니면 조선의 옷이라고 빤히 쳐다보는 사람이 있기는 하지만 그런 사람은 아직 조선의 것을 잘 알지 못하는 사람들이겠지요. 조금도 부끄럽지 않습니다. 나는 조선의 옷을 입으면 기쁘고 무언가 반드시, 자랑스러워집니다.

「나의 교복」 림길숙(林吉淑)[19]

돌아보면 벌써 일 년이 되는 그때는…

조금 부끄러운 교복 다른 학교 학생은 누구도 입지 않는 교복 우리만의 교복

누군가 보아도 한눈에 조선의 학생임을 알게 되는 교복

조금 마음에 드는 교복 길을 걷는 사람들이 돌이켜보는 전차에 타면 많은 시선을 느끼는

윗옷은 짧고 가슴부터 스커트가 되는 치마 이상한 옷이라고 보는 걸까 좀 싫은 느낌

....

19) 교또조선중고급학교 문예부 『등대』 제4호(시 특집호), 1964년 6월, 26-27쪽.

그래도 이 옷은 조선인만이 입는 옷 원숭이 흉내를 잘 내는 일본인도 흉내 낼 수 없는 옷

우리 엄마가 입으셨고 할머니도, 그리고 선조도 입어온 역사와 함께 걸어온 옷

이조의 낡은 색깔 속에도 일제의 압박 밑에서도 조선인민의 고난 속에서도 함께 입어온 옷

무엇이 그리 멋진지 보려면 보십시오. '무척 근사하지요!'

멋진 교복 우리만의 교복 조선인의 향이 나는 교복 모두가 부러워하며 바라보는 교복

모두의 시선을 몸으로 느끼며 오늘도 전차에 탄다 모두는 나를 통해 빛나는 《조국》을 보고 있다

돌아보면 벌써 일 년이 되는 그때는…

조금 부끄러운 교복 조금 마음에 드는 교복

그래도 지금은 무척 멋진 교복이야!

「'저고리'라는 조국의 옷」 중1 손초지(孫初枝)[20]

내가 소학교에 다닐 때는, 일본의 교육을 받았습니다. 그리고 일본글자, 역사, 지리 등을 배우며 세일러복을 입고 다녔습니다. 가끔 조선의 옷을 입고 다니는 사람들을 보았습니다. 그리고 그때마다 '이곳은 일본학교인데 조선의 옷을 입고 조선의 이름을 부르는구나'하고 생각했습니다. 또한 '따로 민족학급에서까지 조선 옷은 안 입어도 될 텐데'라고 생각하곤 했습니다.

그리고 소학교를 졸업하고 가족들의 권유로 조선중학교에 입학했습니다. 그러자 소학교 때의 일이 생각났습니다. 그리고 실제로 나 스스로가 조선의

---

20) 교토조선중고급학교 문예지 『등대』 제7호(특별호), 1964년 12월, 9−10쪽.

이름을 부르거나 불리거나 해도 아무렇지 않게 되었습니다. 요즘은 당연(문장이 여기에서 끊김).

그리고 이번에는 저고리를 입는데 거울 앞에서 입어보니 조선인답고 나 자신에게도 잘 어울려서 기분이 좋았다. 다른 나라와는 전혀 다른 옷이기 때문에 최고로 좋다고 생각했다. 모두가 이 교복을 입고 조회를 하면 예쁘겠다고 생각한다. 그런데도 선배 중에는 일본 옷을 입고 학교에 다니는 사람이 있다. 이런 사람들을 보면 제대로 된 조선의 옷이 학교 교복인데도 왜 입지 않는 것인지 의문이 듭니다.

(중략) 새롭게 입학하는 1학년생이 들어와서 모두 저고리를 입고 학교에 다닐 수 있도록 지금 중학교 1학년이나 2학년, 3학년 학생들이 (저고리를) 입고 학교를 다니도록 하고 싶다. 모든 학생이 학교에서 정하는 교복을 입을 수 있도록, 그리고 1학년들이 선배를 따라 신입생도 모두 저고리를 입을 수 있게 하고 싶다. 그러니까 학교 교복과 내가 민족의 아름다운 저고리라는 것을 이해할 수 있게 되었으면 좋겠다. 그리고 이제부터는 학교의 교복인 아름다운 조국의 옷을 모두가 입을 수 있도록, 신입생에게 좋은 영향을 줄 수 있도록 노력할 것입니다. (원문에서 사용한 표현 그대로를 표기함: 역자주)

여학생들은 치마저고리 교복을 '조선의 옷', 조선 민족의 '역사와 함께 걸어온 옷', '조국의 옷' 등으로 표상하고 그것을 입는 스스로를 자신이 조선사람임을 자랑스럽게 썼다. '예쁘다', '아름답다', '멋지다'라는 민족의상에 대한 긍정적인 평가를 조선민족에 대한 긍정적 평가로 연결시켜 조선사람이라는 것에 부끄럽지 않은 자신이 그려져 있다. 시각적으로 민족을 표현하는 민족의상을 입고 있는 이상, 치마저고리를 입고 통학하는 학생들은 항상 일본사회에서 시선을 직접적으로 받는 경험을 하게 된다. 다른 사람의 눈에 띄게 되면 더욱 자신이 조선사람이라는 것을 알게 된다. '보려면 보십시오', '매우 멋지죠!', 또는 치마저고리 교복착용을 확산시키는 것을 '좋은 영향'으로 보는 것처럼 그러한 경험 속에서 민족의 옷, 조국의 옷을 사랑하는 마음은 한층 깊어져 갔다. 여학생들에게 치마저고리를 학

교 교복으로 입는 것은 바로 일상적인 민족실천, 애국실천의 하나였다[21]

　자신의 의지 없이 조선식 이름으로 개명된 아이나 치마저고리 교복을 입게 된 아이도 있을 수 있다. 가정과의 충돌도 적지 않았을 것이다. 그럼에도 아이들은 매일 조선이름을 부르고 불리는 속에서, 또한 매일 민족의상을 입는 가운데, 일본에서 조선인으로 살아간다는 것과 마주하면서 각각의 의미를 찾아간 것은 아닐까.

제3절 조선인으로서의 경험

　조선학교에는 일본에서 태어나 자란 재일조선인 아이들에게 자신들이 조선민주주의인민공화국의 해외공민이라는 것, 조선민족이라는 것, 조선사람이라는 것을 당연시하기 위한, 혹은 그것에 자부심을 갖도록 하기 위한 다양한 장치가 마련되어 있다. 애국주의는 '학교의 교수교양 전체 과정을 통해서', 또한 '자신의 고향과 학교, 가정, 주변 사람들에 대한 … 애정을 기초로 하여 조국애까지 체계적으로 발전시켜' 나가야 하는 것이라고 되어 있다.[22] 그것은 조선학교에서 한 발짝만 나가면 존재하는 일본사회에서는 그것을 키울 수 있는 자원(정보)이나 관계가 압도적으로 부족하기 때문이다.

　본 절에서는 조선학교에서 보이는 것, 들리는 것, 느끼는 것, 또한 조선학교에서 시간 등 조선학교의 학교생활 전반에 대해서 아이들에게 조국적인 것, 민족

---

21) 한동현(韓東賢, 2006)은 남학생의 교복에 대해서도 언급하고 있다. 그는 여학생이 민족성을 노골적으로 강조하는 치마저고리 교복을 입은 것만을 가지고 여학생만이 외부와 관계 속에서 민족성을 담당하고 있었다고 단언하는 것은 경술하다고 하는데(210－213쪽), 이 지적은 매우 흥미롭다. 조선학교 남학생이 입었던 목닫이 교복(詰襟の学生服)이나 3펜 마크(조선학교 중고급의 상징이다: 역자주)의 학교상징이 충분히 외부로의 조선학생 ＝ 조선사람임을 나타내는 기호가 될 수 있고, 실제로 1960년대에는 조선학교 남학생에 대한 폭행사건이 많이 발생한다(재일조선인 인권을 지키는 모임 준비회(1963), 참조). 조선학교의 남학생과 일본학교의 남학생과 항쟁은 소위 전통적인 민족과는 다른 위치에서 남학생에게도 조선사람이라는 것을 강하게 의식시키는 객관적인 상황이 존재했다는 것을 시사하고 있으며, 또한 그러한 상황이 남학생들의 행동거지를 규정해 간 측면도 있을 것이다.
22) 재일본조선인교직원동맹 중앙상임위원회 「교직동 제23차 확대중앙위원회 결정서」(1956년 8월 21~22일), 28－29쪽.

적인 것을 느끼게 하는 다양한 경험에 주목하려 한다. 곧 수업보다 의도성은 낮지만 국가정체성을 기르는 데 적지 않은 영향을 주었다고 생각되는 조선학교에서의 조선인으로서의 경험을 그리고자 한다.

(1) 풍경

먼저는 조선학교의 풍경을 보도록 한다. 아이들이 하루의 가장 많은 시간을 보내는 학교는 시각적으로 어떤 정보나 메시지를 드러내고 있었을까.

조선학교의 교실이나 교원실에는 비교적 작은 김일성 초상화가 걸려있다. 입학식이나 졸업식, 학교 내의 노래자랑모임이나 학예회, 소년단 입단식 등의 경우에는 비교적 큰 초상화가 사용되었고, 김일성의 흉상이 놓이는 경우도 있었다. 운동장이나 학교건물의 꼭대기에는 공화국의 국기가 걸려있다. 교실 안에는 일본 지도가 아닌 조선반도 지도가 걸려 있으며, 시간표를 시작으로 학교 내 모든 게시물이 한글로 적혀있다. [사진 7-2]는 교또조선제1초급학교의 벽신문(1961년)

사진 7-2 교또조선제1초급학교의 벽신문(1961년). 제목은 「분단벽보2」(좌측 사진), 「분단벽보4 제6호」(우측 사진)이다. 분단이라는 것은 학년이나 학급을 가리키는 것으로, 제2분단이 만든 벽신문이라는 것과 제4분단이 만든 벽신문이라는 의미이다. 각각 작성자의 이름이 '주필 ○○○(이름)'으로 표시되어 있다.

이다. 아이들이 만든 벽신문에는 공화국의 국기가 그려져 있다.

또한 1960년을 전후로 각 학교에는 학교건물 벽이나 교실 안에 다양한 슬로건을 내걸었다. 그 내용은 '조선은 하나다!', '모두 힘을 조국의 평화통일 촉진을 위하여!'라는 남북통일에 관한 것, '모두 모범생이 되자!', '새로운 민주조선을 위해 항상 배워 준비하자!'(소년단의 슬로건), '아름다운 우리말과 글을 항상 사용하는 훌륭한 학생이 되자!', '국어를 늘 사용하자!'라는 아이들의 학습과 민족성에 관계된 것, '영광스러운 조선민주주의인민공화국 만세!'와 같이 항상 내걸리는 것, '귀국실현만세!'라는 당시 시대에 맞는 것, 또한 '학생들의 제일 첫 번째 임무는 학습이다!'라거나, '애국심은 자신의 조국의 과거를 잘 알고, 자신의 민족이 가진 우수한 전통과 문화와 풍습을 잘 알게 되어야만 생겨나는 것이다.'라는 김일성의 말 등 다양한 것이 있었다. 모두 조선어로 쓰인 슬로건은 민족성과 국민성을 환기시키는 내용인 것이 많았다. [사진 7-3]은 1959년 도꾜중고, [사진 7-4]는 1966년 히로시마중고의 교실 풍경이다.

사진 7-3 도꾜조선중고급학교의 수학수업 풍경(1959년). 사진 중앙 상부, 칠판 위에는 김일성의 초상화가 걸려있다. 그 외 '귀국축하', '귀국실현만세!', '국어상용하자!', '애국심'과 같은 말이 나란히 있다. 당시는 남녀 별도로 학급이 편성되었다.

사진 7-4 히로시마조선중고급학교의 수업풍경(1966년). 사진 중앙에는 '일본말 백 번보다 우리말 한 번'이라는 구호가 붙어있다. 학생들이 치마저고리 교복을 입고 있는 것도 알 수 있다. 참고로 사진 위쪽에 걸린 구호는 '우리말 시험에 향하여 모두 다 수업시간에 적극 참가하자'라고 써 있으나 제5장에서 본 것처럼 일본식 우리말이라는 오류가 있다.

사진 7-5 조호꾸(城北)조선초급학교 제2회 가을운동회의 모습(1962년). 학교 안이 공화국 국기로 꾸며진 것을 알 수 있다.

사진 7-6 오사까후꾸시마조선초급학교의 운동회 모습(1962년). 사진은 초대학교(어느 학교인지 불분명하지만 오사카부 내의 중급학교 또는 고급학교 학생들이라고 생각된다)학생들의 농악무 공연 장면이다.

사진 7-7 규슈조선중고급학교 운동회의 모습(1962년). 사진은 집단체조의 한 부분으로 공화국 국기 등에서 보이는 오망성(五芒星)을 표현하고 있다.

사진 7-8 고꾸라조선초급학교 제3회 운동회 모습(1963년). 사진 전방의 아이들이 가지고 있는 국기는 공화국의 국기이다.

사진 7-9 오사까조선제5초급학교 제3회 운동회 모습(1963년). 사진은 어머니 경기의 모습이다.

사진 **7-10** 교또조선중고급학교 체육제의 모습(1964년). 사진은 집단체조의 한 부분에서 공화국의 국기가 펄럭이는 모습을 표현하고 있다.

학교행사

운동회나 학예회 등의 학교행사 때는 평소보다 많은 국기가 학교를 뒤덮었다. [사진 7-5~10]은 운동회의 모습을 보여준다.

이러한 학교 행사라는 마당에서 학부모나 지역의 재일조선인은 아이들이 조선어로 사회를 보고, 노래하고, 연극하는 모습, 민족의상을 입고, 민족무용을 추고, 민족악기를 연주하는 모습 등 평소 집에서는 보지 못하는 모습을 보고(많은 가정에서는 일본어를 상용어로 썼다는 것을 상기시키고자 한다), 아이들이 조금씩 '떳떳한 조선사람'으로 자라고 있다고 느꼈을 것이다. 조선어나 공화국의 국기, 민족문화로 둘러싸인 학교공간은 학부모나 지역의 재일조선인들에 대해서도 조선학교에서는 조선사람으로서 당당할 수 있음을 느끼게 했을지도 모른다.

또한 학교합동으로 열리는 대규모 공연에 출연하는 것도 공화국의 해외공민이라는 것이나 조국에 대한 자긍심을 강하게 느끼게 했을 것으로 생각된다. 그 가장 대표적인 예로서 1965년 5월과 11월에 열린 집단체조 「조국에 드리는 노래」
와 1966년 12월에 상영된 「조국의 해빛아래」를 들 수 있다.

집단체조 「조국에 드리는 노래」는 1965년 5월 28일, 총련결성 10년을 기념
하는 대회에서 상영된 매스게임이다. 도쿄 코마자와(駒沢)육상경기장에서 열린
이 행사에는 간토지역의 조선학교 학생 8,000명이 참가했고 약 3만 명이 관람했
다. 관중석의 반대편에 있는 객석에는 수천 명의 학생들이 '배경판'으로 불리는
사람문자를 만들었다. 배경판에는 '조선민주주의인민공화국 만세!', '경축 총련결
성 10주년', '재일동포는 단결하라', '민주주의적 민족권리를 옹호하자', '조국으로
왕래할 자유를 실현시키자', '교육원조비와 장학금 40억', '김일성 원수 고맙습니
다', '조국통일을 위하여', '한일회담반대'라는 사람문자가 공화국과 조선학교, 귀
국선 등의 그림과 함께 나타났고, 운동장에서는 그 외 학생들이 기계체조, 그룹
체조(組体操)나 민족무용을 선보였다. 조선학교에서 최초로 시도한 8,000명 규모
의 집단체조를 본 관객들은 큰 감동을 받았다고 한다.23)

1966년 12월 13, 14일 이틀에 걸쳐 상영된 「조국의 해빛아래」는 재일조선
인의 중등교육실시 20주년을 축하하며 센다가야(千駄ヶ谷)의 도쿄도 체육관에서
열린 노래와 무용으로 구성된 공연으로, '(대)음악무용서사시'로 불렸다. 이 공연
에는 조선대학교 학생, 간토지역의 조선초중고급학교의 어린이학생, 그 외 예술
가들 3,000명이 출연했으며 구성은 합창 1,000명, 관현악단 200명, 무용 2,000명
이었다. 공연내용은 식민지 지배에서 시작하여 식민지시기 조선인의 항일투쟁,
공화국의 창건, 총련의 결성, 학교건설, 오늘날의 모습이라는 조선민족의 역사 속
에서 조선학교가 자리잡은 것으로, 상영시간은 약 2시간이었다.24)

이틀간 재일조선인 3만 6,400명, 일본인 1만 3,000명, 소련, 중국, 쿠바, 폴
란드, 체코슬로바키아, 불가리아, 아프가니스탄, 파키스탄, 오스트리아, 모로코 등
14개국의 100여 명의 주일대사 등 총 5만 명 정도가 관람했다.25) 공연을 관람한

23) 「집단체조 「조국에 드리는 노래」를 선보이다－총련결성 10주년 축하대회에서 3만 군중의
   대환호와 박수, 감동의 도가니」『조선신보』 1965년 5월 31일자.
24) 「재일본조선인 중등교육실시 20주년기념 음악무용서사시 「조국의 해빛아래」가 오늘부터
   상영된다－도쿄도 체육관에서 13~14일 이틀간 공연」『조선신보』 1966년 12월 13일자.

일본학술회의 하야시 가나메(林要)나 시가대학 학장인 미와 켄지(三輪健司)는 중고급학생 및 조선대학생으로 구성되어 막이 오를 때부터 끝날 때까지 무대의 양 끝에 계속 서 있는 합창단의 모습을 보고 '저 긴 시간 미동도 없이 계속 똑바로 서서 움직이지 않는 대합창단의 한 가지 사실만을 봐도 재일조선인의 민주주의적 민족교육의 성과가 어느 정도로 훌륭한지 알 수 있다'라고 감상을 적고 있다. 또한 홋카이도 교육대학 학장인 기도 만타로(城戸幡太郎)도 '이 공연을 관람하면서 재일조선공민의 자랑스러운 민족교육 장래의 발전을 봤다. 이러한 재일조선공민의 민족교육의 성과는 조선인민과의 우호친선을 바라는 일본인의 기쁨이기도 하다'라고 공연과 조선학교의 교육을 연결시켜나가며 그것들을 평가하고 있다.[26]

이러한 대규모의 행사는 교육성과를 학부모나 지역의 재일조선인들에게 보여주기 위한 학교행사라는 틀을 넘어서서 재일조선인의 존재, 총련의 조직력, 조선학교의 교육 등을 일본사회를 향해 발신한다는 대외행사적 성격을 강하게 갖는 것이기도 했다. 공연의 시대배경에는 조선학교의 법적인가 운동과 외국인학교 법안반대 운동이 있었고, 조선학교의 교육이 어떠한 것이었는지를 일본사회에 널리 발신할 필요가 있었던 것이다.

두 공연에 주로 힘을 쏟은 도꾜조선중고급학교의 한 교실에 붙여진 학생이 작성한 벽신문에는 다음과 같은 것이 적혀져 있었다.[27]

중등교육실시 20주년을 열정으로 맞이하자!
이날은 바로 우리 학교가 설립된 날입니다. 온갖 탄압과 억압을 물리치고 이역의 땅, 일본에서도 우리들의 민족교육은 웅장히 꽃피워왔습니다. 이제부터도 계속될 일본정부의 다양한 만행에 모든 것을 바쳐 오늘까지 싸워온

---

25) 「5만명의 관중이 극찬─음악무용서사시 '조국의 해빛아래'를 성공리에 공연, 총련중앙 한덕수의장의 초대로 14일에는 일본각계인사와 외국의 내빈 1만 3천여 명이 관람」『조선신보』 1966년 12월 16일자.
26) 「대음악무용서사시를 관람한 일본인가계인사와 주일외국 친구들의 담화」『조선신보』 1966년 12월 16일자.
27) 도꾜조선중고급학교 『학교연혁사』(1966년)의 사진에서 참조.

총련의 활동가와 아버지어머니들에게 넘쳐흐르는 우리들의 감사의 마음을 겨우 이날에야 전할 수 있습니다. 개최될 '대음악무용서사시'에는 우리들의 모든 열의를 발휘하여 이것을 성공시킬 수 있도록 하나가 되어 나갑시다! 대신 학력 향상도 양립되어야 함을 잊지 말도록 합시다!

가장 마지막의 문장에서는 수업시간을 줄이고 공연연습을 하고 있었음을 시사한다. 그런 가운데에서 열린 행사에 어떤 마음으로 참가해야 했는지 학생들이 자신들 안에서 확인하고 있던 것을 엿볼 수 있다. 이러한 행사는 자신들이 조선인으로서 자라나는 마당인 조선학교를 지켜온 사람들에게 '감사의 마음'을 전하는 자리이기도 했다.

조선학교의 아이들은 일상적인 풍경으로 공화국의 국기나 조선반도의 지도, 김일성의 초상화를 늘 접하고 있었다. 일본 사회에서는 눈을 끌 만한 이런 것들은 그들의 눈에는 특별한 것이 아닌, 조선학교에 있는 일상적인 당연한 풍경으로서 비추어졌을 것이다. 오히려 그러한 당연한 풍경은 자신이 조선사람이라는 인식이 자연스럽게 형성될 소지를 마련해주고 있었다고 생각된다. 또한 공연 등 학교행사에서는 자신들의 민족성, 국민성을 적극적으로 드러내고 그것을 감상하는 것을 경험하고 있었다. 감상하는 주체가 재일조선인인 경우, 같은 '우리'임을, 즉 공통성이 강조되었을 것이고 일본인 혹은 재일조선인이 아닌 경우 자신들이 공화국의 해외공민이라는 것, 곧 감상하는 주체와의 다름이 강조되었다고 생각될 것이나, 어쨌든 '본다 – 보여진다'의 관계에 기초한 경험은 자신들이 조선사람이라는 감각과 생각을 강화시키는 하나의 계기가 되었을 것이다.

(2) 노래

이어서 청각적인 측면, 특히 노래에 주목해보도록 한다. 당시의 입학식, 졸업식 등의 장소에서는 어떤 노래가 불리고 있었을까. 오늘날 조선학교에서는 교가가 불리는 경우가 많으나 당시는 몇 개 학교를 제외하고는 교가가 존재하지 않았다. 많은 조선학교에서 교가가 만들어진 것은 1980~1990년대의 일이다.

면담조사에 의하면 당시 불린 것은 「김일성 장군의 노래」나 「애국가」였다고 한다. 「김일성 장군의 노래」는 1946년 7월 리찬 작사, 김원균 작곡의 노래[28]로 항일 빨치산 김일성 장군의 조선독립을 위한 활동을 찬양하는 내용으로 되어 있다. 또한 1947년 박세영 작곡, 김원균 작곡의 「애국가」는 조선민주주의인민공화국의 국가[29]로 조선반도 자연의 아름다움, 역사, 문화를 찬양하는 내용이다. 공화국정부수립 이전의 작품이기 때문인지 '조선민주주의인민공화국'이라는 단어 없이, 국가를 나타내는 말은 '조국'이나 '조선'이라는 말을 선택했다.

1950년대 초급학교 『음악』 교과서를 보면[30] 4학년을 제외한 모든 학년에서 「애국가」의 악보가 교과서 가장 첫 페이지에 게재되어있다. 4학년은 가장 첫 페이지에 「김일성 장군의 노래」가 있고, 이어서 「애국가」가 있다. 또한 1963년 이후에 편찬된 초급학교의 『음악』 교과서에는 목차에 기록되어 있지 않고, 「김일성 장군의 노래」와 「애국가」의 악보가 모든 학년의 어떤 노래보다도 가장 먼저 게재되어있다. 1964년 작성한 중급학교용 『음악』 교과서(1학년용 및 2, 3학년용)에서도 같은 모습이 확인되는데, 목차의 다음 페이지에 「애국가」와 「김일성 장군의 노래」가 게재되어 있다. 편입생이 많았던 당시에 어떤 학년에 편입해도 두 개의 노래를 배우도록, 또는 그 악보를 확인할 수 있도록 한 노력으로 생각되는데, 이 두 개의 노래가 조선학교에서 차지하고 있던 위치를 엿볼 수 있다. 학교행사에서 반복되어 불린 이런 노래를 통해 공화국 국민으로서의 공통의 문화를 체득시키고 국민으로서 동일성이 만들어질 수 있도록 하고 있었다.

와타나베 히로시(渡辺裕)는 전쟁 이전시기 일본의 교가가 '학교로의 귀속의식과 애교심에 그치는 것이 아니라 향토에 대한 귀속의식과 애향심, 이에 더해 국가에 대한 귀속의식과 애국심과도 연결되는 성격을 가지고 있었다'는 것을 지

---

28) 사회과학원 주체문학연구소(1988), 333쪽.
29) 사회과학원 주체문학연구소(1993), 752쪽.
30) 기재되어 있지 않는 관계로 정확한 출판연도는 알 수 없다. 그러나 내용이나 교과서 보존 상태에서 1947년에 조련초급교재편찬위원회가 편찬한 교과서와 1963년 총련교과서편찬위원회가 만든 교과서 사이, 즉 50년대 중반에 만들어진 교과서라고 짐작할 수 있다. 1960년, 61년에도 같은 내용의 교과서가 출판되었다. 그러나 제4장에서 본 것처럼 공화국의 번각 교과서였는지 어떤지는 판별하기 어렵다.

적하고 있다.[31] 일본의 학교 교가는 전쟁 이후 수정되거나 또는 황국사관을 드러내는 단어가 대체되어서 위에 언급한 성격이 희미해졌으나 그러한 경향과 대비해보면 당시 몇 개의 조선학교 교가로 만들어져 불린 교가는 오히려 재일조선인과 조국과의 연결을 강하게 하는 가사라고 할 수 있다.

다음에 도꾜조선중고급학교 교가(1952년에 작성, 작곡은 림광철, 작곡 최동옥[32]), 아이찌조선중고급학교의 교가(1956년에 작성. 작사 작곡은 불명. 전신이었던 중부조선중고등학교의 교가(1954년)도 함께 실려 있음),[33] 고베조선중고급학교 교가(작성연도, 작사 작곡 모두 불명. 1959년경에 이미 있었다는 것이 확인가능)[34]의 가사를 인용하도록 한다.

【도꾜조선중고급학교 교가】(1952년)

1절

백두산 줄기찬 힘 제주도 남쪽까지 삼천만 하나되여 새 기발을 들었다

조선의 아들딸이 그 별빛 지니고서 배움길에 싸우는 륙십만의 민주성채

빛나는 그 이름 동경조선중학교 그 이름도 찬란한 우리의 고등학교

2절

위대한 공화국의 새 력사 우렁차다 세계의 평화진지 붉은피로 지키려

조선의 아들딸이 그 기발 받들고서 배움길에 나가는 60만의 선봉대렬

빛나는 그 이름 동경조선중학교 그 이름도 찬란한 우리의 고등학교

----

31) 渡辺(2010), 152쪽.

32) 도꾜조선중고급학교 「학교안내 모집요강 1958년도」 등에 교가가 실려 있다. 작성연도에 관해서는 도꾜조선중급학교 「도꾜조선중고급학교 창립 60년 기념 관련자료 묶음」(2006년)을 참조.

33) 아이찌조선중고급학교 『학교연혁사』(1996년), 참고. 이 연혁사는 이제까지 본고가 다루어온 66년에 일제히 작성된 『학교연혁사』가 아니라 1996년에 다시 전국 조선학교가 공통의 양식으로 작성한 연혁사이다. 다만 양식은 대부분 동일하다.

34) 고베조선중고급학교 『학교연혁사』(1966년) 내에 첨부된 사진 참조. 사진에는 하얀색 펜으로 수기작성된 '교가'로 쓰여져 있고, 이와 함께 '귀국하는 친구를 열렬히 환송하다! 재일본조선인청년동맹 고베조선중고급학교 위원회'라고 쓰여져 있다. 연혁사 사진이 붙은 테두리 밖에는 '교사전경(1958년 11월)'이라고 적혀있으나 귀국이 실현된 것은 1959년 12월 이후이기 때문에 교가와 메시지가 적힌 것은 그 이후라고 생각된다.

【중부조선중학교 교가】(1954년)

1절

동방에 빛나는 달 암야에 쏘인

억압 속에 흘린 피도 질곡의 쇠사슬도

젊은이들의 정열 실어 중부조선중학교

2절

찬란한 문화 묻힌 인민의 새 나라

끌고가자 우리 겨레 밀고가자 우리 조국

젊은이의 정열 실어 중부조선중학교

【아이찌조선중고급학교의 교가】(1956년)

영광찬 조국땅에 평화소리 드높아 찬란한 미래는 우리 앞에 열렸다

자유로운 세대에 활개쳐 갈 우리들 배움의 길에서 수령 앞에 다지자

빛나는 그 이름 아이찌조선중급학교 자랑찬 그 이름 아이찌조선고급학교

【고베조선중고급학교의 교가】

내 조국 아름다운 인민의 강산에 조상의 깊은 뜻이 불타오른다

충직한 그의 후대 여기에 모여 민족의 자랑을 굳게 지키리

유구한 력사는 우리를 부른다 단결하자 고베조선중고급학교

교가의 존재를 확인할 수 없는 학교가 많았기 때문에 전체의 경향을 찾아내는 것은 불가능하지만 오늘날 조선학교 교가와 비교하면 공화국을 표상하는 표현이 많이 사용되고 있고, 역으로 학교가 소재하는 지명이나 지역을 가리키는 표현이 그다지 사용되지 않는 것이 당시 교가의 한 특징인 것으로 생각될 수 있다. 국가나 교가, 또는 수업 등에서 배운 조선민요나 민족기악 소조에서 연주하는 음악도 자신들이 조선민족이며 공화국의 해외공민이라는 인식을 갖게 하는 데 적

지 않은 영향을 주었을 것이다.

(3) 휴교일

계속해서 1960년대의 조선학교 휴교일에 주목하려 한다. 조선학교 학교운영
은 1학기(4-7월) → 여름방학(8월) → 2학기(9-12월) → 겨울방학 → 3학기(1-3월)
→ 봄방학 → 1학기…로 이루어졌다. 이는 기본적으로 공화국이 아닌 일본의 방
식으로 1년간 시간의 흐름이 편성된 것이었다. 다만 휴교일만은 다르게 되어 있
었다.

학기 중에 휴교하는 날은 휴교가 될 만한 특별한 의미가 있기 때문에 그 날
이 왜 휴교가 되는지, 또는 무엇을 축하하는 날인지가 아이들에게 가르쳐주는 경
우도 있었을 것이다. 특히 조선학교의 휴교일은 일본 학교와는 달라서 조선학교
의 아이들에게는 우리만 쉴 수 있는 특별한 날이었다. 여기에서 말하는 '우리'는
조선학교에 다니는 사람으로, 또한 공화국 국민으로서의 '우리'이다.

아이들 중에는 예컨대 휴교일이 되는 9월 9일을 공화국 정부가 수립된 날로
서가 아니라 그저 '9.9절은 쉬는 날' 정도로만 인식하고 그 의미를 이해하지 못하
는 아이도 있었을 것이기는 하지만, 평소 살고 있는 일본사회의 질서가 평일로써
움직이는 가운데(예를 들면 부모는 일하고 버스도 평일운행인 것 등), 조선학교에 다니
는 우리만 휴일의 질서를 보내는 경험, 또는 반대로 일본사회에서는 휴일이지만
조선학교는 쉬지 않는 경험은 우리와 일본사회와의 경계선을 인식시키게 했을
것이다.

[표 7-1]은 1966-1977년까지의 과정안에서 확인가능한 8개년 내 휴교일
을 정리한 것이다.

차례대로 보면 먼저 4월 15일은 김일성 탄생일(1912년 4월 15일)이다. 지금은
총련 관련 많은 단체에서 휴일이지만 조선학교에서 휴교일로 지정된 것은 1970
년대 전반의 일이었다. 다만 70년대 이전에도 생일은 공개되어 있어서 김일성의
탄생을 축하하는 축하행사 등이 진행된 바 있다.

유럽이나 사회주의 국가 내 기념일인 5월 1일은 노동절(메이데이)로 조선학

표 7-1 | 조선학교의 휴교일 (1960~61년, 1966년, 1968년, 1970년, 1974~75년, 1977년)

	4월 15일	5월 1일	5월 5일	5월 25일	6월 1일	6월 6일	8월 15일	8월 16일	9월 9일	10월 10일	1월 1일	2월 8일	학교창립
1960년	●	●									●	●	●
1961년		●										●	●
…													
1966년			●					●				●	●
…													
1968년	●								●			●	●
…													
1970년		●			●							●	●
…													
1974년	●					●			●				●
1975년			●			●			●				●
…													
1977년	●				●					●	●		●

주: 음영처리한 것이 휴교일로 지정된 날.

주: 각 연도의 출처는 이하와 같다. 1960년: 총련중앙교육부 「1960/61학년도 과정안」(1960년). 1961년: 총련교육문화부 「1961/1962학년도 과정안 실시에 대해서」(1961년). 1966년: 총련중앙상임위원회 「1966~67학년도 과정안 실시요강」(1966년 2월). 1968년: 재일본조선인총련합회 중앙상임위원회 「1968~69학년도 총련 각급학교과정안」(1968년 3월). 1970년: 재일본조선인총련합회중앙상임위원회 「1970~71학년도 총련각급학교과정안」(1970년 3월). 1974년: 재일본조선인총련합회 중앙상임위원회 「총련각급학교 과정안을 정확히 집행하는 것에 관한 요강」(1974년 3월). 1975년: 「총련각급학교과정안 1975~76학년도」. 1977년: 재일본조선인총련합회 중앙상임위원회 「요강 ─ 1977학년도 총련각급학교과정안을 정확히 집행하는 것에 대해서」(1977년 3월).

주: 다른 학년도의 과정안도 확인했으나 휴교일이 나와 있는 것은 위에 제시된 연도뿐이었음.

교에서는 61년 이후 휴교일이 되어있다. 일본에서는 휴일이 아니다. 5월 5일은 1948년에 제정된 어린이날이지만, 노동절과는 반대로 61년 이후 조선학교에서는 휴교일이 아니게 되었다. 5월 25일은 1955년 총련결성일, 6월 1일은 1949년 11월, 모스크바에서 국제민주여성연합회가 제정한 국제아동절, 6월 6일은 1946년에 결성된 조선소년단의 결성일이다.

8월 15–16일은 식민지 지배에서 해방된 일로서 휴일로 지정되었으나 원래 방학기간 중에 있기 때문에 1967–1968년경의 과정안에서는 더 이상 기재하지 않게 되었을 거라 추측된다. 여름방학 기간이기는 하나 학교에 모여 일본의 축제처럼 '8.15 야회(夜會)'로 불리는 해방을 축하하는 행사나 모임을 학교에서 갖기도 한다. 9월 9일은 1948년 공화국 창건기념일로서 1966년 이외의 모든 해는 휴교일로 되어 있다(66년만 지정되어 있지 않는 이유는 불분명). 10월 10일은 조선노동당의 전신이었던 조선공산당북부조선분국이 1945년에 발족한 날로서 조선노동당의 당 창건 기념일로 알려져 있다.

해가 바뀌어 1월 1일은 설날로 휴일이지만 8월 15일과 같은 이유로 1960년대 중반 이후는 휴일로 지정하지 않게 되었다. 2월 8일은 공화국의 군대인 조선인민군이 결성된 날(1948년)이다. 오늘날 공화국에서는 조선인민군의 뿌리는 식민지시기의 항일 빨치산에 있다고 하여 그 결성일인 1932년 4월 25일이 조선인민군의 창건일인 것으로 되어 있다.

또한 학교창립일은 모든 해에 휴교일이 되어있는 것으로 확인할 수 있다. 그렇다고는 해도 폐쇄나 통합 등이 있어 학교가 창립된 일을 결정하기는 쉽지 않았을 것으로 생각한다.

60년대 휴업일 기간을 제외한 휴교일은 노동절, 국제아동절, 공화국창건일, 조선인민군 창건일, 학교창립일로서 학교창립일 이외는 공화국에서 휴일로 되어 있는 것을 채용하고 있었다. 그것은 조선학교 내 시간의 질서를 공화국의 그것과 동조시키려는 노력이었다. 70년대 이후에는 김일성 탄생일, 조선소년단 결성일, 조선노동당 창건일 등이 휴교일로서 제정되어 공화국과의 시간의 동질성이 한층 강화되어 갔다.

(4) 운동

당시 조선학교에 다닌 사람들의 이야기를 들어보면 많은 사람이 조선학교 또는 재일조선인 권리보장을 요구하는 시위나 항의활동에 참가했다는 것, 또는 경찰과 대치한 경험 등을 이야기한다. 그들의 학교에 대한 기억은 이러한 '운동'과 떼어 생각할 수 없게 되어 있다.

[사진 7-11]과 [사진 7-12]는 시위행진에 참가하는 교또중고 학생들의 모습이다.

[사진 7-11]에서 나타난 피켓에는 '귀국즉시실현', '···너도 나도 돌아가자!', '···철거하라!'라는 무거운 말들이 나열되어 있으나, 그러한 글귀와는 대조적으로 거리 속을 행진하는 아이들의 얼굴은 어딘가 모르게 긴장감이 부족한 얼굴을 하고 있다. 또한 [사진 7-12]는 한일회담을 반대하는 시위행진을 하는 아이들과 교원들이 찍힌 사진이지만 소풍이라도 가는 것 같은 화기애애한 분위기가 전달된다.

일반적인 학교교육과는 친화적이라고 할 수 없는 '비일상'적인 운동에 아이들은 긴 시간동안 빈번히 참가해왔다. 아니, 하지 않을 수 없었다. 제1장에서 본 것처럼 학교폐쇄조치를 강행하는 경찰에 몸을 던져 바리게이트를 만들고 관청 앞에서 야외교실을 만들어 저항하는 뜻을 나타냈다. 또한 제9장에서 보는 것처럼 공립조선학교에 다니는 아이들은 시(市)로부터 지급된 공책 받기를 거부하고 일본의 학교명이 적힌 졸업증명서를 찢어버렸다. 그리고 조선인 교사의 채용, 조선어로 수업실시, 민족교과의 수업시수 증가를 요구했다. 또한, 10장에서 보는 것처럼 각종학교 인가취득운동이나 외국인학교 법안반대운동의 경우에도 아이들은 엽서를 통한 진정(陳情)이나 거리에서의 서명활동, 시위행진, 또는 지역의 지사와의 교섭의 장에 참가했다. 교육권 획득과 조선학교의 존속을 위해 투쟁한 것은 어른들만이 아니었다.

이런 가운데 조선학교 아이들에게 운동에 참가하는 것은 점점 일상적인 경험이 되어갔던 것은 아닐까. 당시 조선학교의 아이들에게 있어서 운동에 참가하

사진 7-11 귀국실현을 호소하는 시위행진에 참가하는 교또조선중고급학교 학생들(1959년 4월)

사진 7-12 '한일회담분쇄'라는 피켓을 들고 시위행진하는 교또조선중고급학교 학생들(촬영시기는 불분명)

는 것은 그다지 긴장할 일이 아닌, 바로 조선학교에 다니는 사람으로서 당연한 것이었다. 제6장에서 보다시피 이른바 '비일상이 일상화'되어 있는 상황을 살아가는 것이 조선학교의 학교경험의 하나였다. 물론 아이들의 운동에 대한 관여는 조선학교의 교육과정에는 존재하지 않는, 다시 말해 조선학교가 본래 의도해서 조직화한 교육과는 다르다. 원래 극복해야 하는 과제에 대해 집단적인 행동(운동)의 필요성은 예측불가능한 상황이 많을 뿐만 아니라 조선학교로서는 그런 과제의 존재 자체가 바람직하지 않다는 것은 말할 필요도 없다. 그러나 시위행진이나 집회에 참가하는 것을 일본정치상황이나 한일회담 등에 관한 이해를 높이는 데 있어 좋은 계기라고 생각하고 틀에 제한되지 않는 학습을 조직한 교원도 있었을 것이다. 또한, 실제로 거리에서 전단지를 돌리고 서명을 부탁하고, 재일조선인의 교육권을 호소하며, 일본인과 접하는 속에서 조금씩 자신의 정체성을 되묻거나 형성해간 아이들도 있을 수 있다. 물론 운동에 참가하는 '교육적 효과'를 측정하는 것은 쉽지 않지만, 자주적이든, 의무적이든 운동에 참가하는 경험은, 일본 사회에서 재일조선인이 놓여있는 상황을 인식시키고 그러한 일본사회에서 살아가는 조선사람인 스스로를 불가피하게 느끼게 했을 것이다.

이상과 같이 조선학교는 애국주의 교양을 시작으로 한 의도적인 움직임은 물론, 조선학교를 매개로 생겨나는 조선사람으로서의 여러 가지 경험을 통해서 조선에 대한 자긍심을 느끼게 하고자 했다. 조선에 대한 긍정적인 정보가 부족할 뿐만 아니라 관헌에 의한 탄압, 조선인에 대한 사회에서의 차별적인 언행, 이러한 대응이 반복되면서 조선사람에 대한 긍정적인 감정을 갖는 것이 어려운 상황 속에서, 일본에서 태어나 자란 아이들에게 조선사람으로서 긍지를 갖게 한다. 이에 대해 조선학교가 어느 정도로 성공했는지 판단하기는 어렵지만, 그러한 난제에 대한 노력을 탈식민화에 대한 조선학교의 대응으로서 여겨두고 싶다.

제8장

명멸하는 재일조선인의 역사

    국민교육이란, 공통의 문화와 기억을 가르쳐서 국가 정체성을 부여하여 국민을 만드는 교육이라고 정의할 수 있다. 이제까지 본 것처럼 조선민주주의인민공화국의 국민화를 통해 재일조선인의 탈식민화를 지향한 조선학교에서도 국민교육이 실시되었다고 말할 수 있다. 공통의 문화로 국어를 습득·사용하는 과정에서 재일조선어라는 조선학교의 독특한 말이 생겨났다. 공통의 기억은 어떨 것인가.

    앞 장에서 살펴본 것처럼 조선반도의 역사, 공화국의 국사 등이 그 핵심을 구성하고 있으나 그와 동시에 재일조선인인 우리의 기억, 재일조선인의 역사 역시 재일조선인의 공통의 기억을 구성하고 있음이 분명하다. 자신들이 왜 일본에서 태어나 자랐을까, 자신들이 배우는 조선학교는 어떻게 지켜져 온 것일까. 조선반도의 역사와 국사에는 반드시 포함된다고 하지 못하는, 혹은 이런 것들과 상대적으로 독자적인 재일조선인의 역사를 배우는 것은 조선학교 아이들의 정체성을 형성시키는 데 있어 중요한 것이었다고 생각된다. 본국과 겹치면서도 상대적으로 독자적인 재일조선인사의 교육은 조선학교의 독특한 탈식민화를 생성하는 하나의 요인이기도 했다.

    그러나 재일조선인사의 교육은 본국과는 모종의 긴장관계를 만들어 내는 것이었다. 이번 장에서는 재일조선인사 교육의 변천을 따라가며 조선학교에서 재일조선인사의 위치에 대해서 고찰한다.

제1절 재일조선인으로서 공통의 기억

확인 가능한 범위에서 조선학교 교과서 내의 재일조선인사가 본격적으로 다루어지게 된 것은 제6장에서도 언급했듯이 고쿠분 이치타로(国分一太郎)가 그 편찬에 참여했던, 또는 그 관계가 영향을 주었다고 생각되는 1953년경에 작성된 초급학교 사회교과목의 교과서인 『사회공부』(제5학년용과 제6학년용)가 시작이었다. 필자가 열람한 그 교과서는 학우서방에 소장되어 있기는 하나 판권장이 존재하지 않아 출판연도나 출판사, 편찬 주체가 확인되지 않는다. 다만 표지에 '사회교육연구회'라고 적혀있다. 다루는 내용과 쓰인 자료, '해방 후 8년'이라는 기술에서부터 1953년에 작성되어 늦어도 1954년에는 출판된 것으로 보인다.

조련 시기의 많은 교과서와 마찬가지로 『사회공부』에서도 교과서 말미에 '교사용 노트'가 붙어있어서[1] 여기에 「사회과 교육목표」가 적혀있다. 제5학년은 '다루는 중심과제는 다음 3가지 주제이다. 1. 전쟁이라는 조국의 현실, 2. 세계의 현실과 국제연대성의 강화, 3. 일본의 실정과 재일동포의 생활, 4. 우리가 걸어온 길. 그리고 이 4가지 주제를 기본으로 하는 목표는 고상한 애국심과 반전 평화사상이다'라고 되어 있어 공화국, 중국 및 소련을 중심으로 한 세계정세와 함께, 어느 것이든 재일조선인은 주요한 주제로서 자리매김되어 있다. 다음 그 기술내용을 보도록 한다.

재일조선인의 형성사 · 생활사

제5학년의 『사회공부』에서 재일조선인에 관한 학습으로서 편성된 단원은 「13. 일본에 살고 있는 조선동포들」과 「14. 구두 닦는 소년」으로, 교과서 가장

---

1) 김덕룡(2004)은 1947년 출판의 『초급국어1』, 『초급산수1』 등의 교과서에 관해 이러한 교재의 편찬 의도와 내용설명이 상세하게 기재되어 있다는 것을 지적하고 있다. 그는 이것에 대해 '교재를 매개로 하여 각 지역에 산재해 있는 초등학원의 수업을 진행상의 통일성을 어떻게든 맞추어보려고 한 노력의 증거'라고 했으며 이는 큰 틀 안에서 수긍 가능한 지적이다(54쪽). 추측하건대, 민전 시기에도 계속해서 교수요강이나 교수용 지도서를 작성할 만한 역량은 충분하지 않았기 때문에 1953~1954년경에 작성된 『사회공부』에도 종래의 방법이 쓰이고 있었다고 생각된다.

마지막 부분에 있다. 「13. 일본에 살고 있는 조선동포들」의 내용은 크게 해방 전과 해방 후로 나뉘어져 있어, 다음과 같은 기술로부터 시작한다.[2] 제6장에서도 언급했으나 다시 확인해두도록 한다.

'나는 어째서 일본에 살고 있나?'

이러한 의문을 여러분은 가져본 적이 있습니까? 우리가 이런 의문을 갖는 것은 매우 당연합니다. 왜 그런 것일까요? 그것은 말할 필요도 없이, 우리는 일본인이 아닌 조선사람이기 때문입니다. 어떤 나라 사람이든지 특별한 이유 없이 다른 나라에 와서 살게 될 리가 없기 때문입니다.

그러나 지금 일본에는 약 60만이나 되는 우리 동포가 살고 있습니다. 그런데 해방되기 전에는 240만이 넘는 동포가 살고 있었습니다. 어째서 이렇게 많은 동포가 일본에 오게 되었을까요? 그것은 누구보다도 여러분의 아버지, 어머니, 오빠, 언니들이 잘 알고 있을 것입니다. 할아버지, 할머니가 계신 동무들은 더 잘 알 것입니다.

내가 여기에서 한마디로 그 이유를 설명한다면, 그것은 조선사람들이 자신의 나라, 자신의 고향에 살 수 없었기 때문입니다. 왜 살 수 없었을까요? 그것은 조선의 현대역사를 조금이라도 알고 있는 사람이라면 누구나 이해할 것입니다.

글 초반에 '나는 어째서 일본에 살고 있나?'라는 물음을 통해 상징하고 있는 것처럼, 바로 자기 자신의 존재와 관련된 문제로서, '많은 동포가 일본에 살게 된' 경위, '(자신의 나라, 자신의 고향에서) 살 수 없었던' 상황을 배우는 것이 자리 잡고 있다. 그리고 '조선의 현대역사', '할아버지, 할머니'와의 관계, 즉 역사적 문맥 속에서 이 물음에 대한 대답을 구하고 있다.

이 단원은 그 후 1910년의 강제 병합, 조선인의 만주 혹은 일본으로의 이동, 일본에서의 생활 등을 그리고 있다. 일본에서의 조선인의 생활에 대해서는 넝마

---

2) 사회교육연구회 『사회공부(5)』, 80-81쪽.

주이, 홋카이도의 탄광, 철도, 터널 공사라는 작업상황이나, 임금차별, 셋집거부가 사진과 함께 소개되고 있다. 또한 많은 아이가 학교에 다니지 못하고, '다행히 일본학교(그때는 조선학교는 하나도 없었음)에 입학한 경우도, 일본 친구들이 놀아주지 않고, '조선인, 마늘냄새 나'라고 괴롭힘만 당했다'라며 식민지 시기의 재일조선인 아이들의 모습도 그리고 있다.

1930년대 이후는 제2차 세계대전, 일본의 중국 동북지방으로의 침략, 태평양전쟁에 대한 언급, 특히 태평양전쟁 이후 많은 조선인을 '강제징용하여 일본에 데리고 가서 탄광이나 비행장 공사, 방공호 뚫기, 군수공장과 같은 일'을 맡겼던 것에 집중되고 있다. 예컨대, 후쿠오카현 미쯔비시 가쓰타 탄광(福岡県三菱勝田炭鉱)이 거론되고 있는데, 혹독한 노동 때문에 도망치려고 한 조선인 노동자가 일본인 관리자에게 폭행당해 사망한 사건이 소개되고 있다.

이어서 '악덕한 일본 제국주의는 소련을 선두로 한 연합국에 무조건항복했고, 우리 조선도 해방되었습니다'라고 하며 1945년 이후의 기술로 옮겨진다. '일본은 미국의 식민지가 되어 군대를 다시 만들고, 조선, 중국, 소련을 침략할 계획'이기 때문에, '그 날(조국해방)에서 8년이 지났지만', 재일조선인의 생활은 '태평양 전쟁 이전과 다르지 않고 매우 어려운 상태'에 있다고 서술하고 있다. 그리고 '친구들이 쓴 글짓기를 통해 그 실정을 보도록 합시다'라면서 두 편의 작문을 다루고 있다. 그 중 하나는 도립제1조선인소학교 분쿄(文京)분교에 다니는 5학년생 허계순의 '안정소에 다니는 엄마'로, 이 글은 일용직으로 일하는 엄마의 고달픈 모습과 전쟁반대 서명운동에 매진하겠다는 결심을 담은 글이다. 또 하나는 시가현 내 시가사토 소학교 내의 민족학급에 다니는 5학년생 박춘홍의 「비행장」이다. 공립 조선학교와 공립학교 내 민족학급 아이들이 거론되는 것은 학교 폐쇄 후 얼마 되지 않은 시대적 상황을 보여주는 것이다. 「비행장」의 전문은 다음과 같다.

우리 집 앞에는 미국 놈들의 비행장이 있습니다. 어느 날 학교에 가는 길에 보니 집을 두 개 지어서 그 안에 여러 가지 것들을 넣고 있었습니다. 그 집 속을 자세히 보니, 조선지도가 있고, 라디오도 있고, 전화도 있었습니다. 놈

들은 그날부터 우리가 사는 집에서 나가라고 합니다. 왜 나가야만 하냐고
물어보니 이 집을 부수고 비행장을 더 크게 만든다고 합니다.

우리 집 앞에서 일본인들이 농사를 짓고 있지만, 그 사람들의 밭도 빼앗아
비행장을 만든다고 합니다. 일본인들은 자신들의 밭을 줄 수 없다고 말하니
까, 돈을 줄 테니 팔라고 했습니다. 그러나 농부들은 돈이 많이 있어도 금방
없어지지만 밭은 가지고 있으면 자신이 죽을 때까지 남아있는 것이기 때문
에 팔 수 없다고 반대하고 있습니다. 그래서 우리 조선사람들과 함께 싸우
고 있습니다. 그 비행장이 빨리 없어져야만 조선 전쟁이 끝날 것입니다.

'미국 놈들의 비행장'을 확충함에 따라 퇴거를 강요당하는 조선사람과 일본
인이 '함께 싸우는' 모습을 그리고 있는 것에서부터도, '조선 전쟁이 끝난다'는 것
을 바라는 춘홍의 입장이 잘 나타난다. 제6장에서 본 것처럼 아이들에게 조선 전
쟁은 남의 일이 아니라, 눈에 보이는 형태로 자신의 생활에 영향을 미치는 일이
었던 것이다.

계속해서 「14. 구두를 닦는 소년」은 아동잡지 『소년소녀의 광장』 1948년 9
월호에 실린 것으로, 만주에서 일본으로 귀국한 일본인 소년 A의 글을 조선어로
번역해서 소개하는 내용이다. 글은 만주에서 귀국해서 일본을 돌아다니면서도 가
난한 생활에 굴하지 않고 살아가는 소년과 그 가족의 모습을 그리고 있다. 글 앞
에는 학습의 목적과 글을 싣는 이유가 다음과 같이 적혀 있다.[3]

우리는 이 글을 통해서 가난한 일본 국민의 생활과 우리 동포들의 생활이
크게 다르지 않다는 것을 느끼게 될 것입니다. 우리는 이 글을 읽고 '이러
한 소년이 어떻게 태어났을까' 하는 것, 이러한 것을 없애기 위해서 우리는
'어떻게 해야 좋을까'라는 것을 깊이 연구해 볼 필요가 있다고 생각합니다.
그 때문에 (이 작문을) 여기에 싣게 되었습니다.

....

3) 상동, 95쪽.

글이 소개된 다음에는 '연구문제'로 '이 소년은 어떻게 중국에서 자랐고, 왜 중국에서 일본으로 돌아오게 되었을까?', '일본은 어째서 태평양전쟁을 일으켰을까? 전쟁의 결과 어떻게 되었을까?', '일본국민은 지금 어떤 생활을 하고 있을까? 자신의 집 근처 일본 친구들과 토론해보자'라고 제시되어 있다. 재일조선인과 일본인의 상황의 공통점에서 전쟁과 식민지 지배, 또한 그에 따른 이동이 사람들의 생활에 미치는 영향에 관해 탐구하도록 하고 있다.

제6학년 『사회공부』에서는 「11. 재일조선동포의 생활」, 「12. 평화서명운동 실천기록」, 「13. 새로운 공부」가 재일조선인을 주제로 한 내용을 다루고 있다(또한 그 전 단계 학습으로서 「10. 우리가 살고 있는 일본」이 배치되어 있다).

「11. 재일조선동포의 생활」은 5개의 짧은 절로 되어 있다. 제1절 「오고 싶어서 온 것일까?」에서는 '우리는 고향의 땅이 싫어서 온 것이 아니다. 아무리 고향땅에서 살고 싶어도 살 수가 없어서 일본 땅에 건너온 것이다. 우리의 아름다운 조국, 비옥한 대지는 모두 일본 제국주의의 욕심 많은 도둑들에게 빼앗기고 이렇게 건너온 동포는 일본 각 지역에 흩어졌다'라면서, 1929년 도쿄 재주 조선인의 직업구성, 1928년의 도쿄 재주 조선인의 출신지, 1949년 각 현(縣)별 재일조선인 수의 통계 등이 실려 있다. 제2절 「동포들의 직업」, 제3절 「불안한 생활」, 제4절 「경찰의 탄압」에서는 해방 후 재일조선인의 동시대적인 생활상황이 사진과 삽화로 함께 생생하게 기술되어 있다. 창문 유리도 깨져있는 6첩 한 칸에 가족 5~6명이 살면서 일용직 노동으로 뭐라도 생계를 이어가는 가족, 비 오는 날은 천장에서부터 물이 떨어지는 가운데 방에서 공부하고 있는 아이들의 모습, 또, 막걸리를 만들거나 사탕을 만들어서 생계를 이어나가는 조선인에 대한 경찰의 단속에 관해서 다루고 있다.

이렇게 『사회공부』에서는 재일조선인의 형성사와 생활사가 다루어지고 있었고, 여기에서는 교육목표로 제시된 '반전평화사상'과 함께 재일조선인과 일본인의 빈곤과 연대가 강조되고 있다고 할 수 있다.

조선학교의 역사

제6학년의 『사회공부』에서는 조선학교에 관한 기술이 적지 않다. 「11. 재일조선동포의 생활」의 제5절에서는 「자라나는 민족교육」으로서 다음과 같이 기술되어있다.[4]

'우리는 조선사람이다!' '나는 조선민주주의인민공화국의 국민이다!' '나는 제국주의자의 침략전쟁을 반대하고 평화를 사랑한다!'
이러한 자신과 자각을 갖도록 하는 우리말, 우리글, 우리 역사를 가르쳐주는 우리학교가 해방 후 500여 개 넘게 만들어졌다. 1948년 일본정부는 조선학교를 탄압했다. 그러나 우리는 학교를 목숨을 걸고 지켰다. 1949년에는 조선인연맹을 강제 해산시키고 전국의 우리학교를 강제 폐쇄시키려했다. 그러나 우리는 싸워서 우리학교를 지켰다. 이제부터도 우리는 목숨을 걸고 우리학교를 지킬 것이다. 조국도 그것을 크게 기대하고 있다.
어머니, 아버지들도 우리학교에서 강습회를 하고 있다. 일제 강점기에 배울 수 없었던 우리글, 우리말, 우리 역사, 조국에 대해 알아야만 빛나는 우리 공화국의 국민이 된다고 생각하며 모인 동포들이다.

폐쇄조치에 항거하며 학교를 지켜온 역사, 학교에서 실시하는 성인교육 등을 식민지 지배와 조국과의 관련을 지어가며 조선학교가 담당하는 기능을 단적으로 보여주는 글이라고 말할 수 있다. 여기에서는 '우리'라는 말을 많이 사용하면서 조선 민족, 조선반도, 공화국과 연결된 재일조선인이라는 '우리'를 구축하고 있는 것이 눈길을 끈다.
이어서 「12. 평화서명운동 실천기록」은 1951년 6월부터 8월 15일까지 계속된 '구국 월간 평화투쟁' 기간에 히로시마현 구레시(広島県呉市)의 조선학교 아이들 스무 명이 12만 명의 서명을 모은 운동실천을 기록한 것이다. 재일조선인 운

----

4) 『사회공부(6)』, 98−99쪽.

동을 아이들의 시선에서 그린 교재는 조선학교 아이들에게 운동의 주체라는 메시지를 주면서 재일조선인 운동사를 이해시키려 했던 것으로 보인다.

마지막인 「13. 새로운 공부」는 일본 학교로 전학하게 된 아이들에게 보내는 교원의 편지라는 기술형식을 택하고 있다. 편지에서는 전학하게 된 아이들의 부모님이 '우리학교는 너무 정치적이고, 게다가 '빨갱이'를 만드는 학교'라고 한 것에 대한 교원의 반론이 전개되면서 전학을 막으려는 설득을 계속하고 있다. 그 내용은 재일조선인이라는 집단이 몸소 역사적으로 경험해 온 '살기 좋은' 사회가 아닌 일본 사회 — 재일조선인은 일정한 직업을 갖지 못하고 어려운 생활을 하며 경찰에 의한 탄압까지도 받아야만 하는 사회 — 그 일본 사회를 시인하고 그에 적응하기 위한 교육을 하는 일본학교로 전학하는 것에 의미를 물으며, 조선학교에서 '보다 좋은 사회'를 만들기 위해 함께 배우자는 것이다.

이 편지가 픽션인지 어떤지는 명확하지 않으나, '우리학교는 너무 정치적이고 게다가 '빨갱이'를 만드는 학교'라고 말한 학부모의 비판과 일본학교로 진학을 희망하는 아이들이 존재하는 것이 교과서에서도 다루어진다는 것이 흥미롭다. 그러한 비판과 아이들의 존재를 정면으로 받아들이면서 조선학교로 진학을 장려하고 있는 것처럼 읽힌다. 편지가 소개된 다음에는 아래와 같은 〈연구문제〉가 설정되어 있다.5)

〈연구문제〉
- 민족교육이란 무엇인가? 일본의 교육과 비교해서 토론하라.
- 우리는 6년간 어떤 공부를 했는가?
- 4.24, 10.19는 어떤 날인가?
- 진학문제에 대해서 토론하라.
- 우리학교 분포도를 보고 어떤 지방에 많고, 적은지를 토론하라.

....

5) 상동, 122쪽.

4.24는 1948년 한신교육투쟁에 대한 것이고, 10.19는 1949년 학교폐쇄령이 내려진 날이다. 결국 이 설문에서는 재일동포가 조선학교를 지켜온 역사와 아이들이 실제로 조선학교에서 지낸 경험이라는 과거의 축과 일본교육과의 대비와 지역 간 차이(조선학교가 많은 지역이 있었던 반면 존재하지 않는 지역도 있다)라는 현재의 축에서 조선학교의 '민족교육'이란 무엇인가를 생각하게 하고 이를 바탕으로 일본학교로의 전학을 비롯한 '진학문제', 즉 아이들의 미래에 대해서 생각을 깊게 하는 것을 지향하고 있다. 제6학년 교과목표로서 제시된 '우리가 걸어온 길', 즉 아이들의 진로를 조선학교의 역사와 연결하게 해 심화시키고 있는 것을 알 수 있다.

위와 같이 『사회공부』의 내용에서부터 재일조선인 아이들을 '떳떳한 조선사람'으로 육성시킨다는 바탕 위에 민족, 국민으로서의 역사만이 아니라 재일조선인의 형성사와 생활사, 조선학교의 역사에서 구성된 재일조선인으로서의 공통의 기억이 계승될 수 있도록 한 것을 읽어낼 수 있다.

제2절 '61년 8월 강의' 문제

그러나 그 후에도 계속해서 조선학교의 교과서가 재일조선인사를 다루어 온 것은 아니다. 다음으로 1960년대 재일조선인사 교육을 검토하는 데 있어 피해갈 수 없는 '61년 8월 강의' 문제에 대해 검토하도록 한다.

1966년에 작성된 각 학교의 『학교연혁사』를 읽어보면 1961년 이후의 기술에 '8월 강의', '8월 제강'에 관한 문제가 몇 번 언급되고 있다.

1961년 8월 강의가 왜곡되어 전달된 이후 학교 내 일부 지도 교원은 교원 중에 총련중앙에 대한 불신을 만연시키고 총련의 유일지도를 거부함으로써 교원집단 내 남아있던 그룹적인 경향과 자유주의적 경향을 온존시켰다. 이렇게 1961~1962학년도 3학기에 들어가면서 교원집단 내부에서는 인사문제를 가지고 서로 마음 맞는 교원들끼리 모여 세상에 떠도는 이야기를 하거나, 부정(적 현상)을 묵과하고, 서로 비방하는 현상, 어려움을 이기지 못하

고 교편을 내버리고 애국대열에서 발을 떼는 현상이 나타나게 되었다.[6]

1961년에 실시된 8월 강의를 왜곡 전달시킨 간부교원이 이것을 교원들에게 전달함으로써 일부 건실하지 않았던 교원은 교원집단에 총련중앙을 비방하고 중상하는 등 심각한 현상이 나타나게 된다. 그러나 이러한 부정적인 현상과 싸우지는 못했다. 이렇게 학교에 총련의 방침이 관철되지 않았기 때문에 많은 후과(後果)[7]를 가져왔다.[8]

8월 강의 이후 학교의 실천은 8월 강의를 바르게 다루지 못했기 때문에 여러 가지 부정적 현상을 나타나게 했습니다. 그 결과 총련의 방침에 대해서도 무관심한 경향이 나타났고, 특히 총련중위 29차 회의 결정의 사실을 바르게 파악하지 못하고, 총련조직을 의심하고, 총련 중앙을 바르게 볼 수 없었습니다. '한덕수 의장을 영도 핵심으로 한다'라는 말이 전달되었을 때도, 일부 교원 중에는 '김일성 원수를 영도 핵심으로 한다는 말은 들었지만 한덕수 의장을 영도 핵심으로 한다는 말은 언제부터 나왔던 것인가?'라고 반박하는 현상도 나타났습니다.

이러한 낡은 사상이 교원집단에 발로되어, 특히 간부 교원들의 사상관점이 제대로 서 있지 않기 때문에 일부 교원 중에서 자신의 사업에 대해 영예와 확신을 갖지 못하고, 결국에는 총련중앙에 대한 확고한 신뢰를 가지지 못하고 있었습니다. 어떤 여성교원은 가정과 학교의 일 사이에 모순이 있기 때문에 학교를 그만두고 싶다고 하거나, 또 어떤 남성교원은 귀국하고 싶다고 하거나, 대학에 가고 싶다고 하거나, 이러한 생각이 항상 머릿속을 맴돌고 있었습니다. 교무위원회 단위에서도, 올바르지 않은 사상조류가 있어 가

---

6) 교토조선중고급학교 『학교연혁사』, 1966년.
7) '後果'라는 것은 조선어로 '후에 나타나는 좋지 않은 결과나 영향'이라는 의미이다. 『조선어대사전』(1992년, 사회과학출판사), 참조.
8) 고베조선중고급학교 『학교연혁사』, 1966년.

족주의적인 경향이 존재해서 교무위원회의 통일단결에 적지 않은 저해를 가져왔습니다. 교원집단은 표면적으로는 명랑하고 사이좋게 지내면서 내부에는 위와 같이 적지 않은 약점을 내포하고 있었습니다.[9]

『학교연혁사』의 서술구성을 규정한 문서 「서술체계」를 보면, '2. 총련결성 이후 시기'의 2) 1961년 총련 6전대회 이후 1966년 4월까지의 학교교육 방침과 민족교육권리를 지키기 위한 투쟁'의 '① 1964년 7전대회까지의 교육사업 상황'의 부분에, '1961. 조선노동당 4차대회, 총련 6전대회, 8월 강의'로 되어 있어, 8월 강의를 둘러싼 문제는 학교 연혁사에 기술해야만 하는 내용으로서 지정되어 있다. 어떤 내용을 기술해야 하는지에 대해 지정된 것이 없었기 때문에 1966년 4월 시점에서는 이미 8월 강의를 둘러싼 문제의 평가가 이때 당시는 확정되었던 것으로 생각된다.

앞서 언급한 8월 강의를 둘러싼 문제에 관하여 각 학교의 『학교연혁사』 서술에서는 당시 조선학교 문서가 과격한 표현을 많이 사용한다는 경향을 고려한다고 하더라도, 8월 강의를 둘러싼 적지 않은 혼란이 있었음을 알 수 있다. 8월 강의가 바르게 전달되지 않은 채, 혹은 일부 사람들이 강의의 본질을 바르게 이해하지 못했기 때문에 총련중앙에 대해 불신과 의심이 생겨 한덕수 의장을 비판하는 사람까지 나타났고 교원들이 동요하여 퇴직하는 교원이 생겼다는 것이다.

이 8월 강의 문제에 관해서는 박경식(1989)이 '이른바 '8월 제강('提講'은 원문 인용)과 관련한 문제'라는 절에서 언급하고 있다.[10] 1949~1960년 3월까지 도꾜 중고에서 사회과 교원으로서 근무했고, 또한 1960년 4월부터는 조선대학교 문학부 역사지리학과 교원이 된 그는 이 8월 강의를 직접 들은 경험을 쓰고 있다. 그는 이 절의 첫머리에서 8월 강의를 다음과 같이 설명하고 있다.[11]

---

9) 후꾸오까조선초급학교 『학교연혁사』, 1966년.
10) 朴慶植(1989), 406-409쪽. 그는 '제강'을 '提講'으로 번역하고 있으나, 바른 표현은 '提綱'이다. 앞서 서술한 것처럼 '조선어대사전'(사회과학출판사, 1992년)에 의하면 '강연이나 강의의 기본내용을 체계를 세워 쓴 글'이라는 의미이다.
11) 朴慶植(1989), 406쪽.

1958년 조선문제연구소장, 그 다음 해 1959년 총련초대 인사부장에 취임한 김병식은 의장 한덕수의 조카사위라는 관계를 이용하여 권력에 대한 야망을 품고 한덕수 개인을 중심으로 한 「재일조선인 운동사」를 작성, 이것을 전 조직 간부들의 학습자료로 했고, 그 자신도 총련 중앙학원 등에서 강의를 하기도 했다.

그러나 공화국 당국은 이것이 한덕수 우상화의 내용이 되는 것에 놀라 김병식을 인사부장에서 해임시키고, 「운동사」의 내용을 시정했다. 그리고 부의장 리계백, 인사부장 안홍갑, 선전부장 박재로를 중심으로 한 중앙 간부가 총련 중앙학원에 합숙하여 작성한 시정을 위한 자료가 '8월 제강(강의)'이라고 불리는 것이다.

본 장에서는 여기에서 언급된 바와 같은 1960년대 중반부터 시작된 소위 '김병식 문제'(또는 '김병식 시대', '김병식 책동시기', '김병식 사건' 등으로 호칭, 형용되는 경우도 있음)를 상술할 수는 없다. 여기에서는 1950년대 말엽의 '재일조선인 운동사' 강의는 어떤 것이었을까, 그리고 61년 8월 강의에 의해 어떤 내용이 어떻게 시정되었을까, 게다가 그것이 특히 조선학교 교육에 어떻게 영향을 미쳤는가 하는 문제를 다루도록 한다.

(1) '재일조선인 운동사' 강의 실시

박경식이 말하는 한덕수 개인을 중심으로 한 '재일조선인 운동사' 이전에도 민족단체 활동가나 조선학교 교원들은 강습회 등의 자리에서 재일조선인 운동이나 재일조선인에 관한 학습을 해 왔다.

예를 들면 1955년 7월 25일~8월 3일, 도쿄 초급부 교원들의 하기강습회에서는 수업연구를 중심으로 한 학년별, 과목별 분과회뿐만 아니라 '총련 방침에 대한 학습'도 이루어지고 있다.[12] 총련중앙의 오성사(吳聖師), 박로호, 리진규(李

---

12) 도꾜조선학원강습회편찬위원회 「교직원 하기강습회 총결」(1955년 8월 5일), 참조. 강습은 도꾜조선제7소학교에서 개최되었다. 참고로 이 강습회에서는 고쿠분 이치타로가 '어떻게

珥珪)가 강의를 맡았고, 그 후 강의내용을 정착시키기 위한 토론 시간이 마련되었다. '토론의 중심점'으로서는 '전환의 의의', '전환에 의한 방향 및 과거의 오인', '교육노선에 관한 기본적인 임무'가 꼽혔으며, 강습 첫째 날 오전 10시 15분부터 오후 5시 30분까지라는 긴 시간 '총련 방침에 대한 학습'이 진행되었다.

또한 1956년 7월, 교직동 도쿄가 발간한 학습자료에 「재일본조선인 문제 리진규 편」이 있다.[13] 이것은 당시 총련중앙 교육부장이었던 리진규가 펴낸 19개 항목의 자료로 다음과 같이 구성되어 있다.

1. 도항역사

(1) 재일조선인의 인구변천표

(2) 제1기(1915 – 1918)의 특징

(3) 제2기(1922 – 1924)의 특징

(4) 제3기(1932 – 1937)의 특징

(5) 제5기(1940 – 1943)의 특징

(6) 전후시기(1945 – 1956)의 특징

2. 재일조선인의 인구분포특징

(1) 재일조선인의 현별 분포표(1956.1월 말 현재)

(2) 6대 도시에 있어서의 조선인 인구

(3) 어디에 모여 살고 있는가?

(4) 재일조선인의 본적별 인구표

3. 재일조선인의 생활실태

(1) 재일조선인은 왜 일본에 왔는가?

(2) 일본에 와서는 어떤 직업을 가졌는가?

(3) 재일조선인과 일본인과의 노동임금의 비교

하면 아이들에게 실력을 붙여줄 수 있을까, 어떻게 하면 아이들에게 보다 공부를 시킬 수 있을까라는 것을 주제로 강연하고 있다.

13) 재일본조선인 교직동 동맹도쿄본부 「재일본조선인문제 리진규 편」(1956년 7월), 참조.

(4) 재일조선인 생활보호 적용통계

(5) 거주의 상태

(6) 보건상태

4. 재일조선인의 문화교육상태

A. 해방 전 상태 – 동화 노예정책 강행

B. 해방 후 상태 – 민주주의 민족교육 실시

재일본 조선인 운동 연표(1910 – 1956)[14]

또한 같은 자료 말미에는 「재일조선인 문제참고자료」로서 다음과 같이 자료가 소개되어 있어, 리진규도 이것을 사용하여 같은 자료를 작성했다고 생각된다. 서지정보의 내용과 형식은 잘 정리되어 있지 않으나, 그대로 쓰도록 한다.

재일조선인문제 참고자료

1. 일본에서 반제국주의 조선민족 운동사 김두용(金斗鎔) 저 1947년(昭和22년) 교우도쇼보(鄕土書) 발간

2. 역사학 연구 특집호 『조선사의 모든 문제』 가운데, 재일조선인 문제(림광철) 1956년 7월 (岩波書店)

3. 재일조선인의 생활실태 – 도쿄도 코토구 에다가와 마을의 조선인 집단 거주지역 조사(한일친선협회), 1951. 11

4. 팜플렛 「민족의 아이」 – 조선인 학교문제 도쿄도립조선학교교직원조합 1954. 11

5. 재일조선인 운동 시노자키 헤이지(篠崎平治) 저서 令文社 (도시마구(豊島区) 고마고메(駒込) 2 – 301 쇼와30년 2월 간행. 180엔)

6. 재일조선인 운동의 전환에 대해서 한덕수 저서 학우서방 1955.4 간행 40엔

----

14) 「연표」의 항목은 연대, 재일조선인 인구수, 조선, 일본, 국제, 재일조선인 관계로 되어 있음.

7. 국회도서관 잡지 레퍼런스 1956−3 NO 62
   일본에서의 조선인학교 藤尾正人 〈비매품〉
8. 일본에 있는 조선의 아이들 −재일조선인의 민족교육 리동준 저 春秋社
   1956 180엔
9. 그 외 잡지 〈새로운 조선〉, 〈평화와 교육〉, 〈새조선〉, 〈민주조선〉 등
   통신 − 〈조선통신〉 (일간) 일본어
   신문 − 해방신문 (조선어) 격일 발행
10. 이와나미 전서(岩波全書) 〈조선사〉 하타다 다카시(旗田巍) 1951년 간행
    160엔
11. 조선민족해방 투쟁사 조선역사 편찬위원회 삼일서방(三一書房) 1952
    390엔
12. 김일성 선집 제 1, 2, 3권 삼일서방(三一書房)
13. 조선노동당 제3차대회 −중앙위원회 보고 학우서방 1956 120엔

위 구성이 보여주는 것처럼 「재일조선인 문제 리진규 편」은 식민지 시기에서 1956년에 이르는 재일조선인의 상황을 이해하기 위한 다양하고 상세한 자료를 수록하고 있는 자료집이다. 자료집 편찬의 목적은 명백하지 않으나 재일조선인의 역사, 현황에 관한 학습이 있을 때 활용되었다고 추측된다.

다만 여기에서는 이야기로서 재일조선인사를 그리는 것은 아니고, 또한 한덕수의 이름은 같은 자료의 말미에 첨부된 연표의 「재일조선인 관계」 항목에 '한덕수 씨 민전 제19 "중앙(中央, 원문 그대로 인용. 정확하게는 '중위'로 추측됨)"에서 재일조선인 운동 전환을 주장'이라고 나와 있을 뿐, 한덕수 개인을 중심으로 한 내용 구성은 아니었다. 「참고자료」 가운데 한덕수의 자료도 특이한 위치를 차지하고 있는 것은 아니다. 총련 결성 직후 시기에는 한덕수의 「재일조선인 운동의 전환에 대해서」의 학습이 포함되어 있었으나,[15] 56년 시점에는 재일조선인 문제나

....

15) 같은 연설은 1955년 3월 19일자 『해방신문』에 전문이 게재되어 소개되고 있다. 게다가 학습문헌으로서 책으로 만들어졌다(조선어판과 일본어판). 『해방신문』은 '이 책은 재일조선인운동의 기본원칙을 명시하고 있으며, 이 문헌을 학습하는 것은 재일조선인 운동을 바르

재일조선인사의 학습에 대해 한덕수 개인의 존재가 강조되는 경우는 그다지 없었다고 생각해도 좋을 것이다.

총련은 1957년에 들어 그 조직체계를 변경한다. 총련중앙위원회 제8차 회의(1957년 3월 7–8일) 및 같은 제11차 회의(1957년 10월 10–12일)에서 조직체제 확립의 문제가 토의되고, 11차 중앙위에서는 지도체제를 의장단제에서 수석의장제로, 지방 본부는 위원장제로 하는 것이 결정된다.[16] 이것을 수용하여 총련 4전대회(1958년 5월 27~29일)에서 규약이 개정되고, 의장, 부의장제가 도입되어 의장에는 한덕수, 부의장에 리심철(李心喆), 황봉구(黃鳳九), 리계백(李季白)이 선출되었다.[17]

의장제로 변화하는 것과 함께, 총련에서 한덕수의 지도체계는 한층 명확화되어 갔다. 총련 내부에는 새로운 체제에 대한 불만도 일부 존재했기에 조직 활동의 질을 저하시킬 수 있는 불만을 해소하는 것이 조직에게 급선무가 되었다. 또한 이와 동시에 한덕수 지도체제의 정당성을 확보하는 것도 그 어느 때보다 중요해졌다. 이런 속에서 「재일조선인 운동사」 강의가 작성되어 총련의 활동가를 양성·재교육하는 총련중앙 학원과 지방학원을 중심으로 강의가 실시되었다.

현시점에서 「재일조선인 운동사」 강의의 원자료는 발견되지 않고 있다. 그러나 당시 강의를 받은 사람들이 그 내용을 상세히 기록한 '노트'를 볼 수는 있었다(오규상 제공).[18] 다음은 1959년 5월 4일, 8일, 13일의 3회에 나뉘어 행해진 한덕

게 발전시키기 위한 지침이 된다'며 '학습문헌'으로서, 같은 해 4월 16일자 『해방신문』에서 연일 소개되고 있다.

16) 吳圭祥(2005), 50–51쪽. 또한 「총련중앙위 11차 회의개막, 총련강령기준에 모든 행동을 통일-중앙집권제를 보다 강화, 대중이익에 한층 철저히 따르자」 『조선민보』 1957년 10월 15일자, 참조.

17) 「대회에서 선출된 새 일군들」 『조선민보』 1958년 6월 3일자.

18) 재일조선인 운동사 연구자인 오규상은 30년간에 이르는 자료조사 과정에서 당시 강의를 받은 사람이 그 내용을 기록한 '노트'를 얻게 된다. 물론 이것은 강의 그 자체는 아니나 「재일조선인운동사」의 원문과 원고가 발견되지 않은 이상, 박경식(1989)이 '한덕수 개인을 중심으로 한 「재일조선인사」'라고 평한 「재일조선인 운동사」 강의내용을 부분적으로나마 보여주는 자료로서 매우 귀중한 것임에는 틀림이 없을 것이다. 이 노트에는 그 밖에 「국제 정세와 남조선 정세」(강사, 박재로(朴在魯). 이하 ( ) 안은 강사명), 「조직문제(라훈봉, 羅壎琫)」, 「교육문제(리진규, 李珍珪)」의 강의 기록이 있다.

수의 「재일조선인운동사」 강의의 구성을 나타낸다.

제1장 재일조선인형성의 역사적 고찰과 그 특징

　제1절 구한국 시대의 조선인

　제2절 식민지 시대의 조선인

　제3절 공화국 공민시대의 조선인

제2장 조국의 독립과 민족적 권리를 위하여(1910 – 1937)

　제1절 민족적 각성과 마르크스·레닌주의사상의 보급

　제2절 각종 대중단체의 조직과 협의체 형성

　제3절 조선공산당 일본총국과 그 해소

　제4절 조·일 인민 공동투쟁

제3장 조국의 민주화와 민주적 민족적 권리를 위하여(1945년 8월 15일 – 1949년 9월 8일)

　제1절 해방과 조선인연맹 결성

　제2절 삼상회의 결정지지로서의 정치방침의 수립과 실천

　제3절 4월 연석회의참가와 총선거 및 공화국창건

　제4절 조선인연맹의 해산

제4장 조국해방전쟁의 승리를 위하여

　제1절 해방전쟁의 발발과 애국조직의 재건

　제2절 투쟁의 첨예화와 지도상의 오류

　제3절 정전 후의 정치방침의 결정적 오류

　제4절 운동의 전환과 민전의 해체

제5장 조국의 평화적 통일과 민주적 민족권리를 위하여(1955년~현재)

　제1절 조선총련의 결성

　제2절 운동의 대중화와 종파의 대두

　제3절 4전대회 이후의 통일의 강화

　제4절 공화국으로의 귀국운동의 전개

'노트'에 의하면 강의의 앞머리에서 한덕수는 ① 강의는 완성된 것이 아니고, ② 과거(일본 내 운동)는 종파19)의 소굴이 되어 있었기 때문에 전통이 되지 않았으며, ③ 우리나라와 연결된 시기에 대해서는 통일된 시점을 밝히려 한다고 말했다고 한다. 이 강의는 관헌 자료를 기반으로 하고 있었다고는 하나, 1900년경에서 50년대 후반까지를 재일조선인 운동사로서 체계를 세워 정리하고 논한 것으로 적지 않은 의미를 지닌 것이었다고 말할 수 있다.

 '노트'를 보면, 한덕수가 자신의 공적에 대해 서술한 기록은 없다. 다만, 해방 이후 총련결성에 이르는 역사를 논하는 부분에서는 노선 전환에 반대하는 사람을 명시하고 '종파주의자', '종파 활동'이라고 비판하고 있으며, 이 운동사 강의에 한덕수의 지도체제의 확립이라는 목적이 있었다는 것은 확실할 것이다. 김병식(金炳植)을 비롯하여 다른 사람이 실시한 강의에서는 한덕수의 재일조선인 운동에 대한 역할을 보다 강조한 강의가 진행되었다고 하는 견해도 있다. 이 시기의 총련 중앙학원에서는 재일조선인 운동사에 참고자료로서 백수봉(白水峯)의 논문(1952년 4월)도 배포되고 있는데20) 이 역시도 한덕수의 활동의 정당성을 강조하려는 노력의 하나로 이루어졌음을 방증하고 있다.

....

19) 여기에서 말하는 '종파(宗派)'라는 것은 일반적으로 사용되는 교리 등을 함께하는 하나의 교단이라는 의미가 아니라, 동일 집단 내에서 개인이나 분파의 이익을 추구하는 혁명운동을 분열·파괴하는 집단이나 분파의 것을 가리키기 위해 쓰인 말이다. 공화국이나 총련문서에서 특정한 사람이나 집단을 비판할 때, 예를 들면 '종파분자' 등과 같이 사용하는 때도 있다.

20) 「재일본 조선인 운동사 참고자료 「애국진영의 순화와 강화를 위해서—사회민주주의 노선과 경향을 배격하다」(백수봉 논문)」(1959년 5월). 이 논문은 일본공산당과의 공동 투쟁을 주축으로 한 당시의 민전 운동방침을 특히 그 지도층에 집중하여 비판한 것이다. 한덕수는 나중에 백수봉이 자신의 필명이라는 것을 밝히고 있다. 다만 사용되고 있는 용어에서 추측했을 때 이것을 공화국의 관계자가 집필했다는 견해도 있다. 필자의 역량으로 이것을 판단할 수는 없다. 또한 자료에 따라 본 논문의 제출 시기는 다르게 되어 있다. 일본공산당 민족대책부의 기관지 『북극성』 1952년 6월 10일자 지면에서 소개된 것은 1952년 4월 6일로 되어 있으나 이후 총련 중앙학원에서 「재일본 조선인 운동사 참고자료」로 배포된 자료에서는 1952년 4월 28일로 발표되었다고 되어 있다. 이 날짜는 샌프란시스코 강화조약 발효일로, 일본 국적을 상실하여 제도적으로도 외국인이 된 재일조선인들이 제기한 것이라는 논문의 기본 입장을 나타내고 있는 것일지도 모른다. 상술한 『북극성』에서 이 논문은 일본공산당이 '우리 진영을 사상적으로나 조직적으로 큰 혼란에 빠뜨리게 하려는 극히 악질적인 내용을 가진 것'이며, '이러한 그릇된 견해에 대해서는 힘을 다해 분쇄시켜야 한다'라고 비판받고 있다. 총련 결성시의 노선 전환의 논리의 많은 부분은 이 논문에 의거한 것이다.

「재일조선인 운동사」 강의는 총련활동가만을 대상으로 한 것이 아니라고 생각된다. 총련 중앙교육문화부의 「1960/1961학년도 교과과정안」에는 다른 학년도의 과정 안에는 보이지 않았던 기술이 있다. 중고급학교의 각 과목의 수업시수를 나타낸 표 밑에는 '※2: 재일본조선인 운동사는 과외시간에 집중적으로 학습을 조직한다'라고 적혀 있다.[21] 이것은 중고급학교에서 재일조선인 운동사를 다루는 과목은 없으나 수업 외의 시간을 이용하여 이에 대해 학습시켜야 한다는 것을 규정하는 문장이라고 생각된다. 이 과정안이 1960학년도의 것이고, 「재일조선인 운동사」 강의가 시작된 것이 1959년부터라는 것을 감안한다면 1960학년도 과정에 특별히 등장하는 규정이 중앙에 의한 「재일조선인 운동사」 강의와 관련이 있다고 보아도 좋을 것으로 생각된다. 학생들을 대상으로 「재일조선인 운동사」 강의를 실시하기 위해서는 먼저는 교원이 그 내용을 파악할 필요가 있다. 앞에 언급한 『학교연혁사』에서 언급된 내용에 비춰 봐도 한덕수의 지도체제의 정당성을 강화하는 「재일조선인 운동사」 강의는 조선학교의 교원들도 대상으로 하여 실시된 것으로 생각된다.

다만 실제로 아이들에게 강의내용을 가르쳤는지에 대해서는 현재 시점에서는 불분명하다. 강의의 난이도를 감안해도 같은 강의를 한 것은 아닐 것으로 추측되지만, 학생용으로 개편된 재일조선인 운동사의 학습과 관계된 자료는 발견되지 않고 있다. 「재일조선인 운동사」 강의가 조선학교의 교원에 대해서도 이루어졌기 때문에, 조선학교 교원들에게도 그 내용을 시정하는 것을 목적으로 한 8월 강의가 진행되었던 것이다.

(2) 야기된 혼란

먼저 경위를 살펴보도록 한다. 조선노동당의 지도하에 작성된 8월 강의로 인해 「재일조선인 운동사」 강의는 '시정되고 철회되어야만 한다'는 거센 비판을

---

21) 총련중앙 교육문화부「1960/1961학년도 수과 과정안」(1960년), 참조. 참고로 「※1」은 '중급학교 실습과목의 실시가 완비되어있지 않은 학교에서는 주 1시간으로 하고 그 대신 문학의 시간을 1시간씩 늘린다'고 되어 있다.

받았고 이를 주도한 김병식은 직접 이름이 거론되며 비판받았다. 김병식은 당분간 활동을 멈추게 되고, 또한 한덕수도 1961년 10월~1962년 3월경까지 공식 석상에 등장하지 않았다. 8월 강의를 통해 힘을 얻은 반(反) 한덕수·김병식파의 활동가들은 총련 지도부를 교체할 것을 압박했고, 한덕수의 재기가 불가능할 것이라는 이야기도 난무했다.

그렇다고 해도, 김일성이 한덕수 앞으로 신년 축전을 1960년 이후 매년 보내고 있었다는 것을 통해서도 알 수 있듯이, 한덕수에 대한 김일성의 신뢰는 두터웠고, 김일성은 매번 총련은 한덕수 의장을 중심으로 단결해야만 한다는 취지의 코멘트를 보내고 있다. 이런 속에서 반 한덕수파의 움직임은 오히려 '복수주의적'인 음모로 여겨져 배격되게 된다. 공화국에서 「재일조선인 운동사」 강의의 문제는 김병식에게 책임이 있다기보다 방법상의 문제가 있었다고 전해지게 된 것이 1962년 11월이었다. 그리고 결국 8월 강의 이후의 총련 내부의 혼란을 일으킨 원인이 안흥갑(安興甲)에게 있다고 알려져, 그는 공화국으로 귀국하게 된다. 당시 공화국으로의 귀국은 왕래할 수 없는 일방통행이었기 때문에, 이것은 사실상의 총련(일본)에서부터의 추방을 의미했다. 이렇게 김병식은 다시 복귀하여 더 큰 권력을 갖게 되었다.

이렇게 '8월 강의'를 둘러싼 문제는 다소 복잡하지만, 다시 한 번 간결하게 나타내자면, ① 「재일조선인 운동사」 강의 실시(1959년 5월경-) → ② 그 시정을 위한 8월 강의 실시(1961년 8월-) → ③ 「재일조선인 운동사」 강의는 방법상의 문제가 있다, 즉, 8월 강의로 인한 비판을 무력화시킴(1962년 11월-)처럼 정리할 수 있다.

본 절의 앞부분에 나타낸 각 학교의 『학교연혁사』 서술의 의미는 이러한 경위를 고려하면 이해할 수 있다. 각 연혁사에서 8월 강의의 '왜곡 전달' 또는 '8월 제강의 올바른 전달을 받지 못했다'라고 되었던 것은 ③의 입장에서 ②의 입장(한덕수를 중심으로 재일조선인 운동사의 정리는 잘못이라는 입장)을 비판하는 것이다. 즉, 「재일조선인 운동사」 강의와 같이 한덕수의 역할을 과대평가하면 안 된다는 ②의 입장은, 그보다는 「재일조선인 운동사」 강의는 내용보다도 강의 방법에 문제가 있었던 것이다(=「왜곡전달」된 것으로서), 한덕수 의장이 재일조선인 운동에서 맡아온 역할은 크고, 우리의 단결의 중심이라는 ③의 입장에 따라 '총련 조직을 의심한다'는 것으로 여겨져 비판받았다.

원래 교원들 중에는 ①의 「재일조선인 운동사」 강의를 들은 사람도 있고, ②, ③으로 해석이 이중, 삼중이 되는 것은 지극히 혼란스러웠을 것이다. 또한 ②의 단계에서 책임을 맡게 된 교원이나, ③ 이후로 들어온 교원들에게도 적지 않은 영향을 미쳤을 것이다. 『학교연혁사』에서 보여주는 '동요'나 '내부분열'이 있었다는 것 역시 수긍이 간다(다만 모든 교원이 재일조선인 운동의 중심을 운운하는 문제에 관심이 있었다고는 할 수 없다).

그러면 다음으로 이러한 사태를 낳은 1961년 8월 강의의 내용을 보도록 한다. 그러나 우리의 관심은 한덕수나 김병식이 어떻게 비판받았는가에 있지 않다. 8월 강의는 이런 문제와는 차원이 다른 중요한 문제를 제기하고 있다. 바로 말하면, 조선노동당에 의해 작성된 8월 강의는 재일조선인 운동사 그 자체의 존재를 부정하는 것이었다.

(3) 재일조선인 운동사의 부정

1961년 8월부터 각 지역에서 실시된 8월 강의의 내용을 보도록 한다. 8월 강의의 제강(提綱)에 의하면[22] 그 구성은 「1. 서론, 2. 강의는 시정되고 철회되어야 한다, 3. 당적 사상체계를 철저히 확립해야 한다」로 되어 있고, 전체 31쪽으로, 분량도 적지 않다. 박경식(1989)은 리계백, 안흥갑, 박재로를 중심으로 한 중앙간부가 이 작성과 관련되어 있다고 하고 있으나, 제강을 보면 화자의 위치는 총련의 간부라기보다도 조선노동당·공화국이라는 위치에서 말하고 있는 것처럼 느껴진다.

후술하겠지만, 8월 강의에서는 '가나가와 전통은 있을 수 없다'라는 문구가

....

22) 오규상 제공의 「시정강의」(1961년 8월), 참조. 작성자는 쓰여 있지 않으나 이것이 8월 강의의 제강이라는 것은 내용상에서 틀리지 않는다. 같은 자료에서는 오탈자가 많이 있으나 그 이유는 알 수 없다.

등장한다. 1959년 12월 귀국이 실현되고, 1960년에 많은 재일조선인이 공화국으로 귀국하는 가운데 조선노동당의 당원들이 재일조선인들이 '가나가와 전통'이라는 말을 쓰는 것을 들은 것일까. 가나가와는 한덕수가 의장이 되기 전에 활동한 지역이면서 귀국 운동의 계기가 된 집회가 일어난 지역이기도 하다. 조선노동당에서는 '김일성 동지를 선두로 하는 공산주의자들이 항일무장 투쟁기에 이룩한 혁명전통'을 올바른 전통이라고 인정하고 있기 때문에, 그것과는 상대적으로 독자성을 지니고 설정된 '전통'을 허용할 수는 없는 것이다. 재일조선인에게 독자적인 '전통'이라는 용법에 우려를 표시하면서 그것이 발생하게 된 원인 중 하나인 '재일조선인 운동사' 강의의 시정을 요구한 것으로 보인다.

다음과 같이 8월 강의의 내용을 일부 발췌하도록 한다. 밑줄은 모두 인용자에 의한 것이다.

> 우리는 [김일성 동지를 선두로 하는 공산주의자들이 항일무장 투쟁기에 일구어 낸] 혁명전통에 대해서 다른 것은 염두에 두고 있지 않은데, 하물며 '재일조선인 운동사'와 그 '전통'이라는 것은 있을 수 없고, '재일조선인 운동사'라는 것도 있을 수 없다. 이러한 문제는 현재 우리가 혁명 전통을 계승하면서도, 당 차원의 사상체계를 확립하는 데 있어 어떠한 필요도 없는 것이다. 그런데 「재일조선인 운동사」라는 강의를 정해놓고, 이것을 체계화한 것 자체가 당적 사상관점과는 인연이 없는 것이다.23)

> 근본적인 출발점부터 잘못된 이 [「재일조선인 운동사」] 강의는, 이를 체계화시키기 위해 먼저 재일조선인의 '형성'이라는 것에 관한 체계를 만들어 여기에서부터 강의를 시작하고 있다. 그렇다면 재일조선인의 '형성'이라는 것이 있을 수 있는가?
> 새삼스럽게 다시 말할 것도 없이 재일조선인의 '형성'이라는 것은 있을 수 없다. 재일동포는 악랄한 일제의 식민 통치 결과, 살길을 잃었거나, 또는 일

---

23) 상동, 5쪽.

제의 강제징용, 징병으로 인해 일시적으로 일본에 끌려오게 된 것이다. 따라서 재일동포는 조국 동포의 민족적 또는 사회적 해방투쟁과 불가분의 관계에 있는 것이다.

[중략] 그럼에도 「운동사」는 재일조선인의 형성이 필연적인 법칙을 가지고 있는 것처럼 다루고 있다. 이것은 주관적 의도 여하를 불문하고, <u>재일조선인의 「형성」이 이론적으로 필연성을 가지고 있는 것처럼 결론짓고 있다.</u> 이러한 문제설정은 사실과 맞지 않는다. 강의는 「재일조선인 운동사」를 체계화하기 위해 굳이 그 원류를 19세기 말 (구 한국시대)에 도일한 친일분자까지 소급하기에 이르렀다.[24]

「운동사」는 재일조선인 '형성'을 규정하고, 또한 불필요한 '특징'까지 정식화해서 그 특징을 '재일조선인은 불안과 유랑, 정착하지 못하는 생활을 했고, 권력을 속여야지만 살 수 있었던 그 타성에 의해 순정하지 못했던 점'이라고까지 말했다. 이것은 재일동포가 전체 조선 인민과 함께 일제의 점령에 반대하고 싸운 특징을 부당하게 왜곡하여 유랑적 현상과 식민지 노예근성적 측면만을 강조하는 결과가 되었다.

[중략] 「운동사」는 이러한 관점을 제대로 세우지 못하고 불필요하게 재일조선인 '형성'을 규정하여 국내 동포와 분리시키는 방향을 초래했고, '성격의 특징'까지 부정적 측면을 내세워서 재일동포의 애국적인 본질적 측면을 바르게 보지 못했다.[25]

<u>이상과 같이 맨 처음부터 잘못된 관점으로 출발한 강의는, 재일동포의 애국적 투쟁을 서술하면서, 이것을 1930년대의 김일성 동지를 선두로 하는 공산주의자의 항일무장투쟁과 연결하지 않는 결정적인 오류를 범했다.</u> [중략] 우리의 조국이 비운에 놓여있을 때 조국의 자유와 해방을 위해 화톳불을

---

24) 상동, 5-6쪽.
25) 상동, 7-8쪽.

피운 사람은 누구였는가? 그것은 김일성 동지를 선두로 한 공산주의자들이자, 항일무장투쟁이었다. 김일성 동지들과 그 전우들을 통해 항일무장투쟁은 3천만 국내 인민과 함께 이국땅의 암흑 속에서 신음하는 재일동포들에게 새로운 용기와 희망을 가져다주고, 조국의 자유와 해방에 대한 승리의 신념을 심어주었다.

[중략] 그러나 「재일조선인 운동사」 강의에서는, 당시 재일동포의 각종 애국적 투쟁이 항일무장투쟁과 전혀 관계없이 진행된 것처럼 강의했다.[26]

「재일조선인 운동사」 강의에서는 해방 후 동포들의 이러한 사상과 애국적 투쟁을 당과 수령의 현명한 지도와 연결시키고 있다고 볼 수 없었다. 강의는 해방 전부터 '재일조선인 운동'이라는 별개의 체계로 서술해 온 필연적인 연장에서부터 해방 후 누가 어디에서 어떤 준비위원회를 만들었고, 그러한 재일조선인의 투쟁에 대해 지도의 모체가 창설되었다고 논하고 있다. 따라서 해방 후 우리가 조국에 양성된 복잡한 정세와 관련지어 재일조선인연맹이 실천한 모스크바 3상 회의 결정 지지 등을 시작으로 하는 당연한 투쟁이, 당과 김일성 동지의 현명한 지도에 기인하고 있는 본질을 파악하지 않고, 일본에 있는 몇몇 사람들의 '총명함'에 근거한 것처럼 사실과 맞지 않게 제기하고 있다. 물론 강의는 이 시기의 남북조선에 조성된 정세를 언급하고는 있다. 그러나 강의는, 그 자체의 사상적 관점은, 해방 후 재일조선인의 투쟁이 당의 지도와 연결되어있다는 본질을 보지 않은 채, 독창적으로 별도의 발전법칙을 가지고 전개된 것처럼 본다는 점에서 근본적 결함이 있었던 것이다.[27]

총련 사업에서 이루어온 모든 성과는, 늘 동포들에게 따뜻한 배려를 베풀어주시는 당과 수령의 배려를 떠나 생각해서는 안 된다. [중략] 덕분에 총련 사업의 모든 분야에서 상상할 수 없었던 성과를 거둘 수 있었던 것이다. 사

---

26) 상동, 9-10쪽.
27) 상동, 14쪽.

실이 이러함에도, 강의에서는 당과 수령의 현명한 지도를 소홀히 취급하며 몇 사람의 역할을 전면에 내세우고 있다. 그리고 강의의 중심이 「민전 19차 확대상임위원회」에서 누가 어떤 무엇을 했는지, 총련의 강령을 누가 작성했는지, 7차 회의에서 누가 어떤 발언을 했는지와 같은 사소한 문제를 열거하며 체계를 세우려고 했다.[28]

「재일조선인 운동사」 강의의 잘못된 사상관점에서 흘러나와서, 과거 우리는 '총련의 의도대로', '사고대로' 한다는 말을 자주 사용했고, '교시(教示)', '만세' 등을 무턱대고 사용했다. '직총(職総, 조선직업총동맹의 약어: 역자주)의 의도대로', '민청의 의도대로', '함경북도의 의도대로'라는 말이 없는 것처럼, '총련의 의도'도 있을 수 없다. 다만 유일하게 있는 것은 당 중앙위원회의 의도이자 사고이다.
[중략] 우리는 1930년대 김일성 동지를 선두로 한 공산주의자들이 항일무장투쟁에서 쌓아온 전통을 계승할 뿐이다. '함경북도의 전통', '강원도의 전통'이 있을 수 없는 것처럼, '재일조선인의 전통', '가나가와의 전통'은 있을 수 없다.[29]

이처럼 「재일조선인 운동사」 강의는 문자 그대로 철저하게 비판받았다. 8월 강의에 의한 비판의 초점은 첫째, 김일성을 중심으로 한 항일무장투쟁에서 시작하는 공화국 국사와 상대적으로 독자적인 전개를 보이는 재일조선인 운동사 이해는 있을 수 없다는 것이다. 「재일조선인 운동사」 강의는 재일조선인의 형성사와 특징, 또한 그 운동의 전통을 논하고 있으나, 그것은 국사와 분리한 재일조선인 독자적인 역사의 존재를 그리는 작업이기 때문에 허용될 수 없다는 비판이 강한 어조로 전개되었다. 둘째로, 재일조선인 운동을 포함한 조선혁명의 지도사상은 유일하게 조선노동당 중앙의 사상이라는 것이다. 이것은 '당적 사상체계의 확

---

28) 상동, 20−21쪽.
29) 상동, 25쪽.

립'으로 불렸다. 때문에 이것 이외의 지도 사상은 있을 수 없으며, 쓸데없이 개인의 총명함을 드러내는 재일조선인 운동사는 시정되어야만 한다고 되어 있다.

이 8월 강의가 「재일조선인 운동사」 강의를 작성하고 시행시킨 한덕수와 김병식에게 준 영향에 관해서는 이미 보았으나, 이 강의의 존재는 이러한 중앙간부들뿐만 아니라 총련 내부에서의 재일조선인 운동사의 정리와 연구 자체를 꺼리도록 하는 분위기를 만들어 버렸다.

재일조선인 운동사 연구자인 오규상(吳圭祥)의 60년대 후반-70년대 걸친 이야기에서 그 실태를 엿볼 수 있다.[30] 1967년에 조선대학교에 입학한 오규상은 조선대학교가 총련의 미래활동가를 육성한다면서도 총련활동에 관한 수업은 없었으며 졸업 직전에 특강과 같은 형식으로 총련 중앙 간부가 몇 시간 동안 강의를 하는 정도로 그쳤던 당시를 회상하고 있다. 졸업논문 주제를 「총련사업을 개선하기 위한 몇 가지 문제에 대해서」로 설정한 그는 그 후 1971년에 조선대학교 교원이 되어 재일조선인 운동사를 전공하기로 했다. 그러나 당시 조선대학교에는 20대 초반인 그 외에 재일조선인 운동사를 연구하는 사람은 없었다. 그는 '당시 선배들이 총련사업에 대한 연구를 하기에 조금 어려운 면이 있었다'고 당시를 회상하고 있다. 재일조선인 운동사 연구에 섣불리 손을 댈 경우, 제2의 '8월 강의문제'가 일어날 수도 있었기 때문이었다. 당시 '8월 강의문제'라고 불리던 내용에 대해서도 많은 선배들은 말하려고 하지 않았다고 한다. 그의 경우는 이 '8월 강의문제'가 되는 것의 진상을 쫓으려 했던 것이 오히려 재일조선인 운동사 연구를 하게 된 동력의 하나가 되었다고 하지만 이것은 드문 예일 것이다.

8월 강의에 대한 비판의 초점은 재일조선인 운동사를 조선반도의 혁명사 및 김일성의 영도와 분리해서 체계화하려는 사상이라는 것으로, 재일조선인 운동사를 규명하려는 것이나 재일조선인사의 학습이 부정되고 있는 것은 아니다(재일조선인 민족단체 내부의 역사는 '사소한 문제'라고 비판을 받고는 있지만). 그러나 8월 강의

....

30) 吳圭祥 「주체적 연구활동을 개척하는 길에서」(2014년 3월 20일). 이것은 2014년 3월 20일 열린 재일조선사회과학자협회의 학술보고의 기념강의로, 그의 자전적 역사를 설명하고 있다. 다음은 이 강연 내용을 들은 필자의 기록에서 인용한 것이다.

의 영향은 여기에서 그치지 않았다. 1960년대 총련에서 재일조선인 운동사 혹은 재일조선인사에 대한 연구나 출판은 거의 이루어지지 않았다.

제3절 재일조선인사에 대한 희구

(1) 재일조선인사의 부재

제1절에서 1953, 1954년경에 작성되었다고 여겨지는 『사회공부』에 대해 보았으나, 실제로는 『사회공부』 이후 1950년대 중반부터 60년대 교과서에서 재일조선인사를 체계적으로 다루고 있는 것은 보이지 않는다. 1953년에 교과서에서 다루어졌던 재일조선인의 역사가 그 후 없어지게 된 상황을 어떻게 생각하면 좋을까.

먼저 50년대 중반부터 60년대 초반에 번각 교과서가 사용되었던 시기라는 것을 고려해야만 한다. 번각 교과서에 재일동포가 등장하지 않는 것은 이미 본 대로다. 당연히 재일조선인의 역사가 다루어질 리가 없다. 그러나 원래 공화국에 사회라는 교과는 존재하지 않는다. 1956년 조선학교 판 과정안 실시에 관한 요강에서도 사회는 일본어와 마찬가지로 '일본이라는 조건 아래에서 개설된 과목'이라고 그 위치가 밝혀졌다.[31] 본국과는 독자적으로 편찬된 사회 교과서이기 때문에 재일조선인의 역사를 다룰 수 있었을 것으로 생각할 수는 있지만 번각 교과서 개편의 방침이 정해지지 않은 가운데 사회과목의 '교과서는 내지 않는다'라고 되어 있어[32] 사회 교과서가 단독으로 편찬되지는 않았다.

또한 1950년대 중반 이후 사회교과목의 수업 목적의 중점이 점차 '조국'에 대한 것으로 옮겨져 갔다. 1956~1957년에 초급부 제4~6학년을 대상으로 개설된 사회의 교수목적은 '조국에 관한 정확한 사정, 정세 등의 정치교양사업을 하는 것'으로 되어 있다.[33] 목적과 시간은 설정되어 있으나, 사회 교과서는 계속해

---

31) 재일본조선인총연합회 중앙상임위원회 「과정안 실시에 관해서」(1956년 3월 2일).
32) 총련교과서 출판위원회 「교과서 편찬월보」 제1호(1956년 11월) 및 총련 교과서 편찬위원회 「교과서 편찬월보」.

서 편찬되지 않았다. 1957년 전국 교연의 '사회과 (지리, 역사) 분과모임'에서도 '초급학교에서 다루고 있는 사회과[사회 관련 교과목들]라는 것은 대체 무엇인가. 그 개념을 묻는다', '초급학교 사회과는 저학년에서는 주로 국어과에서 다루고 있고, 고학년에서는 지리, 역사과에서 다루고 있는데, 그 지도 내용을 풍부하게 했으면 좋을 것 같고, 굳이 사회과라는 과목을 만들어놓고 생활지도, 시사해설 등 계통성 없는 지식을 단편적으로 전달할 필요가 없는 것'이라는 의견을 나누고 있어[34] 교과서가 없는 사회과목에서 무엇을 어떻게 가르쳐야 하는지에 대해서 현장의 교원들도 적지 않게 곤혹스러워하는 모습을 볼 수 있다.

그 후 1958－1960년에는 사회교과가 폐지되었다가 1961년에 다시 신설된다. 그 수업의 목적도 '사회는 위생, 조국의 사정, 모범이 되는 것 등의 의견을 서로 나누어 가는 과정을 통해 가르치고, 특히 조선어 회화를 정확하게 할 수 있도록 해야만 한다'(초급학교), '사회는 위생, 조국 정세, 기초적인 사회과학지식, 모범이 되는 사실의 이야기 등을 가르친다'(중급학교)라고 되어 있다.[35] 1963년에 재일조선인의 실정을 반영한 신판 교과서가 편찬되었을 때도 사회교과서는 만들어지지 않았다. 60년대 중반에도 '「사회」수업은 1966~1967학년도 「사회교수요강」에 의거하여 교수자료를 수집하여 수업을 보장한다'고 되어 있으며,[36] 앞에서 본 『사회공부』 이후 사회과목의 교과서가 편찬된 것은 사회가 '김일성 원수의 위대한 혁명사상과 조선노동당과 공화국 정부의 정책에 대한 교양, 혁명 전통교양, 사회주의적 애국주의 교양을 집중적, 체계적으로 실시'하면서 '중심' 과목으로 정해진 1968학년도 이후의 일이다.[37] 필자가 확인할 수 있었던 범위에서는 초급부 및 중급부의 각 학년의 사회 교과서는 1970년에, 고급부의 경우는 1971년에

....

33) 재일본조선인 총연합회 중앙상임위원회 「과정안 실시에 관해서」(1956년 3월 2일).

34) 재일본조선인 교직원동맹편 『민족교육－재일본조선인학교 제1차 교연 보고집』(1958년 5월), 25－26쪽 참조.

35) 총련 중앙 교육문화부 「1961/1962학년도 과정안 실시에 대해서」(1961년).

36) 총련중앙상임위원회 「1966－1967학년도 과정안실시요강」(1966년 2월). 이 지정은 초급학교, 중급학교, 고급학교와 전체 학교급에서 동일하게 시행되고 있다.

37) 재일본조선인총연합회 중앙상임위원회 「1968~69학년도 총련각급학교 과정안실시요강」(1968년 3월).

출판되었다.

　사회는 재일조선인사를 다루는 과목도 아니었고, 교과서도 편찬되지도 않았다. 1963년 신판 지리 교과서의 일본편에서도 재일조선인에 관한 기술이 없는 것은 이미 본 바와 같다. 고급부 2학년 세계사 과목의 교과서에는 「제2차 세계대전 후의 일본」이라는 장이 마련되어 있으며, 일본의 노동운동과 민주주의운동, 조선전쟁, 샌프란시스코 강화조약, 일본공산당의 활동 등을 다루고 있다. 그러나 재일조선인의 문제에 관한 언급은 없다.[38)

　이렇듯 1960년대 사회 관련 교과서는 체계적인 재일조선인사에 대한 내용을 다루지 않았다. 제4장에서 본 바와 같이 신판 국어 교과서에서 총련과 조선학교의 역사가 다루어지고 있으나, 산발적으로 되어 있어 재일조선인사 교육이 체계적이라고 하기는 어렵다. 필자는 1960년대에 재일조선인사를 포함한 사회과 관련 교과서가 편찬되지 않은 배경에 '61년 8월 강의' 문제가 영향을 준 것은 아닌가 생각한다. 재일조선인 운동사에 관한 본국의 강력한 비판은 총련 활동가나 조선학교에 관련된 지식인들을 위축시켰고, 교과서에 그 내용을 적극적으로 반영하는 것을 주저하게 한 것은 아닐까. 재일조선인의 역사에 관한 내용은 그 때문에 국어교과서에서 소극적으로 다루어지는 것에 그친 것으로 생각한다.

(2) 발굴 · 정리 · 활용 · 접속

　그러나 교과서에 재일조선인사에 관한 내용이 다루어지지 않았다고 해서 교원들이 재일조선인사 교육을 하지 않았던 것은 아니다. 오히려 교과서에 나와 있지 않았기 때문에 교원들은 연구를 거듭하여 여러 가지 실천을 펼쳐나가고 있었다.

　제1차 교육방법대회에서 보고되어 그 후 『조선신보』 지면상에 게재된 규슈조선중고급학교의 사회과 교원 리상섭이 실천한 예를 살펴보도록 하자.[39) 「부모

---

38) 『세계역사 고급학교 제2학년용』(학우서방, 1964년), 199−211쪽 참조.
39) 규슈조선중고급학교 사회 분과 리상섭의 보고. 「부모들이 걸어온 과거를 역사교수에 도입하여 애국주의 교양을 강화함−규슈조선중고급학교 사회문과 리상섭 교원의 토론(요지)」 『조선신보』(1965년 8월 15일자).

님들이 걸어온 과거를 역사 교수에 도입하여 애국주의교양을 강화했다」라는 제목이 보여주는 것처럼, 그를 비롯한 규슈중고 교원들은 아이들의 애국심을 길러주기 위해서 재일조선인의 역사를 가르치는 것이 중요하다는 것을 경험에서부터 끌어내고 있다.

그는 보고의 초반에서 학교 학생들의 상황을 다음과 같이 서술하고 있다. '학생들은 부모들의 이런 아픈 과거와 숨 막히는 현재의 처지를 잘 알지 못하고 단순히 집이 가난하기 때문에 돈을 벌지 않으면 안 된다고, 학교를 중퇴하고 오사카, 나고야 등으로 일을 찾으러 가는 학생이 적지 않았다.' 또한 '일본학교[에서 온] 편입생이 많은 우리 학교 학생의 내면세계도 매우 복잡하다. 일본학교에서 편입한 학생은 이러한 부모님의 비참한 현상만을 보고 '내 부모님은 바보다. 조선인은 힘이 약하고 능력도 없다. 난잡하고 비문화적이다'라고 말하면서 일본의 것은 모두 좋고, 조선을 우습게 하는 민족허무주의, 사대주의사상에 젖어있다'고 말한다. 이러한 모습은 민족과 조국에 자부심을 갖는 '떳떳한 조선사람'과는 대조적인 것으로, 그는 이러한 상황을 개선하고자 했다.

1964년 3월, 리상섭은 품행이 나쁜 학생 김일식의 시모노세키에 있는 집을 찾아간다. 거기서 김일식의 어머니로부터 김일식의 아버지가 '애국운동'(구체적으로 무엇인지를 밝히는 언급은 없다)을 하고 있으나, 경찰에 체포되어 옥살이를 하다가 결국에 옥사했다는 이야기를 들었다. 리상섭이 이 이야기를 학생들에게 했을 때, 평소 시끄럽고 소란스러웠던 학생들의 눈빛이 바뀌며 리상섭의 이야기에 진지하게 귀를 기울였다. 이것은 내용이 내용인 만큼 그랬을지도 모르지만, 리상섭은 이러한 반응을 잘 받아들여, 학생들의 부모나 조부모가 실제로 체험한 것을 다루어가며 식민지 시기 조선의 상황과 재일조선인의 생활에 대해 가르치는 수업을 진행해 갔다. 같은 학교 사회과 교원집단은 학생들 부모의 역사와 관련된 수업이 효과적이라는 공통의 인식 아래, 이것을 적극적으로 추진하는 방침을 굳히게 된다. 1964년 1학기 동안 총 3회 합숙을 열고, 품행과 성적이 나쁜 학생, 총 72명을 여기에 참가시켰다. 합숙 기간에 학생들은 자신 부모의 과거에 관한 면담을 하도록 했고, 그것을 써서 발표하는 장이 마련되었다.

또한 1964년 5월 중순에는 실습 교육으로 재일조선인이 일했던 이즈카(飯塚) 탄광 조사를 실시했다. 교원 3명과 학생 18명으로 조사 그룹을 짜서 미쓰비시(三菱)와 아소(麻生) 탄광을 견학했다. 탄광을 견학하고, 자신들 부모세대의 재일조선인이 어떠한 환경 속에서 살아가기 위해 일했는지를 느꼈던 그 두 발로, 이 탄광에서 희생된 재일조선인의 유골을 안치하고 있다고 알려진 안라쿠지(安楽寺)와 간노지(観音寺)(모두 이즈카시(飯塚市)에 위치)를 방문했다. 이들 절에 있는 사망자 명단을 보면 '반도 보국대, 가네모토 아무개(金本某)(18세)' 등으로 쓰여 있었다. 확실히 조선인의 유골이기는 하지만 이름도 제대로 기록되어 있지 않다. 동포의 유골이 어디에 있는지 묻자, 절의 승려는 뒤 창고에서 먼지가 덮인 너덜너덜한 보자기 속에 쌓인 유골을 가지고 나왔다. 또한 이름 없는 동포의 유골은 캄캄한 절 바닥에 그대로 쌓여있었다. 또 다른 유골은 큰 종이봉투에 수북이 들어있었고, 표지에는 '조선', '조선 씨(朝鮮さん)'라고 쓰여 있었다. 학생들뿐 아니라 교원들도 이러한 재일조선인의 유골을 다루는 태도의 엉성함을 눈으로 보고 가슴이 아팠다고 한다. 그 후 아소 탄광에서 일하던 재일동포1세인 김노인을 찾아 식민지 시대의 조선인의 '노예노동'이라고까지 불리는 가혹한 노동과 생활체험을 듣고 그것을 녹음했다. 학생들은 식민지 시기의 재일조선인들의 생활을 알고, '살아있었을 때만 그런 학대나 착취가 있었던 것이 아니라, 죽은 후 유골에까지 학대와 멸시를 계속하는 것은 용서할 수 없다.'라고 감상을 적었다.

같은 학교의 사회교과 교원들은 이러한 교육 방법의 효과성을 재확인하고, 이것을 교육과정 외 교육만이 아니라 평소의 수업에도 도입할 것을 결정한다. 이 결정으로 더욱 풍부하고 광범위한 자료수집을 해나간다. 교원들은 토요일과 일요일을 사용해서 총 11회에 걸친 조사를 실시한다. 여기에서는 교원 40명과 학생 97명이 참가하여 아소(阿蘇), 가이지마(貝島), 야마노(山野) 탄광 등을 견학하고, 안라쿠지(安楽寺)를 비롯한 9개의 절에 있는 동포의 유골 371구를 조사, 탄광노동의 경험이 있는 동포와의 모임을 18회 열고 녹음 9개, 사진 430매를 수집했다. 이러한 자료수집의 과정에는 보통 학교에서 공부를 열심히 하지 않는 학생들을 의식적으로 뽑아 참가시켰다. 수집한 자료에 근거하여 수업을 들은 학생들에게 감상문을 쓰게 하고 그것을 교재로 활용할 수 있도록 했다.

1965년 6월 1일, 이즈카시(飯塚市)의 미쓰이야마노(三井山野) 탄광에서 가스폭발이 일어나 237명이 사망하는 큰 사고가 있었다.[40] 리덕천이라는 재일조선인 청년도 이 사고로 희생된 한 명이었다. 리상섭은 18명의 학생들을 데리고 이 탄광을 견학시킨 후 사망한 청년의 집을 방문했다. 집에는 리덕천 청년의 할머니가 있어 손자의 죽음을 슬퍼하며 통곡하고 있었다고 한다. 이 할머니를 청취하는 과정에서 리덕천 청년의 할머니와 아버지 역시 탄광에서 일하면서 힘든 생활을 했던 것을 알게 되었다. 이런 이야기들을 녹음기에 수록하여 학교에서 교재로 사용했다.

사회과 교원들의 이러한 노력은 학교 전체적으로도 크게 평가되어 다른 분과의 교원들도 사회과에서 수집한 자료를 활용한 수업을 했다고 한다. 또한, 그과정에서 학교 교원 43명의 부모에 대해서도 알아보았더니, 그 절반 이상이 식민지시기에 탄광, 토목, 군수공장에서 일한 경험이 있다는 것을 알게 되었다. 그중에는 힘든 탄광 노동과정에서 신체 일부를 못 쓰게 된 부모가 있는 교원도 있었다. 교원들은 자기 부모의 경험도 함께 이야기하며 수업을 했다. 리상섭은 이러한 실천을 통해서 '일본에서 태어나고 자란 복잡한 학생을 전면적으로 분석, 연구하고 부모의 옛 처지와 지금의 처우를 수업 교양사업에 도입했을 때, 학생들의 세계관 형성에 크게 도움'을 줄 수 있었다고 그 경험을 정리하고 있다.

이렇게 조선학교의 교원들은 비록 교과서에 재일조선인사가 다루어지지 않았음에도 지역의 특성에 맞추어 재일조선인의 역사를 발굴, 수집하고 이를 교육에 활용하고 있었다. 예를 들면 고토구(江東区) 에다가와(枝川) 조선인 집주지역에 있는 도꾜조선제2초급학교에서도 재일동포1세를 학교로 초청하여 조선인 집합주택의 건설부터 시작한 에다가와 마을의 형성, 결코 편하다고는 할 수 없던 당시의 생활상황, 차별의 경험 등을 직접 듣는 자리를 마련하고 있다.[41]

....

40) 「희생자, 237명에 정부대책본부를 설치, 야마노 폭발사고」『아사히신문』1965년 6월 3일자.

41) 「「타는 말은 천리말, 쓰는 말은 우리말」, 모든 학생이 학교와 가정에서 국어를 잘 사용함 —도꾜조선제2초급중학교 사업에서」『조선신보』1965년 7월 30일자.

60년대 중반의 교원들은 이러한 실천의 의의를 애국주의 교양의 문맥에서 평가하고 있다. 식민지시기를 산 사람들의 궤적을 쫓고, 자신의 조부모, 부모세대 사람들의 증언을 통해 재일조선인사를 배우는 것은 조선인들이 살아온 삶의 가혹함, 처우의 부당함을 한층 현실적인 것으로 느끼게 하는 동시에 식민지 지배에 대해 깊게 이해시켰을 것이다. 그리고 이러한 식민지 지배를 종결시키기 위한 항일투쟁을 전개한 김일성의 활동 정당성을 인식시키고, 또한 오늘날에서도 재일조선인의 권리보장을 호소하며, 교육원조비를 보내는 조국에 대한 감사와 애정, 자랑스러움을 강화하는 것으로도 이어졌을 것이다. 그 의미에서 재일조선인사 교육은 확실히 애국주의 교양의 일환으로 평가할 수 있다.

그러나 재일조선인사를 배움으로써 얻을 수 있는 효과는 김일성의 정당성을 확인하거나 애국심을 함양하는 것만으로 설명할 수 없다. 재일조선인의 역사는 국가의 역사에 수렴될 뿐만 아니라 국가의 역사와 분리될 수도 없다. 재일조선인사 교육은 이러한 재일조선인이라는 역사적 존재 그 자체의 이해를 심화시키는 기능을 하고 있었을 것이다. '61년 8월 강의'의 영향 때문인지 이러한 언급은 당시의 실천보고 등에서 직접 읽어낼 수는 없다. 그럼에도 일본에서 태어나고 자란 아이들을 조선인으로 키우기 위해 매일 아이들을 만나는 교원들은 애국주의 교양의 한 부분이라는 것만으로는 설명할 수 없는 재일조선인사 교육의 의의를 인식하고 있었다고 볼 수 있지 않을까.

『사회공부』에도 나와 있는 것처럼 아이들이 재일조선인의 성립에 대해 의문을 품는 것, 이에 대해 알려고 하는 것은 '당연한 일'이었다. 아이들을 '떳떳한 조선사람'으로 키우기 위해서는 자신들이 어떤 존재인지, 왜 자신들이 '떳떳한 조선사람'이 되려고 하는 것일지, 자신의 역사성을 파악해야만 한다. 그것은 비록 교과서에 기재되어 있지 않더라도, 시간이 걸리는 수업 외 활동을 조직해서라도, 또한 '61년 8월 강의' 문제로 만들어진 분위기를 타파해서라도 대응해 나가야 할 과제였다. 재일조선인의 탈식민화를 목표로 하는 조선학교 교육은 재일조선인의 역사를 요구하고 있었던 것이다.

제9장
공교육의 경계선

제1절 공립조선학교라는 물음

　나고야 시립 마키노 소학교 분교(名古屋私立牧野小学校分校場)에서 분교 주임을 맡은 오타 마사유키(太田真行)는 4년간의 실천을 돌아보면서 다음과 같이 「결론」을 적고 있다.[1]

　분교장(分教場)은 순수하게 조선인만의 학교도 아니고, 그렇다고 해서 물론 일본인 학교도 아니다. 학교는 형식상으로 시(市)가 경영하고 있다. 그렇기에 필연적으로 일본인 교사가 있지만, 동시에 조선인 아이들의 학교이기 때문에 조선인 교사도 강사로 존재하고 그 사람들도 시에서 봉급을 받고 있다. 이런 상황에서 일본인 교사도 서로 이 학교를 단지 '우리만의 학교다'라고 생각하는 것은 잘못이라고 말해야 한다.
　그리하여 말하자면 세력다툼에 빠지지 않고, 오로지 여기에서 배우는, "귀여운(いたけない: 원문인용)" 아이들을 위해서, 서로 힘을 모아 노력하겠다는 생각이 우선되어야 할 것이다.

....

1) 나고야시립 마키노 소학교 분교편 『우리의 걸음』(1954년 2월 26일 발행), 47－48쪽.

그러므로 만약 '이 학교는 조선인이 만든 학교로, 조선인 아이들을 받아들이고 있으니까 수업 중은 물론이고, 청소 시간이나 운동장에서도 전부 당연히 조선어를 쓴다'라거나, 혹은 '돈만 시에서 받고, 그 내용은 조선인학교로 하면 된다'라는 생각을 하는 사람이 있다고 한다면, 그것은 일본인 교사로서는 이해되지 않는 것이다. 여기에서부터 조선－일본 교사들 사이가 갈라지게 되고, 참된 교육은 할 수 없게 될 것이다. 그렇다고 해서, 교과는 일반적인 일본학교와 동일시하고, 조선의 교과목을 '줄이거나', 혹은 다른 조선인 교사가 있는 것을 싫어해서 보통 일본인 학교처럼 똑같이 하고 싶다는 사람은 즉시 일본인 학교에 가는 것이 좋겠다고 말하고 싶다. 마찬가지로 조선인 교사도, 만약 이 분교장 운영을 순수하게 조선인이 경영하는 학교로 하고 싶다면, 그 사람은 사립 조선인 학교로 옮겨야 한다고 생각한다. 이 분교가 만들어가면서 구성원의 사정을 고려해서 일본인 교사도, 조선인 교사도 함께 아이들을 위해 서로 민족적 고집을 죽임으로써, 비로소 진정한 교육을 할 수 있다고 생각하는 것이다.

처음부터 다소 인용이 길었으나, 공립조선학교인 이 학교의 위치, 또한 학교에 근무하는 교원들의 갈등이 응축된 말이라고 할 수 있다.

제1장에서 본 것처럼, 1949년 10－11월, 전국의 조선학교 362개교에 대해 집행된 학교폐쇄조치와 함께 취학 중이던 약 4만 명의 아이들에게 거주 학구 내 공립학교에 전·입학하도록 조치가 취해졌다. 그러나 전입 할 학교의 체제 미비 같은 문제로 폐쇄한 조선학교의 학교 건물과 부지를 그대로 사용하여 이를 공립학교 혹은 그 분교로서 운영하는 '공립조선학교'가 1도 1부 5현에 총 45개교로 잠정적으로 설치되었다. 공립조선학교는 제도적으로는 공립학교였으나, 취학자는 전원 조선인이었고, 일본인과 함께 조선인 또한 강사 신분으로 교편을 잡았다. 공립조선학교의 설치 주체인 지방공공단체의 문서에는 'ㅇㅇ소학교 분교(조선인학교)', '조선인분교'라는 표기, 호칭이 사용되고 있으며, 행정적으로도 해당공립분

교를 사실상의 조선학교인 것으로 간주하고 있었음을 알 수 있다.[2] 폐지 시기는 지역에 따라 다른데 도도부현별로 보면 크게 오카야마(岡山) 1950년, 야마구치(山口) 1953년, 도쿄(東京) 1955년, 오사카(大阪) 1961년, 가나가와(神奈川)·효고(兵庫)·아이치(愛知)는 1966년으로 되어 있다.

현재, 총련과 조선학교 관계자 내에서 공립조선학교에 관한 평가는 정해져 있지 않다. 어느 쪽인가 하면 긴 조선학교의 역사 가운데서 얼마 되지 않는 기간 혹은 몇 개 학교만의 일로 사소한 일이라는 평가나, 또는 철저한 민족교육을 실시하지 못했다는 부정적인 평가가 우세하다고 생각한다. 이러한 평가에는 공립조선학교를 폐지하고 조선인만의 교육을 실시하는 학교형태로 이관하자는 총련 및 조선학교 내부에서 '자주화'라 불린 당시 방침이 영향을 주고 있다고 생각한다. 당시는 재일조선인의 투쟁으로 쟁취한 공립학교 내의 민족학급도 자주학교와 대비하여 '불충분한 교육' 등으로 평가되는 경우가 많았다.[3]

그러나 도립조선인학교와 도교육청위원회와의 공방과정을 그린 오자와 유사쿠(小沢有作, 1973)나, 오사카시립니시이마자토중학교(大阪市立西今里中学校)에 관한 사카모토 이즈미(坂本清泉)의 연구(1972), 또는 김덕룡(金德龍, 2004)에서도 공립학교에 대한 부정적인 평가만 한 것은 아니었다.

오자와(小沢)는 '조선인학교의 도립화는 조선인학교를 '무혈점령'하고 이에 '점령지 교육'을 주입해가는 것이었다'라고 하면서도, '동화교육의 문맥이었지만 외국인 학교가 공립학교로서 운영된 시기가 있었다는 사실을 지적해두어야 한다'라고 일본교육사 내 그 의의를 시사하고 있다.[4] 사카모토(坂本) 역시 '공립조선인학교에서의 민족교육은 철저하게 될 수 없었던 많은 문제점을 포함하고 있었다'라고 하면서도, 일본인 교원들 중에서도 분명히 '공립학교라는 테두리 안에서 최대한으로 자주적인 민족교육을 보장하기 위한 성실한 노력을 지속한' 사람이 있

---

2) 예를 들면, 가인지방사무소장 이데이 모사쿠(出井繁作) 발신 효고현 총무부장 수신 「다카사고(高砂)분교(조선인학교)」에 관해서」(1951년 5월 31일).

3) 리진규 「민주민족교육방위투쟁을 보다 높은 단계로 전진시키기 위해서(상)」 『해방신문』 1952년 11월 25일자 참조.

4) 小沢(1973), 308−308쪽 및 307쪽.

었다고 지적했고,[5] 김덕룡 또한 공립조선학교의 '당사자였던 아동, 교사들은 풀뿌리적인 민족문제와 매일매일을 직면해가면서 공교육의 공간에서 민족교육을 보장하기 위한 노력을 성실히 실천해갔다', '같은 학교(나고야시립 마키노(牧野)소학교 분교장)의 일본인 교사들이 민족교육을 다루었던 역사는 조—일교사와 아동의 민족교육의 경험과 마음의 교류를 가진 적지 않은 귀중한 실천이었다'라고 그 긍정적 측면을 평가하고 있다.[6]

공립조선학교는 학교폐쇄라는 부당한 조치의 결과로서 생겨난 것이지만, 공공재정으로 운영된 외국인 학교이기도 하다. 조선인만의 민족교육을 실시할 수는 없으나 일본인 교원과의 협력관계 아래 민족교육이 지향되기도 했다. 오타(太田)의 말을 빌리자면, '보통의 일본인 학교'도 아니고 '사립 조선인학교'와도 다른, 공립조선학교가 갖는 이러한 두 가지 특성이 그 역사적 평가를 어렵게 해 왔다고 말할 수 있다.

필자 스스로 공립조선학교 출신자와의 면담 조사를 진행하는 과정에서, 평가 기준을 다시 생각해 볼 것을 여러 번 요구받았다. 가나가와시립 다카쓰소학교 분교(조선인들은 '남부조선초급학교'라고 불렀다)의 졸업생인 오규상 씨(1948년생)는 '공립분교였죠'라는 필자의 질문에 '그것은 행정 측의 입장이죠. 나는 우리학교를 다녔고 졸업했습니다'라고 목소리를 높여 반론했다.[7] 그에게 공립조선학교는 틀림없이 '우리학교'로 인식되기 때문에, 나의 질문은 그것을 훼손하는 공격적이고 적절하지 않은 것이었다. 또한, 당시 자료에서는 공립조선학교의 자주화는 재일조선인의 비원(悲願)이었다고 평가되는 경우가 많으나, 아카시시립하야시소학교 후나게분교(明石市立林小学校船上分校, 조선인들은 아까시조선초급학교라고 불렀다)에 다닌 김이순 씨(金二順, 1955년생)는 '(자주화와 함께) 일본인 선생님들이 사라졌다. 조선대 출신의 젊은 선생님이 많이 부임해왔지만 나는 일본인 여성 베테랑 선생님

5) 坂本(1972), 199쪽 및 194쪽.
6) 金德龍(2004), 126—127쪽.
7) 가나가와현 내의 공립조선학교에 관한 행정문서나 신문 등 역사자료를 정리한 귀중한 연구로서 大石(2015)가 있음.

과 사이가 좋았기 때문에 무척 외로웠다'고 공립에서 사립 각종학교로 이관되는 시기의 경험을 말했다. 아마가사키시립 소노다소학교분교(尼崎市立園田小学校分校)를 다닌 허대길 씨(許大吉, 1945년생)는 학교에서 일하는 교원들에 대해 '그 당시 나의 인식은 둘 다(조선인 교원과 일본인 교원) 같은 선생님이었다. 그래도 다르다고 한다면 조선인 교원은 혼낼 때는 엄격했고, 일본인 교원은 상냥하고 친절한 느낌이었다. 사람마다 다르지만'이라고 당시를 회상했다. 또한 같은 학교에서 교원으로 재직한 김홍철 씨(金弘哲, 1941년생)도 조선인을 싫어하고, 분교에 부임한 것을 달갑지 않게 받아들이는 일본인 교원도 물론 있었으나, 차별적인 발언을 하는 사람도 없었고, 전체적으로는 '나름대로 잘했다'라고 회상했다.

공립조선학교에 대해서는 도쿄도립조선인중학교·고등학교의 조선인학생과 일본인 교원의 격렬한 대립이나, 경찰이 폭력적이고 부당한 수사를 벌인 충격적인 사실, 그리고 자주화에 대한 목소리가 강해지는 50년대 후반 이후에 '철저한 민족교육을 실시하기 어렵다'는 말 등이 강조되는 경향이 일반적이다. 그러나 이런 부분만을 주목하는 것으로는 공립조선학교를 살아간 사람들의 경험과 그곳에서 만들어진 관계 대부분이 보이지 않게 되는 것은 아닐까. 이렇게 생각하게 된 계기였다.

덧붙이자면 지역마다 공립조선학교의 존재 양식은 크게 달랐다. 그것은 다른 조선학교와 달리 공립조선학교의 설립주체가 지역정부의 교육위원회이며, 또한 지역마다 지방자치단체와 조선인과의 관계나 교섭방식이 달랐기 때문이다. 도위원회와의 대립이 첨예했던 도립조선학교의 사례를 가지고 공립조선학교 전체를 함께 일반화하여 평가하는 것은 타당하지 않다.

따라서 공립조선학교의 역사를 검토하기 위해서는 개별 지역, 학교에 근거한 실태를 발굴하는 것부터 시작해야만 한다. 그래서 이번 장에서는 전국에서 가장 오랜 기간 존속했음에도 불구하고 선행연구의 축적도 없고 실태가 밝혀지지 않은 나고야 시내의 공립조선학교—나고야시립조선학교를 대상으로 하여 그 역사를 서술하기로 한다.

상기 선행연구에서 지적된 긍정적인 측면을 의식하면서, 서술에 있어 두 가

지 관점을 적용한다. 첫째로, 일본 공교육 본연의 존재 양식을 재고하도록 의식한다. 마키 토모코(マキ一智子, 2012)는 '공립조선인학교의 존재는 '국민교육'이라는 틀에 들어가지 않는 일본 공교육의 가능성을 제시하는 것'이라고 하고 있다.[8) 나고야시립조선학교의 존재가 어떤 의미에서 일본 공교육의 모습을 재고할 수 있는지 살펴본다. 이는 공공재정으로 운영된 외국인 학교라는 전후 교육사상 유례를 찾을 수 없는 학교였음에도 일본의 교육행정 연구나 교육사 연구에서 한 번도 조명되지 않았던 공립조선학교의 위치를 확인하는 작업이기도 하다. 둘째로, 지역 수준에서의 관계성에 주목한다. 과거 조선학교사의 대부분은 정부나 문부성으로 대표되는 공권력과 조선학교와의 대항 구도로 그려져 왔으나, 이번 장에서는 중앙의 정책과는 때로는 거리를 둔 지방자치단체의 움직임과 중앙의 의도와는 다른 현실을 만든 토대로서 지역적인 관계성에 주목한다.

다음으로는 우선 문부성 주도하의 학교폐쇄조치 후의 대응으로서 나고야시에서 공립조선학교가 설치되게 된 경위를 확인한다. 그리고 설치된 학교에서 국민교육의 범주를 뛰어넘는 매우 독특한 교육이 만들어져간 것을 밝히고, 그러한 학교가 존속된 요인을 지역 수준의 관계성에 주목하여 검토한다. 마지막으로 1960년대에 조선인단체 내부에서 공립 폐지를 위한 움직임이 갈등을 안고 등장했으며, 그것이 공립조선학교의 '정상화'를 바라는 정부의 의도와 표면적으로 합치함으로써, 나고야시립조선학교가 폐지되는 과정을 밝힌다.

제2절 나고야시립조선학교의 설립 · 존속 · 폐지

(1) 잠정적 조치로서의 설립

1949년 10월 학교폐쇄조치 시기, 아이치현 내 31개교의 학교는 설치자가 조련관계자라는 것에 근거한 폐교 및 재산몰수는 없었다. 전년 10월에 사립학교 인가를 얻은 26개교에 대해서는 법인개조(法人改組)로 재인가신청을, 무인가인 5

---

8) マキ一(2012), 45쪽.

개 학교에 대해서는 각종학교의 설치 인가신청이 명령되었다. 이미 인가를 받은 26개교 중에 15개교(소학교 9개교, 분교 5개교, 중학교 1개교)가 재단법인 아이치현 조선인 학교관리조합연합회를 결성하여 정해진 기한에 문부성에 법인설립인가를 신청했으나, 11월 6일 모두 불허된다. 이후 신청절차를 밟지 못한 학교를 포함하여 아이치현 내 전체 학교가 아오야기 히데오(靑柳秀夫) 현(縣) 지사로부터 폐쇄명령을 받게 된다.[9]

　　다른 지역과 마찬가지로, 아이치현 내 재일조선인도 학교폐쇄령 철회를 요구하는 것과 함께, 공립학교로의 전입학에 관한 구체적인 조치에 관해 행정당국이나 인근 공립학교와의 교섭을 해 나간다. 아이찌제3조련소학교 나카가와분교는 인근 야구마소학교(八熊小学校)나 야와타소학교(八幡小学校)의 교장을 초대하여, 양 학교에서 조선아동을 받아들이는 체제가 충분하지 않다는 것을 확인시키고, 전입학 조치의 실현불가능성을 들어 학교폐쇄의 철회를 요구했다. 또한 11월 9일에는 나카무라구의 제1조선소학교 폐쇄에 따라 인근 공립학교로 전입학하는 것에 관해 나카무라구 구역소(한국의 구청에 해당: 역자주)에서 간담회가 열렸다. 간담회에는 조선학교의 관계자와 함께 나카무라구 구청장, 나카무라구 내 12개교의 소학교 교장, PTA 회장, 공산당 나고야시 위원회 대표 등이 참가했다. 간담회에서는 조선학생을 학기 도중에 받아들일 체제의 미비나 공립학교로의 집단 전입학, 전입 학교에서의 특설과목(조선어와 조선사)의 설치, 조선인 교원의 채용 등에 관한 의견이 교환되었다.[10] 문부성은 11월 1일자 통달인「공립학교에서 조선어 등의 취급에 대해서」에서, '학력보충, 기타 부득이한 사정이 있는 경우는, 당분간 특별학급 혹은 분교를 개설해도 무방하다'는 취지를 나타내고 있다.[11] 아이

---

9) 아이치현지사 아오야기 히데오(靑柳秀夫) 발, 재단법인 아이치현조련학교관리조합 연합회 설립대표자 리치오(李致五) 앞「(학교폐쇄명령)」(達第 475号, 1949년 11월 6일).

10)「수용은 불가능, 일본학교 당국 정부를 비난」『해방신문』1949년 11월 11일자.「관계자들과 간담회 나고야 나카무라소학교」『해방신문』1949년 11월 23일자. 11월 9일에는 고자카이(小坂井町) 사무소(한국의 동사무소에 해당: 역자주)에서도「조선인학교폐쇄에 따른 간담회」가 개최되었다(「조선인학교 폐쇄에 따른 간담회기록」(1949년 11월 9일) 아이치현 교육위원회 사무국 호이(宝飯)사무소『조선인학교관계철(昭和 24 –27년) 교육과』).

11) 문부성사무차관 발, 각 도도부현지사·각 도도부현 교육위원회 앞「공립학교에서 조선어

치현 교육위원회는 이것을 받아들이고 '학생, 아동은 원칙으로 거주지의 학구에 전입학시킬 것'이라는 입장에서 '한 학년 학생, 아동 수가 한 학급을 편성하기에 충분한 인원의 경우는 시정촌(市町村) 장의 승인하에 학급을 개설해도 무방하다'라는 입장을 표명한다. 특별학급 개설에 대한 방침은 제시했으나 분교의 설치를 용인하지는 않았다.[12]

이러한 아이치현 교육위원회의 대응에 대해 조선학교의 어린이와 학생들은 19일, 나고야시 교육위원회를 방문하고 조선학교의 분교화, 조선인 교원의 채용, 전입학 할 학교로의 집단입학, 특설과목의 설치 등의 요구를 내걸고 협상을 벌였다. 같은 날 얻은 각서에 근거하여 21일 오전 9시, 교육위원회가 열리기 전에 약 600명의 아이들이 시역소(한국의 시청에 해당: 역자주)를 방문했으나 천여 명의 경찰관이 시역소를 둘러싸고 조선인의 출입을 금지했다. 5, 6시간이 지나도록 교섭이 개시되지 않았기 때문에 학생들은 입실을 요구했으나, 경찰들은 이를 진압한다. 이 과정에서 30명이 부상당하고 중학생 2명, 소학생 3명이 중태로 병원에 실려 갔고, 12명이 체포되었다. 이 소식을 들은 일본인 단체와 재일조선인 교육방위위원회가 시역소에 모여 경찰 당국에 항의하는 동시에 학생들의 요구에 응할 것을 요구했다. 협상 끝에 이날 오후 6시 반, 나고야시 교육위원회는 '시내 제1, 제2, 제3 구 조련소학교를 해당 학구의 공립학교 분교로서 인정한다'는 취지를 결정하기에 이르렀다.[13]

이렇게 구 제1조련소학교는 나고야시립 마키노소학교분교(名古屋市立牧野小学校分教場, 나카무라구(中村区)에 위치, 1950년 3월 2일 개교), 구 제2조련소학교는 나고야시립다이와소학교분교(名古屋市立大和小学校分教場, 지쿠사구(千種区)에 위치, 1950년 3월 2일 개교), 구 제3조련소학교는 나고야시립 니시쓰키지소학교분교(名古屋市立西築地小学校分教場, 미나토구(港区)에 위치, 1950년 1월 31일 개교)로서 설

등의 취급에 관해서」(문초서 제166호, 1949년 11월 1일).

12) 아이치현교육위원회 교육장 발, 각 학무국 학무소장·각시교육위원회교육장·각 시장 앞 「조선인학생, 아동의 전입학에 관하여」(아이치 제575호, 1949년 11월 11일).

13) 「천 여경찰관 아동 다수를 상해 영웅적인 투쟁의 끝에 승리 교육위원회 결국 요구조건을 승인」『해방신문』1949년 12월 3일자.

치된다.[14]

　그러나 나고야시의 조선인학교 분교 설치는 조선인 아동을 인근 공립학교로의 전입시키기에 수용이 곤란해서 어쩔 수 없이 일어난 것일 뿐이었다. 1954년 도쿄도의회의 확인에 대해 나고야시는 다음과 같이 공립조선학교의 설치경위를 회답하고 있다.[15]

　쇼와 24년 11월 6일, 아이치현 지사에서 현 내의 조선인학교의 폐쇄명령이 내려져 폐쇄학교의 학생들을 거주지 공립학교에 편입시키라는 지령이 있었다. 당시 나고야시 내에는 중학교 1, 소학교 3, 분교 3개가 있어 여러 가지 요구가 있었으나, 같은 달 21일 나고야시 교육위원회에서 잠정적 조치로 교실부족으로 인한 수용상의 문제로, 이전의 제1, 제2, 제3조련소학교 건물을 빌려 각각 해당학구 소학교의 분교장으로서 사용하고 [중략] 조선인중학교 및 소학교 3 분교에 대해서는 학생들을 거주지 학교로 입학시키더라도 그 수용에 하등 지장이 없는 점 등에 의해 빌리지 않는 것으로 되었다. 이후 한 분교를 분교장으로 인정해달라는 신청도 있었으나 승인하지 않았다.

　문부성도 11월 24일에 '분교는 승인할 수 없는 방침이다. 그러나 일본인 학교에 수용이 불가능한 경우… 등에는 사정은 어쩔 수 없는 것으로서 당분간 허용할 수 있다'는 입장을 다시 확인하고 있다.[16] 적어도 행정문서상으로는 재일조선인이 지속적으로 요구한 독자적인 교육─민족교육의 보장이라는 관점은 전혀 제

....

14) 개교일에 관해서는 나고야시립교육위원회편(1955) 『나고야시내 학교편람』을 참고했다. 행정 호칭에서는 'ㅇㅇ소학교분교장'으로 되어 있으나, 재일조선인들은 '나카무라조선소학교'나 '지쿠사소학교', 1955년의 총련결성 이후는 '아이찌조선제1초급학교'라는 교명을 사용하였다. 이번 장에서는 편의상 행정 측의 호칭을 사용한다.

15) 나고야시의회 사무국장 발, 도쿄도의회 의회국장 앞 「공립조선인학교에 대해서」(収市会第三二一号の一, 1954년 4월 30일).

16) 문부성초등중등교육국장·문부성관리국장 발, 와카야마현 교육위원회 교육장 앞 「조선인 아동, 학생의 공립학교 전입에 대해서」(문서 제153호, 1949년 11월 24일).

시되지 않았다는 것을 확인해두고 싶다. 그렇다고 하더라도 조선인 아이들만이 다니는, 또는 조선인도 시간강사로서 채용된 이러한 학교에서 민족교육을 할 여지는 충분히 남아있었다는 것은 확실했다. 재일조선인은 공립분교의 설치를 '전취(戰取)', '쟁취(爭取)'로 표현하고 있으며, 현 내 모든 학교의 폐쇄조치가 강행되는 가운데, 바로 재일조선인들의 손으로 싸워서 획득한 장이 공립조선학교였던 것이다. 그렇다면 공립학교라는 틀 속에서 구체적으로 어떤 교육이 이루어졌을까.

(2) 공립학교에서의 민족교육 모색

나고야시립조선학교의 교육실태를 보여주는 역사자료는 거의 남아있지 않다. 공립학교 본교의 학교사(學校史)나 아이치현 및 나고야시 혹은 각 구 교육사에는 분교장에 관한 기술은 전혀 없다. 1950년대 초반 이후에 관해서는 현 및 시의 경찰사, 『중부일본신문(中部日本新聞)』 등에서도 나고야시립조선학교에 관한 기술이나 기사는 보이지 않는다.[17] 따라서 여기에서는 마키노소학교 분교의 일본인 및 조선인교원들의 실천기록인 『우리들의 걸음』(1954년 2월)과 1960년 4월에서 67년 3월까지 마키노소학교 분교장(66년 4월부터는 아이찌조선제1초급학교)의 교원이었던 배영애 씨(裵永愛, 1942년생), 1963년 4월~1966년 3월까지 다이와소학교분교의 교무주임을 맡은 김종진 씨(金宗鎭, 1936년생)의 면담, 또한 조선인단체발행의 신문과 잡지 등을 자료로 사용하여 나고야시립 조선학교의 교육실태를 따라가는 것으로 한다.

[표 9-1]에 이러한 자료에 따라 그려지는 나고야시립조선학교의 대략적인 모습을 나타냈다. 학구, 교원구성, 교육내용 등 여러 가지 점이 일반적인 공립학교와는 크게 다르다는 것을 확인할 수 있다. 또 [표 9-2]에 나고야시립조선학교

---

17) 예를 들면, 개교30년 기념지 『마키노(まきの)』(1957년 12월. 비매품), 아이치현 과학교육센터 편(1965) 『아이치현 전후교육사 연표』, 아이치현 소중학교장회(1978) 『63제교육 30주년 기념 아이치현 소중학교 誌』, 아이치현 교육위원회 편(2006) 『아이치현 교육사 제5권』, 나고야 교육사 편집위원회(2015) 『나고야 교육사Ⅲ 나고야의 발전과 새로운 교육』 나고야시 교육위원회, 아이치현 경찰사 편집위원회 편(1975) 『아이치현 경찰사 제3권』 아이치현 경찰본부, 나고야 시역소 편(1960) 『나고야시 경찰사』 나고야시 총무국 조사과(비매품) 등을 참고바람.

표 9-1 | 나고야시립조선학교의 모습

교명		• 개교식 날, "나고야시립마키노소학교분교장'의 문패를 도저히 걸 수 없었다.' (a) 22쪽 • 1960년대, 마키노소학교분교장의 문패는 '愛知朝鮮第二初級学校'였다. (b) • '교문에는 아이찌조선제2초급학교의 문패가 걸려 있고, 학교버스에도 보란 듯이 큰 글자로 조선학교 이름이 쓰여 있었다.' (d) 89쪽 • 재일조선인은 '나카무라조선소학교', '지쿠사소학교', '제2초급학교', '미나토조선소학교'라는 호칭을 사용했다. (『해방신문』 등)
학구		마키노 소학교분교의 경우, 마키노소학교의 학구 내에 살고 있는 학생도 있었으나(e), '시내에 4개교밖에 없는 조선인 소학교이기 때문에 매우 먼 곳에서 오는' 사람, ((a), 109쪽), 즉 '메이테츠(名鉄) 전차에서는, 지타군(知多郡), 요꼬스까(横須賀)에서 혹은 산노(山王)에서, 사코오(栄生)에서, 걸어서는 가메지마(亀島), 노리타케(則武)와 교외에서 통학'하고 있는 아이들도 많았다. (a) 130쪽
교원	구성	• 1949년 마키노 분교장(일본인7:조선인3), 다이와 분교장(일6:조2), 니시쓰키지 분교장(일4:조2) (a) 20쪽 • 1954년 나고야 시립 조선 학교 전체(일19:조13)(h) • 1960년 마키노 분교장(일7:조11)(b) • 조선인은 2~3명이 강사로서 채용. 그 외 강사의 급여는 조선인교육회에서 충당하고 있었다. (c) • 담임은 일본인과 조선인이 1명씩. 실질적으로는 강사였던 조선인이 담임이었다. (b), (c) • 교장, 분교장주임은 일본인. 조선학교의 책임자를 '교장'이라고 부르고 있었다. (b). (c) • '교장실은 조선인 교장이 차지했다.' (d) 89쪽
교원	일본인 교원들	• 1952년도 마키노소학교분교장의 일본인교원은 모두 전임희망을 제출했다. (a) 53쪽 • '(다이와소학교 분교장의) 일본인교사의 전문가로서 일하는 모습은 아이들의 어머니들도 잘 알고 있었고, 수업참관일에는 일본인교사에게 상담하는 어머니들도 꽤 있었다.' (d) 90쪽 • 다이와소학교 분교장의 일본인교원은 조일협회의 활동에 관련된 사람이 적지 않았고, '조선사람'으로서 교육에 협력적인 사람이 많았다. (c) • 담당학급의 담임용 책상에 일부러 국화꽃을 장식하는 교원도 있었다. (b) • 1960년대 중반에는 수업도 없이 한가하게 시간만 보내고 있었다. 정시에는 모두 귀가했다. (b)
교원	교원 간의 관계	• '다이와소학교분교(아이찌조선제2초급학교)의 교직원실에는 조선인과 일본인의 교사가 마주보는 위치에 두 줄의 책상을 나란히 놓고 있었다.' (d) 89쪽, (b)에도 같은 이야기 • 직원 조례에서는 일본인교원이 'おはようございます', 조선인교원이 '안녕하십니까'로 인사했다. (b) • 조선인과 사이좋은 선생님도 한 명 있었으나, 그 외 선생과는 결코 친하지 않았다. (b) • '나(김종진)는 다이와소학교분교장 3년간 일본인교사를 친구로 만들지 못했다. 안타깝다.' (d) 90쪽
교원	교원들의 조직	• 조선인교원은 재일본조선인교직원동맹(교직동)에 소속되어 있었다. (b) • 교직동이 조직하는 교연대회에서 실천경험을 발표했다. (l)

수업	교과서	• 다른 조선학교와 마찬가지. 학우서방출판의 조선어 교과서를 사용했다. (b), (d) 89쪽. • 일본어, 산수, 리과는 일본 출판사가 출판한 교과서를 사용했다. (b) (당시 자주조선학교에서도 일본어교과서는 일본어 출판사의 것을 사용하고 있었다) (f)
	민족교과의 수업시수	• 1950년 3월, 마키노소학교분교장에서는 1-6학년까지 총 62시간 (g) • 1954년 전체 학교에서 1~6학년까지 조선국어를 주 4~5시간, 4~6학년까지 조선역사 및 지리를 주 2~4시간 가르쳤다.
	조·일교원의 담당과목	• 일본어, 산수, 리과는 일본인교원이 담당하고, 그 외는 조선인교원이 담당했다. (b) • 일본인교원 쪽이 일본어 수업은 잘했다. (c)
학교 행사	졸업식	• '(1950년) 3월 15일 조선학교 졸업식, 17일 마키노소학교분교장 졸업식이었으나, (후자에 대해서는) 일본인 교사의 눈앞에서 졸업증서를 찍은 아이도 있었다.' (a) 22쪽 • 상기 3월 15일 졸업식은 조선학교에 있어서는 제4회 졸업식이었고, 졸업생은 26명 있었다. (i)
	학예회	• 조선어로 된 공연뿐이었다. (b) • 일본인교원은 공연을 지도할 수 없었기 때문에 필요한 소도구를 시간을 들여 정성스럽게 만들었다. (b).
	운동회	• 1950년도 초반에는 현 내 조선학교 합동 운동회가 열리고 있었다. 또한 여기에 일본 학교 아이들도 초청했다. (j) • 운동회 초반에는 조선민주주의인민공화국의 국기 게양식이 있었다. (k) • 홍백이 아니라 조선식 홍청이었다. 일본인 교원들도 참가했다. (b)
본교 와 관계		• 본교와의 관계는 거의 없고, 교장이 분교장에 오는 것은 1년에 1, 2회 정도였다. (b), (c) • 예방접종 때문에 아이들을 데리고 본교에 갔는데, 본교 학생들이 양동이로 물을 뿌렸다. 배영애 씨는 교장실로 가서 사실을 전하고 사과를 요구했다. 그 후 예방접종은 분교에서 실시하게 되었다. (b)

각 항목의 참고는 다음과 같다.

(a): 나고야시립 마키노소학교 분교장『우리들의 걸음』(1954년 2월).

(b): 배영애 씨 면담, 2016년 7월 12일 실시.

(c): 김종진 씨 면담, 2016년 8월 4일 실시.

(d): 김종진(2009)『故郷はどこ幸せはどこへある在日朝鮮人二世の半生(고향은 어디에, 행복은 어디에 있는가, 재일 조선인 2세의 반평생)』これから출판.

(e): 나고야시립 마키노소학교 PTA회장 伊藤善清 발, 나고야시 회의장 橫井恒治郎 앞, 「교사 증설에 관한 진정서」(진정서 127호, 1950년 7월 18일).

(f): 재일본조선인총련합회 중앙상임위원회 「교과서사용에 관한 해설 - 주로 중고급학교에 관하여」(1956년 3월 2일), 및 재일본조선인총련합회 중앙상임위원회 교육부 「각종학교용 일본어교과서 취급에 대해서」(1963년 4월 27일).

(g): 「민족교과목 주62시간 쟁취 아이치」『해방신문』1950년 3월 23일자.

(h): 나고야시의회 사무국장 발, 도쿄도의회 의회국장 앞 「공립조선인학교에 대해서」(牧市会第三三一号の一, 1954년 4월 30일).

(i): 「나카무라소학교 졸업식」『해방신문』1950년 3월 23일자.

(j): 「아름다운 조일친선 600아동이 참가 「나고야」」『해방신문』1953년 10월 29일자.

(l): 「상호경험을 교류하고 -민족교육의 질적제고를 확신」『조선민보』1957년 7월 9일자, 및『민족교육-재일본조선인학교 제1차 교연보고서』(1958년 5월 15일 발행).

표 9-2 | 나고야시립조선학교의 학급수, 교원수, 아동수의 추이(1953, 1957~1966년)

학년도	마키노소학교분교장 (아이찌조선제1초급학교)			다이와소학교분교장 (아이찌조선제2초급학교)			니시쓰키지소학교분교장 (아이찌조선제3초급학교)			아동수 합계
	학급수	교원수	아동수	학급수	교원수	아동수	학급수	교원수	아동수	
1953	8	8	194	6	7	169	3	4	143	506
1957	6	7	236	6	7	208	4	4	142	586
1958	6	7	229	6	7	227	2	4	133	589
1959	6	6	261	6	7	237	4	4	176	674
1960	6	7	313	7	7	297	4	4	225	835
1961	6	6	276	7	6	289	6	5	227	792
1962	6	7	243	6	6	293	6	5	201	737
1963	6	7	228	6	7	298	6	5	203	729
1964	6	7	217	6	7	284	6	5	194	695
1965	6	7	218	6	7	268	6	5	172	658
1966	6	6	203	6	8	275	6	10	167	645

주: 1957~1959년의『학교편람』에서는 '분교장'이라는 명칭이 사용되고 있으나, 그 외 연도는 '분교'로 표기되어 있음.

출처: 1953년 및 1957~1965년은 각 연도의 나고야시 교육위원회 편『나고야시내 학교편람』을 참고. 여기의 교원 수에는 조선인 강사의 수가 포함되어 있지 않는 것으로 추측된다. 1966년은 「아이찌조선학원기부행위신청서」(1967년 2월) 내의「학생편성표」및「교직원편성표」에서 작성. 또한 66년의 교원수는 교장, 교원, 강사를 포함하여 직원, 사무원, 학교 보건의를 제외하고 있음.

의 아동수의 추이를 나타냈다.

학교폐쇄에 대한 저항으로서의 '반항'

분교 설치 초기에 부임해온 일본인 교원에 대한 아이들이나 학부모의 반발은 매우 거셌다. 1950년 3월에 열린 마키노소학교 분교 개교식의 모습을 교장 와타나베 진이치는(渡辺甚一) '식장의 분위기는 팽팽한 활 같았다'라고 하면서 '일촉즉발의 기운이 서린' 긴장감 있는 것이었다고 술회하고 있다. 아이들 중에는 '일본인 교사는 반동 요시다 내각의 앞잡이'라고 말하거나 개교 시 지급된 노트를 받지 않거나, 또는 졸업식 때 일본인 교원의 눈앞에서 졸업증서를 찢어버리는 아이도 있었다고 한다.[18] 분교주임이었던 오타 마사유키(太田真行) 역시 수업이 시작되어도 한 명도 자리에 앉지 않는 상황이나, 아이들의 이름을 일본어로 읽으면

....

18) 앞의『우리들의 걸음』, 22-30쪽.

야유받는 일, '일본인 선생따위 가버려라', '일본인 선생은 돌아가라'라고 소리를 듣는 일을 초기 아이들의 '반항'으로 기록하고 있다. 조선인 교원들이 식민지 지배의 책임을 계속해서 묻는 교무실도, 오타에게는 마음을 놓을 수 있는 장소가 아니었다. 또한 『해방신문』 보도에 의하면, 수업개시 당초, 마키노 소학교 분교장의 아이들은 일본의 교과서를 전부 찢어버리고 조선인 교원이 하는 조선어 수업을 요구했다고 한다. 니시쓰키지소학교(西築地小学校) 분교장의 학부모들은 노동절 집회에 학생들을 참가시켰다는 이유로 조선인 교원의 채용을 취소한 일본인 분교 주임을 규탄하기도 했다.[19]

일본인 교원들이 '반항'이나 '소동', '폭언', '방해' 등으로 기록하는 조선인들의 이러한 행위는 '우리학교'였던 조선학교를 폐쇄당하고 빼앗긴 것에 대한 분노의 표현이자 저항이었다고 보아야 할 것이다. 자신들이 사들인 땅에 지은 학교건물에서 자신들이 만든 교과서를 사용하며, 조선인으로서 교육을 행해온 당사자들에게 나고야시 교육위원회가 파견한 일본인 교원들은 '우리학교'를 강제로 폐쇄시킨 '행정의 앞잡이'로 적대시해야 할 대상이었다.

조선인들의 '반발'하여 요구한 것으로는 조선인 강사의 증원, 조선어로 수업실시, 민족교과 수업시수의 증가 등이 있었다. 이를 통해 스스로 쌓아온 민족교육의 장을 어떻게든 되찾으려 한 조선인 측의 생각을 확인할 수 있다. 1950년 개설부터 약 1~2년 정도는 이러한 반항의 상태가 계속되었다. 1952년도 마키노소학교 분교장의 일본인 교원 전원이 전임희망을 제출한 것은 일본인 교원에게 당시의 공립조선학교가 얼마나 가혹한 환경이었는지를 나타내고 있다.

인적 연대의 형성

그러나 분교장 설치 초기의 '반항'은 점차 진정되어 갔다. 그 배경에는 첫째로, 일본인 교원과 조선인 교원 및 아이들 사이에 서서히 좋은 관계가 구축되어 간 것, 둘째는 교섭 과정 속에서 조금씩 재일조선인들이 요구한 교육내용들이 실

---

19) 「나카무라소학교에서 일본인교원을 거부」 『해방신문』 1950년 3월 11일자. 「일본인 분교주임을 추방, 나고야에서」 『해방신문』 1953년 7월 9일자.

현되어 민족교육의 색채가 짙어져 간 것이 있다.

조선인 아이들의 거센 저항에 직면한 마키노소학교 분교장의 일본인 교원들은 먼저, 아이들의 손톱이나 머리자르기, 조선이름으로 부르기, '잘 먹겠습니다'와 같은 간단한 조선어를 기억하는 등, 조선인 아이들과 생활면에서 관계를 돈독히 해 나갔다. 어떤 일본인 교원은 '머리를 쓰다듬는 동안, 단추를 채워주는 동안, 아이들과 서로의 체온을 느끼면서, 수업만으로는 느낄 수 없는 친밀함이 솟아났고, 아이와 나의 사이가 그 이상으로 깊어졌던 것입니다. 그러한 일은 언뜻 보기에 하찮은 일 같지만, 민족을 일컫는 교사와 학생과의 사이에 있어서 매우 중요한 요소였다는 것을 지금에 와서 절절히 생각하게 되었습니다. 손톱을 깎아주면서, 집안의 이야기나 친구의 이야기 등 천진난만하게 말하는 아이들을 바라볼 때, '이 아이는 조선의 아이라는 것은 별로 생각하지 않았습니다'라고 술회하고 있다.[20] 아이들과 함께 운동장 땅을 정지(整地)하거나, 신발장, 책장을 수리하면서, 화단을 정리하면서, 방송실 작성 등 같은 학교에서 '작업'이라고 불리는 활동을 함께 해 가는 가운데, 아이들과의 신뢰가 점차 쌓여갔다.

교원들 간의 상호이해의 구축은 보다 어려운 일이었던 것 같다. 학력이 낮은 아이들을 위해 늦게까지 학교에 남아 먹고 자고를 함께 하거나, '조선의 간이술집[ドブ酒屋]'에 가서 잔을 주고받으며 의논하거나, 조선민요를 함께 부를 정도의 사이가 되면 다른 일본인 교사들로부터 '빨갱이가 됐다'고 간주되기도 했다. 또한 공립학교의 교원이기 때문에 강제송환 반대서명운동이나 모리야마(守山)의 조선학교 접수 반대운동과 같은 활동에 참가할 수 없다고 하면, 그건 '진정한 이해'가 아니다. 그러한 운동에 참가하는 것이야말로 더 중요한 교육이 아니냐는 조선인 쪽에서의 비판을 듣는 일도 있었다.[21] 이러한 해결이 어려운 대립 과정은 여러 차례 일어났지만, 그럼에도 같은 학교 교원들은 함께 학교에서 일하는 교원으로서 서로 양보하면서 관계를 맺어나갔다. 학교 안에서 아이들의 국어상용운동에 있어서도 조금씩 이해가 나타나게 되었다.

....

20) 앞의 책, 『우리들의 걸음』, 147－148쪽. 가장 마지막 ' '은 원문 그대로 인용함.
21) 앞의 책, 『우리들의 걸음』, 27－48쪽.

다이와소학교분교장에서도 조선인과 일본인 사이에 적어도 나쁘지는 않은 관계가 쌓였음을 확인할 수 있다. 1957년 10월 1일에 열린 다이와소학교분교 창립 10주년 기념 축하모임에는 재일조선인 100여 명 외에도 일본인 20여 명이 참가하여 학교의 연혁이 일본인 교원에 의해 보고되었고, 10년간의 교육에 있어서 공로가 있는 사람으로서 일본인 교원도 표창되었다.[22] 또한 다이와소학교분교장에서 교무주임을 맡은 김종진 씨는 '일본인 교사들이 일처리를 프로답게 한다는 것은 아이들의 어머니들도 잘 알고 있어서, 수업참관날에는 일본인 교사에게 상담하는 어머니들도 꽤 있었던 것 같다'고 적고 있다.[23] 학부모들 중에서도 자신의 아이를 위해서 애쓰는 일본인 교원에게 신뢰를 보내는 사람들도 있었던 것 같다.

조선인 교원 및 민족교과 수업시수의 증가

이러한 학교 내의 관계성을 전제로 1950년대 중반부터 60년대에 걸쳐 민족교과의 수업시수는 증가해 갔다. 나고야시 교육위원회는 문부성의 규정을 따라 조선어와 조선사 등 이른바 민족교과는 수업 외 시간에 행하도록 하고 있었다. 전술한 도의회의 회답에서는 1−6학년은 국어를 주 4−5시간, 4−6학년은 조선사 및 지리를 주 2−4시간, 과외의 수업으로 실시하도록 되어 있다. 그러나 현실적으로 이 시간만큼의 수업을 과외 수업으로 실시했다고 생각하기는 어렵다. 각 학교 내에서는 협상을 통해 시간표의 편성이나 담당교원에 대해 실제로는 민족교과도 정식과목 수업과 같이 이루어지게 되었다.[24] 문부성이 '소학교에서는 학습지도요령에 의해 교과가 제한되어 있기 때문에 외국어로서 조선어, 조선역사 등을 가르칠 수 없다'고 한 방침을 제시하는 이상,[25] 나고야시 교육위원회도 '민족교과는 규정에 따라 수업시간 외에 실시한다'라고 공식적으로 답변할 수밖에 없었으나, 실제로는 이러한 시의 공식적인 입장과는 다른 교육이 이루어지고 있

---

22) 「창립 10년을 맞이하여 성대한 축하식 아이찌제2초급학교」『해방신문』 1957년 10월 10일자.
23) 金宗鎭(2009), 90쪽.
24) 「민족과목 주62시간 투쟁 아이치」『해방신문』 1950년 3월 23일자.
25) 앞의 자료, 문부성사무차관 발 「공립학교에서 조선어 등을 취급하는 것에 대해서」(1949년 11월 1일).

었던 것이다.

　나고야 시립조선학교에서 민족교과를 담당한 교원은 조선인 교원이었다. [표 9−1]에 나와 있는 것처럼 거듭되는 협상 속에서 조선인 교원의 수는 점차 증가해 갔다. 이러한 증가분은 현이 비용을 부담하는 강사가 아니라 조선인 교육회가 독자적으로 채용한 교원들이었다. 교육회가 더욱 많은 조선인 교원을 채용할 수 있게 된 것은 1957년부터 시작된 조선민주주의인민공화국의 교육원조비 송부를 통해 조선인 교원을 고용할 만한 재정을 확보할 수 있었기 때문이었던 것으로 생각된다.[26]

　초기에는 민족교과만을 담당하는 조선인 교원이었으나 그 사람 수가 증가함과 함께 점차 그 외의 과목도 담당하게 되었다. 60년대 마키노소학교 분교장에서는 일본인 교원은 일본어, 산수, 이과를 담당하고, 국어(＝조선어), 역사, 지리, 사회, 음악, 체육, 도공은 조선인 교원이 담당하여 학우서방에서 출판된 조선어로 쓰여진 교과서가 사용되었다. 60년대 중반에는 일본어 수업 시수를 4시간에서 3시간으로 하고 그 부분을 조선어로 돌리도록 했다. 배영애 씨는 이러한 분교장의 교육상황에 대해서, '주도권은 우리에게 있었다'라고 기억하고 있다. 다이와소학교분교장에서도 상황은 비슷해서, 많은 수업을 조선인 교원이 담당하고 있었기 때문에, 1960년대에는 수업 내용의 차원에서 두드러진 충돌은 없었다고 한다. 오히려 일본어 수업은 일본인 교원이 하는 쪽이 더 잘했기 때문에 도움을 받았다고 김종진 씨는 말한다. 배영애 씨가 마키노 소학교 분교장에서 근무하던 60년대에도 6학년 담임인 일본인 교원이 '조선은 뒤처진 나라다'라는 취지의 발언을 해서 이것에 대해 아이들이 철회를 요구하며 수업을 보이콧하는 일이 있었다. 그러나

....

26) 1956년도 마키노소학교분교장의 수입은 교육회비가 17%(58만 엔), 현 및 시 부담 비용이 83%(278만엔)이다. (「발전하는 우리의 민족교육(8) 아이찌제1초급학교」 『해방신문』 1956년 11월 17일자). 마키노소학교분교장만의 데이터는 찾을 수 없으나, 1957년도 전국 공립 조선학교의 수입은 교육회비가 19.6%, 교육원조비가 24.1%, 보조금 등이 40.2%(재일조선인교육회 중앙위원회 「재일본조선인교육회 제4회 정기대회일반방침(초안)」 (1958년 4월 30일)), 또한 1958년도의 경우, 교육회비 21.8%, 조국교육비 27.6%, 그 외 보조금 등이 46.6%로 되어 있다(재일본조선인교육회 「재일본조선인교육회 제5회 정기대회 결정서」 (1959년 6월 14일)). 각 학교에 배당된 교육원조비는 각 학교의 교육회가 관리·사용했다.

그것은 설치 초반에 있었던 항상적인 반발과는 성격이 다른 것으로 보인다.

　이처럼 학교 내부에서는 일본인 교원과 조선인 교원 및 아이들의 일정한 좋은 관계가 만들어져 갔고, 조선인으로 키운다는 것을 목표로 한 교육내용과 방법이 점차 도입되어갔다. 선행연구에서는 일본의 국민교육과 재일조선인이 요구한 민족교육이 본질적으로 배치되고, 공립이라는 형태에서는 민족교육을 실시하는 데 적지 않은 제한이 있다는 것이 강조되었지만,[27] 오히려 여러 협상을 반복해 나가는 가운데 공립학교라는 구조 안에서 조선인을 위한 교육이 대립관계를 계속해서 조정하면서 모색과 함께 창조되어간 것에 주목해야만 할 것이다. 이러한 상황은 시교육위원회에 의해서도 묵인되고 있었다고 말할 수 있다.

(3) 지역 내의 관계성

　나고야시립조선학교가 존속한 특수성은 오카야마나 도쿄의 공립조선학교의 폐지과정과 비교해보면 더욱 선명해진다. 1950년 4월, 오카야마현의 교육위원회는 '과거 몇 개월간의 각 분교학교의 교육이 실제로는 조선이 중심이 되고 일본은 따라가는 교육이 되어 조련학교의 연장처럼 되었다. 이를 다시 교육은 일본인 교사가 중심으로 규정에 따라 수업하고, 조선어, 조선역사, 조선 지리만을 조선인 교사가 하도록 하는 것'을 명했음에도, 이러한 실태는 바뀌지 않았고, 같은 해 9월까지 현 내에 설치된 공립조선학교는 폐지되게 된다.[28] 도쿄도의 경우에도 조선민주주의인민공화국 국기게양을 금지하거나 정규수업은 일본인 교원이 담당하고 조선인 교원이 맡은 조선어 수업은 수업 외 시간에 하도록 한 것, 학교 내 활동은 일본어로 하도록 하는 것, 교장 이외의 사람을 '우리 교장선생님'으로 부르지 않는 것 등을 도 교육위원회가 요구했으나, 도립조선인학교 측이 이것을 거부하여 1955년 3월 폐지된다.[29]

　나고야시립조선학교에서도 문패나 학교버스에 조선학교로서 교명을 걸거나,

---

27) 金德龍(2004), 125–126쪽.
28) マキー(2012), 52쪽.
29) 小沢(1973), 389–397쪽.

운동회에 본국의 국기를 게양했던 것으로 보아 인근 주민들도 이 학교를 일반적인 공립학교와는 다른 학교라고 인식했을 것이다. 또한, 앞에 서술했던 것처럼 교내에서는 조선어가 사용되었을 뿐만 아니라 많은 수업을 조선인 교원이 담당하고, 조선어로 된 교과서를 사용하고 있었다. 표면적으로는 '조선이 중심이 되고 일본이 따라오는 교육으로 조련학교의 연장과 마찬가지'로 간주될 수 있었던 것이다. 그럼에도 시나 현에서 이들의 폐지에 관한 논의가 이루어진 흔적은 발견되지 않은 채, 공립학교라는 틀 안에서 조선인을 키워낸다는 목적으로 교육을 실시하는 학교가 존속했다.

재일조선인이 나고야시립조선학교의 존속을 요구했던 것은 왜일까. 그 큰 이유는 민족교육을 실시하면서 재정적인 보장을 받기 위함이었다고 생각한다. 학교폐쇄 후에도, 재일조선인들은 아이치현 내의 각 지역에서 무인가의 형태(자주학교)로 독자적인 교육을 실시하고 있었다. 그러나 공적 보장을 확보할 수 없었던 자주학교의 운영상황은 매우 어려웠고, 1955년 아이치 조선인 교육회의 보고에서도 '결국 2학기에 들어가 도요타시의 하나다조선소학교(花田朝鮮小学校)가 폐쇄했다. 이대로 가면 머지않아 같은 결과가 될 학교가 또 2, 3개교 있다'고 보고하고 있다.[30] 교원들의 급여지급도 여의치 않아 현 내 조선학교 교원들의 하기강습회 비용을 상대적으로 많은 급여를 받는 분교장 교원들의 후원금으로 충당하거나, 분교장 교원들의 연말 수당의 반액을 자주학교 교원들에게 지원하기도 했다. 자주학교와는 대조적으로 분교장의 조선인 교원에게는 월 8,700엔의 급여가 지급되어, 학교 건물과 땅에 관해서도 '임대세로 연간 약 6만 5천엔'이 시에서 지급되었다(모두 1954년도).[31]

또한 학교 건물의 보강, 수리비 등도 시의 예산에서 지불되었다. 도립조선인학교의 경우 도는 학교건물, 시설의 개선비용을 내지 않았으나, 나고야시의 경우, 예컨대 1959년 12월부터 착공된 마키노소학교 분교장 학교건물 개축의

---

30) 아이찌조선인교육회, 교동 아이치현 본부 「제2차 확대중앙위원회의에 제출한 보고서」 (1955년 11월 26일).
31) 상동, 나고야시의회 사무국장 발 「공립조선인학교에 대해서」(1954년 4월 30일).

비용 750만 엔 중 나고야시는 100만 엔을 지불하고, 이에 더해 많은 자재를 지원했다고 기록되어 있다.[32] 민족교육의 실시가 재정적으로 보장된 나고야시립 조선학교를 굳이 무인가학교나 사립각종학교로 하려는 적극적인 이유는 찾아볼 수 없었다.

자료상의 한계로 인해 나고야시가 공립조선학교를 폐지하지 않은 직접적인 근거를 제시하는 것은 어렵지만, 그 배경에는 아이치현 및 나고야시와 조선인 사이에 어느 정도 양호한 관계가 구축되어 있었다는 것이 영향을 미쳤다고 생각된다. 예를 들면, 1955년 3월 8일 나고야시 의회에서는 조선학교에 관한 다음과 같은 대화가 있었다. 우메무라 타다오(梅村忠雄) 시의원이 '2월 중순경', '조선분들이 오시게 되어', '조선인학교를 이번에 짓게 된' 것이었으나, 이것에 관해 시장 및 교육장들도 '응원하고 있기' 때문에, '기부를 부탁받은 적이' 있는데, 이것에 대해서 '조선인학교와 시장과 어떤 묵계가 있었는지'가 질의되었다. 이에 대해 고바야시 킷센(小林橘川) 시장은, 기부금 모집의 건에 관해서는 관여하지 않으면서도 '지난해 조선인 학교교육 문제를 직접 여러 가지 둘러보았는데, 매우 안쓰러운 상태여서 무언가라도 해보고 싶다고 생각하고 있습니다만, 좀처럼 잘 되지 않고 있습니다'라고 답변하고 있다.[33]

여기에서 거론되는 조선학교 건설이란 학교폐쇄 후에도 수업을 계속해온 중부조선고등학교의 이전 및 교사건설에 대한 것을 말한다. 해당 학교는 1953년 12월에 현지사에 의해 각종학교인가(개인 설립)를 취득해서 학생 증가와 함께 이전 및 학교건물 건설을 추진하기 위해 위원회를 1954년 12월 2일에 결성했다. 이 건설 위원회 결성회의에 구와하라 미키네(桑原幹根) 아이치현 지사 및 고바야시 킷센(小林橘川) 나고야시장이 출석하고 있다.[34] 그리고 건설과정에는 나고야시

32) 「열매를 맺은 동포들의 애국열성 아이찌제1초교 교사락성」 『조선민보』 1960년 4월 20일자. 또한 1959년 12월 23일 나고야시 시의회 회의록에서, 청원 「마키노소학교분교장 교사개축보조금에 관한 건」이 이의 없이 소관 상임위원회에 회부되었음을 확인할 수 있다.
33) 『나고야시 시회 회의록 제5호』(1955년 3월 8일), 55-62쪽.
34) 「학생들에게 새로운 학교건물을-중부조선중고교건설실행위원회 발족」 『해방신문』 1954년 12월 23일자.

가 불도저를 빌려주었고, 이에 대해 학교 학생자치회가 나고야시장 앞으로 감사장을 보낸 바가 있다.35)

또, 1955년 7월에 아이치현 스포츠회관에서 열린 교직동 및 교육회결성대회에도 현지사, 나고야시장, 나고야교육위원장이 참가했고, 그 외에도 시에서 100만 엔의 보조가 나온 마키노소학교분교장 신교사 낙성식(1960년 4월 11일)에는 나고야시의회 문교위원장인 가토 다쓰사부로(加藤達三郞), 시교육장 외 일본인 교육 관계자 20여 명이 참가하고 있다.36)

전국에서 4번째로 현 지사로부터 각종학교 인가를 받은 것이나, 나고야시장이 복수(複數)의 조선학교 시찰, 또 각종행사에 행정관계자들이 참가하거나 지지를 표명하고 재정을 지원했다는 사실은 재일조선인과 행정 사이에 어느 정도 관계가 구축되었다는 것을 가늠케 하는 것이다. 위에 제시된 시의회에서의 주고받은 질의응답에서도 시사하고 있다시피 민족단체나 교육회를 중심으로 한 재일조선인은 우호적인 관계 구축을 위해서 시의회나 지역의 유지 등에게 종종 손을 쓰고 있었다고 유추할 수 있다.

나고야시립조선학교를 포함한 아이치현 내 조선학교 역시 인근 일본학교와의 교류나 이해촉진을 위해 노력하고 있었다. 1952년 10월 22일, 나고야시 미즈호공원 육상경기장(名古屋市瑞穗公園陸上競技場)에서 아이치현 조선인학교 연합 대운동회가 개최되었다. 아시아 민족친선 및 조일친선을 슬로건으로 내건 이 행사에는 나고야 시립 하쿠스이소학교(名古屋市立白水小学校) 학생 350명을 포함하여, 일본 소학교 아이들 대표 및 교원이 총 600명 참가했으며, 학교 간 교류를 두텁게 했다.37) 1954년 2월 26일에는 마키노소학교 강당에서 「조선민족교육 연구발표협의회」가 열렸다. 나고야시 교육과장, 시 내 각 소학교 교장, 일본학교 교원들 250여 명이 참가한 이 모임에서는, 마키노소학교 분교장 교원들이 재일조선인의

---

35) 「황무지를 운동장으로 중부조선중고교」『해방신문』 1955년 10월 29일자.
36) 「공화국의 교육정책을 받들어 PTA·교동 전체대회」『해방신문』 1955년 7월 12일자 및 앞의 기사 『조선민보』 1960년 4월 20일자.
37) 「아름다운 조일친선 600명 일본 어린이가 참가 「나고야」」『해방신문』 1952년 11월 5일자.

생활상황과 『우리들의 걸음』에 담긴 조-일 교원들의 노력을 보고했다. 『해방신문』은 교원들의 보고는 일본인 참가자에게 큰 감명을 주었고, '(민족교육의)이해를 얻는 데 큰 수확이었다'고 보도하고 있다. 보고를 들은 나카무라구(中村区)의 교육장학관(教育視学官)은 '나는 '빨갱이' 교육이라고만 생각했으나, 연구회에서 처음으로 건전한 평화교육이라는 것을 알게 되었다'고 감상을 적고 있다. 마키노소학교분교장의 이러한 노력은 조선학교 교원의 전국조직인 재일본조선인교직원동맹에서도 '많은 일본인들의 지지를 얻었다'는 것으로 평가되고 있다.[38]

이러한 여러 가지 노력 가운데서 만들어진 행정 및 인근 일본학교 또는 지역주민과의 관계성이 나고야시립조선학교의 존속을 지탱하고 있었다고 생각된다. 이러한 관계성은 적어도 학교의 존재를 부정하거나 폐지를 강요하는 것은 아니었다. 그리고 그렇다면, 일반 공립학교보다도 광범위한 학구설정과 조선인 교원의 독자적인 채용, 조선인 교원이 하는 정식과목 수업 담당을 비롯하여 재일조선인의 교육적 요구를 많이 수용한 지극히 특수한 공립학교로서 나고야시립조선학교는 정부의 방침과는 상대적으로 독자적이고 지역적인 관계성을 통해 뒷받침되었다고 말할 수 있지 않을까.

(4) 민족교육의 강화와 공립학교의 정상화 - '비정상'에서 '불법'으로

민족교육을 실시하는 과정에서 어느 정도의 제한은 있었지만 공적인 재정보장이 이루어지는 공립조선학교에 공화국의 교육원조비 송부로 재정상황이 개선된 것은 큰 전기가 되었다. 게다가 1959년 12월부터 공화국으로의 귀국이 가능해짐에 따라 전국 조선학교 취학자 수는 배로 증가한다. [표 9-2]에도 나타나 있는 것처럼, 나고야시립조선학교 3개교의 취학아동수 역시 1953년에는 합계가 506명이었으나 1959년에는 674명, 1960년에는 835명으로 급증하게 된다. 상대적인 학교운영의 안정성이 확보되어가는 중, 1961년경부터 총련중앙과 교육회중앙은 공립조선학교에 대해 공립학교의 틀에서 벗어나 민족교육을 철저하게 실시

---

38) 「조선민족교육의 실태 제1나카무라소학교에서 연구발표회」 『해방신문』 1954년 3월 13일자. 「민족교육방위를 위한 지방의 특징적인 투쟁」 『해방신문』 1954년 6월 26일자.

하겠다는, 이른바 '자주화'를 추구하게 된다.[39] 공립학교라는 형태로는 민족교육을 충분히 실시할 수 없다는 목소리는 1950년대 후반 이후 공립조선학교 교원의 실천보고에서도 발견된다.[40] 이렇게 1950년대 오카야마나 도쿄의 경우처럼 외부의 압력으로 폐지되는 것이 아니라, 1960년대에는 재일조선인 단체 내부의 요구로 공립조선학교의 폐지 및 사립각종학교인가 취득이 추진된 것이었다. 실제로 오사카시립 니시이마자토중학교(大阪市立西今里中学校)는 1961년 8월에 폐지된 동시에 오사카부로부터 각종학교의 인가를 얻었다.

전국적으로 무인가 조선학교가 각종학교 인가를 취득하는 동시에 공립조선학교의 자주화가 추진되면서 아이치현 조선인 교육회는 1964년부터 법인설립 및 현 내 조선학교의 각종학교 인가취득을 위한 움직임을 본격화한다.[41] 다만 김종진 씨에 의하면, 나고야시립조선학교 내부에는 계속해서 시립소학교 분교라는 형태로 운영하는 것도 좋지 않은가 하는 의견도 있었다고 한다. 교재, 설비, 비품 등이 공비로 조달되던 나고야시립조선학교의 교육환경이 자주학교의 그것보다도 상대적으로 안정화되어 있었다는 것이 이유 중 하나였다. 그러나 교육원조비의 송부와 귀국사업의 개시에 따라 공화국과의 심성적 유대가 한층 강화되어가는 가운데, '민족교육을 철저히 실시하기 위한 자주화'라는 전국적인 방침에 반대하는 것은 어려웠을 것으로 추측된다. 나고야시립조선학교는 늦어도 1965년 12월 초순에는 나고야시 및 아이치현과의 협상절차를 시작한 것으로 확인할 수 있다.[42]

한편, 같은 시기에 일본정부도 공립조선학교 폐지에 대한 방침을 나타냈다. 1965년 12월 28일, 한일회담의 합의에 근거하여 문부성은 통달 「조선인만을 수용하는 교육시설의 취급에 대하여」를 도도부현에 하달한다(12.28 통달).[43] 여기에

---

39) 재일본조선인교육회 중앙상임이사회 「제6차 정기대회결정서」(1961년 6월).

40) 예를 들면, 『민족교육 − 재일본조선인학교 제1차 교연보고집』(1958년 5월 15일 발행), 92쪽에 수록된 아마가사키시립오쇼소학교(尼崎市立大庄小学校) 분교 리행일의 실천보고.

41) 「아이치조선초급학교들 5개교와 아이치 조선인교육회가 설치인가, 법인인가를 얻다」『조선신보』1967년 2월 16일자.

42) 아이치현에 제출한 「학교법인 아이찌조선학원 기부행위 인가신청서」(1967년 2월)에는 1965년 12월 10일자 다이와소학교 분교장 교사 기부신청서가 포함되어 있다.

43) 문부사무차관 후쿠다 시게루(福田繁) 발, 각 도도부현 교육위원회·각 도도부현 현지사 앞

서 공립조선학교에 관해 '교직원의 임명·구성·교육과정의 편성·실시·학교관리 등에서 법령의 규정을 위반하고, 극히 비정상적인 상태에 있다고 인정'된다는 이 유로, '학교교육의 정상화를 위해 필요한 조치를 강구'하고, '정상화되었다고 인정 되지 않는 경우는 이들 분교의 존속을 검토할 것', 또한 공립조선학교를 '향후 설 치하지 않을 것'이 제시되었다. 학교폐쇄 후 잠정적인 조치로서 설치를 용인했던 공립조선학교의 폐지가 선고된 것이다.

확실히 공립조선학교 교육의 모습은 일반적인 공립학교를 '정상'이라고 했을 때, '비정상'으로 보일 수 있을 것이다. 공립조선학교의 '비정상'은 조선인 아이들

....

「조선인만을 수용하는 교육시설의 취급에 대하여」(文管振 제2210호, 1965년 12월 28일). 또한 문부성은 같은 날짜로 「일본에 거주하는 대한민국 국민의 법적지위 및 대우에 관한 일본과 대한민국과의 상호협정에서 교육관계사항의 실시에 대해서」(文管振 제464호, 1965 년 12월 28일. 문부사무차관 후쿠다 시게루 발)를 발행한다. 문부성은 재일조선인의 의무 교육학교로 취학에 있어서 다른 외국 국적자와 동일하게 학령부의 기재 및 취학의무 이행 을 독촉할 필요가 없으며, 의무교육 무상원칙도 적용되지 않는다는 입장을 이미 제시하고 있었다(초등중등교육국장 발, 「조선인의 의무교육학교로의 취학에 대해서」(文初財 제74호, 1953년 2월 11일)). 65년 통달은 한국적, '조선' 적과 관계없이 조선인에 관해서는 소·중학 교로의 입학을 희망한 경우 그것을 인정하고, 수업료를 징수하지 않으며, 교육용 도서의 무상조치, 취학지원조치에 관해서도 '일본인 자녀의 경우에 준하여 동일하게 취급한다'고 제시하고 있다. 53년 시점의 방침은 부분적으로 철회되었다고 할 수 있다(단, 취학의무 이 행 독촉은 이루어지지 않는다. 이것은 조선인뿐만 아니라 모든 외국적자에 적용되는 것으 로 현재에도 마찬가지이다). 다만, 이 방침이 재일조선인 교육을 받는 권리의 보장이라는 관점에서 이루어진 것이라는 평가는 유보가 필요하다. 문부성 내에 설치된 「재일외국인교 육연락회」의 책임자를 맡았으며, 한일회담에서 일본의 학교교육제도는 '일본인의 교육을 목적으로 한 것이다'고 주장했고, 외국인 학교제도의 초안에도 관여한 문부성 대신관방 참 사관인 이시카와 지로(石川二郎)는 1965년 9월 『문부시보』에 게재한 논문 「한일협정과 교 육」에서 재일조선인이 일본학교에서 교육을 받는 것의 의미를 다음과 같이 서술하고 있다 (石川二郎 「日韓協定と教育」『文部時報』 1965년 9월호). '한국인이 우리 사회에 잘 적응해 서 조화로운 존재가 될 수 있는지는 우리 사회의 안정, 진보를 위한 문제이기는 하나, 한국 인 스스로에게는 그 삶의 안정성을 충실히 얻을 수 있고, 행복한 일상을 보낼 수 있을지에 대한 갈림길이기도 하다. 그들이 우리 사회에 조화롭게 존재할 수 있을지 여부의 기초는 교육을 통해 배양되기 때문에 그들이 자진해서 우리나라의 학교에 들어가도록 하고, 일본 측에서는 그들을 일본 학교로 기쁘게 맞이하도록 하여 어린 시기부터 양국의 자녀가 생활 과 학습을 함께 자연스럽게 함으로써 친화적 관계를 맺을 수 있도록 하는 것이 중요하다고 생각한다.' '과거 일본인이었다는 역사적 사정은 양자('영주허가를 받아 입학해온 한국인'과 '영주를 허가받은 자 이외의 조선인')가 동일하다는 것을 생각해야만 하고, 그들이 일본사 회에 조화로운 존재가 되기 위해서는 우리나라의 학교교육을 받도록 하는 것이 바람직하 다'고 하고 있다. 이시카와의 주장을 뒷받침하는 것은 '과거 일본인이었던'이라는 구 신민 논리와 '일본사회에 조화로운 존재가 되기 위해서'라는 동화주의의 논리이다.

만을 대상으로 한 교육을 공립학교라는 틀에서 실시하려고 했던 데서 나온 것이었다. 그리고 지방행정은 물론 문부성에서도 어느 정도 용인 내지 묵인해온 이 '비정상'이, 같은 통달에서는 '법령의 규정을 위반'하는 것으로, 즉 '불법'인 것으로 되어 있다. '비정상'에서 '불법'으로. 문부성에 의해 공립조선학교는 있어서는 안 되는 학교가 된 것이다.

또한 다음 장에서 상세히 서술하는 것처럼, 같은 통달에서는 조선학교의 법적지위에 관하여 '학교교육법 제1조에 규정하는 학교의 목적을 감안했을 때, 이를 학교교육법 제1조의 학교로서 인가할 수 없다', 그리고 '조선인으로서 민족성 또는 국민성을 함양하는 것을 목적으로 한 조선인학교는 우리나라의 사회에 있어서 각종학교의 지위를 부여하는 적극적인 의의를 지닌다고 인정할 수 없으므로 이를 각종학교로서 인가하지 않을 것'을 요구하고 있다. 공립학교로서는 물론, 사립학교 혹은 각종학교로서의 보장도 제공하지 않아야 한다는 통달은 조선학교에 대해서는 모든 공적 보장을 부여하지 않을 것이라는 한일 양 정부의 명확한 정치적 의도에 기초한 것이었다.

총련 중앙은 각종학교인가를 부여하지 않으려는 정부의 태도를 민족교육권을 침해하는 행위로서 즉시 비판하고 있다.[44] 다만, 이러한 공립조선학교의 폐지에 한에서는 정부와 의견이 일치하는 것으로 평가하지 않을 수 없다. 즉, 총련 중앙 및 교육회 중앙은 민족교육을 철저히 실시하기 위해서, 또한 일본정부는 공립학교를 정상화, 또는 조선학교에 공적보장을 부여하지 않기 위해서 모두가 공립조선학교의 폐지를 추구했다. 이제까지 본 것처럼, 나고야시립조선학교의 교육은 일반적인 공립학교와는 분명히 달랐고, 또한 일본인 교원이 일본어로 하는 수업이 있었다는 점을 비롯하여, 다른 조선학교의 교육과도 달랐다. 이것은 학교 당사자들의 여러 가지 노력으로 만들어져간 'ㅇㅇ교육'이라는 범주로는 묶어낼 수 없는, 독특한 양상을 띠고 있던 것이다. 그렇기에 다르게 표현하자면 민족교육과 공립학교의 교육, 각각의 '당연한 모습'에서 벗어나 있기에 해당 학교의 폐지를

----

44)「재일조선공민의 민족교육을 탄압하려는 일본정부의 통달과 관련하여」『조선신보』1965년 12월 29일.

향한 움직임은 조선인과 행정, 양방향에서 추진된 것이었다. 이리하여 나고야시립조선학교는 1966년 3월 31일부로 폐지되게 되었다.[45]

무인가학교가 된 구 나고야시립조선학교가 각종학교인가를 취득한 것은 1967년 2월이다. 같은 시기에 공립조선학교가 폐지된 효고(兵庫)나 가나가와(神奈川)와 달리 폐지와 함께 각종학교 인가가 부여되지 않은 경위는 불명확한데, 김종진 씨에 의하면, 인가를 위한 절차나 준비가 충분하지 않았다고 한다. 아이치현 지사는 인가에 있어서 '일본의 법령·질서에 위반하는 공공의 이해를 해하는 교육을 실시하지 않을 것', '현비(県費) 조성 그 외 모든 원조를 요구하지 않을 것'을 조건으로 설치자인 아이치현 조선학원에 제시하고 있다.[46] 당시 문부성과 자민당은 학교교육법을 일부 개정하여, 외국인학교를 문부대신의 관할 아래에 두고, 국익이나 정부방침에 따르지 않는 외국인학교는 폐쇄할 수 있다는 이른바 「외국인 학교법안」의 성립을 위해 움직이고 있었다. 이 때문에 연일 인가신청을 위해 몰려드는 재일조선인들을 대응하느라 어려워하는 지방자치단체에 대해 문부성은 '외국인학교제도의 법제화를 위해 노력 중이므로 그때까지 각 지방도 수고해줬으면 한다'―곧 각종학교인가를 하지 않도록 노력해달라는 태도를 보이고 있다.[47] 아이치현이 제시한 조건 중에도 외국인학교 법안을 방불케 하는 내용이 포함되어 있기 때문에 문부성 통달에 반하여 각종학교 인가를 줄 수는 있으나, 이와 동시에 앞으로 제정될 것으로 예상되는 외국인학교법안으로 통제의 회로도 확보해 두자는 현 측의 의도가 관찰된다. 절차상으로는 문제가 없는 조선학원 측

....

45) 「나고야 시립조선학교 설치조례의 일부를 개정하는 조례안」(1966년 3월 23일 가결) 『나고야시의회 결의록』(1966년), 227-230쪽.

46) 아이치현 지사 구와하라 미키네(桑原幹根) 발, 학교법인 아이찌조선학원설치대표자 장일우(張一宇) 앞 「아이찌조선학원 기부행위 인가통지」(42지령학제8-9호, 1967년 2월 14일). 다음 장에서 자세히 보겠으나, 인가를 내릴 때 일정 조건을 부과하거나 서약을 요구하는 것은 문부성이 조선학교 인가에서만 요구했던 조치였고(文部事務次官発, 都道府県知事都道府県教育委員会宛 「朝鮮人私立各種学校の設置認可について」(文管庶第69号, 1949년 11월 5일)), 많은 도도부현에서도 실시되었다.

47) 「욕가이찌조선초중급학교 인가신청에 대해서」의 「최근 문부성의 방침」을 참고. 이 자료는 개시청구에 의해 입수한 미에현 소장자료이다. 작성일은 분명하지 않으나 문서 내용에서 1966년 5~6월경으로 판단된다.

의 요청에 응하면서도, 문부성의 방침까지 고려한 현의 대응이었다고 볼 수 있을 것이다. 이렇게 구 나고야시립조선학교는 폐지된 지 약 1년 후에 각종학교인가를 취득한 것이었다.

제3절 지역적인 공공성

교육기본법 제1조에 나와 있는 것처럼, 일본학교 교육제도는 '(일본) 국민의 육성'을 목적으로 하고 있다. 그것은 특별히 '일본 민족'이라는 민족집단을 굳이 언급하지 않아도 되는, 일본 사회의 단일민족 국민상과도 연결되어 있다. 그러므로 공교육을 담당하는 공립학교에서 교육이 창조된 일본 국민으로서 공통의 문화와 기억을 습득시키고, 일본 국민으로서 국가정체성을 부여하는 국민교육이라는 전제는 당연한 것으로 간주된다. 1965년 4월 23일, 제7차 한일전면회담 재일한국인의 법적지위에 관한 위원회 제26회 회합에서 문부성대신관방 참사관인 이시카와 지로(石川二郎)는 일본 학교교육 제도는 '일본인 교육을 목적으로 한 것'이라고 발언했는데, 이는 그다지 놀라운 것이 아니다. 국가는 분명히 국민이라는 공교육의 경계선을 긋고 있는 것이다.

일본 학교교육제도가 암묵적으로 전제하는 국민인지 아닌지에 대한 경계선은 외국인의 육성을 목적으로 하는 외국인학교의 법적지위 문제에서 단적으로 드러난다. 외국인학교는 '1조교 대 비1조교'는 도식 아래, 전자가 되려면 외국인학교 고유의 교육활동이 제한되고, 후자를 택하면 정식 학교로 인정받기 어렵고 공적 지원도 받기 어렵게 된다는 딜레마에 처해왔다. 그 의미에서 외국인학교는 일본의 공교육에서 본질적으로 배제되어 왔다고 말할 수 있다.

공립조선학교의 존재는 이러한 오늘날까지 계속되는 공교육을 둘러싼 구도를 전복시켜 일본의 공교육이 국민교육에 한정되지 않는 시야를 갖는 존재로서 존립할 수 있다는 것을 나타내는 것이었다. 나고야시립조선학교에서 국민교육으로 수렴되지 않는 교육을 존립시킬 수 있던 것은 다음의 두 가지 때문이었다고 생각된다.

첫 번째로, 학교 내부의 교육 활동과 학교의 정형에 대한 조선인들의 교육적 요구가 제기되는 통로가 마련되어있던 것과 함께 조선인과 일본인이 토론을 통해 합의를 만들어나가는 장이 존재했던 것이다. 그것은 때로는 아이들이 포함된 조선인의 격렬한 항의에 의해 뒤틀린 통로이기도 했으며, 학교와 관련된 일본인과 조선인과의 관계성을 바탕으로 창출되어 유지된 장이기도 했다. 초반에 확인한 오타 마사유키(太田眞行)의 말에서도 나타나는 것처럼, 이 과정은 결코 평탄한 길이 아니라, 때로는 조선인과 일본인과의 대립과 긴장관계, 충돌을 야기시키는 것이기도 했다. 그럼에도 당사자들이 학교 교육을 어떤 것으로 하는지에 대한 요구를 제기할 수 있게 하는 통로와 합의를 만들어가는 장이 존재했고, 그 기능을 계속했기 때문에 폐쇄조치의 잔재로서 잠정적으로 설치된 공립조선학교는 조선인 육성을 위한 교육내용을 도입한 '비정상적인' 공립학교로서 안에서부터 변화시켜갈 수 있었던 것이다.[48)]

둘째로 이러한 학교를 존속시켜온 지역사회와의 관계성이다. 지방자치단체와 인근학교, 지역주민과의 사이에 구축된 관계성이, 공립조선학교의 경제적·사회적 기반이 되어 그 존속을 지탱했다. 도식적으로 보면 공립조선학교를 폐지·부인한 일본정부와 총련의 방향성(문부성에 의한 '정상화', 총련에 의한 '자주화')과 존속을 지지하는 지역적인 방향성 사이의 각별한 균형 위에 공립조선학교는 성립했다고 말할 수 있다. 공립학교로서의 비정상성이 문제시되어 폐지된 지역(오카야마, 도쿄)이나, 철저한 민족교육을 강조하여 자주화한 지역(오사카)도 있었으나, 나고야의 경우는 양자의 균형이 유지된 결과 전국에서 가장 오랫동안 공립조선학교가 존속한 것이다. 이때 지역 내 형성된 관계성이 맡은 역할은 절대 작지 않다. 이 균형이 전자의 방향성이 비대화되면서 무너짐으로써 외국인을 위한 공립학교

---

48) 아마가사키시립무코소학교(尼崎市立武庫小学校) 지부 분교에서도 비슷한 관계성이 만들어졌다는 것이 시사된다. 해당 학교 조선인 강사대표였던 김적백(金積伯)은 학교의 실천기록을 담은 분교잡지 『접점』에서 다음과 같이 쓰고 있다. '분교교육의 실태나 폐해를 교육이념이라는 형식적이고 평면적인 이론으로 이해하려는 것은 지극히 위험하다. 분교라는 특수한 형태 속에서 조일 양 교사는 민족적 입장은 달라도 아이들을 위한다'는 공통의 바람에서부터 선의와 이해와 상호협조로 최선을 다해 왔다.」(아마가사키시 교육위원회 편(1974년) 『아마가사키시 전후 교육사』, 297쪽).

는 전후 일본교육사에서 그 모습을 감추게 되었다.

국가가 그어놓은 공교육의 경계선이 눈앞에 있는 조선인 아이들의 교육을 보장하려는 교원과 그것을 어떻게든 유지하려고 구축된 지역사회의 관계성에 의해 일시적으로든, 부분적으로든 재편성된 것이다. 공익이라는 것은 국익을 일컫지 않는다. 외국인도 일본 사회의 '공(公)'을 함께 구성하고 있다. 공립조선학교는 곧 외국인을 포함한 지역적인 공공성으로 뒷받침되는 동시에 이를 끊임없이 만들어가는 장이었다고 볼 수 있을 것이다.

공립조선학교의 종언은 일본의 공립학교의 '순화(純化)'를 의미한다.[49] 때마침 국익을 시금석으로 하는 '외국인학교'라는 새로운 법적 지위가 만들어지려고 한 것은 상징적인 것일 수도 있다. 그 후 외국인학교가 얻을 수 있는 최고의 법적지위는 각종학교로 일원화·고정화되어간다. 전체 조선학교의 강제폐쇄라는 압도적 폭력·배제 속에서 탄생한 공립조선학교가 보여준 가능성은 더욱 강력한 국가적 논리에 의해 스러져가게 된 것이다.

....

[49] 1965년 12월 28일 문부사무차관통달에서는 공립학교 내에 설치된 특수 학급도 폐지하라는 지침이 내려지고 있다. 이 통달을 받아들여 교토시립요세이소학교(京都市立養正小学校)에 설치된 특수학급, 곧 특정 수업시간만 따로 뽑아 편성된 조선인 학급인 특수학급이나 방과 후에 실시하는 방과 후 학급이 아니라 하루 종일 조선인만으로 편성된 학급도, 1967년 3월 말에 폐지된다. 마쓰시타(松下, 2016)를 참고.

제10장

정치적 문제로서의 법적 지위

조선학교는 1950년대 후반 이후 각 지역의 조선학원을 설립 주체로 하여 각
종학교 인가 취득 운동을 전개한다. 한편, 주변이라고 해도 조선학교의 학교교육
법 상 지위를 인정하는 것은 조선학교의 공공성·공익성을 인정하는 것으로 연결
되기 때문에 일본 정부는 조선학교를 각종학교로 인가하는 것에 지속해서 부정
적인 태도를 취해 왔다. 또한, 외국인학교의 법적 지위를 어떻게 처우할 것인가
에 대한 문제는 대체 어떤 학교를 '일본의 학교'라고 할 수 있느냐에 대한 문제도
내포하고 있었기 때문에 조선학교의 법적 지위 문제는 문부성에도 중요한 관심
사였다. 이러한 상황에서 조선학교는 어떻게 각종학교의 인가를 취득해 갔을까.
각 지역의 경위가 충분히 밝혀졌다고 보기 어렵다는 것을 전제로 미에현(三重県)
의 사례에서 인가취득의 과정을 밝히는 것이 이번 장의 목적이다.

앞 장에서 본 것처럼 문부성은 한일회담 합의에 기초하여 1965년 12월 28
일에 각 도도부현지사 및 교육위원회에 대해 조선학교의 각종학교인가를 부여하
지 않도록 하라는 취지의 통달을 내리고 있다(12.28 통달). 그러나 현실에서는 이
이후 인가를 취득한 학교가 많다. [표 10 − 1]에 확인 가능한 110개교 학교의 각
종학교 인가취득연월일을 정리했다. 12.28 통달 이전에 인가를 얻은 학교를 음영
으로 표기하였는데, 모두 37개교가 된다.

문부성의 뜻에 반하여 각 도도부현 지사가 인가를 내린 사실에 관해서는 한

표 10-1 | 조선학교 각종학교인가취득시기 및 조선학원 학교법인 인가취득시기

지역 명	학교명	No.	인가 날짜 초급	중급	고급	인가 후 통폐합안·교명 등 상황(2017년 1월 현재)	인가	출처 인가 후 상황
도꾜	조선대학교	1			1955. 4. 1.	1968. 4. 17.에 인가		
	도꾜제1	2	1955. 4. 1.	1955. 4. 1.	1955. 4. 1.			『조선신보』, 2015년 8월 8일자
	도꾜제2	3	1955. 4. 1.	1962. 4. 10.		1959년 4월에 중급부 설치.		
	도꾜제3	4	1955. 4. 1.	1964. 5. 23.		1964년 4월에 중급부를 폐지하고 도꾜제2초급으로 통폐함.		『조선신보』, 2016년 1월 15일자
	도꾜제4	5	1955. 4. 1.					
	도꾜제5	6	1955. 4. 1.	1964. 5. 23		1954년 4월에 중급부 설치.		『조선신보』, 2015년 9월 11일자
	도꾜제6	7	1955. 4. 1.	1962. 4. 10.		1960년에 도꾜제10(12)과 통합하고 중급부 설치.		『조선신보』, 2016년 3월 29일자
	도꾜제7	8	1955. 4. 1.	1962. 4. 10.		1960년 4월에 중급부를 설치. 1993년에 도꾜제7(9)과 교통통합하고 제6초급으로	(a)	『조선신보』, 2015년 2월 2일자, (e), (o)
	도꾜제8	9	1955. 4. 1.	1962. 4. 10.		1960년 4월에 중급부 설치. 1993년에 도꾜중6(8)과 교통통합하고 제7중급으로. 2000년에 도꾜중고(2)에 통합.		(e)
	도꾜제9	10	1955. 4. 1.			2003년에 폐교		
	도꾜제10	11	1955. 4. 1.					
	도꾜제11	12	1955. 4. 1.	1962. 4. 10.		1960년에 도꾜제15(7)과 통합		『조선신보』, 2015년 3월 29일자
	도꾜제12	13	1955. 4. 1.	1962. 4. 10.		1957년에 중급부설설. 1961년에 미타제1, 1989년에 니시도꾜제1로 개칭.		(c)
	도꾜제12	14	1955. 4. 1.	1968. 9. 3.		1961년에 미타마제2, 1989년에 니시도꾜제2로 개칭. 1972년에 유치반 병설. 2008년에 초급부로. 2007년에 초급부가 제개.		『조선신보』, 2016년 4월 5일자 (g)
	도꾜조선학원		1955. 4. 1.			1955. 4. 1.	(b)	
가나가와	가나가와	15	1965. 12. 24.	1953. 10. 31.	붙명	1951년 4월 5일 개교나 교명은 요코하마조선중학교(橫浜朝鮮中學校). 인가 당시 교명은 정해지지 않았지만 가나가와조선학교(神奈川朝鮮學校) 였다고 추측된다. 1954년 4월에 고급부가 병설되어 교명은 가나가와조선중급고급학교(神奈川中高等學校)가 된다. 1957년부터 가나가와조선중고급학교(神奈川中高級學校)로 개칭되었다고 생각된다.	(a)	(m) 1954년~1958년의 『해방신문』의 새해캘럼
	요코하마	16	1965. 12. 24.			1999년에 가나가와중고(15)와 통합되어, 가나가와초중고가 된다. 2006년에 다시 분리된다.		『조선신보』, 2016년 2월 29일자
	가와사키	17	1965. 12. 24.	1971. 6. 21.		1971년에 중급부 설치. 2005년에 중급부를 가나가와중고(15)에 통합하고 가와사키초급이 된다.	(e)	『이어』, 2010년 7월호
	난부	18	1965. 12. 24.					『이어』, 2011년 2월호
	쯔루미	19	1965. 12. 24.			2006년에 요코하마초급(16)으로 통합되어 쯔루미유치원이 된다.		
	가나스카	20	1965. 9. 21.			1994년에 요코하마초급(16)과 통합한다.		
	가나가와조선학원						(b)	(e)
지바	지바	21	1965. 12. 17.	1967. 8. 23.			(a)	
	지바조선학원		1965. 12. 17.					
사이타마	사이타마	22	1965. 11. 10.	1965. 11. 10.			(b)	
	사이디마조선학원		1967. 12. 25.				(a)	
이바라기	이바라기	23	1968. 5. 17.	1955. 12. 10.	1955. 12. 10.		(a)	
	이바라기조선학원			1966. 12. 15.			(b)	

지역명		학교명	초급	중급	고급	인가 후 통폐합·교명 등 상황(2017년 1월 현재)	인가	출처 인가 후 상황
군마	24	군마조선학원	1965. 8. 3.	1965. 8. 3.			(a)	
도치기	25	기타간토		1968. 3. 7.			(b)	
	26	우쓰노미야조선학원	1963. 7. 12. 1966. 10. 12.	1963. 7. 12. 1966. 10. 29.		1970년에 우쓰노미야(26)와 통합하여 도쪼기조중이 된다.	(a) (n)	『조선신보』, 2017년 11월 2일자
홋카이도	27	홋카이도조선학원	1968. 12. 12.	1968. 12. 12.	불명	1982년에 고급부를 병설한다.	(b)	
미야기	28	도후쿠 (미야기조선학원)	1966. 7. 27.	1966. 7. 27.	1970. 4. 10.	2009년에 고급부를 이바라기(23)와 통합하여 도후쿠조중이 된다.	(a) (b)	
후쿠시마	29	후쿠시마조선학원	1971. 7. 30.	1971. 12. 28.			(a)	
후쿠이	30	후쿠이 / 후쿠리쿠조선학원	1967. 5. 6.	1967. 5. 6.			(a) (b)	
나가노	31	나가노 / 나가노조선학원	1971. 6. 21.	1971. 12. 28. 1971. 7. 30.			(e) (b)	
니가타	32	니이가타 / 니이가타조선학원	1968. 11. 30.	1968. 11. 30. 1968. 12. 2.			(a) (b)	
아이찌	33	아이찌		1953. 12. 19.	1953. 12. 19.	1953년 4월에 [중부조선중고등학교(中部朝鮮中高等學校)로 개설되지만, 인가 당시의 영칭은 일러저 있지 않다. 1956년 4월에 [아이찌조선중급학교(愛知朝鮮中高級学校)]로 개칭한다.		
	34	아이찌제1	1967. 2. 14.			2000년에 아이찌제3(36)과 통합하여 나고야초급이 된다.		『조선신보』, 2015년 4월 6일자
	35	아이찌제2	1967. 2. 14.			2000년에 아이찌제1(34), 아이찌제2(36)과 통합하여 나고야초급이 된다.		『조선신보』, 2015년 4월 6일자
	36	아이찌제3	1967. 2. 14.			2000년에 아이찌제1(34), 아이찌제2(36)과 통합하여 나고야초급이 된다.	(a)	『조선신보』, 2015년 4월 6일자
	37	아이찌제4	1967. 2. 14			1977년에 아이찌제4(35)로 통합되어 폐교한다.		『조선신보』, 2015년 4월 6일자
	38	도순	1967. 3. 31.	1967. 3. 31.		2006년에 중급부를 아이찌중고(33)로 통합한다.	(d)	리철수 학교교장으로부터 연담(2016년)
	39	아이찌제7	1967. 7. 29.			1998년에 제1(34)과 통합, 폐교한다.	(f)	『조선신보』, 2015년 4월 6일자
	40	아이찌제8	1967. 12. 16.			1975년에 제1(34)과 통합, 폐교한다.		『조선신보』, 2015년 4월 6일자
	41	아이찌제9	1970. 6. 29.			1990년에 제1(34)과 통합, 폐교한다.		『조선신보』, 2015년 4월 6일자
	42	아이찌제10	1967. 2. 14.			1998년에 중급부를 아이찌중고(33)와 통합되고 도요하시초중이 된다.	(a)	『조선신보』, 2016년 2월 18일자
	43	도요하시 (도요하시조선학원)	1967. 3. 31.	1967. 3. 31. 1967. 2. 14.			(b)	
	44	아이치 (아이치조선학원)	1966. 9. 27.	1966. 9. 27.			(a)	
기후	45	도노(東濃)	불명	불명		(1974년에 창립)1995년에 중급부를 도순(38)에 통합. 1998년에 초급부도 도순(38)으로 통합하고 폐교한다.	-	리철수 학교교장 연담(2016년)
미에	46	기후조선학원 / 욧카이찌 / 미에조선학원	1966. 11. 19.	1966. 9. 27 1966. 11. 19.			(b) (a) (b)	
시즈오카	47	시즈오카	1967. 3. 30.	1967. 3. 30.		1994년에 시즈오카(47)에 통합되고 폐교한다.	(a)	
	48	하마마쓰 (하마마쓰조선학원)	1967. 3. 30.	1967. 3. 31.			(b)	『이어』, 2015년 10월호
교토	49	교토	1953. 5. 18.	1953. 5. 18.	불명	평불명 / 인가의 영칭은 [교토조선중학(京都朝鮮中学)]. 1955년에 고급부를 병설한다.	(n)	

지역명	번호	학교명	인가 날짜 초급	중급	고급	인가 후 통폐합·교명 등 상황(2017년 1월 현재)	출처 인가	출처 인가 후 상황
교토	50	마이즈루	1970. 12. 25.	1970. 12. 25.		하고 [교토조선중고급학교(京都朝鮮中高級学校)로 개정한다. 고급부의 인가는 정해져 있지 않으나, 교토조선중학의 학과를 늘리면서 다루어졌다.	(a)	『조선신보』, 2016년 4월 25일자
	51	교토제1	1949. 11. 21.			2005년에 폐교.	(h)	
	52	교토제2	1969. 12. 26.			2012년에 교토제3(53)과 통합하여 교토초급이 된다.	(a)	『조선신보』, 2016년 4월 25일자
	53	교토제3	1969. 12. 26.			2012년에 교토제1(51)과 통합하여 교토초급이 된다.	(a)	
		교토조선학원				인가 당시는 [학교법인]교토조선육영사단(学校法人京都朝鮮育英事団)	(b)	정상근 학교교장 면담(2016년)
시가	54	시가	불명	1953. 5. 18.		1963년에 초급부가 병설되어 시가조중급(滋賀中級)이 되나, 초급부 인가일은 정해져 있지 않음. 2004년에 중급부를 교토중고(49)에 통합하고, 시가초급(滋賀初級)이 된다.	(a)	
		시가조선학원					(b)	
와카야마	55	와카야마		1968. 12. 28.			(a)	
		와카야마조선학원		1962. 9. 15.			(b)	
나라	56	나라	1962. 9. 15.	1970. 2. 26.		1999년에 중급부를 히가시오사카(58)로 통합하고 나라초급이 된다. 2008년에 휴교. 2014년에 나라유치원이 재개한다.	(a)	(i), 『조선신보』 2014년 4월 9일자
		나라조선학원					(b)	
오사카	57	오사카	1970. 7. 18.	1970. 7. 18.			(a)	(i), (i)
	58	히가시오사카	1966. 3. 3.	1966. 3. 3.		1994년에 니시오사카(62)[중급부], 1999년에 나라(56)[중급부], 2002년에 미나미오사카(61), 2006년에 나카오사카(59)[중급부]를 통합한다.		(i), (i)
	59	나카오사카	1966. 3. 3.	1961. 8. 2.		2006년에 중급부를 히가시오사카(58)에 통합한다.		(i)
	60	기타오사카	1966. 3. 3.	1966. 3. 3.				(i)
	61	미나미오사카	1966. 3. 3.	1966. 3. 3.		1977년에 중급부를 센보쿠(71)로 통합. 2002년에 중급부를 히가시오사카(58)에 통합한다.		(i)
	62	니시나리	1970. 9. 30.	1970. 9. 30.		1989년에 니시오사카초급부로 개정. 1994년에 중급부를 히가시오사카(58)로 통합하고 니시오사카(62)가 된다.		(i)
	63	히가시오사카제1	1966. 3. 3.			1991년에 히가시오사카초급(65), 제5(67)와 통합하고 이쿠노초급(生野初級)이 된다.		(i)
	64	히가시오사카제2	1966. 3. 3.			1991년 9월에 히가시오사카초급으로 개정한다.		(i)
	65	히가시오사카제3	1966. 3. 3.			1991년에 히가시오사카제1(63), 제5(67)와 통합하여 이쿠노초급이 된다.		(i)
	66	히가시오사카제4	1966. 3. 3.			1993년 4월에 히가시나데초급으로 개정한다.		(i)
	67	히가시오사카제5	1966. 3. 3.			1991년에 히가시오사카제1(63), 제3(65)과 통합하고 이쿠노초급이 된다.		(i)
	68	조호쿠	1966. 3. 3.			1987년 6월에 니시나리초중급(61)과 통합한다.		(i)
	69	미나토	1966. 3. 3.			2004년에 니시오사카초급(62)으로 통합한다.		(i)
	70	사카이	1966. 3. 3.					(i)
	71	센보쿠	1966. 3. 3.			1977년에 미나미오사카(61), 이즈미오사카(72)와 통합하여 센슈초급(泉州初級)이 된다.		(i)
	72	이즈미오쓰	1966. 3. 3.			1977년에 센보쿠(71), 미나미오사카(61)과 통합하여 센슈초급이 된다. 2010년에 니시오사카초급(61)과 통합하여 미나미오사카초급(南大阪初級)으로 개정한다.		(i), 『이어』 2013년 1월호
	73	후쿠시마	1966. 3. 3.			1993년 9월에 오사카후쿠시마초급(大阪福島初級)으로 개정한다.		(i)
		오사카조선학원		1961. 8. 2.(재단법인)		학교법인으로서 인가받은 것은 1989.6.21.	(b)	
효고	74	고베		1959. 3. 24.	1959. 3. 24.	1972년 3월에 중급부를 폐지. 고베중급으로 개정한다.	(a)	(k)

지역 명		학교명	인가 날짜			인가 후 통폐합·교명 등 상황(2017년 1월 현재)	인가	출처 / 인가 후 상황
			초급	중급	고급			
	75	아마가사키	1963. 9. 30.	1959. 3. 24.		1975년에 오시마(76)와 통합하여 아마가사키초중(尼崎初中)으로 개칭.		『조선신보』 2016년 4월 19일자
	76	오시마	1966. 4. 1.			1975년에 아마가사키(75)와 통합.		『조선신보』 2016년 4월 19일자
	77	니시고베	1959. 3. 24.	1966. 4. 10.		1966년에 중급부설치; 1999년에 중급부를 히가시고베(78)와 통합하여 니시고베초(西神戸初)가 된다.		『조선신보』 2016년 4월 19일자
	78	히가시고베	1959. 3. 24.	1970. 3. 19.		1999년에 니시고베(77)의 중급부를 통합하여 고베초중으로 개칭. 2011년에 아카시(88)를 통합.		『조선신보』 2016년 4월 19일자
	79	세이방	1967. 12. 28.	1959. 3. 24.		1967년에 시카리초급과 세이방초중이 됨. 1973년에 이보시(80), 1987년에 이이오이(91), 01년에 히메지(84), 다카사고(89)와 통합.	(e)	학교요람(2013년)
	80	이보시	1967. 12. 28.			1973년에 세이방(79)에 통합.	(e)	
	81	니시와쿠	1967. 12. 28.			2002년에 폐교.	(e)	
	82	이따미	1966. 4. 1.			1970년에 가와베(83), 2002년에 다카라즈카(85)를 통합.	(e)	
	83	가와베	불명			1970년에 이따미(82)에 통합.	(e)	
	84	히메지	1967. 12. 28.			2001년에 세이방(79)에 통합.	(e)	
	85	다카라즈카	1966. 4. 10.			2002년에 이따미(82)에 통합.	(e)	
	86	한신	1959. 3. 24.			2001년에 히가시고베(75)에 통합.	(e)	
	87	소노다	1966. 4. 1.			1987년에 타쓰바나(90)과 통합하여 아마가사키(히가시)초급이 된다. 아마가사키(히가시)초급은 2008년에 아마가사키초(75)에 통합됨.	(e)	『조선신보』 2015년 1월 8일자
	88	아카시	1966. 4. 21.	1967. 3. 31.		2011년에 고베초중(78)에 통합.		
	89	다카사고	1966. 4. 1.	1967. 3. 31.		2001년에 세이방(79)에 통합.		
	90	다쓰바나	1966. 4. 1.	1967. 3. 31.		1976년에 아마가사키(75)와 히가시초급이 된다. 1987년에 소노다(87)와 통합함.	(e)	
	91	이이오이	1967. 12. 28.			1987년에 세이방(79)에 통합.		
	92	아리마	1967. 12. 28.			1977년에 히가시고베(75)에 통합.		
		효고조선학원						
오카야마	93	오카야마		1963. 9. 30		2000년에 구라시키(94)에 통합.	(b)	『조선신보』 2015년 6월 8일자
	94	구라시키	1967. 3. 31.	1967. 3. 31.		2000년에 오카야마(93)에 통합하여 오카야마초급(岡山初)가 된다.	(a)	『조선신보』 2015년 6월 8일자
		오카야마조선학원	1967. 3. 31.	1967. 3. 31.			(b)	
히로시마	95	히로시마		1966. 12. 24.	1966. 12. 24.	1995년에 히로시마제1(96)를 통합. 히로시마초중…	(a)	『조선신보』 2015년 5월 16일자
	96	히로시마제1	1966. 12. 24.			1995년에 히로시마중고(95)와 통합. (吳幼稚園)으로 개칭. 부속유치원(92년)은 존속, 구레유치원(94년), 97년에 폐원.		『조선신보』 2015년 5월 16일자
	97	히로시마제2	1971. 11. 7.			1993년에 히로시마제1(96)에 통합.	(e)	『조선신보』 2015년 5월 16일자
		히로시마조선학원					(b)	
시마네	98	신난	1975. 10. 31.	1975. 10. 31.		1999년에 구라시키(94)로 통합하여 폐교.	(e)	
		산인조선학원					(b)	
에히메	99	시코쿠	1969. 1. 27.	1969. 1. 27.			(a)	
		에히메조선학원	1969. 1. 27.				(b)	
야마구치	100	야마구치			1974. 3. 30.	2004년에 규슈중고(105)에 통합하여 폐교.	(e)	『이어』 2015년 12월호
	101	우베	1967. 2. 18.	1967. 2. 18.		2008년에 우베(102)와 통합하여 야마구치초중급(山口初中級)이 된다.	(e)	『이어』 2015년 12월호
	102	시모노세키	1972. 3. 30.	1972. 3. 30.		2008년에 시모노세키(101)와 통합하여, 야마구치초중급이 된다.	(b)	『이어』 2015년 12월호
	103	도쿠야마	1972. 3. 30.	1972. 3. 30.		2009년에 야마구치초중급(101)과 폐교.	(e)	『이어』 2015년 12월호
	104	오쿠니	1972. 3. 30.	1972. 2. 20.	1967. 2. 20.	1978년에 폐교.	(e)	『이어』 2015년 12월호
		야마구치조선학원					(b)	

지역 명	학교명		인가 날짜			인가 후 통폐합·교명 등 상황(2017년 1월 현재)	출처	
			초급	중급	고급		인가	인가 후 상황
후쿠오카	105	큐슈		1956. 4. 12.	1956. 4. 12.	1974년에 큐슈중고급이 된다. 2004년에 다시 큐슈중고급으로, 또한 야마구찌고급(100)을 통합한다.	(a)	(l)
	106	고꾸라	1966. 2. 2.			1968년에 야하다(107)와 통합하여 기타큐슈초급(종급부 인가는 1968.12.22.). 2004년에 기타큐슈초급이 된다.		
	107	야하다	1966. 2. 2.			1968년 고꾸라(106)와 통합.		
	108	다가와	1966. 2. 2.			1973년에 치쿠호(筑豊)초급으로 개칭. 2000년에 치쿠호초급. 2006년에 기타큐슈초급(106)과 통합.		
	109	오무따	1966. 2. 2.			1974년에 후쿠오까초급(110)과 통합.		
	110	후쿠오까	1966. 2. 2.			1973년에 후쿠오까초급으로, 2004년에 다시 후쿠오까초급이 된다.		
	후쿠오까조선학원			1964. 8. 13.			(b)	

주1: 1965년 12월 28일 문부성사무차관통달 이전에 각종학교 및 학교법인인가를 취득한 학교·학원의 음영을 표시했다(27개교, 6학원임).
주2: 각 기술의 출처는 다음과 같다.

a: 일본교육학회 교육제도연구위원회 외국인학교제도연구 소위원회(1972) 「재일조선인과 그 교육」 그 교육」 자료집 제2집
b: 재일본조선인교육회 중앙상임이사회 편(1996) 「자료집 재일조선인의 민족교육의 권리」 263쪽
c: 우리학교를 잇는 회 편(ウリハッキョをつなぐ会, 2001) 「조선학교도 이뻔김까」 사회평론사
d: 아이치현지사 「학교법인 아이제조선학원 기부행위 일부변경에 대해서(통지)」 (1967년 7월 28일. 42지평화 제72호)
e: 오구상 씨 제공자료
f: 아이치현지사 「학교법인 아이제조선학원 기부행위 일부 변경에 대해서(통지)」 (1967년 12월 16일. 42지평화 제107호)
g: 학교법인 도쿄조선학원 「2008학년도 도쿄 각급조선학교 안내」
h: 松下佳弘(2013) 「점령기 조선인학교 폐쇄조치의 재검토 – 법적 구조에 착안하여」 「세계인권문제연구센터 연구기요」 제18호
i: 오사카민족교육 60년 지 편집위원회 편 「오사카민족교육 60년지」(2005년 12월 25일)
j: 히가시오사카시조선중급학교 창립50주년기념 실행위원회 편 「히가시오사카조선중급학교 창립50주년 기념지」(2011년 10월 23일)
k: 학교법인 효고조선학원 고베조선고급학교 창립50주년기념 편찬위원회 편 「고베조선고급학교 50주년기념지」(2000년 9월 9일)
l: 中島智子(2016) 「조선학교의 신설·이동·통합 이력 조성을 위하여 –후쿠오까현의 경우」 「소수고령화지역의 존속가능성에 대한 종합적연구」 소규모학교의 존속가능성에 대한 종합적연구(2013년~2016년도 과학연구비지원금기반연구
(c)연구성과보고서, 연구대표자: 中島勝生, 수록
m: 손애락(孫愛鄉) 「우리 동포 우리동네 백서」(2010년 12월 20일 발행, 비매품)
o: 도쿄조선제7초중급학교 「학교안내 1964~65학년도」

일 간의 외교문제가 된 1968년 3월의 조선대학교(도쿄도 코다이라시)의 인가를 미끼로 한,[1] 소위 혁신적인 정치세력의 영향이 컸다고 설명되는 경우가 있다.[2] 조선대학교 당사자, 그리고 그들과 함께하는 일본인들이 끊임없이 목소리를 내며 일본정부를 압박했던 역할과 소위 혁신적인 자치세력의 영향이 중요하기는 했으나, 모든 지역이 도쿄도와 같은 상황에 있었던 것은 아니다.

그중에서 이번 장은 12.28 통달에서 1년이 지나지 않은 1966년 11월 19일에 각종학교인가를 취득한 욕가이찌조선초중급학교를 대상으로 특히 미에현 측의 대응에 주목하면서 그 인가의 과정을 검토한다. 학교 폐쇄조치 이후 조선학교의 각종학교 인가에는 ① 무인가 학교가 각종학교인가를 취득하는 경우 외에, ② 공립학교(＝공립조선학교)에서 각종학교로 이관된 경우(예를 들면 도쿄도나 가나가와현 등), ③ 공립학교에서 무인가학교가 되어 그 후 각종학교 인가를 취득한 경우(오카야마현이나 아이치현)가 있으나, ①이 양적으로 대다수를 차지하고 있고 욕가이찌조선초중급학교 역시 여기에 속한다. 때문에 이번 장에서 대상이 되는 미에현은 하나의 사례에 지나지 않으나, 12.28 통달 이후 각종학교 인가를 취득한 많은 조선학교와 적지 않은 공통점을 가지고 있을 것으로 여겨진다. 자료로는 주로

1) 조선대학교가 인가된 같은 날, 한국정부 대변인 홍종철 공보부장관은 「공산 간부양성소로서 자타가 공인하는 소위 조선대학을 정식으로 인가한다면 이는 일본이 스스로 북괴의 적화 공작기지를 만들어주는 것이며, 한일 양국의 미래에 있어 심히 우려되는 바가 크다고 하지 않을 수 없다」고 담화를 발표한다. 또한 17일 오후, 한국 진필식 외무부 차관은 기무라 시로시치(木村四郎七) 주한 일본대사를 불러, '일본정부가 조선대 인가를 저지한다는 거듭된 약속을 어긴 것에 대해 유감의 뜻을 전달하고 이에 대한 즉각적인 시정이 없는 한, 어떤 중대한 조치를 취할 것도 불사한다'고 경고했다고 한다(대한민국 공보부 「대외비 재일교포의 현황과 조선대학인가문제」(1968년 5월), 215－218쪽). 그 외 한국의 여·야당도 일제히 인가 결정에 반대하는 성명을 발표하고, 전문직 교원단체인 한국교육연합회도 인가에 반대하는 성명서를 발표한다. 게다가 4월 19일에 전라남도 중고등학생 1만 3천 명이 모여 전국에서 처음으로 조선대학교 인가를 반대하는 시위를 한 이후, 연세대학이나 제주대학을 시작으로 전국의 대학생과 고등학생들도 시위를 벌이고 인가취소를 요구하는 결의문과 선언문이 각 지역에서 채택되었다(김은숙, 2008, 71－72쪽).

2) 조선대학교의 인가에 관해서는 조선대학교가 작성한 「조선대학 인가문제에 관한 자료(1)」(4)」가 상세하다. 같은 자료에는 인가문제에 관한 정당, 노조, 지방자치단체, 학회, 학장, 문화인, 신문 등의 성명, 담화, 결의, 성명, 요망서, 기사 등이 게재되어 있으며, 당시 사회적 관심의 광범위함과 언설의 특징을 보는 데 유익한 자료가 된다. 출판일은 (1) 1967년 9월 25일, (2) 1967년 11월 25일, (3) 1968년 3월 20일, (4) 1968년 5월 10일로 되어 있다.

문부성의 통달, 미에현 및 욧카이치시 소장의 행정문서,[3] 조선인단체가 작성한 자료를 사용한다.

제1절 일본정부 및 문부성의 입장

(1) 학교폐쇄조치 이후의 조선학교의 법적지위

구체적인 사례의 검토에 들어가기 전에 먼저 조선학교의 법적지위에 관한 정부 및 문부성의 입장을 확인하고자 한다. 조선학교의 법적지위는 법률에 의해 정해지는 것이 아니라, 오로지 통달에 의해서 규정되어왔다. '통달행정'이라고도 야유받는 정부의 재일조선인 교육정책[4]은 정책이라고 말하기 어려울 정도의 일관성이 부족한 것이었다. 따라서 전후부터 60년대에 걸쳐있는 조선학교의 법적지위는 극히 유동적이면서 불안정한 것이었다.

제1장에서 본 것처럼 학교 폐쇄 이전까지 2/3에 달하는 조선학교가 사립1조교(이하 줄여서 '사립학교'라고 적는다) 및 사립 각종학교(이하 줄여서 '각종학교'라고 적는다)의 인가를 얻고 있다. 그 후 일본에서 조선학교를 일소(一掃)하는 학교폐쇄조치에 따라 문부성은 향후 조선학교가 법적인가를 받지 못하도록 다음과 같은 조치를 취하고 있다.

첫째, 사립학교 인가를 실질적으로 부여하지 않기로 했다. 1950년 3월 사립학교법의 시행과 함께 고등학교 이하의 학교를 설치하는 학교법인의 관할청은 도도부현 지사로 되어 있으나, 문부성은 통달 「사립학교법의 시행에 관해서」에서 조선학교가 인가신청을 하는 경우 '즉시 문부대신과 협의하기 바람'이라는 취지를 전달하면서 지사의 판단에 따라 조선학교인가를 행하지 않도록 조치를 강구하고 있다.[5] 그 후 신청한 학교법인이 있었는지는 확실하지 않으나, 사립학교의

....

3) 본 장에서 사용하는 미에현 및 욧카이치시 소장 자료는 신정춘(申正春) 씨(욧카이치시 거주)가 행정문서공개·청구를 통해 입수하여 그 일부를 제공받았다. 신정춘 씨께 깊은 감사의 말씀을 드린다.

4) 小沢(1973), 231쪽.

5) 문부차관 발, 도도부현 지사 앞 「사립학교법의 시행에 대해서」(문관서류 제66호, 1950년 3

인가를 취득한 조선학교는 존재하지 않는다.

둘째, 각종학교 인가에 대해서도 조선학교만을 대상으로 엄격한 조건을 마련했다. 구체적으로는 폐쇄조치 후의 조선학교가 각종학교 인가신청을 하는 경우, 폐쇄조치의 해당 항목을 인가기준으로 사용하는 것을 도도부현에 전달했다.6) 여기에서는 '구 조련의 재산… 및 구 조련의 재산이라고 의심받는 시설을 이용하는 각종학교는 이를 인정하지 않는다'고 되어 있어 당국의 '의심'에 의해 인가 여부가 좌우되었다. 게다가, 인가기준에 적합한 경우에도 ① 교육관계법령 및 감독청 명령의 준수, ② 감독청의 실지조사를 거부하거나 방해, 기피하지 않을 것, ③ 구 조련의 주의주장을 불식시키고 학교 또는 관계단체가 구 조련의 지도·지배 아래 있다는 경향을 불식시킬 것, ④ 교원 채용에 대해서는 교직원의 해임(除去) 및 취업금지 등에 관한 정령(政令), 단체 등 규정령에 저촉되지 않는다는 4개를 '확인 또는 서약시킬 것'을 요구했다. 각종학교인가의 경우 이러한 '확인 또는 서약'을 받는 것은 오직 조선학교에만 부여된 특별한 조치이다. 이후 볼 수 있는 것처럼 실제로 많은 지역[符縣]이 인가를 줄 때, 조건으로서 서약을 받고 있다. 또한 각종학교로서의 조선학교를 설치하는 재단법인의 설립허가에 대해서도 문부대신과 협의할 것을 요구하고 있다.7)

이렇게 1950년 이후, 조선학교가 인가를 취득하는 데 존재하는 벽은 결코 낮지 않았다. 그러나 무인가 학교로서 재개·신설된 조선학교 중에는 1950년대에 들어서서 새롭게 각종학교의 인가를 취득한 학교도 있었다. [표 10-1]에도 나와 있지만, 1950년대로 한정해도, 교또조선중학(1953.5.18.), 가나가와조선인중학교 (1953.10.31.), 중부조선중고등학교(1953.12.19.),8) 이바라기조선중고급학교(1955.12.10),

---

월 14일).

6) 문부사무차관 발, 도도부현지사·도도부현 교육위원회 앞 「조선인 사립각종학교의 설치인 가에 대해서」(문관서류 제69호, 1949년 11월 5일).

7) 문부사무차관 발, 도도부현 지사·도도부현 교육위원회 교육장 앞 「학교를 설치하는 재단 법인의 허가, 인가 및 승인 등의 권한 위임 등에 따른 취급에 대해서」(문관관 제430호, 1950년 12월 28일). 이 통달의 「3. 각종학교를 설치하는 재단법인의 설립허가 신청에 대한 심사 및 허가절차 등의 'ㅅ'에 대해서 「설립허가에 대해서, 중요한 의심[疑義]이 있는 것 및 조선인학교를 설치하는 재단법인에 대해서는 문부대신과 협의할 것」이라고 되어 있다.

규슈조선중고등학교(1956.4.12.), 또한 효고현 내의 고베조선중고급학교, 히가시고
베조선초급학교, 한신조선초급학교, 니시고베조선초급학교, 아마가사끼조선중급
학교, 세이방조선중급학교(모두 1959.3.24.)가 각종학교인가를 취득하고 있다. 또한
도꾜도립조선인학교도 1955년 4월 1일에 각종학교로 이관되었다. 이 중 법인으
로 인정받은 것은 도쿄(학교법인 도꾜조선학원)와 교토(학교법인 교또조선교육자단)뿐
이며, 그 외의 학교는 개인설립의 각종학교로서 인가되었다. 이와 같이 몇 개의
학교가 각종학교 인가를 취득했으나, 전체 중에서 그 수는 매우 적은 것이었고,
이후 보게 될 미에현처럼 문부성의 방침에 따라 인가를 내주지 않는 자세를 견지
하는 지역도 적지 않았다.

학교폐쇄조치 후 조선학교의 법적 지위는 실질적으로는 공립학교, 각종학
교, 무인가학교가 있었고, 또한 새롭게 얻을 수 있는 법적 지위는 각종학교만 존
재했다.

(2) 각종학교인가의 양가성

1955년에 결성된 총련은 활동지침으로 조선민주주의인민공화국의 해외공
민으로서 재일조선인 운동을 합법적으로 전개할 것을 정했다. 조선학교도 이 방
침에 따라 조선학교 독자의 교육활동 실시를 확보하면서 최소한의 공적보장을
얻기 위한 무인가학교의 각종학교 인가취득을 목표로 하게 된다. 그 움직임은

----

8) 현재 가나가와조선중고급학교는 1951년 4월 5일에 '요꼬하마조선중학교'라는 교명으로 개
교한다(孫濟河(2010), 78쪽 참고). 1953년 10월 인가 당시 학교명은 밝혀져 있지 않다. 인
가에 대해서 보도한 「마침내 인가 쟁취 가나가와조중에서」『해방신문』 1953년 11월 19일
자와 「가나가와조선중학교」『해방신문』 1954년 1월 12일자의 광고에서는 '가나가와조선인
학원 가나가와조선인중학교'로 되어 있다. 1954년에 고등부가 설치되고부터 교명은 '가나
가와조선인중고등학교'가 되었다. 마찬가지로 현재 아이찌조선중고급학교의 전신인 「중부
조선중고등학교」(중부조선중학교(1948.4.20.개교)에 고등부가 설치되어, 1953년 4월에 같
은 학교명이 된다)도 인가 당시 학교명은 밝혀져 있지 않다. 교토의 경우, 학교법인 교또조
선교육자단에 의한『기부행위인가신청서』(1953년 3월)의 원문에는 학교의 교명이 '교또조
선중학교'로 되어 있으나, 행정처리 과정에서 '校'의 부분에 두 줄이 그어져 교명이 '교또조
선중학'으로 수정되어 있는 곳이 있다. 1950년대 초반 가나가와 아이찌에서는 각종학교
인가 당시의 교명에 관해, 1조교와 같은 형태의 교명을 사용해서는 안 된다는 규정이 교토
처럼은 엄밀하게 적용되지 않았을지도 모른다.

1959년에 실현된 공화국으로의 귀국사업이 일단락된 60년 초반 이후 한층 본격화 된다.[9]

　　1950년대 문부성은 조선학교에 사립학교 및 각종학교 인가를 부여하지 않도록 방침을 세웠으나 60년대에는 이 방침이 계속되는 한편, 인가에 관한 다른 의도가 등장한 것으로 확인할 수 있다. 다음은 1963년 6월 자민당 안보 조사회에서 조선학교의 각종학교 인가에 관한 응답이다.[10] 인용문 중의 '후쿠다(福田)'는 문부성 초등중등교육국장인 후쿠다 시게루(福田繁)이다(밑줄은 인용자).

시다(志田)　　　재일조선인 아이들의 학교가 있죠. 그에 대해서 북선(北鮮, 원문인용)에서 지금까지 1조 7천억 정도의 돈이 왔다고 하고 있습니다만, 최근 한일반대 문제로 일본의 여러 학교에 운동을 전개시키려는 회합을 가지고, 상당 자금이 흘러들고 있다는 이야기를 듣고 있는데, 그런 점에 대해서는 어떻습니까.

후쿠다(福田)　　(문부성초중국장) 저희 쪽에서는 확실한 정보를 모르기 때문에, 오히려 공안조사청 외 다른 곳에서 받는 것뿐입니다. 그 이상의 것은⋯.

시다(志田)　　　그 학교에는 일본인이면서 교원을 하는 사람도 있다고 알고 있습니다만, 문부성에서는 그런 것에 대한 감독이라든지 하는 것은 없습니까? 사립학교로서 취급한다든지...

후쿠다(福田)　　<u>그건 사립학교라고 할까, 학교교육법에 근거한 학교가 아</u>

---

9) 예컨대 각종학교에 설치된 재정운영을 담당하는 교육회의 전국대회(1964년 6월)에서는, '이후 우리는 미인가 자주학교에 대해 '학교설치인가'와 미인가현 교육회의 '법인화'를 취득하는 사업을 강력하게 전개하겠습니다. 학교설립인가와 현 교육회 법인화는 우리가 당연히 가져야만 하는 신성한 권리이며, 이것은 교육사업에서 가장 중요한 사업의 하나입니다'라고 되어 있다. 재일본조선인중앙교육회 상임이사회「재일본조선인교육회 제7차 정기대회문헌집'(1964년 6월), 26쪽.

10) 일본교육학회 교육제도연구위원회·외국인학교제도 연구 소위원회『「재일조선인과 그 교육」자료집 제1집』(1970년 8월)에 담긴「자료38「자민당 안보조사회의 사록, 7. 日教組 대책에 대해서」(35~37쪽)을 참고.

	니기 때문에, 전혀 어떻게 손을 댈 수 있는 게 아닙니다.
시다(志田)	감독도 할 수 없는 겁니까?
후쿠다(福田)	그렇습니다. 알아서 하고 있다는 것입니다.
시다(志田)	아까 말한 조선인학교에 대해서 학교 허가를 받지 않았기 때문에 실시되지 않는다고 하셨는데, 재일조선인의 학교는 건물도 저렇게 튼튼하게 제대로 된 걸 지어놓고 상대적으로 큰 대학 과정까지 하고 있습니다. 그런데 그 졸업생을 최근에는 항일 빨치산으로 양성하고 있다고 하는데, 그런 종류의 학교를 문부성이 감독하는 것에 대해서 뭐라고 할 수 없다는 것입니까?
후쿠다(福田)	(…) 우리는 민족교육을 하는 거니까 사립 소학교에서 인가하라고 하는 거고, 이것은 이른바 점령기이기도 했습니다만, 조선인 문제가 생겼을 때 그러한 운동이 전국적으로 있었기 때문에 문부성으로서는 어쩔 수 없이 의무교육 단계의 사립학교는 인정하지 않는다, 각종학교라면 조선의 민족교육, 조선어, 조선역사를 가르쳐도 괜찮다고 하기로 했다는 것입니다. 즉, 각종학교로 치면 양재학교(洋裁学校, 양복 재단기술을 가르치는 직업학교: 역자주) 등과 같은 형식이기 때문에 내용이 일반 학교보다 느슨합니다. 따라서 각종학교로 인정한 것입니다. (…) 북선(北鮮, 원문인용)계 대학이라든지 여러 가지가 있습니다만, 이건 학교 형태를 취하고 있는 것 같아도 전혀 이쪽에서 인정한 것도 아니고, 사실상 그들이 자치적으로 하는 것입니다. 이에 대해서는 문부성도 도도부현(都道府県)도 전혀 손을 쓸 수 없다는 것입니다.
시다(志田)	(…) 일본에 북선(北鮮, 원문인용) 스파이활동의 온상이 되는 것 같은 느낌이 드는데.

후쿠다(福田)	그래서 쇼와 25년(1950년: 역자주)경에 그런 것을 <u>사실, 힘으로 폐쇄시켰습니다만, 그 후에 또 생긴 것입니다. 이건 실제문제로서는 치안상의 문제이기 때문에 이러한 문제부터 정리하는 수밖에 없다고 생각합니다.</u>
호시나(保科)	어떤 걸 가르치고 있는지에 대해서는 알고 있습니까?
후쿠다(福田)	모릅니다.
호시나(保科)	치외법권 같네요.
	[중략]
시다(志田)	(…) 뭔가 특수학교 같은 것으로 단속해야 할 필요가 있지 않습니까?
후쿠다(福田)	<u>각종학교가 되면 폐쇄할 수 있습니다만, 전혀 법의 대상이 되지 않습니다. 이래서는 문부성에서 할 수 있는 게 없습니다.</u>
	[중략]
요시에(吉江)	이건 문부성의 문제와는 좀 다른 거 아닙니까? 그런 쪽으로 논의하지 않으면 여기에서 초중국장에게 말해 봐도 안 될 겁니다.

　여기에서는 '일본에 있는 북선(北鮮)의 스파이 활동의 온상이 되는 것 같은 느낌이 드는' 조선학교의 존재는 '치안상의 문제'이면서, 무인가 상태로는 '전혀 손을 쓸 수 없기' 때문에, '법의 대상'으로 '감독'하고, 경우에 따라서는 '폐쇄하기' 위해서 각종학교의 인가를 주는 ('각종학교가 되면 폐쇄할 수 있다') 인식이 보인다. 조선학교 쪽이 요구하는 공적 보장과는 관점이 전혀 대조적으로, 통제를 목적으로 조선학교를 학교교육법의 구조에 넣어둘 필요가 있다는 문맥에서 각종학교 인가에 대한 의미가 부여되고 있다.

　한편, 나다오 히로키치(灘尾弘吉) 문부대신은 1964년 3월 25일 중의원 문교위원회에서 '오늘날 이루어지는 이른바 조선인학교의 실정에서 생각했을 때 저희는 이것을 인가하는 것에 대해 고려해봐야 할 점이 상당하다고 봅니다. 문부성은 지금과 같이 각종학교라는 것이 점점 생겨나는 것이 결코 바람직하지 않다고 생각하여 인가 방침을 그렇게 정하고 있는 것입니다'라고 답변하며 문부성으로서는 종래대로 인가를 하지 않는 방침을 고수할 것을 나타냈다.

문부성의 이러한 태도는 통달이라는 형식으로는 아니지만 도도부현에도 전해지고 있다. 예를 들면 미에현의 자료에서 '문부성에서도 각종학교 인가에 대해서는 공익성, 공공성의 유무를 중시한다는 지적을 하고 있다'라고 되어 있고,11) 공익성, 공공성 없는 조선학교에 각종학교의 인가를 줄 수 없다는 설명이 인가권이 있는 도도부현에 이루어지고 있음을 볼 수 있다. 또한, 12.28 통달을 예고한 11월의 통달에서도 '이전부터 이 [조선학교]를 각종학교로서 인가하지 않도록 구두로 전하고 있었습니다'라고 되어 있다.12)

그리고 1965년 12월 28일, '한일회담을 통해 한일우방이 [조선민주주의인민] 공화국과 이를 지지하는 교육시설을 단속해야 한다는 인식을 강화해 갔던 결과',13) 문부성은 '조선인으로서 민족성 또는 국민성을 양성하는 것을 목적으로 하는 조선인학교는 우리나라 사회에 있어서 각종학교의 지위를 부여하는 적극적 의의를 갖는다고 인정되지 않기에 이를 각종학교로서 인가해서는 안 된다'는 취지를 정식적으로 각 도도부현에 통달하게 된다.14)

조선학교를 합법적으로 감독하고, 통제하기 위해서는 학교교육법상 교육기관으로서 지위를 인정해야 하지만, 한편 그러기 위해서 가장 주변부에 있는 학교라는 각종학교로서 인가를 주는 것은 그 '공익성, 공공성'을 인정하고 '국가적 혜택을 부여'(앞의 미에현 자료)하는 것을 의미하게 된다. 정부로서는 조선학교를 방

----

11) 미에현 「조선인학교 인가에 대해서 동정자의 주장점 및 주무과의 의견」(1964년 8월 14일 작성).

12) 문부성 관리국 진흥과장 발, 관계 도도부현 총무부장 앞 「조선인학교의 각종학교로서 인가 등에 관해서」(40管振 제45호, 1965년 11월 29일).

13) マキ―(2013), 41쪽.

14) 문부사무차관 발, 도도부현 지사·도도부현 교육위원회 앞 「조선인만을 수용하는 교육시설의 취급에 대해서」(문관진 제210호, 1965년 12월 28일). 문부사무차관은 후쿠다 시게루(福田繁)임.

치하지 않되, 통제는 하고 싶고 공적보장은 하기 싫다는 입장이었다(No support but control). 조선학교의 각종학교인가는 통제와 공적보장이라는 양가성이 두드러지게 나타나는 문제였다고 할 수 있다.

각종학교로 인가해서는 안 된다고 한 12.28 통달은 정부가 공적보장은 하지 않으나 통제도 하지 않는다는 입장을 나타낸 것으로 보이지만 그렇지는 않다. 상기 양가성을 해소하기 위해서 바꾸어 말하면, 공적 보장을 하지 않고 통제할 방법으로서 문부대신관할 아래 '외국인학교'라는 법적지위를 창설하는 소위 「외국인학교법안」이 등장하게 된다. 12.28 통달의 말미에 나타난 외국인학교법안에서는 '오로지 외국인(일본 국적을 갖지 않은 자를 말함)을 대상으로 하여 …조직적인 교육을 실시하는 시설은 외국인학교라고 한다'고 외국인학교를 정의하고, 여기에서 교육은 '우리나라의 헌법상 기관이 결정한 시책이나 그 실시를 의도적으로 비난하는 교육', '우리나라의 이익을 해친다고 인정되는 교육을 실시해서는 안 된다'라고 규정되어 있다.[15] 그리고 그 규정을 따르지 않는 학교에 대해서는 문부대신이 교육의 중지명령 및 학교폐쇄명령을 내릴 수 있다고 되어 있다. 외국인학교법안은 1966년 이후, 자주 국회에 제출되었지만, 해가 지나면서 반대여론이 점점 높아져 갔고 결과적으로 그 제도가 실현되지는 않았다.[16]

위와 같은 조선학교의 법적 지위를 둘러싸 정부방침 아래, 욕가이찌조선학교와 미에현과의 사이에서 각종학교인가를 둘러싼 공방이 반복해서 나타나게 된다. 다음 절에서는 먼저, 학교폐쇄조치 이후, 각종학교 인가취득 운동이 전개되는 이전의 욕가이찌조선학교와 욧카이치 시와의 관계를 확인하도록 한다.

....

15) 「학교교육법의 일부의 개정 법률안 요강에 대해서」(1966년 5월 13일, 文 제23호), 국립공문서관소장.

16) 1969년 「학교교육법 일부 개정법률안」의 82조 11에서 '우리나라에 거주하는 외국인을 오직 대상으로 한 조직적인 교육을 행하는 시설은 외국인학교라고 한다. 외국인학교에 대해서는 별도의 법률로 정한다'고 되어 있으나, 같은 해에 외국인학교법안은 제출되지 않았고, 또한 1970년 이후, 같은 취지의 법안이 제출된 것 역시 확인되지 않는다. 그렇다 해도 1971년 12월 13일자 『아사히신문』에서는 외국인학교법안을 '다시 제안하려고' 한 것이 지적되어 있으며, 1972년경까지는 외국인학교법안 제정을 둘러싼 움직임이 있었던 것으로 보인다.

제2절 무인가교로 보조금 교부 - 욧카이치시(四日市)의 논리

1949년 10월 19일, 미에현 내 조선학교 5개교에 학교폐쇄령이 내려졌다. 욕가이찌조선초중급학교의 전신인 욕가이찌교호꾸초등학원(욧카이치시 아쿠라가와초(阿倉川町) 8-30)은, 학교시설이 접수당하는 것은 면했으나 12월 20일에는 완전 폐쇄되어 대부분의 교원은 체포되었고, 많은 아이들이 지역 일본학교로 분산 입학하도록 되었다. 그러나 1명의 교원과 13명의 아이들은 폐쇄된 학교건물 옆에서 수업을 계속했다. 학교재개 당시의 상황을 허남석(許南石) 씨는 다음과 같이 상기했다. '공부라기보다는 나이 많은 사람이 나이 적은 사람을 돌보면서 온종일 놀고 있었지. 어른들은 모두 일하러 나갔기 때문에, 어린아이를 지켜주는 것도 우리 스스로의 역할이었어. 알고 있는 조선어나 간단한 산수를 가르치거나 했고, 다 같이 손잡고 경찰서까지 잘도 갔었지. '선생님을 돌려줘라, 선생님을 돌려줘라' 하고……. 지금 생각해도 눈물이 나. 이 13명이 학교를 지켰던 거다.'[17) 재일조선인들은 그 후 1950년 5월에 폐쇄된 교사(校舍)를 사용하여 자주학교로서 학교운영을 재개했다.[18)

그러나 자주학교 형태의 학교운영은 매우 어려웠다. 때문에 학교는 욧카이치시에 대해서 종종 교육비 지급을 요구하고 있다. 1951년 12월 20일, 욕가이찌조선인소학교의 PTA회는 욧카이치시의회장 앞으로 「조선인 자녀의 교육비를 월 3만엔 원조 요청에 대해서」라는 진정서를 제출한다.[19) 진정서는 해방 후 조선인들은 일본제국주의에 의해 '빼앗긴 민족문화를 재빨리 되찾아갔'지만, '일본정부는 조선인학교를 폭력으로 폐쇄시키고, 다시 조선인들의 조선어를 빼앗으려'고 하고 있으며, '조일(朝日) 양 민족의 우교(友交, 원문인용)는 각각 민족 특유의 문화

---

17) 「조선학교 백가지 이야기 처음의 우리학교 편 vol. 03 욕가이찌조선초중급학교」 『이어』 2015년 3월호.

18) 〈특집·우리학교의 지금〉 욕가이찌초중」 『조선신보』 2016년 8월 30일자.

19) 욧카이치시 재주조선인단체협의회·욕가이찌조선인소학교PTA회 대표자 박동배(朴東培) 「조선인 자녀의 교육비를 월 3만 엔 원조 방조요망에 대해서」(욧카이치시 시의회의장 야마모토 사부로(山本三郎) 앞, 진정 제28호, 1951년 12월 20일).

를' 존중하는 것에 근거해야 한다고 촉구하며 다음과 같이 이어지고 있다.

현재 욧카이치에도 일본인 학교에 아무래도 입학할 것을 ■(한 글자 해독 불능)하고 있는 60여 명의 조선인 아이들에 대해서 우리는 사력을 다해서 교육시켰고, 또한 어느 쪽도 입학하지 않고 부질없이 불량화되어 가는 많은 아이들에 대해서도 모든 방법으로 취학을 추진하고 있습니다만, 어떻게 해도 비용면에서 어려움이 있기에, 시 당국에 있어서(원문인용) 이 일을 잘 양해 선처하고 양심의 제휴에 의한 양 민족의 우교(友交, 원문 인용)를 위해 조선인자녀의 교육비를 매월 3만 엔 원조해주시기를 한번 부탁드립니다.

일본학교로 전입학을 거부한 아이들에 대해 교육을 실시하고, 또한 취학하지 않고 '불량화되어가는 많은' 조선아이들을 받아들이는 곳으로서 조선학교의 의의와 그 어려운 상황을 호소하면서 학교에 월 3만 엔의 원조를 요청하고 있다. 이 진정서에 대한 시에서의 대응이 어떠했는지는 분명하지 않지만, 다음해 6월 조선학교가 쓴 진정서에서는 '시 당국에도 지난 5월 20일을 가지고 (원문인용) 민족교육을 인정하는 욕가이찌조선인소학교의 교육비 중 일부분으로 막대한 지원을 주셔서 대단히 감사하게 생각합니다. 이 사실은 인류사에 있어서의 정의관을 더욱더 앙양하고, 나아가서는 일본 교육사에서 특별히 기록해놓을 만한 일이라고 확신합니다'라고 되어 있다.[20] 이로 미루어 욧카이치시 당국은 무인가인 욕가이찌조선인소학교에 보조금을 교부했다고 판단할 수 있다. 1952년 시점에서 지방자치체가 보조금을 교부한 것은 전국적으로도 드문 일로 눈길을 끌 만한 일이다.

한편, 같은 진정서의 주요한 내용은 '지난달, 시장의 답변 가운데 조선소학교 아이들을 해당 지구 내 일본학교에 7월 말까지 분산하여 입학시킬 것을 강요'하는 일이 있었던 것에 대한 반대 의지표명이면서 민족교육을 계속 실시하기 위한 요구이기도 했다. 보조금을 교부할 정도로 '우호적'이었던 시(市)가 어떤 이유

----

20) 욕가이찌조선인소학교 PTA회장 박동배(朴東培) 「시립조선인소학교 건설 등의 동정」(욧카이치 시의회의장 야마모토 지로 앞, 진정 제9호, 1952년 6월 6일).

로 조선학교 취학아동을 일본학교로 전·입학하도록 '강요'했는지는 분명하지 않다. 1952년 6월 시점에서는 샌프란시스코 강화조약의 발표로 재일조선인의 일본 국적상실과 함께 취학의무에 관한 문부성의 견해는 명확하지 않기 때문에, 시는 계속해서 조선인 아동에게도 의무교육 단계의 모든 학교로 취학을 독촉했는지도 모른다. 「욧카이치 조선학동취학(의무취학) 과정」(후술할 욧카이치시 교육장 작성의 「사숙(私塾) 욕가이찌조선인소학교에 관해서」(1952년 11월 29일)에 첨부된 자료)라는 문서에는 다음과 같은 기술이 있다.

쇼와(昭和) 25(1950년). 1-3
외국인등록부에 의해 의무교육 해당자를 조사. 지구별로 소·중학교로 취학하도록 통지발송.
소학교 126명, 중학교 81명. 이 외에 이미 소·중학교에 취학한 것이 100명 정도였다.

각 지소·출장소 및 시역소(한국의 시청에 해당: 역자주)에서 직접 발송한 취학통지를 거부하는 경우가 다소 있었다. 이는 구 조선소학교 교원이 아쿠라가와(阿倉川) 학교건물을 이용하여 비공식적으로 교육활동을 계속해왔던 것으로 폐쇄감시 책임자인 미에현 지방사무소에서도 주의를 기울이고 있었으나, 이를 무시하고, 회관 접수 등으로 오히려 통학하는 사람들이 늘어나는 추세였다. 시에서는 학적이송은 취급하지 않고 결석자만 처리하고 있다.

시는 취학통지를 거부하거나 또는 결석으로 처리되던 많은 조선인 아동이 다니는 조선인소학교에 대해 그 아이들을 공립소학교로 입학시킬 것을 요구하고 있다. 조선학교는 시의 요구를 거부하고, '욧가이치시 교호쿠(橋北)에 살고 있는 조선인 아이들에게도 교육기본법에 의거하여 … 민족의 의무교육을 받게 할 권리가 있다'는 관점에서 시에 크게 두 가지 사항을 요청하고 있다. 첫 번째로, 민족교육을 받을 권리를 보장하기 위해 현재 조선학교를 공립학교의 분교로 인가하고, 또 '공식 인정을 받기까지 조선인학교 아동교육비는 당연히 민주국가가 부담해야 할 의무이며', '하부조직인 시 당국에서 조선인 아동교육비를 부담한다'는 것, 두 번째로, 공립분교로서 인가된 후에 '민족교육을 실시하며', '조선인교원의 필요성은 말할 것도 없고, 이를 일본인 교원처럼 일률적으로 할 수 없는 문제이기 때문에', '조선인 교원에게도 차별대우 없이 정식 교원으로서' 대우를 보장하라는 것이다. 재일조선인들은 권리로서 독자적인 민족교육 실시를 인정하고 그 비용을 시의 비용으로 조달할 것을 바랐던 것이다. 이에 대해 시에서는 즉각적인 응답 없이, 확인할 수 있는 범위 안에서는 같은 해 10월 17일에 학교 측은 '재일조선인에게 민족교육문화를 인정하고 모든 비용을 국비로 부담하라'라는 사항을 포함한 진정(陳情)을 다시 하고 있다.[21]

조선인 스스로 교육을 계속해나가기 위해 교육비 교부를 요청하거나, 또는 공립분교로서 조선학교 운영을 요청하는 조선학교 측의 거듭되는 진정을 받아, 11월 20일, 시장 및 교육장은 욕가이찌조선인소학교에 대해 학교시찰을 실시했다. '여러 번 시장 앞으로도, 시의회 앞으로도 어려운 상황을 진정하는 위 소학교 (욕가이찌조선인소학교)의 현황을' 파악하기 위한 시찰을 마치고서 시 교육위원회는 「이에 대한 시의 태도를 정하는 원안」을 작성한다. 그 내용은 시찰보고와 시찰을 토대로 한 교육비교부에 관한 「소감」으로 이루어져 있다.[22]

먼저 시찰보고를 보면, 시(市)가 조선학교의 학급편성, 교직원, 시간표, 교육내용, 경비(수지내역) 등을 상세히 파악하고 있다는 것을 알 수 있다. 「교육내용」항목에서는 '조선어 습득을 가장 우선으로 하고, 조선국사, 조선지리를 통해 민족의식을 향상시키려는 목적을 가지고 있다. 북선(北鮮, 원문인용) 계열의 아이들이 대체로 많음'이라고 보고되고 있다. 또한 「운영의 상황」에 관해서는 '1. 시설. 비품으로는 거의 볼 만한 것이 없고, 직원실의 의자마저 파손되어 있음. 1. 직원봉급. 현실적으로 고려했을 때 지급불능. 교장 김동식(金東植)은 27.4.1 취업이래 무

---

21) 재일본조선인 강제추방반대투쟁 욕카이찌위원회 대표자 정양기(鄭陽基) 「외국인 등록갱신 반대 그 외에 대한 진정」(욧카이치시의회의장 앞, 진청 제17호, 1952년 10월 17일).
22) 욧카이치시 교육장 「사숙 욕가이찌조선인소학교에 대해서」(1952년 11월 29일부 입안).

급여. 교직원 3명은 조선인 학부형 중에 다소 여유가 있는 가정을 돌면서 식사를 신세지고 있는 상황이다. 박동배(朴東培, PTA회장)가 2명을 3개월에 걸쳐서 돌보고 있다. 박효언(朴孝彦)이 남은 1명을 현재 2개월 간 돌보고 있다. 이후는 차례로 이러한 가정을 순회할 예정이다'라는 것처럼, 학교의 어려운 상황이 구체적으로 보고되고 있다.

시찰 보고에 이은 「소감」에서는, '교육비를 교부해도 되지 않을까'라는 취지의 제언이 이루어지고 있지만, 주목해야 할 것은 그 논리이다. 다음 「소감」의 전문을 인용한다.

사숙(私塾) 조선인소학교의 현장은 예전과 같으나, 시에 있는 조선인 학부모 중에서는 특히 조선어로 학교 교육을 희망하면서, 경제적 부담을 감수하고, 이 사숙을 지속해나갔으면 하는 염원이 상당히 강한 것을 볼 수 있다.

이러한 학부모는 소위 '북선(北鮮, 원문인용)' 계열로 조선민주주의공화국(원문인용)을 지지하고 있으나, 교육내용은 종종 종래의 시장(市長)이 주의(注意)를 준 과격한 것이 아니라 오히려 조선어 습득에 중점을 두고 있는 것으로 보인다. 또한 어학 쪽도 상당히 진행되어 있는 것이기 때문에, 아동들도 그 학습에 흥미를 갖게 하는 것이 많이 보인다. 강화조약의 발효와 함께 문부성으로서도, 법무국으로서도 조선인은 외국인으로서 그 부모에게 일본 학교 교육법에 의한 취학의 의무를 지우지는 않는다. 정식적인 절차로서는 조선인이 재단법인을 조직하여 사립학교를 경영해야 하나, 현재 상태로서는 그 재력을 가지고 있지 않다. 그러나 욕가이찌조선학교는 토지·건물의 물적 자산에 있어서는 상당액을 가지고 있으므로, 그 방법을 통한 경영도 불가능한 것은 아니다.

다만, 현재로서는 중앙의 방침을 명시할 수 없기 때문에 당분간 그 교육을 충분히 감시하고, 중립성[中正]을 그르치지 않도록 하기 위해 경영비의 일부를 경영체인 PTA의 사업비에라도 기부할 수 있도록 하면 좋다고 생각한다.

또한 사립야마테중학교(私立山手中学校)에 재학 중인 중학생은 매주 2회 야학에 출석하여 조선어 습득을 위해 노력하고 있다.

「소감」에서 보조금 교부를 기본으로 하는 논법에서 몇 가지 특징을 발견할 수 있다. 첫 번째로, 조선학교 교육내용이 시의 허용범위 내에 있다고 판단하고 있다는 점이다. 시는 조선학교의 보호자는 조선민주주의인민공화국을 지지하고 있으나 교육내용은 '과격한 것'이 아니라, '조선어 습득을 가장 우선으로 하며… 민족의식을 향상시키려는 목적을 가지고 있다'고 평가하고 있다. 만일 조선학교 교육이 시가 상정하고 있는 '과격한 것'이었다고 판단되었다면 교육비를 교부하려고 하지 않았을 것이다. 시 입장에서는 교육내용이 허용범위 안에 있다는 것이 공적비용을 지출하는 교육기관이라는 조건에 맞는 것으로 파악되지만, 중요한 것은 그 기준이 무엇인지 명확하지 않고 시 측의 자의에 맡겨지고 있다는 것이다.

둘째로, 조선인 아이들의 교육을 보장하는 법적인 책임이 시 측에는 없다는 전제이다. 앞서 서술한 것처럼 1952년 5월 시점에서 시는 조선인 보호자에 대해 아이들을 취학시킬 의무가 있다며 취학통지를 발송하거나 조선학교에 대한 취학자들의 전입학을 요청하고 있으나, 11월 시점에서는 문부성 및 법무국의 견해에서부터 일본국적을 상실한 외국인으로서 조선인에게는 취학의무를 지우지 않는다는 입장으로 변화하고 있다. 즉, 법적으로는 재일조선인 자녀의 취학에 관한 시 당국이 책임을 질 필요가 없어졌고, 조선인의 교육에 관해서는 '조선인이 재단법인을 조직하여 사립학교를 경영해야 한다'고 되어 있어, 이것이 '정식적인 절차(正道)'라는 입장이다. 민족교육을 받을 권리는 교육기본법에 의해 보장되어 있고, 이를 위한 비용은 공적으로 부담되어야 한다는 조선학교측의 주장은 일고(一顧)조차 없이 행정상의 책임을 포기하고 있다. 교육비의 교부는 이러한 전제 위에 시혜적으로 이루어졌다고 할 수 있다.

셋째로, 감시의 이론이다. 「소감」은 학교를 계속해나가겠다는 당사자들의 강한 생각과 조선어 습득에 흥미를 가진 아이들의 모습, 또한 학교 운영 상황의 어려움에 이해를 나타내면서도 최종적으로는 '그 교육을 충분히 감독하고, 중립성[中正]을 그르치지 않도록' 교육비를 교부하는 것으로 하고 있다. 물론 여기에 조선학교에 대한 동정이나 재일조선인의 교육기회를 보장하려는 생각이 전혀 작용하지 않았다고는 단언할 수 없으나, 교육비 교부가 행정에 의한 감시통로 확보와 강하게 관련되어 정당화되고 있다는 점은 간과할 수 없다. 이러한 세 가지의 특징은 조선학교의 공적보장을 둘러싼 의논의 기저에서 영향을 주는 것으로서 오늘에 이르기까지 종종 관찰된다.

여하튼 욧카이치시는 1952년 12월, 법적으로는 무인가 '사숙(私塾)'이었던 욕가이찌조선인소학교에 대해 학교운영비를 보조해주기로 결정하고 경영비 지출을 개시했다.[23] 1957년 경찰청 조사자료에서도 교부기관을 '욧카이치 시장', 명목을 '사립학교 교육진흥보조금'으로 하여 '학교의 보조금으로 월 20,000엔 지출'되었다는 것을 확인할 수 있다.[24] 이 보조금이 몇 년도에 교부되었는지, 또는 계속적인 것이었는지는 확실하지 않지만, 적어도 욕가이찌조선인소학교가 각종학교의 인가를 얻기 전에 있었던 일임에는 확실한 것으로 주목된다. 욧카이치시가 '사립학교 교육진흥 보조금'의 범위를 법적인 사립학교 범위로 한정하고 있었는지 아니면 조선학교에 한해서 특별한 조치를 취하고 있었는지 현재 시점에서는 불명확하다. 그럼에도 자주학교로서 무인가의 상태에서 운영을 재개한 해당 학교의 존재는 당국에 있어서 '묵인'되었다는 평가에 머무르지 않고, 나아가 한정적이든 부분적이든 공적으로 인정되었다고 평가해도 좋을 것이다. 욧카이치시가 보조금을 교부하고 있었다는 사실은 미에현도 파악했을 거라 생각된다.

학교는 1955년 4월에 학교 명칭을 '미에조선인소학교(三重朝鮮人小学校)'로 변경했고, 중학교를 병설하여 1957년 4월에는 '욕가이찌조선초중급학교(四日市朝鮮初中級学校)'로 변경하여 학교로서의 규모를 점차 확대했다. 1950년대 중반 이

....

23) 욧카이치시 편(2001) 『욧카이치시 역사 제19권』, 455쪽.

24) マキー(2014), 110쪽. 출처는 경찰청 경비국경비 제2과 「외사월보」(1957년 6월)(『재일조선인 대학생·학교문제』 큐슈대학한국연구센터 모리타 요시오(森田芳夫) 문고, J−10−18). 1959년 교육회 제5차 정기대회에서도 보조금을 획득한 미에현의 운동경험은 모두 도도부현에서 배울 모범으로 소개되고 있다. 재일본조선인교육회 「재일본조선인교육회 제5차 정기대회 결정서」(1959년 6월 14일), 19쪽.

후 욕가이찌조선초중급학교는 각종학교의 법적지위취득을 위해 본격적인 운동을
전개한다.

제3절 각종학교인가를 둘러싼 미에현(三重県)의 대응

욕가이찌조선초중급학교가 각종학교인가를 취득할 때까지 경위를 간결하게
나타내면 다음과 같다.

- 1946년 9월 1일, 욕가이찌교호쿠분교로서 창립.
- 1948년 12월 15일, 문부대신 앞, 재단법인설립인가 신청.
- 1949년 10월 13일, 신청 각하
- 1956년 4월 30일, 지사 앞, 학교법인설립인가 신청.
- 1957년 3월, 문부성과 협의 결과, 신청 각하.
- 1963년 11월 5일, 지사 앞, 준(準) 학교법인설립 및 각종학교 설립인가 신청.
- 1963년 12월 중순, 김룡옥(金龍玉) 외 다수, 인가에 대해서 총무과장에게 진정. '연말의 일이므로 내년에 조사하고 싶다'는 취지로 회답.
- 1964년 3월 중순, '어서 인가받고 싶다, 지사를 만나고 싶다'는 취지로 다시 진정. 현은 '인가에 대해서는 문부성이 난색을 표하고 있음. 지금은 현의회를 개최하는 중이므로 지사를 만나는 것은 곤란하다'는 취지로 회답.
- 1964년 4월 13일, 총무과 학사계는 문부성 관리국에 「조선인학교 인가에 대해서 (협의)」라는 제목으로 인가의 적부(適否)에 대해 협의하기 위해 문의.
- 1964년 4월 16일 (※1), 전국주관 부과장회의에서 문부성이 태도를 표명. 인가할 수 없음, 다른 지방의 인가 신청 권고 및 정지명령을 적용하는 생각도 없음(묵인의 뜻). 이것과 관해서 각 부현에 협력을 요망함.
- 1964년 7월 28일. 재일본조선인 미에현교육회의 진정. 그때 욕가이찌조선초급학교 및 학교법인 미에조선학원설치인가에 관한 요청문이 첨부.
- 1964년 8월 3일, 총련 미에현본부 위원장, 지부장 외 다수가 총무과장에게 진정. 조기인가, 지사와의 접견을 진정. 미에현에 의해 다른 부현의 인가상황 및 경위에 관한 조사 실시.
- 1964년 8월 6일, 총무부장과의 접견예정이 당일 아침, 현 측의 사정에 의해 취소됨.
- 1964년 8월 13일, 총련조직부장들이 재진정.
- 1964년 10월 14일, 「조선인학교 학생 등의 엽서 형태의 진정」, 학부모 9통, 학생 17통 총 26통을 지사 앞으로 보냄.
- 1965년 8월 18일, 총련 미에현 본부위원장 외 7명이 현지사에게 진정.

- 1966년 4월 20일, 욕가이찌조선초중급학교 학부모대표가 「조선인학교의 인가에 관한 요망서」를 제출
- 1966년 4월 22일, 사학심의회의 욕가이찌조선초중급학교 현지조사
- 1966년 7월 18일, 1966년도 제2회 사학심의회에서 각 위원의 의향 청취. '대부분의 위원이 조건부로 인가했으면 하는 것이었다.'
- 1966년 9월 1일, 준 학교법인의 설립 및 각종학교 설치의 재인가신청. (63년 인가신청 내용이 65년의 그것과 다르기 때문)
- 1966년 11월 2일, 제3회 사학심의회에 자문(諮問). 다른 부현의 인가경위, 조건, 설치주체 등 조사를 위해 심의가 이어짐).
- 1966년 11월 12일, 제4회 사학심의회에 자문. 서약서를 쓰는 것을 조건으로 인가를 허가한다는 답변.
- 1966년 11월 16일, 학교법인 미에조선학원 이사장 김룡옥(金龍玉)이 서약서를 지사 앞으로 송부.
- 1966년 11월 19일, 준 학교법인 미에조선학원설립, 욕가이찌조선초중급학교의 각종학교로서 설립인가.

주:(※1)의 일자는 ①에서는 4월 16일, ②에서는 4월 20일로 되어 있음.
출처: ① 미에현 총무부 총무과 「⑭조선인학교에 대해서」(기술내용으로 보아 1964년 8월에 작성된 것으로 생각됨), ② 미에현 총무부총무과 「조선인학교 인가신청에 대해서」(1964년 12월 11일 심의회에 제안한 자료), ③ 「욕가이찌조선초중급학교의 인가신청에 대해서」(미에현 소장자료, 작성부처는 불명(아마 총무부 총무과), 기술내용으로 보아 1966년 5월에 작성된 것으로 생각됨. ④ 「인가신청의 내용」(미에현 소장자료, 작성부처 불명(아마 총무부 총무과), 기술내용으로 보아 1966년 11월 19일 인가 이후에 작성된 것으로 생각됨).

이번 절에서는 우선, 1964~1965년까지의 미에현 측의 대응과 그 특징을 분석하고, 이어 1966년 이후에 인가를 향한 움직임이 가속화되는 요인에 대해 검토한다.

(1) 문부성 방침의 관철

1956년에 학교법인설립인가를 신청한 것이 이듬해에 기각된 후, 욕가이찌조선초중급학교는 1963년 11월에 다시 인가신청을 한다. 그러나 현 측의 반응은 좋지 않았고, 인가신청을 계속해서 보류시켰으며 또한 그러한 대응에 대한 설명 및 절차의 조기 개시를 요구하는 조선학교 측의 진정을 거부하거나 또는 면회한 상황에서도 명확한 답을 피했다. 같은 해 12월부터 1년 동안에도 총련 미에현본부나

재일본조선인 미에현교육회(이하 '교육회'로 표기)의 일원, 학교의 교장이나 교무주임 등이 10회 이상 현청을 방문하여 진정(陳情)했고,[25] 또한 아이들이나 학부모들도 진정서를 보냄으로써 절차의 개시와 학교인가를 거듭 촉구했다.[26] 끊임없는 조선학교 측의 압력으로, 미에현도 1964년에 들어 문부성에 문의하거나, 다른 부현의 상황에 관한 조사, 대응 매뉴얼 작성과 같은 움직임을 보이기 시작한다.

조선학교를 각종학교로 인가하는 데 대한 미에현의 입장은 기본적으로는 문부성의 의향을 따라 인가를 주지 않는 것이었다. 미에현 총무부 총무과가 작성한 「㊙조선인학교에 대해서」(기술내용으로 보아 1964년 8월 작성으로 추정된다)에서는 「수년 전부터 각종학교로서 인가를 신청하고 있는데 문부성의 방침에 따라 보류하고 있다」라고 현이 따라야 하는 문부성의 방침을 다음과 같이 정리하고 있다.

문부성의 태도 (쇼와 38.5.20 대신결재)

(1) 학교교육법 1조가 규정하는 학교로서의 인가는 하지 않는다.

(2) 각종학교로서 인가하는 것은 적당하지 않다는 태도를 고수하고 있다.

(3) 학교법인, 준 학교법인의 인가는 하지 않는다.

(4) 조선인학교(고교 정도의 각종학교) 졸업자를 유학생으로 간주하고 대학입

....

25) 미에현 총무부 총무과 「조선인학교의 인가신청에 관해서」(1964년 12월 11일 심의회에 제출된 자료).

26) 진정서의 내용은 '우리 재일조선공민의 정당한 민족적 권리인 교육은, 일본정부의 부당한 차별대우에 의해 아직도 그 법인화를 인정받지 못하고 있습니다. / 최근까지도 군마에 이어 교토에서 '지사 인가'가 있었습니다. 상식과 인도주의를 모토로 하는 지사님께서 조속히 인가를 허가해주실 것을 강하게 요구합니다.', '오늘 여전히 욕가이찌조선초중급학교의 인가가 허가되지 않아 조선인학교 학생들은 많은 고통을 받고 있다. 거듭된 우리의 요청이 속히 허가될수 있기를 바랍니다.', '지사님! / 학교인가에 대해 부탁드리는 바입니다. 다른 현에서는 인가가 내려졌는데, 우리 현만 인가가 나지 않는다는 것은 유감스럽게 생각합니다. 어서 인가되기를……', '"욕가이찌조선초중급학교에 대한 인가의 건", 어떻게 할 수 있는 걸까요. 개교 이래 현 내의 동포들이 바른 자녀교육에 쏟아온 노력은 이제야말로 인정받아야 한다고 생각합니다. 하루라도 빨리 인가 허가를 바라고 있습니다.', '다나카 지사님 / 지금까지 두세 번에 걸쳐서 우리는 욕가이찌조선초중급학교의 인가에 대해 부탁을 드려왔습니다. 그리고 오늘 다시 부탁말씀올립니다. 교육은 백년지대계라고 합니다. 부디 욕가이찌조선초중급학교의 인가를 주시기를 바랍니다.'라고 한 것으로 직접 지사 앞으로 인가를 호소하는 내용이었다.

시를 인정할 수 없다.

조선인학교에 대한 문부성의 의향(쇼와 39.4.16 전국주관 부과장 회의에서 진흥과장의 답변)

(1) 국회에서도 문제가 되었듯이(쇼와 39.3.25 제46 국회 중의원 문교위) 조선인학교는 단순하게 교육문제로서 여길 수 없는 요소를 가지고 있다.

(2) 영주(永住)를 위한 교육이라는 것과는 무관하게 민족교육(조국의 교육)이 행해지는 것에는 문제가 있다.

(3) 민족교육을 부정하는 것은 아니지만 국가적 혜택을 줄 필연성이 없다.

(4) 국제적 관례에서 보아도 다른 예가 없다.

(5) 이미 인가된 것도 있으나, 전후의 혼란기라면 몰라도, 이후부터는 인가해서는 안 된다. 다만 학교교육법 제84조(유사행위를 실시하는 자에게 신청 권고와 정지명령)를 적용할 생각은 없다(묵인의 뜻).

(6) 도도부현에 문서로 통달을 내리고 싶으나 정치적 반향도 있으므로 검토하는 중이다. 빠른 시일 내에 통달할 수 있도록 생각하겠다.

구체적인 경위는 명확하지 않으나, 1963년 5월 20일자 문부대신의 결재로 표시된 4항목은 기본적으로는 50년대 문부성의 방침과 마찬가지인 것으로, 각종학교의 인가에 관해서는 '적당하지 않다'라고 하여, 1조교나 (준) 학교법인의 '인가는 하지 않는다'라는 것보다 느슨한 표현으로 되어 있다. 앞서 서술한 것처럼 개인설립에 의한 각종학교 인가를 얻은 학교가 이미 몇 개 있었기 때문에 이러한 표현이 사용되었을 것이다. [표 10-3]에도 이러한 문부대신의 결재 내용이 나타나 있으나, 여기에서는 1조교로 인가하지 않는 이유로 민족교육을 목적으로 하는 조선학교가 '우리나라의 공교육을 실시하는 데 어울리는 장소로서' 인정되지 못한다는 것을 언급한다. 또한 각종학교 인가를 주는 것이 적당하지 않다는 이유로는, 조선학교의 교육내용이 '우리나라의 공익에 부합하지 않는다는 우려가 다분하다'는 것이 언급되고 있다. 12.28통달과 외국인학교법안을 방불케하는 논법이 이미 63년 시점에 지방행정에 지시되었던 것이다.

또 1964년 4월 16일 전국 주관부장회의에서 제시된 문부성의 의향도 주목된다. 여기에서는 도도부현에 대한 문부성의 의향을 빨리 명시하고 싶으나, 통달로 하게 되면 '정치적 반향'이 있기 때문에 그렇게는 할 수 없다는 문부성의 입장을 확인할 수 있다. 이러한 진흥과장의 답변에 관해서는 다른 자료에서도 문부성에서 '각 부현의 협력방안에 대한 요망이 있었다'라고 적혀 있다.[27] 미에현이 그랬던 것처럼 각 지방의 조선학교가 각종학교인가취득을 향한 움직임을 강화시켜가는 가운데 다른 부현도 규정에 따라 문부성의 판단을 기다리고 있었으나, 정치적 반향을 경계한 문부성은 문서통달의 형식이 아닌, 내부적으로 각 부현이 문부성의 의향에 따라줄 것을 요구하고 있었다.

이때 문부성은 조선학교를 인가하는 것이 단순한 교육문제가 아니라 정치문제, 국제문제, 치안문제의 위상을 지닌다는 인식을 숨기지 않고 있다. 그러므로 '민족교육을 부정하는 것은 아님'에도 불구하고 '국가적 특혜를 부여할 필요가 없다'라는 결론을 도출한다. 한편, 1948, 1949년과 같은 일정 조건을 충족하는 교육기관에 대해 각종학교 인가신청 권고나 교육의 정지명령을 적용할 생각 없이 '묵인'의 입장을 취한 것은 재일조선인 측의 큰 반발을 회피하려 한 것이라고 생각된다. 이러한 문부성의 의향을 따랐기 때문에 미에현도 인가신청을 계속해서 '보류'해온 것이다. 실제로 조선학교의 진정에 대한 미에현의 대응에는, 문부성의 방침이 모범적일 정도로 관철되어 있다. [표 10−2]에 나타낸 자료는 1964년 7월 28일 열린 교육회 이사 김성달(金成達) 외 5명이 쓴 진정서의 내용과 그에 대한 총무과의 의견을 정리해 놓은 것이다. 조선학교 측의 모든 건의를 문부성의 뜻에 따라 기각하고 있음을 알 수 있다.

상기 진정의 약 2주 후에도 총련 미에현본부 조직부장들이 진정을 넣고 있다.[28] 여기에서 조선학교 측은 인가신청에 필요한 사무절차상 미비한 것이 없음

---

27) 미에현 총무부 총무과 「조선인학교의 인가신청에 대해서」(1964년 12월 11일 심의회에 제출된 자료).

28) 미에현 총무부 총무과 학사계 「조선인학교 설치인가에 관한 진정(공람)」(1964년 8월 14일자 기안)의 「조선인학교 인가에 관한 진정기록」.

표 10-2 │ 미에현 총무부 총무과 「조선인학교에 관한 진정」

진정 연월일	쇼와 39년(1964년, 역자주) 7월 28일
진정자	재일본조선인 미에현 교육회이사 김성달 외 5명
진정요지	조선인 아이들을 위한 현 내 유일의 교육기관인 조선인학교(창립 쇼와 23년(1948년), 현재 소·중학부 학생 ■■명[검은 칠])는 인가를 받을 수 있도록 철근 3층 건물로 새 교사(校舍)를 건설 중이므로, 해당 학교를 준 학교법인 각종학교로서 조속히 인가해주기를 바람.

진정자의 신청사항 및 이에 대한 총무과의 의견

신청사항	총무과의 의견
1. 현 내 조선인 자녀에게 민족교육을 실시하는 유일한 학교이면서도 인가를 받지 못해 다음과 같은 점들에서 곤란을 겪고 있다. (1) 학생모집 및 학생 전입에 지장이 있다. (2) 국철의 학생할인을 받지 못하고 어른의 보통정기권으로 통학하고 있다. (3) 공인학교가 아니기 때문에 졸업자격이 인정받지 못하여 졸업생들의 진학, 취업 등에 지장이 있다. (4) 학교기구, 교육기구 등의 구입에 세금이 든다.	1. 조선인학교의 인가에 대해서는 쇼와 25.3.14 문부사무차관 통달에 근거하여 문부성과 협의할 필요가 있기 때문에, 본 신청에 대해서는 S.39.4.13 총 제355호를 가지고 협의서를 제출. 문부성은 정식 회답을 피하고 있으나, 모든 기회를 통해 '인가해서는 안 된다'는 방침을 밝히고 있다. 그 요지는, '국내에 영주할 예정인 외국인이 외국을 위한 민족교육을 실시한다는 점에 문제가 있다. 민족교육은 부정하지 않으나 인가를 받아 국가적 혜택을 받을 필요성이 없다.'는 것이다.
2. 학교설립 후, 이미 16년간의 실적이 있으므로 인가신청 역시 어제오늘의 일이 아니다. 무인가학교로서 방치된 것은 법적으로도 이상한 것이 아닌가.	2. 무인가 각종학교에 대한 인가신청명령에 대해서는 학교교육법 제84조에 규정되어 있으나, 조선인학교는 적용 외로서 방치해야 한다고 되어있다.
3. 인가학교에 적합하도록 일부러 교사를 신축하고 있다. 인가에 대해서는 학부모들도 진심을 다하고 있다. 만약 인가를 받지 못하게 되면 곤란해지게 된다.	3. 인접한 시정촌(市町村)에서 기부금을 요청하고 있다는 정보가 들어왔다(공안조사국에서 연락).
4. 조선인 자녀에게 일본의 소학교, 중학교로 입학하는 길이 있다고 해도, 조선인을 위한 교육은 행해지고 있지 않다. 조선인을 일본인화하기 위한 교육에는 반대한다. 조선인으로서 긍지를 가지고 일본 국민과 친선을 도모하며, 조선인으로서 입장에서 일본 사회에 이바지하는 것이 올바른 것이다. 귀국자에 모국어 등 민족교육을 실시할 필요도 있다.	4. 다른 나라에서도 외국인을 위한 민족교육을 실시하는 학교를 인가하고 있는 사례는 없다는 것을 문부성은 지적하고 있다. 또한 북선(北鮮, 원문인용)과의 국교도 맺지 않고 있다. ㈜ 욧카이치의 조선인학교는 북조계(北朝系, 원문인용)에 속한다.
5. 문부성에서 통달이 나왔더라도 다른 부현에서 이미 인가된 곳이 17개교가 있다. 인가 권한은 지사에게 있기 때문에 현의 범위에서 선처할 수 있을 것이다. 또한 문부성과 협의할 필요가 있다하더라도, 적극적인 자세로 임한다면 가능성이 있을 것이다.	5. 교육행정은 기관 위임사무임으로 국가방침을 무시할 수 없다. 다른 부현의 상황은 별첨자료(■■■[해석불능])와 같으나, 모두 압력에 의해 '각종학교 정도라면…'이라는 것으로 인가했던 것 같다. 그러나 현재는 조선인학교는 인가하지 말아야 한다는 취지를 문부성이 회의에서 밝히고 있으므로, 현재 시점에서는 인가를 고려하고 있는 현은 없다는 것이다.
6. 가까운 시일 내에 지사를 만나서 실정을 호소하고 싶다.	

출처: 미에현 총무부 총무과 「조선인학교에 관한 진정」(작성시기에 관한 기술은 없으나, 1964년 7월 28일~8월 경에 작성된 것으로 추측된다).

에도, 계속해서 인가를 내주지 않는 현의 대응은 민족교육을 할 권리를 침해하는 것으로 부당하다고 지적했다. 정부에서 어떤 방침이 내려졌든 행정절차상의 문제가 없다면, 권한이 있는 지사가 인가에 대한 판단을 내려야 한다는 주장이다. 또한, 조선학교 교육은 일본에 사는 사람으로서의 교육과 귀국을 위한 교육이라는 이중의 성격을 가지고 있는 것으로 '일본정부에 반대하는 것은 아무것도 없다. 일본 정책 아래에서 교육하고 싶다고 생각하고 있기 때문에 최소한의 권리를 인정받고 싶다'고 호소했다.

이에 현 측은 학교설치인가는 국가로의 기관위임사무이기 때문에 국가의 의향을 무시할 수 없다고 종래의 설명을 반복했고, 또한 현이 이 이상으로 대응하는 것은 어렵다고 생각하여 문부성을 향해서 압력을 넣어보는 것은 어떤가 하며 협상을 계속 거부하는 제안을 하고 있다. 게다가 더욱 주목해야 할 것은 '교육체계는 일본인을 교육하기 위한 것이다. 그 중에서 이질적인 것이 포함되어 있으면 이상하다. 따라서 여러분의 입장에서 민족교육을 시켜주면 좋지 않을까'라는 발언이다. 원래 일본의 학교교육체계는 일본인을 위한 것이었고 따라서 '이질적인 것'으로서의 민족교육을 실시하는 조선학교에 각종학교 인가를 부여하는 것, 즉 '국가적 혜택을 부여하는 것에 문제가 있다'는 것이다.

일본의 학교교육제도는 일본국민을 위한 것이기 때문에, 그것을 조선학교에 적용할 수 없다는 지극히 배타적인 발상은 다른 미에현 자료에서도 확인할 수 있다.[29] 그러나 이것은 미에현만의 독창적인 것이 아니다. 문부성은 조선학교의 각종학교 인가와 관련하여 '각종학교를 규정한 학교교육법 제83조는 일본 국민의 육성을 지향하는 것으로, 외국인학교를 각종학교로서 인가하는 것은 어디까지나

----

[29] 예를 들면, 미에현 총무부 총무과가 작성한 내부자료 「조선인학교의 인가신청에 대해서」 (1964년 12월 11일 심의회에 제출된 자료)의 「총무과 의견」에도 다음과 같은 기술이 있다. '학교교육법이 규정하는 학교는 일본국민을 위한 교육제도이다. 외국인을 위한 민족교육을 실시하는 조선학교가 학교명칭을 사용하여 유사행위를 하고 있어도, 일본의 교육제도와는 이질적인 것으로, 기본적으로 학교교육법에 근거한 학교라고는 해석할 수 없다. 만약 조선인학교가 학교교육법이 말하는 각종학교의 한 종류로 있다 하더라도, 국가적 입장에서 보았을 때, 국내에 영주할 것으로 예상되는 외국인을 대상으로 한 민족교육을 실시하는 점에 큰 문제가 있기 때문에, 이를 공인하거나 국가적 혜택을 부여하는 것은 곤란하다.'

편의적인 조치였으며 본래의 모습으로서 외국인학교를 각종학교로 인가하는 것은 적당하지 않다.'는 입장을 다른 지방자치단체에 대해서도 표명하고 있다.[30] 이러한 논법은 앞서 서술한 1964년 4월의 전국주관 부장회의에서 하달된 것으로 추측된다.

이렇게 조선학교의 각종학교인가를 둘러싼 움직임에 대한 미에현 측의 대응은 철두철미하게 문부성의 방침을 따르는 것이었다. 미에현은 중앙이 만들어 낸 방침, 즉, 각종학교 인가를 내주지 않는다는 방침과 그것을 근거로 삼는 배타적인 언설을 일절 완화하지 않고, 또한 욧카이찌조선학교와 직접 상대하는 자리에 있어서 이러한 것들을 정확히 인용하고 재현하여 실행하고 있다고 말할 수 있다. 이것이 단순한 교육문제로서 치부할 수 없는, 그러므로 성가신 정치문제로 여겨진 조선학교 인가에 대한 미에현의 대응 방식이었다.

다른 지역의 상황

그러면 1964년 시점에 다른 부현(府県)의 인가상황은 어떻게 파악되고 있었을까. 행정에 있어서 '전례'라는 존재는 중요한 위치를 차지하고 있고, 욧카이찌 조선초중급학교의 인가문제에 직면한 미에현도 이 시기에 다른 부현의 인가상황을 상세히 조사하고 있다. 앞에 제시한 [표 10-2]의 자료 중에 나타난 '다른 부현의 상황'을 조사한 「별첨자료」가 그것이다. 총무과는 이 조사에 대해 다른 지역에서도 '압력에 굴하여 '각종학교 정도라면…'이라면서 인가했었을 것'이라는 부분만을 끌어들여 의견을 정리하고 있으나, 같은 조사결과는 각종학교 인가에 관한 각 부현의 다양한 대응을 보여주고 있어 매우 흥미롭다. [표 10-3]에 조사 결과를 보도록 한다.

이 조사에서는 1964년 7월까지 인가가 내려진 11개 부현(府県) 안에 가나가와, 아이치, 후쿠오카를 제외한 8개 부현이 거론되고 있다. 이 중에서 도쿄나 오사카처럼, 즉 공립학교에서 각종학교로 이관된 경우는 미에현과 상황이 크게 다

---

30) 「욧카이찌조선초중급학교의 인가신청에 대해서」(미에현 소장자료, 작성부처는 불명(아마 총무부 총무과). 기술 내용에서 1966년 5월에 작성된 것으로 생각된다.

르다고 할 수 있다. 특히 미에현과 마찬가지로 조선학교가 현 내에 1개교(또는 2개교)밖에 없고, 학교 종류도 초중급학교였던 와카야마현(和歌山県), 시가현(滋賀県), 이바라기현(茨城県), 도치기현(栃木県)의 조사결과는 미에현에 있어서도 참고가 되었을 것이다.

시가현(1961년 인가)은 '문부성과 여러 차례 협의했으나 태도가 명료하지 않고 또한 조련[조선총련을 지칭한다고 생각됨]이 요구를 강하게 한 결과 조건부로 인가했다', 와가야마현(1962년 인가)은 '각종학교로서는 기준에도 합치하고 있고, 다른 지역의 인가 사례도 있다. 문부성의 태도도 명료하지 않고, 또한 지역 교육위원회의 희망도 있어서 당초 무인가라는 방침이 있었으나, 조건부로 인가했다', 도치기현(1963년 인가)은 '문부성과 협의하는 것과 함께 인가한 다른 지역의 실정 조사 결과, 다른 지역의 사례도 있고, 각종학교로서 조건부로 인가했다'라고 되어 있어, 이러한 지역들은 인가 당시에 문부성의 태도가 명료하지 않다는 이해 아래 다른 지역의 전례가 있다는 것으로 1950년 3월 14일 문부성 통달에 따라 관계법령의 존중과 보조금을 희망하지 않는다는 조건을 붙여 인가하고 있는 것을 알 수 있다. 미에현과 비슷하게 학교법인설립으로 인가한 효고현에서는 '쇼와 37년 학교법인화의 신청이 있었으며 그 결과 민족교육은 하지 않고, 또한 선린우호 정신에 입각하여 법령을 지킨다는 서약서를 받고 인가했다'(1963.9.30. 학교법인 인가)라고 되어 있다. '민족교육은 하지 않는다'는 것의 상세한 내용은 알 수 없으나, 법인인가에 대한 전례가 있다는 것은 확인된다.

미에현은 이렇듯 다른 부현의 '전례'를 파악하고 있었으나, 그 입장에는 변함이 없었다. 1964년 8월 진정에서 조선학교 측이 요청하는 다나카 사토루(田中覚) 미에현지사와의 면담이 실현된 것은 대략 1년 후인 1965년 8월 18일이었다.[31] 여기에서 학교 측은 인가에 대해 배려를 요청하고 있으나, 다나카 지사는

----

31) 미에현 총무과 학사계 「조선인학교의 인가에 관한 진정」(1965년 8월 22일부 기안) 참조. 첨부된 명함에서 확인할 수 있는 조선학교 측의 참가인은 총련 미에현 본부위원장, 총련 미에현 본부선전부장, 총련 미에현본부 조직부장, 재일본조선인 미에현 교육회 회장 김룡옥, 총련 욧카이치지부위원장인 5명이지만, 기록에는 '총련 미에현본부 위원장 외 7명'으로 적혀 있다. 다나카 사토루 현 지사, 요시가와 시게히코(吉川茂彦) 비서과장, 히로타 미노루

조선학교 설치인가의 문제가 정부 수준의 외교 문제라는 것을 확인하고 지사 권한 내에서 처리가 어렵다는 종래 현 측의 대응과 동일한 취지를 표명하고 이후 조선학교 측과의 교섭을 중단시켰다.

현 내부 지역의 움직임

현과 조선학교의 교섭이 중단된 상태이기는 했으나 미에현 내의 시와 시정촌(市町村)회의에서는 계속해서 움직임이 있었음을 확인할 수 있다. 예를 들면, 1965년 8월 30일에는, 교육회 회장 김룡옥이 「학교법인 미에현 조선학원설립의 인가 및 욕가이찌조선초중급학교 설치에 관한 청원」을 스즈카(鈴鹿) 시의회 의장에게 제출하고 있다. 현이 인가를 할 수 있도록 요청해달라는 취지의 청원을 받은 스즈카 시교육위원은 미에현 교육위원에게 다음 사안에 대해서 회답을 요청하고 있다.[32] 즉, '1. 욕가이찌조선초중급학교는 북선(北鮮, 원문인용)계인가 남선(南鮮, 원문인용)계인가? 남선계(南鮮系, 원문인용)일 경우 한일조약이 비준되어 관계국의 법이 발효되면 취급방법이 바뀌는가? 2. 현 교육위원회에서 인가를 받을 수 있는 것이라면, 지금까지 보류되고 있는 이유는 무엇인가? 3. 다른 부현에서 인가된 사실 여부(確否), 그리고 인가된 경우 법적 근거에 대해서'로 세 가지이다.

또한 같은 해 12월 1일에는 우에노 시의회에서도 조선학교의 인가에 관한 「현 당국에서 충분한 조사와 검토를 추가하여, 인도적 견지에서 이러한 종류의 학교법인 인가를 인정할 수 있도록 선처방안을 요망」한다는 요망서가 현에 제출되었다.[33] 욕가이찌초중급학교는 욧카이치시에 있으나, 같은 학교의 '학구'는 미

....

(広田稔) 학사계가 지사응접실에서 대응하고 있다.

[32] 스즈카 시교육위원회 발, 미에현 교육위원회교육장 앞 「학교법인 미에현 조선학원설립의 인가 및 욕가이찌조선초중급학교 설립에 관한 청원」의 취급에 대해서(조회)」(鈴教 제2467호, 1965년 9월 10일).

[33] 우에노 시의회 「학교법인 미에조선학원 설립인가 및 욕가이찌조선초중급학교 설치인가에 관한 요망서」(1965년 12월 1일자). 전문은 다음과 같이 되어 있다. '욕가이찌조선초중급학교가 쇼와22년 4월에 건설되어 쇼와 38년 12월 학교교육법 제83조 및 사립학교법 제64조 제4항 등에 규정하는 학교법인으로서 인가를 받을 수 있도록 이미 현 당국에는 신청을 한 상태이나 아직 인가가 나지 않은 오늘에 이르고 있다. / 본교에는 현재 현 아래 각 지역에서 400명의 아이들이 배우고 있으나 (,) 이 학교는 학교법인으로서의 인가를 얻지 못했기

에현 전 지역에 이른다. 조선학교 관계자들은 아이들의 거주지역을 중심으로 한 시정촌(市町村)에 현 측 대응의 부당성을 호소하고, 협력을 요청하고 있다. 이전 절에서 본 것처럼 욧카이치시가 공공비용을 지출한 사실과 이미 해당 학교가 20년 가깝게 교육을 계속해 온 역사는 이러한 요청이 정당하다는 의미이다. 현 아래 행정구역에서 열리는 조회나 요망은 작지만 확실하게 현 당국에 대한 압력이 되었을 것이다. 이런 가운데 1965년 12월 28일, 결국 통달이라는 형식을 가지고 문부성은 '각종학교로서 인가해서는 안 된다'는 취지를 밝혔던 것이다.

(2) 인가 문제에 관한 정치적 판단

이제까지 본 것처럼 미에현은 문부성의 방침에 극히 '순종'적이었다. 그런데도 미에현이 1966년 4월 이후, 사학심사를 하고 학교의 현지조사를 실시하겠다는 인가를 위한 긍정적인 자세를 보이게 된 것은 어떻게 된 것일까. 이에 대해 결정적인 요인을 명시할 수는 없으나, 문부성방침에 따라 인가를 내지 않는다는 미에현의 강고한 태도를 흔드는 두 가지 큰 움직임이 1966년에 들어서 생겼다는 것을 지적하고 싶다.

첫째로, 재일조선인에 의한 각종학교 인가취득운동이 점점 고양되어간 것이다. 12.28 통달이 발부된 다음 날, 총련은 「재일조선공민의 민족교육을 탄압하려는 일본정부의 통달과 관련하여」라는 제목으로 민족교육의 권리를 보장하겠다는 성명을 발표하고, 전국의 조선학교 관련단체에 대해 운동의 지속과 발전을 호소하고 있다.[34] 미에현에서도 현 자료에 '[쇼와] 38년 12월 이후 진정이 거듭되고 있으나, 41년에 들어서면서 특히 활발해졌다'라는 식으로[35] 허가를 요청하는 재

때문에 아이들이나 학부모들에게 큰 경제적 부담과 정신적 고통이 많고 (,) 따라서 초중급학교로서 소정의 의무교육과정을 끝마치고 본교를 졸업하여, 각종 국가시험에 응모자격이나 직업 그 외 기타 사회생활 전반에 걸쳐 학교를 인가하지 않았던 것이 원인이 되어 현재 모든 제약을 받고 있는 듯 하며, 이 시점에서 현 당국에서 충분한 조사와 검토를 추가하여 인도적 견지에서 이러한 종류의 학교법인의 인가를 인정할 수 있도록 선처방안을 요망한다.'
34) 『조선신보』 1965년 12월 29일자.
35) 「욕가이찌조선초중급학교의 인가신청에 대해서」(미에현 소장자료, 작성부처는 불명(아마도 총무부 총무과), 기술내용에서 1966년 5월에 작성된 것으로 보임).

표 10-3 | 「조선인학교에 관한 조사결과」(1964년 7~8월)

관공청별	학교 수		인가 시기		인가에 이른 경위	인가 후 지도 등	기타
	북	남	북	남			
문부성	<조선인학교에 대한 태도에 대해서, S.38.5.20 대신(大臣)결재> 1. 조선인학교의 설치에 대해서, 학교교육법 제1조에 규정하는 학교로서의 인가는 하지 않는다. (이유) 조선인학교의 실태가 조선어를 사용하고, 조선인 지리, 역사를 교수하는 것을 목적으로 하는 이른바 민족교육이라는 것은 학교교육법 제1조에 규정하는 학교의 교육내용에 부합하지 않을 뿐만 아니라 우리나라의 공교육을 실시하는 데 적절한 장으로서 조선인학교를 인가할 수는 없다. 2. 조선인학교를 각종학교로서 인가하는 것도 적절하지 않다고 생각한다. (이유) 조선인학교에서 실시하는 교육내용은 우리나라의 공익에 부합하는 다른학교의 각종학교의 이 이상 진전시키는 것은 적절하지 않다고 생각된다. 3. 조선인학교를 설치하는 학교법인 또는 준학교법인의 인가에 대해서도 앞 2항에 준하여 취급한다. 4. 고등학교정도의 조선인학교의 졸업생을 외국의 유학생으로 간주하는 대학에의 입학자격을 인정할 수는 없다. (이유) 대학의 입학자격을 인정하는 것은 학교교육법 제56조 제1항 및 같은 법 시행령 제69조에서 정하는 것으로 하나, 유학생에 대한 입학자격을 인정하는 학교교육법 시행규칙 제69조에 해당하지 않는다.						
도쿄도	1개교 { 초급 13교 중급 1교 } { 초급 1교 중급 1교 고급 1교 } (각종학교)		S.30.4.1	S.30.2.3	인가 전반은 공립학교였으나 지역주민의 희망과 조선인 측의 희망이 있어서 각종학교로 인가했다. 이에에도 공립한 아메리카스쿨이 있다.	국민적인 민족교육을 실시하는 등하나, 학교에 어떤 건설이나 지도는 하지 않고 있다.	민족교육(북조선)계를 요구하고 있으므로 공립학교에 제한하는 학부모에게 적극적으로 자녀의 입학을 권하고 있다.
오사카부	1개교 중 1개교 (각종학교)	A·B인 { 초학교 2교 중학교 1교 고교 1교 } B인 { 소학교 1교 중학교 1개 } (법조학교)	A: S.24.3.1 B: S.25.3.14	S.36.8.2.	남선(南鮮)계 2법인 설치하고는 문부성 관리국장통달에 근거하여 각종학교로 하고있다. 북선(北鮮)계 하고는 종래의 오사카시립 중학교로 있었으나 학생이 북선계에 한정되어 시민의 요청과 북조선 측의 희망에 따라 각종학교로 결하시켜 것을 인가했다.	별도 학교에 대해서는 일본인과 교육 동일하게 각종교에 취급하고 있다. 북선계의 각종학교에 대해서는 하등의 지도는 실시하고 있지 않하였다. 또한	북선계의 무인가학교가 15, 6개 있는 듯하나, 36년 인가할 때의 억속을 잊기 때문에 그 후의 큰 진단이 없다. 공인된 남선계 B법인의 학교에 대해서는 중·고 병장에 대한 희망은 강하다.
효고현	1법인 { 초급 3교 중급 2교 고급 1교 } (각종학교) 공립 { 소학교 3교 중학교 6교 중학교 2교 } (내 1고도 특수학급)	없음	S.34.4.1 (학교법인이 가 S.38.9.30)	없음	S32년 경부터 12개교의 각종학교 설치희망이 있어 심화되어 협의했다. 현상적으로 교육이 실시되고 있어서 교육위원회와 공립분교에 손을 대기가 어려운 것 등, 보 현의회(현신케이안)의 요청에 따라 34년 개인설립으로서 인가했다. 37년 학교법인(화) 신청이 있어 결과적으로 민족교육을 하지 않고, 또한 선린우호의 정신에 따른 다는 관계법령을 준수한다는 취지에 서약서를 받고 인가했다.	일반 각종학교와 동일하게 하고 예 방문하여 법인이 간부회의, 의에도 출석하고 있다.	서약서 내용을 별도로 정하하게 되어 있으나, 제2항은 지켜지지 않은 것으로 보인다. 또한 각종학교(초, 중, 그림) 졸업자는 받조의 중·고, 대학에 입학시키고 있다.
와카야마현	개인설립 1교 { 초급 중급 1교 국어 } (각종학교)	없음	S.37.9.15	없음	S36년부터 법인설립이 소중학교로서 신청이 있었다. 심의회에 자문했으나 보류되었다. 그 후 강한 요청이 있어 다시 검토한 결과, 각종교교의 기준에 부합하고 있고, 다른 지역에 인가 사례가 있고, 문부성의 태도도 염려하지 않으며, 또한 지역 교육위원회의 희망과도 맞아 당초 무인가이라는 방침이었으나 조건부로 인가했다.	인가 후 어떤 지도도 행해지고 있지 않으나, 모든 보고와 신고는 성실하게 실행되고 있다. 학교방문은 하고 있지 않다.	인가의 조건(서약서) 1. 개인설립이라는 것. 2. 관계법령을 준수한다. 3. 법령을 위반할 때는 폐교조치도 되어도 받아들인다.

관공청별	학교 수		인가 시기		인가에 이른 경위	인가 후 지도 등	기타
	북	남	북	남			
미에현	(학교법인 미에조선학원 5개교와 미에조선초중급학교에 대해서) 1. 설치의 취지: 미에현 내에 체류하는 조선인 자녀들에게 조선인으로서 필요한 교육과 일본국민과의 친선에 기여하는 교육을 일본국민다는 기여하는 교육을 실시하기 위한 공공적 견지로 경영기초의 강화, 교육내용을 도모한다는 이상적 교육기관을 설립한다, 2. 위치: 욧가이치시 히가시아라키정(東阿含町) 150가71번지 3. 교지(校地): 1,316번지 4. 교사: 310평 5. 학생 수: 초급 250명, 중급 150명, 계 400명 6. 교원: 14명 7. 유지운영비: 7,923,600엔(재원 교육요조비 2,052,000엔, 학생납입금 2,928,000엔, 기부금 기타 2,943,600엔) 8. 지금에 이른 경위 S23.12.15 무부대신 앞 재단법인설립신청 S24.10.13 신청각하, S31.4.30 지사 앞 학교법인설립신청 S.38.11.5 이번에 지사 앞으로 신청						
시가현	개인설립 초급 중급 1교 (각종학교)	없음 없음	S.36.4.1	없음	문부성과 여러 차례 협의했으나 태도가 명료하지 않고 또한 조건의 희망이 강하여 결국 조건부로 인가했으나 인가행위에 대해서는 아직도 비판적이다. 최근 법인화의 요청이 있지만 인가는 할 수 없다.	어떤 지도를 실시하고 있지 않음. 오히려 교섭을 않도록 하고 있다.	어떤 조건(서약서) 1. 관계법령을 지키는 것 2. 법령을 위반할 때는 폐교조치되어도 받아들인다.
이바라기현	개인설립 중급 고급 1교 (각종학교)	없음 없음	S.30.12.10	없음	상동	어떤 지도도 실시하고 있지 않다. 학교로도 인가 후 계속 낙성식에 한 번 간 것 뿐이다.	인가조건 없음. 현재 중급 180명, 고급 360명의 학생이 있으나 그 근무학생은 간토, 동북의 학생이 모여 있어 기숙사의 설비가 있음.
도치기현	개인설립 초급 중급 1교 (각종학교)	없음 없음	S.38.7.12	없음	문부성과 협의하는 것과 함께 인가한 다른 지역에 설정 조사 결과, 다른 현의 사례도 있고, 각종보다 정도의 해서 조건부로 인가했다. 요청은 1건 전부터 강하게 있었다.	어떤 지도도 실시하지 않음.	인가의 조건(서약서) 1. 관계법령을 준수 2. 현일선상에 기억한다. 3. 보조금을 바라지 않는다.
교토부	A: 개인설립 초급1개교	A: 종교법인 초급 1개교(아간)	A: 24.11.21	A: S.24.5.30	남독들다 전경 전부터 공립학교(조선인한정)로서 설치되었던 것이다. 또, 법인학교에는 공비조합 방침. 복선에의 추진하교에는 현재	일반 각종학교와 같은 것으로 취급하며, 법인학교에는 공비조합 방침. 또 기부금(據金)의 보조를 실시 하고 있다.	마이조루시에도 신규설치인가의 목소리가 있으나 인가하지 않을 방침. 복선에의 추진하교에는 현재 금자서 근처에 접근교사를 건축 중인데 교교성을 수용할 계획도 있다는 것.
	B: 법인설립 종급 1개교(각종학교)	B: 법인설립 종급 1개교(각종학교)	B: S.22.5.13 (법인인가 S.28.5.18)	B: S.22.5.13 (법인인가 S.22.9.8)	있던 것을 전후에도 계속해서 존속시켜왔던 것이다. 따라서 다른 현의 인가하교와는 경우를 다르게 하고 있다.	장 기부금(據金)의 보조를 실시 하고 있다.	

일조선인들의 움직임은 한층 강화되었다.

　1966년 3월에 들어서 문부성은 12.28 통달의 취지에 따라 적정한 사무처리를 실시하는 뜻을 도도부현에 재차 강조하고 있다.[36] 1966년 2 - 3월에 걸쳐 오사카나 후쿠오카를 시작으로 새롭게 20개교가 각종학교의 설립인가를 취득하고 있었기 때문이다. 문부성도 12.28 통달을 무시하는 것처럼 각 지방에서 계속 인가가 내려지는 상황과 분위기에 대해 위기감을 느꼈을 것이라 할 수 있다. 조선학교 당사자들이 양성한 전국적인 각종학교인가의 물결은 외국인학교법안 반대운동이 가세함에 따라 전개가 한층 거세지게 된 것이다.[37]

　욕가이찌조선초중급학교의 보호자대표는 1966년 4월 20일에도 현에 요망서를 제출했으나, 현이나 시정촌을 압박한 것은 조선인만이 아니다. 1966년 4월 26일에는 '미에현 내에 조직을 두고 있는 각 노동조합, 민족단체, 학자, 문화인의 대표'들이 결성한「재일조선인의 민족교육을 지키는 미에현 협의회」가 현 지사에게 빠른 인가를 요망하고 있다.[38] 게다가 미에현 교직원조합도「학교법인 미에조선학원설립 및 욕가이찌조선초중급학교 설치 인가에 관한 요청」을 미에현 지사 앞으로 제출하고 있다. 여기에서는 총 1,649명분의 교직원들의 서명이 붙어있다. 재일조선인만이 아니라 시정촌이나 현민들도 포함하여 여론이 높아져 가는 것이 보였고, 한편으로 다른 지역에서 전례가 누적되어 가는 가운데, 미에현도 조선학교의 인가문제를 전향적으로 검토할 수밖에 없는 상황이 된 것이다.

....

36) 문부성초등중등교육국장 사이토 타다시(斎藤正), 문부성관리국장 아마기 이사오(天城勲) 발, 각 도도부현 교육위원회, 각 도도부현 지사 앞「조선인만을 수용하는 교육시설의 취급에 대해서(통지)」(文管振 제84호, 1966년 3월 22일).

37) 예를 들면, 재일본조선인총연합회 중앙상임위원회 선전부「민족교육의 권리를 철저하게 옹호하자! 강연제강 1966년 제4호」(1966년 4월)을 참조. 여기에서는 '민족교육을 지키는 문제에서 결정적으로 중요한 것은 일본사람들의 여론을 환기시키고 그들의 지원을 받는 것'으로서 각 지방에서 정당, 사회단체, 노동조합, 언론출판기관, 학자, 문화인, 지방인사 등에게 압력을 가하는 것, 지방의회와 현시정촌 회의원들을 방문하는 것, 당국에 대해 주소와 이름을 명기하여 교육권의 보장을 요구하는 진정서를 보내는 것, 마을 안의 회의나 인근 주민에게 민족교육에 대해 설명하는 기회를 만드는 것 등이 각 지역에서 실천해야 할 과제로서 내세워졌다.

38) 재일본조선인의 민족교육을 지키는 미에현 협의회「요망서」(미에현지사 앞, 1966년 4월 26일).

둘째로, 외국인학교법안이 등장한 것을 들 수 있다. 외국인학교제도의 구상은 3월 하순에 그 큰 틀이 알려졌다.[39] 4월 8일에는 자민당 정조회(政調會) 문교조사회(文敎調查會)에 설치된 외국인교육 소위원회가 작성한 최종요강이 제출되어, 다음 9일에 신문 각 지면에 이에 대해 보도되었다. 또한 5월에는 그 내용을 포함한 「학교교육법의 일부를 개정하는 법률안」이 각의 결정(閣議決定, 총리와 장관만으로 권한사항을 결정하는 것: 역자주)되고 있다. 1966년 5월 이후에 작성되었다고 추측할 수 있는 미에현의 자료 「욕가이찌조선초중급학교의 인가신청에 대해서」에서도, 외국인학교법안과 각종학교인가에 관련한 언급이 등장하기 시작한다. 같은 자료에서 「4. 최근 문부성의 방침」은 다음과 같이 적혀 있다.

(1) 각종학교를 규정한 학교교육법 제83조는 일본 국민의 육성을 목표로 했기에 외국인학교를 각종학교로서 인가한다는 것은 어디까지나 편의적인 조치일 뿐, 본래의 취지를 고려할 때 외국인학교를 각종학교로서 인가하는 것은 적절하지 않다.

(2) 새로운 제도와 관련하여 외국인학교 설치인가 신청이 있을 경우, 그곳에서 행해지는 조직적인 교육활동이 국제적인 우호친선관계의 증진에 도움이 되면서도 우리나라의 이익을 해하지 않는 범위에서 인정할 수 있다는 방침이다.

(3) 이미 각종학교로 인가된 것은 현행법상 무효라고 하기는 어렵다. 차관 통보 이후 인가한 오사카, 효고에 대해서는 유감스럽게 생각한다.

(4) 외국인학교제도의 법제화를 위해 노력하고 있으므로 그때까지 각 부현은 좀 더 노력해주기를 바란다.

위 자료는 현의 입장이 외국인학교를 각종학교로 인정하는 것은 적당하지 않다는 취지에 있음을 다시 확인시키는 동시에 외국인학교 설치인가를 포함한

----

39) 예를 들면 「외국인학교제도를 창설 – 현재 국회에 법개정안 제출」『아사히신문』 1966년 3월 26일자.

외국인학교 제도에서 '우리나라의 이익을 해한다.'라는 기준이 제도적 보장의 시금석이 된다는 것을 확인하고 있다. 또한 12.28 통달 이후 각종학교인가는 '유감'이라는 문부성의 압박을 인지하면서도 외국인학교제도의 법제화까지는 '노력해주기를 바란다', 즉 인가를 내리지 않도록 노력해주기를 바란다고 하는 문부성의 방침을 파악할 수 있다.

필자의 가설은 이러한 외국인학교제도의 구상이 출현하게 된 것이 의도하지 않게 각종학교인가를 촉진하는 데 영향을 끼친 것이 아닌가 하는 것이다. 신청과정에서 행정 절차상 문제가 없음에도 이를 신속히 집행해주기를 끊임없이 요구하는 조선학교 측에 대해 '학교교육법은 원래 일본국민의 교육을 위해서 있다'는 설명이나, '결국 문부성의 판단을 구해야 한다'는 설명은 다른 외국인학교는 물론, 이미 인가를 받은 조선학교와 12.28통달 이후에도 새롭게 인가를 받은 조선학교가 있다는 사례가 있는 이상, 그 신청을 유보하거나 거부하는 것이 정치적 의도에 근거한 차별적인 처우라는 것은 누가 봐도 명백한 것이 분명했다. 그러나 현으로서는 국가의 방침을 무시할 수는 없는 것이다. 국가의 방침과 재일조선인들의 운동 사이에 끼어있는 가운데, 조선학교의 인가 문제는 골칫거리인 실로 '귀찮은' 안건이었다. 인가의 움직임이 전국적으로 고양되었고, 당사자나 시정촌, 각종 단체 등이 현에 가하는 압력이 한층 강화되는 가운데, 정부주도로 법령 수준에서 '국익'에 어긋나는 조선학교를 통제하는 외국인학교제도가 만들어지는 것이 드러났다. 설령 조선학교 측의 요구를 받아들여 인가를 하게 된다고 해도 나중에 다른 틀의 차원에서 국가의 통제가 유지된다면 그것도 하나의 결론을 내는 방향이 아닌가. '노력해 주기를 바란다'라는 태도에서도 볼 수 있는 것처럼 한편으로는 문부성도 설치인가의 흐름을 막을 수는 없다고 전망하고 있었을 것이다. 그렇다면 우선 조선학교의 인가문제를 마무리 짓고 싶다는 정치적인 판단 아래, 현 측의 태도가 상대적으로 유연화되어 인가수속에 관한 움직임이 가속화되었다고 파악할 수 있지 않을까.

미에현으로서는 각종학교인가라는 '보호', '은혜'를 조선학교에 일시적으로 부여하게 되더라도 외국인학교 제도로서 조선학교를 새로운 통제에 따르도록 약속시킬 수 있다면, 결과적으로 국가의 의도에 맞게 조정할 수 있다고 판단한 측면도 있을 것이다. 1966년 11월 사립학교심사에 대한 답변에서 현은 '각종학교로서 형식적인 요건은 갖추어져 있어, 다른 부현의 사례도 존재하므로 현행법상으로 인가를 허락하지 않을 적극적인 이유가 부족하다'는 취지를 확인하고,[40] 이에 재차 다른 지역조사의 결과를 감안하여 같은 달 12일, 서약서 제출을 조건으로 법인설립 및 각종학교 설치 인가를 내릴 취지를 결정하고 있다. 이때 서약서를 안(案)으로 제시하라고 한 문서와 실제로 미에조선학원이사장인 김룡옥(金龍玉)이 제출한 서약서를 보도록 하자. 여기에 상기 가설을 방증하는 현 측의 의도가 보인다. 양자의 내용이나 문구의 유사성에서 현 측은 서약서라는 안을 조선학교 측에 제시했던 것으로 추측된다.

【현 측의 안】

1. 일본국의 법령 및 감독청의 여러 지시를 준수합니다.
2. 일본국의 사회질서에 반하는 또는 이익을 침해하는 교육은 하지 않습니다.
3. 외국인학교제도가 마련될 때는 개정법을 따릅니다.
4. 조성금을 요구하지 않습니다.
5. 상기 항목에 대해 위반한 경우는 법인의 해산 및 학교 폐지의 조치를 받더라도 받아들이겠습니다.

---

40) 1966년 11월에 작성된 「사립학교심의회 자문사항 일람표」의 '학교법인 미에조선학원'에 관한 「소견」에는 다음과 같이 기술되어 있다. '법인설립에 대해서는 설립요건은 갖추어져 있으며, 기부행위의 내용도 법령의 규정에 따르고 있다. 또한 학교설치에 대해서는 각종학교로서 형식적인 요건은 정비되어 있고, 다른 부현(府県)의 사례도 존재하므로 현행법상 비인가를 허락하지 않을 적극적인 이유가 부족하다.'

【실제로 제출된 서약서】

서약서

우리는 준 학교법인 미에조선학원의 설립 및 욕가이찌조선초중급학교설립의 인가를 받음으로써, 일본 국민과의 우호친선에 기여하고자 하는 설치의 취지를 따르며, 다음 사항에 대해 서약합니다.

다음
1. 일본국의 법령 및 감독청인 지사의 모든 지시를 준수합니다.
2. 일본국의 사회질서 및 이익을 존중하는 교육을 합니다.
3. 자주적 재원을 가지고 학교 운영을 실시합니다.

1966년 11월 16일
학교법인 미에조선학원
이사장 김룡옥

미에현지사
다나카 사토루

실제로 제출된 서약서는 현 측의 안과 다른데, 특히 그 3번째와 5번째 항목은 반영되지 않았다. 조선학교로서도 특히 현 측의 안인 '3. 외국인학교제도가 마련되었을 때는 개정법에 따르겠습니다'라는 취지의 서약은 확실히 회피해야만 하는 것이었다. 또한 '조성금의 요구는 하지 않겠습니다'라는 현 측의 안 역시 '자주적 재정원을 가지고 학교운영을 실시하겠습니다'로 되어 있어 조성금 요구의 가능성을 남겨두고 있다. 더불어 '2. 일본국의 사회질서에 반하거나 또는 이익을 해하는 교육을 실시하지 않겠습니다' 역시 질서에 반하는 이익을 해하는 것의 판단을 내리는 권한은 '일본국'의 측에 있으며, 언제 조선학교의 교육이 질서에 반하여 이익을 해하고 있다고 판단될지 모르는 위험한 것이었기 때문에, 학교 측은

'일본국의 사회질서 및 이익을 존중하는 교육을 실시합니다'라고 문장을 바꿔 쓰고 있다. 현이 제시한 안은 그 취지가 외국인학교제도와 동일한 것이며 조선학교를 통제하려하는 의도가 명백했다.

이러한 서약서 안은 다른 지방의 사례를 참조하여 작성되었다고 생각된다. 제3회 사립학교심사(11월 2일)는 다른 부현의 상황조사를 요구하면서 현은 [표 10-4]에 나와 있는 다른 부현을 조사하고 있다. 조사 결과에서 외국인학교법안의 제출 이후 인가를 내린 현 가운데 종래의 '관계법령을 지키는 것'보다도 한발 더 나아가 '새로 법이 제정될 때는 변경'(미야기현, 1966.7.27 인가)이나, '1. 반일 교육은 실시하지 않는다. 2. 1의 사항을 위반할 때는 인가를 취소할 수 있다'(도치기현, 1966.10.29 인가)라는 외국인학교법안을 방불케 하는 내용이 서약서에 담겨있는 사례가 있으며, 현이나 사학심사도 이것을 확인하고 있었다. 제4회 사학심사(11월 12일)가 '계약서를 쓰는 것을 조건으로 인가를 허가한다는 답변'을 실행한 것은41) 다른 현보다 서약서를 통해 외국인학교 제도에 따르도록 하는 언질을 확보할 수 있다면 각종학교로 인가를 내린 후에도 결과적으로 외국인학교 제도로 통제한다는 현의 시나리오를 실현시킬 수 있을 거라 판단했기 때문은 아닐까.

결과적으로 각종학교로 인가를 한 후에도 외국인학교제도에 따른다는 취지를 서약시키고 조선학교를 통제할 수 있는 여지를 남겨두었던 현 측의 의도는 이루어지지 않았으나, 위 내용으로부터 현이 인가를 내리게 된 배경에는 제정될 것이라고 예상했던 외국인학교제도가 영향을 주고 있었다고 생각된다. 이렇게 1966년 11월 19일, 욕가이찌조선초중급학교는 각종학교의 인가를 취득한 것이다.

조선학교로서는 각종학교의 인가를 얻고, 일정한 제도적 보장 및 공적인 승인을 받을 수 있게 되었다고 하더라도 다시 외국인학교제도로 인해 교육내용을 통제받게 된다면 의미가 없는 것이다. 때문에 전국적인 각종학교인가취득운동은 그 후 외국인학교법안 반대운동과 연동되어 전개되어갔던 것이다.

....

41) 「인가신청의 내용」(미에현 소장자료, 작성부처 불명(아마 총무부 총무과), 기술내용으로 1966년 11월 19일 인가 이후에 작성된 것으로 생각됨).

'교육 논리'의 부재

위와 같이 욕가이찌조선초중급학교의 각종학교 인가 취득과정을 미에현의 대응에 주목하여 검토했다. 문부성의 방침에 따라 미에현은 지속적으로 각종학교 인가신청을 거부했으나 12.28 통달을 거쳐 1966년 4월 이후에 그 태도를 상대적으로 부드럽게 바꾸어 인가를 향한 다양한 움직임을 보이기 시작했다는 것이 확인되었다. 본 장에서는 그 배경으로서 재일조선인들의 현 당국을 향한 압력이 12.28 통달을 계기로 한층 거세게 전개되었다—여기에 현 내의 시정촌락이나 각종 일본인 단체도 합류하고 있다—는 것과 함께, 외국인학교 제도에 대한 구상의 등장이 끼치게 된 영향을 지적했다. 문부대신 관할사항으로 외국인학교(조선학교)를 통제하는 외국인학교제도가 제정될 거라는 전망을 전제로 세운 현의 정책적인 판단으로 조선학교의 각종학교인가가 진행되었다고 생각할 수 있는 것이다.

마지막으로 다시금 확인해두고 싶은 것은 인가취득과정에서 미에현 측의 대응에 있어서 '교육의 논리'가 부재했다는 점이다. 교육의 헌법으로써 전후 교육개혁의 사상적 축이 된 교육기본법이 내세우는 '인종, 신념, 성별, 사회적 신분, 경제적 지위 또는 출신에 따라 교육상 차별하지 않는다'라는 교육의 기회균등의 이념, 또는 재일조선인들이 여러 차례 요구해온 민족교육을 받을 권리, 조선학교 인가를 둘러싼 미에현 내부의 대응 가운데 이러한 '교육의 논리'는 한 번도 그 흔적을 찾아볼 수가 없다.

예를 들면 「사립학교 심의회 자문사항 일람표」(1966년 11월 2일 제3회 사립학교 심사에서 작성된 자료로 생각됨)에는 욕가이찌조선초중급학교와 같은 시기에 학교법인설립 및 각종학교인가를 요청한 단체에 관한 사립학교 심사의 소견이 기록되어 있다. 학교법인 오오카와학원(大川学園)이 설치하는 오오카와유치원에 대해서는 '해당 지구에는 한 개의 유치원도 없고, 또한 단지개발로 인해 주택조성이 이루어지고 있어 유치원 설치와 관련하여 지구주민…의 요망도 있으므로 설립은 적절하다고 인정할 수 있다'고 되어 있다. 또한 개인설립인 구나와음악학원(桑名音楽学院)에 대해서는 '구나와시에는 각종학교로서 음악학원이 존재하지' 않는다는 것이 다른 요건과 함께 기술되어 있다. 이에 대해 조선학교에 관해서는 앞서 서술한 것과 같이 '다른 부현의 사례도 있어 현행법상 인가를 내려주지 않을 적극적인 이유가 부족하다'라는, 바로 사무적인 내용이 적혀 있을 뿐이다. 미에현에 하나밖에 없는, 미에현에 거주하는 조선인들의 희망으로 만들어진 교육시설인 조선학교에 관한 고려는 여기에 존재하지 않는다.

조선학교의 각종학교 인가는 의심의 여지없이 정치적인 문제였다. 그것은 다른 지역의 경우도 비슷했다. '방임하기보다는 인가해서 지도 아래 놓는 것이 낫다는 것으로, 다음 사항을 인가통지서에 부기하여 인가서를 교부한다'(미야기현, 1966.7.27 인가), '방치하기보다 인가해서 감독하는 편이 좋다는 의도로 인가했다' (후쿠오카현, 1966.2.2 인가)라는 현이 있다는 것은 이를 여실히 보여주는 것이다(표 10-4). 각종학교인가에 대해서도 욧카이치시의 보조금 교부과정에서 확인된 감시의 논리가 관철되고 있었던 것이다. 문부성의 방침을 거스른 현 입장에서 이러한 인가 경위에 대해 제대로 설명하는 것은 변명의 논법이었을지도 모른다. 그래서 더욱 교육 보장이라는 관점, 어떤 지역의 인가 경위에서도 교육의 논리를 찾아볼 수 없었던 것은 우연이 아닐 것이다. 조선학교의 지위문제는 교육의 문제가 아닌 바로 정치 문제였던 것이다.

표 10-4 | 미애현이 작성한 다른 지역 조선학교의 인가 경위, 조건, 설치 주체 등 조서(1966년 11월)

지역명	학교급별	설립자별	인가 시기	경위	인가 후의 상황
미야기	초초급 1	법인	41.7.27	2년 전 새로운 학교 건물이 완성된 이래 각종학교 규정을 따르게 되면서 전형이 강해졌다. 문부성이 태도, 다른 현의 사례 등에서 양자에서 기재하여 인가서를 교부한다. 요지 1. 한일우호조선에 기여하는 교육을 한다. 2. 관계법령을 지킨다. 3. 현의 지사사항을 지킨다. 4. 조성금을 요구하지 않는다. 5. 새로운 법이 제정될 때는 이를 적용한다.	협력적임. 각종 안내도 있어서 현 역시 적극적으로 참가하고 있다.
시가	중급 1	개인	36.4.1	제반의 사정에서 인가를 했다. 또한 법인화에 대한 요청이 강하지만, 현재 심의회에서 심의가 아직 끝나지 않았다. 또한 인가통지서에 다음 사항을 부가적으로 기록했다. 요지 1. 설치의도대로 교육을 실시한다. 2. 조성금을 요구하지 않는다.	협력적임. 현은 최근 가고 있지 않다.
교토	A 중고급 1 B 초급1	C 법인	B 24.11.21 A 28.5.18 C 28.5.13	인가 당시는 각종학교로서 취급 하등 문제가 없다고 처리되었다. 그 후 제2조금과실 및 그급 학교의 설치가 요청이 강했으나, 제2조금관이 분쇄실. 그급학교는 A학교의 학교증설로서 다루어졌다.	협력적임. 각종학교단체에 참여하고 있다. 현도 적극적으로 가고 있다.
오사카	A 고급 1 B 중급 2 C 초중급 1 D 초급 12	E 법인	B 1교 36.8.2. A, B 1교, C, D, E 41.3.3.	부의회의 종무위원회에서 인가되도록 신청을 넣었다. 다른 지역에 사정, 문부성이 태도 등을 검토한 결과이라고했다.	협력적이다. 인가 후 부에서는 거의 가지 않고 있다.
와카야마	중급 1	개인	37.9.15.	36년경부터 법인설립학교로서 신청이 있었으나 보류하고 있었다. 그 후 시가, 오사카, 효고의 사례도 있어, 그 후 시가, 오사카, 효고에서 서약서를 받아 인가했다. 서약서 요지 1. 개인설립이라는 것. 2. 관계법령을 지킨다. 3. 법령을 위반했을 시는 폐쇄되는 것을 받아들인다.	비협력적이다. 현도 교섭이 없다. 학생수 조사 등도 제출되어 있다.
효고	A 중고급 1 B 중급 2 C 초급 10	D 법인	A, B, C 3교 D, 38.9.30. C 7교 41.4.1.	이미 각종학교로 인가되어 있고, 공립소학교분교로 그 존재에 에다고 있는 교육위원회의 의향도 있어서, 6개교를 공립에서 이관하고 자주학교 1개교에서 이는 형식에 요건이 미비하기 때문이다. 또한 인가통지서에 다음 사항 요지 1. 관계법령을 지킨다. 2. 취학의망자는 극자라는 별개로 동일하게 기회를 부여한다. 3. 설치명 의하는 전 향의 내용을 보증하는 사람을 추가선임한다. 4. 경영은 자주적인 재원으로 실시한다.	협력적이다. 현은 각종행사에 적극적으로 참가하고 있다.
후쿠오카	A 중고급 1 B 중급 5	C 법인	A 31.4.1. C 39.8.12. B 41.2.2.	A학교는 이미 법인설립으로 인가됐으나 분부 성 통일로 인해 고민하고 있었다. 그러나 다른 현의 사 태도 있고, B의 5개교도 이미 교육하고 있다는 것에서 양자에서 인가에서 감독하는 편이 좋다는 이행에서 인가했다. 또한 다음 사항을 인가통지서에 부가하여 기재했다. 요지 1. 한일우호조선에 기여하는 교육을 한다. 2. 관계법령을 지킨다. 3. 현의 지사사항을 지킨다. 4. 경영은 자주적인 재원으로 실시한다.	협력적이다. 인가 후에 아직 많이 많이 지나지 않았기에 거의 가고 있지 않음.
이바라기	중고급 1	개인	30.12.10	7년 전부터 양쪽 하고 모두 법인설립학교로서 인가에 대한 요청이 있었으나 각종학교로서 인가가 옳다고 한 시기였으므로 어렵지 않게 인가했다. 그 후 법인설립이 인가신청을 냈으므로 심의회에 자문했다. 현재 계속 심의 중에 있다.	인가 후 협력적임. 현에서는 5년 정도 가고 있지 않음. 최근 법인화에 대한 진정이 활발하게 있음.
도치기	A 초초급 1 B 초급 1	C 법인	A 38.7.12. B 41.10.12. C 41.10.29.	7년 전부터 양쪽 하고 모두 법인설립학교로서 인가에 대한 중요 요인이 있었으나, 38년 7월에 A학교를 개 인설립학교로서 인가 B학교는 시설이 미비한 이유로 각하했다. 그 후 B학교는 시설을 정비하고나 다 시 신청했다. 또한 법인설립이 신청과 함께 실시되었는데, 41년 10월 개인설립으로 인가했다. 그때 법인인가는 심의회에서 보류하기로 되었으나, 여러 차례 심의회를 열어 다음이 사항을 인가통지서에	인가 후 협력적임.

지역명	학교급별	설립자별	인가 시기	경위	인가 후의 상황
군마	초중급 1	개인	40.8.3.	부가적으로 기재하는 것으로 10월 말 법인으로 인가를 한다. 요지 1. 변일교육을 실시하지 않는다. 2. 2의 사항을 위반할 시에는 인가를 취소하는 것으로 한다.	인가 후 협력적임. 최근 법인화에 대한 요양이 진정이 활발함. 현은 인가 후에 가지 않고 있다.
사이타마	초급 1	개인	40.11.10	현의회부위원회(절반은 자민당 계열)이나 인가에 대한 진정이 채택되었다. 그 결과 다음의 시항을 인가 통지서에 부가하는 것으로 심의회의 전원찬성을 얻어 인가한다. 요지 1. 한일우호친선에 기여하는 교육을 한다. 2. 관계법령을 지킨다. 3. 현이 지사시항을 지킨다. 4. 조성금 그 의 일체의 요구를 하지 않는다.	상동
치바	중고급 1	개인	40.12.15	2년 전부터 요청이 강했다. 문부성의 요청에 대해서도 애매하고 다른 지역에서 사례도 있어서 인가를 하지 않을 만한 이유가 부족하여 결과적으로 다음이 서약서를 받고 인가했다. 서약서 요지 1. 한일우호친선에 기여하는 교육을 한다. 2. 관계법령을 지킨다. 3. 현의 지시사항을 지킨다.	상동
가나가와	A 중고급 1 B 초급 5	C 법인	A 28.10.31. C 40.9.21 B 41.12.24	36년부터 요청이 있었으나, 계란적인 정세에서 인가를 보류하고 있었다. 그러나 가까운 지역에 인가하고 있어서 동조했다. 또한 통지서에 다음의 사항을 부기하였다. 요지 1. 한일우호친선에 기여하는 교육을 한다. 2. 관계법령을 지킨다. 법인인가 시도 크게 문제가 되지 않았다. B학교는 공립소학교의 분교로서 교육위원회도 조언도 희망하고 있었으므로 문부성의 방침과 함께 각각을 승인했다. 또한 다음 시항을 인가통지서에 부가한다. 요지 1. 관계법령을 지킨다. 2. 국적(남북이) 구별 없이 취학시킨다. 3. 2의 내용을 보증할 수 있는 담당자를 추가 선임한다.	비교적 협력적임. 공립에서 이관한 학교 내 2개교는 재산이권의 문제로 요코하마시와의 사이에서 교섭중이다. 현은 인가 후 가지 않고 있다.
도쿄	중고급1 초중급 9 초급 3 유치반 1	법인	30.4.1.	외국인학교 도의 경우는 부담하는 것을 부지연수한다는 것으로부터 5억 엔(5개년 지불 예산에서 전 제 공립학교를 조선어교육 다중화교육에 이관했다. 또한 남조선계의 한국학원도 같은 입체로 이관한다.	인가 후 협력적임. 도는 적극적으로 관련되리고 하지 않고 있다.
기후	초중급 1	법인	41.9.27	꽤 이전부터 강한 요청이 있었다. 문부성의 태도, 다른 지역의 사례, 현 내의 사정 등으로 다음이 서약서를 받아 인가했다. 서약서 요지 1. 설립취지서에 있는 대로 조일우호친선의 교육을 실시한다.	인가 후 날이 지나지 않아 모름. 현은 가지 않고 있음.
아이치	중고급 1	개인	28.12.19	각종학교로서 인가가 옳다고 하는 시대였기에 어려움 없이 인가했다.	협력적이다. 현은 가지 않고 있음. 최근 법인화, 다른 학교의 설치인가의 진정이 활발해지고 있음.

출처: [다른 부현 조선학교의 인가경위, 조건, 설치주체 등 조사], (미에현 소장자료, 작성부서·날짜없이 기재되어 있지 않으나 총무과에서 1966년 11월에 작성했을 것으로 추측됨)
주1: 시기는 초중급이지만 본 자료에서는 중급으로 되어 있다. '1928.5.18.'이다.
주2: 효고의 법인인가 시기는 생략하지 않다. [표 10-1] 및 같은 표의 주를 참조할 것.
주3: 추루오카의 중고급 인가시기는, [표 10-1]에서 사용한 자료에서는 인가시기가 '1940.12.17.'로 되어 있다.
주4: 가나가와의 인가시기 기준에, 'B 1941.12.24.'는 오류로, 정확하게는 'B 1940.12.24.'이다.
주5: 도쿄의 '인가경위란'에 '남조선계인 한국학원'도 같은 날 인가한다라고 되어 있으나, [표 10-3]에서는 한국학원의 인가시기는 1955년 2월 3일로 되어 있다. '유치반 1'의 구체적인 내용은 불명이다.

종장

조선학교의 교육사가 묻고 있는 것

이 책은 선행연구에서 충분히 밝혀지지 않았던 조선학교의 교육 그 자체의 역사를 밝히는 것과 함께 탈식민화라는 시점에서 그 의미를 고찰함으로써 조선학교의 교육사를 그려나가려고 했다. 마지막으로 이 책이 그린 조선학교의 교육사의 성과와 이후의 과제에 대해서 설명하고자 한다.

제1절 조선학교에 있어서 탈식민화

이 책은 '계속되는 식민주의'(中野, 2006)에 관한 연구의 견지에 근거하여, 식민주의가 각인한 자기인식·사회인식에서 지배관계는 정치적 탈식민화(정치적 해방, 정치적 독립)로 쉽게 해소될 수 없다는 관점에 서 있다. 그리고 그 해소를 학교교육이라는 방법을 가지고 지향한 조선학교의 노력을 통해 탈식민화와 교육과의 관계를 검토하는 것이 이 책의 과제였다.

1950－1960년대 당시, 조선학교는 자신들의 교육을 탈식민화라고 평가하고 있었던 것은 아니지만, 이제까지 봐온 것과 같이 식민지지배가 빼앗은 조선인성을 회복하는 것 혹은 획득하는 과정으로 설명·표상하는 조선학교 교육은 분명히 탈식민화를 지향하고 있다고 볼 수 있다. 조선학교에서 표상되는 탈식민화의 과정과 교육과의 관계를 단순히 도식화한다면 [그림 종장－1]과 같을 것이다.

그림 종장-1 | 조선학교에서 표상되는 탈식민화의 과정

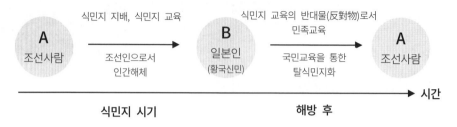

조선인은 식민지배에 의해 조선민족의 역사와 문화, 언어를 빼앗겼다. 또한 '식민지교육'에 의해 '조선어와 조선역사, 지리, 음악' 등 '조선의 어떤 것도 모르는 인간', 즉 조선사람이 아닌 일본황국신민이 되어버렸다. 이러한 상황을 극복하기 위해 '식민지교육의 반대물'로서 '민족교육'을 실시하고, '일제시기에 빼앗긴 우리말과 글, 우리나라의 역사와 문화를 되찾고', 아이들을 '떳떳한 조선사람'으로 키워내야 할 필요가 있다.[1] 이러한 의미를 부여하여 조선학교에서는 조선민족 내지 공화국의 국민으로서 공통의 문화와 기억을 가르쳐 국가 정체성을 키우는 국민교육이 행해졌던 것이다. 그로 인해 아이들에게 자신을 '공화국의 아들, 딸이다', '떳떳한 조선사람이다'라고 인식시키는 것이 해방 후에도 남아있는 식민지지배의 영향을 불식시킨다는 것, 조선학교가 지향한 탈식민화였다.

그런데 이러한 과정은 상정된 대로 단선적으로 진행된 것은 아니었다. 재일조선인의 자구적인 노력으로 만들어낸 조선학교는 1940년대 말의 학교폐쇄조치로 괴멸적인 타격을 입게 된다. 50년대 들어서 조선학교는 파괴된 조선학교의 운영을 재건하는 것과 함께 조선민주주의인민공화국의 해외공민으로서 교육을 실천하기 위해 공화국의 교과서를 사용하거나, 공화국에서 추진된 교육방침 등 여러 가지 교육을 이식해 갔다. 그러나 학교현장에서는 이식과 함께 적지 않은 모순이 생겨나게 된다. '교육과 생산·노동과 결합'을 핵심으로 하면서 조국건설에 대한 직접적인 공헌을 목적으로 한 기본생산기술교육을 조선학교에서도 마찬가

---

1) 재일조선인 아이치현 이마바리(今治) 교육회 편 『일본에 있는 조선인교육의 모든 문제』(1957년 6월 15일), 10-12쪽.

지로 추진해나가는 것은 어려웠고, 또한 공화국과 '동등한 수준'의 교육을 보장시키는 것으로서 환영받은 공화국의 교과서 역시 일본에서 태어나 자란 재일조선인의 아이들을 대상으로 하는 조선학교의 교육에 적절한 것이었다고는 말할 수없었다. 언제 어디에서도 '올바른 국어'를 사용하는 것을 지향했으나, 조선학교 아이들뿐만 아니라 교원들에게도 그 실현은 지난한 것이었다. 공화국의 교육을 그대로 이식한다 하더라도 다르게 표현하면, 교육을 조국화한다 하더라도, 조선학교의 교육이 성립하지 않는다는 것을 관계자들은 실천하는 가운데 경험적으로 이끌어낸 것이었다.

그렇다고는 해도, 조선학교의 교육이 '공화국의 아들, 딸' 또는 '떳떳한 조선사람'이 되려는 걸음을 멈춘 것은 아니다. 사회제도, 정치·경제상황, 생활환경, 사용언어, 역사, 식문화……, 어떤 것이라 해도 공화국과의 사이에 작지 않은 차이가 있어 공화국과 같은 교육을 실시하는 것은 현실적으로 불가능한 것이었다. 더불어 조선민족의 국가로서 조선민주주의인민공화국의 존재는 조선학교 교육에 있어서 없어서는 안 될 근거이며 참조의 축으로 이어져갔다. 교육을 조국화한다는 것은 불가능하나, 그럼에도 그 교육은 항상 조국을 향하고자 하는 방향성을 가지고 있었던 것이다.

조선학교 교육은 왜 조국을 지향하고 있었던 것일까. 이 물음에 대한 대답은 쉽지 않으나 적어도 그것은 재정적인 원조를 얻었다는 것만으로도 설명할 수 있는 것이 아니다. 당시 조선학교에서는 식민지시기 재일조선인의 상황이 '망국노'라는 단어로 표현되고 있었다. 재일조선인이 반복적으로 조국의 중요성을 강조하는 것은, 식민지시기의 경험에서 나라를 잃은 민족의 자주성은 쉽게 유린당할 수 있다는 것을 통감했기 때문일 것이다. 따라서 식민지 지배에서 해방된 조선인들의 독립국가를 희구하는 마음은 한층 더 큰 것이었다. '망국노'로서가 아닌, 조국을 가진 조선사람으로서 당당하게 살아간다고 하는 꿈을 그곳에 바라고 있었던 것이다. 이에 더해 재일조선인이 사는 일본에서는 정부와 지방자치제에 의한 직접적·간접적 탄압이 반복되었으며 생활해 나가는 데 있어서도 취직, 노동, 교육, 거주, 사회보장 등 여러 국면에서 차별과 편견에 맞서야 하며, 식민지

지배에서 해방되었다고는 말하기 어려운 상황이 전후에도 계속되고 있었다. 그러한 가운데 조선민주주의인민공화국은 재일조선인은 해외공민이라는 입장에 서서 그 생활과 사회권 등을 보장해야 한다며 여러 가지 시책을 강구해냈고, 일본정부에 대해서도 지속적으로 처우개선에 대한 성명을 냈다. 세계가 국민국가로 뒤덮이는 가운데 재일조선인에게도 조국이라는 존재는 좋든 나쁘든 큰 위치를 차지하는 것으로 단순히 상대화할 수 있는 것은 아니었다.

또한 학교교육이라는 방법에 집중한다면, 근대학교가 국민교육제도로서 성립해온 것 역시 조선학교의 교육이 조국을 지향하고 있었다는 것과 관련되어 있다(グリーン, 2000). 근대국가를 구성하는 국민으로서의 능력 및 정체성을 갖춘 인간을 육성하는 것을 주요 목적의 하나로 하는 근대학교에는 국민교육의 내용과 방법이 축적되어 있다. 그것이 국민화를 통한 조선인성의 회복·획득과 근대사회를 살아가기 위해 요구되는 여러 능력의 습득이라는, 모두가 식민지지배에 기인하는 재일조선인의 교육요구에 적합하므로 재일조선인은 다음 세대를 조선인으로 키우는 방법으로서 학교교육을 선택한 것이다. 국민국가와의 친화성이 강한 학교교육이라는 방법의 측면에서 말한다고 해도, 조국은 떼어 놓을 수 있는 것이 아니었다. 그리고 그러한 조국을 지향하면서 '떳떳한 조선사람'이 되기 위해 여러 가지 도전, 노력, 시행착오, 실패 속에서 조선학교에서의 탈식민화를 찾을 수 있었다.

이 책은 탈식민화라는 것이 '국민제국의 제국성에 대한 거부인 동시에, 국민국가성의 수용에 의한 자립'이라는 야마무로 신이치의 지적을 참조하면서 조선학교의 교육사를 검토해 왔다. 여기에서 다시 야마무로의 지적을 상기하면서 이 책의 작업을 통해 볼 수 있었던 탈식민화와 교육의 관계를 정리하려 한다.

첫째로, 교육에서 탈식민화는 제국성을 극복시키는 데 있어 대상자가 이미 내포하고 있는 제국지배에 기인하는 여러 성질을 이용하는 경우가 있다. 교육은 발달에 대한 조성적 개입인 동시에 반성성(성찰성)을 갖는 행위이며, 교육대상자의 현재 상태와 변화를 파악하지 않고 그 행위는 성립할 수 없다. 재일조선인의 아이들에게 탈식민화를 위한 교육을 실시할 때에도 그것은 마찬가지이며, 대상자인 아이들은 식민주의에 의한 사회·자기인식을 새기는 존재('식민지 노예근성'), '조선어나 조선역사나 지리, 음악' 등 '조선의 어떤 것도 모르는 인간' 등 여러 가지 피식민자성을 가진 존재로서 파악된다. 이것은 공화국의 국민국가성을 수용시키는 것으로서 제국성을 불식시키려 시도하는 것이지만, 제공되는 국민국가성이 재일조선인을 위한 것으로서 가공되어 있지 않으면, 아이들이 이것을 수용하는 것은 어려운 것이었다. 그리고 그 가공은 1963년에 편찬된 새 교과서에서 일본에서의 생활과 의복, 놀이, 한자표기 등이 도입된 것, 조선어의 발음을 가르칠 때 제1언어인 일본어의 발음을 사용하는 것 등에서 볼 수 있듯이, 재일조선인 아이들이 일본에서 태어나고 자라는 과정에서 몸에 익숙한 여러 가지 요소를 적용한 형태로 이루어지고 있었다. 일본에서 태어나고 자란 배경을 가진 아이들을 대상으로 '떳떳한 조선사람'이라는 목표를 지향하며 발달시키기 위해서는 아이들 속에 있는 거절하고 불식시켜야 하는 대상으로서 '일본적인' 요소 그 자체를 도입하거나 활용해야 할 필요가 있었던 것이다. 다만, 언어교육에서 국어(조선어)가 조선인성의 표징으로서 교육의 핵심으로 평가되는 한편, 단순한 외국어가 아니라 제1언어로서 주류사회와의 연결(진학, 취업)하는 데 필수적인 일본어 교육에서는 일본어 능력의 습득을 지향하면서도 일본어로 인한 정체성의 형성에 주의하는 것처럼 아이들의 상황을 도입하는 것에 의한 이념의 자괴가 발생하지 않도록 도입과 활용은 신중하게 이루어지고 있었다. 공화국의 교육을 재일조선인의 현황에 '창조적으로 적용'시킨다는 학교 측의 태도는 이념과 현실을 끊임없이 조정하면서 교육을 조직해나가야만 했던 상황을 잘 보여준다.

둘째로, 국민국가성을 수용하는 것이 의도대로 성공하지 못했음에도 불구하고, 탈식민화는 진행할 수 있었다는 것이다. 조선학교는 국민교육으로 아이들의 국민화를 통해 탈식민화를 목적으로 하고 있다. 그러나 교육의 실제를 보면, 학교 측이 의도한 국민국가성의 수용은 충분히 달성되지 못한 경우도 적지 않았다. '올바른 국어'는 습득되지 못했고, 국어상용도 하지 못했으며, 조선식 이름으로의 개명도 거부한다. 학교가 지향하던 국민화는 그 의미에서는 '실패'하고 있었다고 말할 수 있다. 물론 그것은 본국의 정치주체로서의 자신들을 드러내는 것을 어렵게 만드는 조건이 존재했기 때문이기도 하다. 그럼에도 제국성을 거부한다는 목적은 달성된 것처럼 보인다. 아이들의 생활철방에서도 읽어낼 수 있는 것처럼, 오히려 그러한 실패에 직면하는 것을 기점으로 재일조선인으로서 살아가는 자신을 향해 성찰하는 과정에서, 탈식민화의 계기를 찾아내고 있었던 것이다. 사실대로 말하면, '올바른 국어'는 사용하지 못하고, 일상적으로는 일본어를 사용하며, 일본식 이름이지만 그래도 조선인 또는 재일조선인으로서 당당하게 살아가는 주체가 형성되어 갔던 것이다.

셋째로, 위와 같은 과정을 거치는 가운데 국민국가와는 상대적으로 독자적인 문화와 기억이 창조되어 이를 공유하는 공동체가 만들어지고 있었다는 것이다. 국민교육의 내용과 방법을 재일조선인 식으로 가공하는 과정, 또는 가공된 국민교육을 아이들이 받아들이는 과정에서는 다양한 것이 창출·생성되고 실천된다. 국가의 역사로 회수되는 것뿐만이 아닌 재일조선인의 역사를 발굴·정리하고, 전통적인 민족의상을 개량한 치마저고리 교복을 착용하고, 게다가 의도하지 않았지만 생겨난 재일조선어의 사용……. 그러한 실천은 조선민주주의 인민공화국과 조선반도의 정치적 현실, 문화, 역사와 밀접하게 연결하면서도, 그래도 상대적으로는 독자적인 존재로서 재일조선인을 발견·재확인시키는 것이었다. 그리고 그러한 문화, 기억에도 의거하면서 교육이 지속적으로 행해짐에 따라 점차 그런 것을 공유하는 재일조선인이라는 공동체가 성립되어 간 것이다. 본국의 국민이면서도 다른, 재일조선인의 문화와 기억을 창조·공유하는 장으로서 조선학교는 기능했던 것이다. 그런 의미에서 법적지위나 공공비용의 보조를 요구하는 조선학교의 교육운동은 민족교육권의 보장을 요구하는 운동인 동시에 조선학교를 거점으로 하여 만들어진 재일조선인이라는 공동체의 제도적인 보장, 공적인 승인을 요구하는 맥락을 포함하는 것이 된다. 민족교육권을 부정하는 것은 곧 재일조선인을 부정하는 것이며 따라서 많은 재일조선인이 조선학교를 지키고, 민족교육권의 보장을 요구하는 운동에 참가해 온 것이다.

이 책은 조선학교의 교육사에 주목함으로써 위와 같은 교육에서 탈식민화의 모습을 그려볼 수 있었다. 그것은 조선반도의 분단체제, 냉전구조, 식민주의적이며 반공주의적인 일본정부의 조선인 정책과 사회적 시선 등 다양한 구조적 제약에 맞서면서, 식민지지배에서 해방되었다고 할 수 없는, 즉 안심할 수 있는 생활이라고는 할 수 없는 사회 속에서 그럼에도 '떳떳한 조선사람'이 되려고 한 재일조선인들의 삶의 궤적이었던 것이다.

제2절 전후 일본교육사에 있어서 조선학교 교육사

다음으로 이 책의 작업이 전후 일본교육사연구에 대해 제기하는 문제에 대해서 서술하도록 한다. 재일조선인교육의 역사를 단서로 하면서 일본 교육과 전후 일본교육사를 재고한다는 시도가 존재하기는 했으나 많은 경우, 대상으로서 설정된 것은 공립학교에서 재일조선인교육이나(岸田, 2003), 민족학급에서 교육실천에 대한 것이었다(大門, 2007).[2] 이러한 시도에 있어서 공적 제도보장에서 제외되어 있는, 또는 공교육에는 없다고 인식되고 있는 조선학교라는 장이 선택되는 경우는 드물다. 조선학교 교육사를 본다고 했을 때, 이제까지의 전후 일본교육사 서술에서 보기 어려웠던 어떤 부분이 보인 것일까. 여기에서는 이러한 물음에 대한 이 책 나름의 응답으로서 두 가지를 서술하고자 한다.

식민주의라는 시점에서 본 전후 일본교육사의 재고

조선학교에서 교육활동을 과거 피식민자였던 재일조선인들에 의한 탈식민화의 실천으로서 본다면, 그 역사는 전후 일본교육사에 대해서 계속되는 식민주의 또는 식민지 지배 책임의 문제를 제기하지 않을 수 없을 것이다.

2001년, 남아프리카 더반에서 열린 「유엔 세계 인종차별철폐 국제회의」(「더반회의」)의 제기를 받아 일본에서도 식민주의나 식민지 지배책임을 묻는 연구가

---

2) 덧붙여서 여기에서 大門은 '재일조선인교육을 다루는 것은 전후 평화·민주주의교육의 의미를 재고하고 싶기 때문으로, 전후 교육사의 시야를 넓히고 싶기 때문이다'라고 하며, '(민족학급에서 '함께 살아가는' 교육실천을 다루는 것은) 전쟁시기의 황국신민화교육과 전후의 재일조선인 교육을 일본의 전후사에서 평가하려는 시도'라고 하고 있으나 어떤 의미에서 전후 교육사의 시야가 넓어졌는지에 대해서는 확실하지 않다.

등장하고 있다(永原 편, 2009). 특히 현재에 이르기까지 지속되는 식민주의를 문제화하기 위해 '동아시아에서 '전후(戰後)'를 물었던' 나카노 도시오(中野敏男) 외 공동연구는 매우 귀중한 시각을 제기하고 있다. 나카노는 동아시아에서 '전후'를 물을 때, 생활영역 자체가 국가의존적일 수밖에 없는 총력전의 체제 '이후'의 사회이며 또한 식민지 제국일본에 의한 제국주의지배 '후'의 사회라는 시대를 파악할 것이 전제되어야만 한다고 설명한다. 그리고 '계속되는 식민주의의 '잔재' 위에 동서냉전이라는 정치적·군사적인 패권쟁탈의 권력관계가 겹치고, 또한 그중에서도 미국의 냉전전략이 잔존하는 이 식민주의의 연관을 받아들여 이용하면서 반공지배체제를 구축해나가려는 가운데', 동아시아의 전후가 성립해 갔다고 하고 있다.3)

전후라는 시대를 파악하기 위한 이러한 시각은 전후 일본교육사를 고찰하는 데 있어서도 매우 시사적인 것이라고 할 수 있을 것이다. 그런데 전후 일본교육사 영역에서 이러한 연구가 제기하는 바를 받아들이려는 적극적인 움직임은 아직 찾아볼 수 없다. 거기에는 교육에 있어서 식민주의는 전쟁 이전의 문제라는 순진한 인식이 있을 수도 있으며, 또는 나카노가 지적한 것처럼, 전쟁 이후에도 계속되는 식민주의가 냉전체제와 '전후 민주주의'로 인해 가려지고 숨겨진 것에 안주하여 식민지 지배책임을 피하려는 기제가 작용하고 있는지도 모른다. 또한 일찍이 기시다 유미(岸田由美)가 우려한 것처럼 국제화 속에서 '외국인의 일반적인 권리나 민족문화의 실천·교육에 관한 사회적 승인을 얻기 쉬워졌'고는 하나, 한편으로는 재일조선인의 교육문제의 고유성이나 역사성이 매몰되어 '특히 일본(인)에게 있어서 조선에 대한 탈식민화의 과제가 충분히 해결되지 않은 채 일본(인)에게 고통이 보이기 어려운, 교육행정 측에 있어서 편리한 국제화의 문제로서 돌아가 버리고 마는' 사태가 불행하게도 현실로서 진행되고 있는 측면이 있는 것은 아닌가 싶다.4)

....

3) 中野(2005), 15–18쪽.
4) 岸田(2003), 66쪽. 그러나 기시다의 지적은 나쁜 의미에서 배신당했다고 말해야 한다. 재일조선인은 일반적인 외국인 문제로 수렴되기보다, 대학수험자격이나 고교무상화제도 등 오히려 외국인 중에서도 '조선학교를 다니는 재일조선인'을 적극적으로 배제한다는 구도가 현

그러나 조선학교의 교육사는 '교육에서 식민주의는 전쟁 이후에 과연 극복되었는가'라는 물음을 던지게 한다. 이것은 첫 번째로 조선학교의 교육사가 '식민지 지배라는 거대한 구조로 야기된 개별 구체적인 피해의 경험'(板垣, 2005)을 출발점으로 한 피지배자들이 만든 탈식민화의 역사이기 때문이다. 둘째로, 1965년 12.28통달이 상징하는 것과 같이, 조선학교의 운영 자체를 허용하지 않는 성격이 교육칙어가 아닌 일본국가의 헌법이념에 근거하여 제정된 교육기본법체제 아래에서 전후 일본의 교육정책에 엄연히 존재했다는 것을 직접적으로 보여주고 있기 때문이다. 제9장에서 본 것처럼 문부성 대신관방 참사관(文部省大臣官房參事官)인 이시카와 지로(石川二郎)가 조선인의 공립학교로 취학을 일본인과 동일하게 인정하는 이유에 대해서 '과거 일본인이었던 역사적 사정'을 감안하여 '그들을 일본사회에 조화로운 존재로서 만들기 위해'라고 한 것이 그 단적인 예이다(石川, 1965). 이 기저에 바탕하고 있는 것은 교육권의 논리가 아닌, 구 신민의 논리와 동화논리이다.

전후일본의 교육에서 식민주의가 존속하고 있다고 하는 것은, 인종주의적인 언설이나 실천이 생겨나는 계기 또한 지속적으로 존재하고 있었다는 이야기이기도 하다. 일본국적 상실 후의 재일조선인이 공립학교로 취학하는 경우에 요구받았던 서약서의 내용이 이를 단적으로 보여준다. '입학희망자를 입학시키는 학교의 질서를 어지럽히지 않을 것을 인정할 수 있을 때'나 '일본국의 법령이나 학교규칙을 따릅니다', '다른 아이들에게 폭력이나 폐를 끼치는 행위는 하지 않겠습니다'라고 쓰인 서약서의 문장에서 드러나는 것처럼, 여기에서는 조선인에 대한 차별적인 처우를 정당화하기 위해 조선인은 본질적으로 법이나 규칙을 따르지 않고 난폭하다는 민족상이 동원되고 있다. 차별을 합리화하기 위해서 사용되는 인종주의의 전형적인 사례라고 할 수 있다. 고마고메 타케시(駒込武)는 식민지 대만에서 대만인이 관립·공립학교로 입학하는 경우에 학교 측이 일본어로 된 입학시험이나 '품행'에 대한 평가를 통해서 해당학생이 일본인집단에 참가하기에 적합

실적으로 진행되고 있다. 일본의 공화국에 대한 '제재정치'에 의해 재일조선인의 인권 그 자체가 제재대상이면서 교섭의 도구화되는 상황은 강하게 비판받아야만 할 것이다.

한지, '말하자면 철저한 '품질검사'를 실시하고 있었다고 지적하고 있는데[5] 전후 일본의 공립학교에서도 비슷한 일들이 있었다는 것은 다시금 주목해야만 할 것이다.

물론 교육학자들 사이에서 전후 일본의 교육과 사회에 식민주의가 지속되어 왔다는 것을 지적하는 목소리가 없는 것은 아니다. 예컨대, 제4회 교육과학연구대회(1965년 8월 10~12일)에서 「정치와 교육」분과 내 이가라시 아키라(五十嵐顕)는 기조보고를 통해 전후 '새로운 교육'은 '한편으로는 식민지 지배의 책임의식이 결여'되어 있고, '다른 한편으로는 민족주권이 침해되는 현실에 눈을 감고' 있다고 하며 '민족독립의 문제에 무관심하다'는 것을, 또한 '전후 국민교육에서 충분히 다루지 못한 채 남겨둔 사상적 문제'로서 '친구탈아(親欧脱亜, 친 유럽 탈 아시아)라는 사상적 태도를 지속하는 문제'와 '그 중심에 위치한 … 국민들의 조선관 속에 있는 식민지 지배자적 성격이 지속됨'을 지적하고 있다.[6]

또한 오오타 다카시(大田堯)는 외국인학교법안의 반대운동에 참가하면서도 '만약 이 법안을 저지하는 데 우리가 성공한 경우에도 우리 가운데 깊이 스며있는 사고방식은 그리 쉽게 해소되지 않는다고 생각한다'고 쓰고 있다.[7] 여기에서 말하는 사고방식이란 '나라의 권익을 중심으로 하는, 즉 국익으로 외국인학교 교육의 자주성(정치나 경제와 같은 행동과는 이질적인 교육의 자주성)을 제한한다는 외국인에 대한 의식이나 세계 속의 다른 민족이나 국가에 대하는 일정한 자세'를 가리킨다. 오오타(大田)는 '우리는 한일조약이 문제가 되거나 외국인학교제도가 문제가 되거나 하는 때에만 재일조선인에 대한, 혹은 그 다른 여러 민족에 대해서 올바른 태도를 가져야 하는 것이 아니다. 오히려 그런 것에 올바른 자세를 취하지 못하는 것은 일상화되어 있는 것'이라는 문제성을 조선학교와의 관계 속에서 찾고 있다.

⋯⋯⋯⋯⋯⋯⋯⋯⋯⋯⋯⋯⋯⋯⋯⋯⋯⋯

5) 駒込(2015), 396쪽.

6) 飯野 外(1966), 115쪽. 이 논고는 「정치와 교육」분과회의 토론 내용을 이이노 세쓰오(飯野節夫), 오자와 유사쿠(小沢有作), 야마다 가쓰로(山田克郎) 세 명이 정리한 것이다.

7) 大田(1966), 51－60쪽. 이 논고는 1966년 5월 23일 민족교육연구회의 석상에서 행해진 보고를 편집한 것이다.

조선학교와 이를 둘러싼 여러 가지 문제에 대해서 교육학자들이 1960년대 중반에 제기한 이러한 목소리가 그 후 일본사회나 교육계에서 진지하게 받아들여졌다고는 말하기 어렵다. 오늘날 일본 교육학연구가 전후에도 지속되는 식민주의 문제나 식민지지배책임을 마주하기 위해서는 조선학교의 교육사를 타자의 문제나 외부의 문제가 아닌, 전후 일본교육사의 문제로서 파악해야만 할 것이다.

공교육 경계선의 가시화와 재고 – 재일조선인의 교육권

조선학교의 교육사는 전후 교육체제 속에서 엄연히 존재했으나 특별히 언급되는 일이 없었던 공교육의 경계선을 가시화해 준다.

종종 지적되는 것처럼 1947년에 공포되고 시행된 교육기본법은 GHQ에 제출된 영문번역판 교육기본법과는 달리 그 주어를 'people'(인민, 모든 사람)에서 '국민'으로 함으로써 교육의 헌법이 되는 교육기본법의 적용대상자를 일본국적보유자에 한정했다. 고쿠니 요시히로(小国喜弘)는 이를 '헌법과 마찬가지로 교육기본법 또한 '자국민중심'인 교육기본법으로서 성립했다고 보아도 좋다'고 평가하고 있다.[8] 조선학교 교육사는 외국인의 교육권에 관한 논의를 구체적 사실에 입각하여 검증시키는 것을 가능하게 한다. 이 책에서 논해온 것처럼 전후에서 1960년대에 한정한다고 해도, 일본의 교육제도, 교육정책은 일관되게 외국인의 교육받을 권리를 보장하지 않을 뿐만 아니라 때로는 적극적으로, 때로는 무의식적으로 침해해왔다고 할 수 있다. 일본국민을 무의식적으로 전제하며 서술한 역사에서는 이러한 국적을 요건으로 하는 알기 쉬운 경계선조차 불가시화된다.

전후 일본에서 외국인 권리문제를 생각하는 데 있어서 일본정부가 일본국헌법의 시행 전날인 1947년 5월 2일, 마지막 칙령으로서 외국인등록령(칙령 제207호)을 낸 것은 결정적으로 중요하다. 구 식민지출신자들은 일본국적을 소지하면서도 외국인으로 간주되어 일본헌법이 보장하는 권리의 테두리에서 교묘하게 제외된 것이다. 조선인, 대만인이 식민지시기와 마찬가지로 '제국신민'으로서 전

....

8) 小国(2007), 31쪽.

후 일본에 남게 되었다고 언급되는 이유이다(鄭栄桓, 2013). 전후 일본에서 식민지 주의적인 조선인 지배체제가 재편되어가는 가운데 재일조선인의 교육권보장의 회로는 근본부터 끊어졌다고 말할 수밖에 없는 것이다.

또한, 외국인의 교육권이 배제되었다는 것과 전후 일본의 출입국 관리정책의 성격과의 연동성도 간과할 수 없다. 출입국 관리제도 자체가 외국인을 일시적으로 일본에 체류하는 자, 언젠가는 귀국할 사람이라는 발상을 기조로 하고 있어 외국인으로서 일본에 정주하는 것은 원래 상정하고 있지 않는 것이었다. 그런 의미에서 '권리를 주장하려면 귀국하든지 귀화하라'고 아직도 사람들의 입에 오르는 배타적인 언설은 근거 없는 것이 아니다. 오히려 일본의 출입국관리법제의 특징을 정확히 지적하는 주장이라고 할 수 있다. 그리고 이러한 외국인에 대한 관점으로 인해 외국인의 뿌리나 문화를 계승, 유지하기 위한, 다른 말로 하면 정주 외국인으로서의 독자적인 교육을 보장한다는 발상은 생길 수도 없는 것이다.

그러나 국적에 의한 경계선을 뛰어넘어 재일조선인을 위한 교육기관인 조선학교가 공교육의 구조에 일시적으로 들어가는 경우나 혹은 조선학교를 공적으로 보장해야 할 범주에 포함시킬 뻔한 계기가 몇 가지 존재한 것도 사실이다. 1947년 4월 문부성통달(조선인의 실정을 고려하여 조선학교를 사립학교 및 각종학교로서 인가해도 지장이 없다), 1949년 5월, 조선인 교육비의 국고부담청원의 국회채택 또한 학교폐쇄조치의 '뒤처리'적 성격을 가지고 있다고는 하지만 1950년대~1960년대 중반에 걸쳐 공립조선학교가 존재했다는 것을 그 구체적인 사례로 들 수 있을 것이다. 그 중에서도 공립조선학교의 존재는 주목할 만하다. 학교관계자들의 노력 속에서 만들어져 지역에 받아들여진 공립조선학교의 존재와 실천은 일시적·부분적이었지만, 국가가 그린 공교육의 경계선을 상대화하고 지역적인 수준에서 공교육을 형성시켰다고 말할 수 있을 것이다.

이러한 사실은 무엇이 왜 일본의 공교육으로 간주되어왔는가를 묻는 데 있어 적지 않은 시사점을 주는 것이라고 생각할 수 있으나, 그러나 주의해야만 하는 것은, 예컨대 공립조선학교가 존재했다는 것을 가지고 조선학교의 교육에 공공성이 인정되었다고 평가하는 것은 아니라는 점이다. 이러한 입장을 택하게 된다면 무인가 조선학교에는 공공성이 인정되지 않는다는 것이 되어버리고, 결국 공공성의 유무는 행정기관의 승인여부에 따른 것이 되어버린다. 공공성의 유무는 행정기관이 결정하는 것이 아니고, 하물며 주류집단(majority) 측이 특권적으로 판단하는 것도 아니다. 일반적인 사회구성원과 다른 집단인 소수집단의 여러 가지 활동에 대해 주류집단이 규정하는 보편성이나 주류집단과의 공통성을 찾는 것, 주류집단 사회로 개방성을 요구하는 것 자체는 원래부터 어려운 일로, 주류집단에 의한 공공성의 요청은 때로는 소수집단에게 활동의 독자성을 잃게 하거나 변형을 강요하는 등의 협박으로 작용한다는 것을 잊어서는 안 된다.

그러므로 반복되는 것이지만 어디까지나 중요한 것은 권리라는 지표이다. 재일조선인이 그 아이들을 '떳떳한 조선사람'으로 키우고자 하는 행위, 또한 아이들이 '떳떳한 조선사람'으로 자라고자 하는 것은 교육에 대한 권리로서 보장해야만 하는 것이다. 그 권리가 재일조선인의 투쟁에 의해, 또 정부는 물론 그 지방행정에 있어서도 적극적·긍정적인 의도가 없었더라도 하나의 실태로서 국소적이고 국시적으로 공공비용으로 보장되었다는 의미에 있어서 공립조선학교의 존재는 중요한 것이다.

식민주의 및 반공주의에 기초한 재일조선인의 교육권을 보장하려 하지 않은 정부의 방침 아래에서 이를 부분적으로 상대화한 이러한 현실이 나타나고, 또한 그것들이 결과적으로는 사라져버린 전후 일본 교육과 사회는 어떤 특질을 가지고 있는 것이라고 할 수 있는 것일까. 조선학교의 교육사는 전후 일본의 공교육의 경계선이 어떻게 요동쳤고, 어떠한 논리로 명멸해왔는지를 짚어나가는 데 많은 역사적 사실을 제공해 주고 있는 것이다.

제3절 동아시아에서 탈식민화와 교육의 비교사를 위하여

이 책은 적지 않은 과제를 남기고 있다. 그것은 이 책의 위치와도 관계되어 있는 것으로, 즉 조선학교사 연구로서의 과제, 해방 후 재일조선인 교육의 전체 역사로서의 과제, 동아시아 교육사로서의 과제로 정리할 수 있다. 각각의 과제는 동심원상으로 확대되고 있으며 상호적으로 관련되어 있다.

첫 번째 과제는 조선학교사연구로서의 과제로, 보다 정밀한 조선학교 (교육사가 그려질 필요가 있다는 것이다. 이 책이 그린 조선학교 교육사의 큰 결점은 지역마다, 학교마다 다른 점이 충분히 가미되어 있지 않다는 점이다. 조선학교 교육체계는 총련중앙이 통일적으로 관리·운영하고 있지만, 각 지역의 학교에 따라 재일조선인의 생활상황이나 학교의 설립경위는 물론, 행정의 대응도 크게 다르다. 더군다나 조선학교 교육사를 재일조선인의 생활의 논리가 불가피하게 개입되는 상황에서 만들어져가는 탈식민화의 교육사로 보기 위해서는, 개개의 재일조선인의 생활상황이나 각 지역 재일조선인 커뮤니티의 특질에 관한 분석이 매우 중요하게 될 것이다. 그러나 지역마다의 차이를 충분히 고려하지 못했기 때문에, 넓은 들판에서 하나의 바위 같은 조선학교 교육사 서술에 매몰되어 있는 측면이 있다. 이것은 이 책에서 사용한 역사자료의 성격에서 도출된 한계이기도 하다. 예컨대, 교육실천보고에 관해서도 중앙교연이나 중앙 기관지에서 발표된 것에 의거하는 경우가 많고, 또한 지방교연에서도 발표된 실천보고서를 사용하는 데 있어서 지역적인 특징을 발견하는 데는 이르지 못했다.

이러한 과제를 극복하기 위해서는 지방행정이 보유하는 자료나 당시 조선학교에 취학자로서 또는 교직원이나 학부모로서 관계되어 있던 사람들의 구술자료를 지역마다의 특질이나 젠더, 세대, 교육경험의 다름을 자각하면서 사용하는 것이 필요하다고 할 수 있다.

두 번째 과제는, 해방 후 재일조선인 교육 전체의 역사라는 과제로, 그 가운데 조선학교에서 탈식민화의 교육사의 특질을 위치지어야만 한다는 점이다. 간단히 말하자면, 재일조선인의 교육이라고 한다 해도 그 저변은 넓다. 이 책에서는 해방 후 재일조선인의 교육 속의 학교 방식이었던 조선학교의 특정한 시기에 한정된 교육을 검토했다. 그러나 학교방식의 교육에 한정하더라도, 한국학교, 일본학교, 또한 일본 학교에 설치된 민족학급이나 취학경험이 없는 재일조선인(특히 여성들)이 배운 야간중학, 민족단체가 설치한 성인학교 등 전후 일본에서 재일조선인의 교육은 다양한 장소와 형태를 가지고 전개되어 왔다.

조선학교 외의 교육의 장에 관한 연구는 많지 않으며, 이런 것들을 재일조선인의 교육사로서 포괄적으로 파악하고 검토하는 연구는 아직 등장하지 않았다. 교육에서 탈식민화, 또는 탈식민화를 위한 교육이라는 문제의식에 비추어본다면, 각각의 장에서는 수많은 탈식민화를 위한 교육실천이 펼쳐지고 있었을 것이다. 이러한 여러 가지 장에서 전개된 교육을 비교하여 검토했을 때야말로 이 책에서 밝히려 한 1950－1960년대의 조선학교 교육사가 갖는 의미가 보다 명확하게 평가될 수 있을 것이다. 이러한 작업은 해방 후 일본사회를 재일조선인이 어떻게 살아갔는가 하는 역사를 교육이라는 측면에서 비추는 것뿐만 아니라, 전후 일본 교육사를 한층 풍부하게 하는 작업에도 직결되고 있어 매우 중요한 작업이라고 말할 수 있을 것이다.

세 번째 과제는 동아시아 교육사로서 조선학교 교육사를 평가하는 것이다. 즉, 냉전구도와 식민주의가 계속되는 전후 동아시아 여러 지역에서 교육의 비교사적인 분석을 실시했을 때 비로소 조선학교 교육사가 가지고 있는 의미는 한층 부각될 것이다. 이러한 전망은 결코 추상적인 것이 아니다. 예를 들어보도록 한다.

이 책에서는 1950년대 초반부터 조선학교에서 사용하던 공화국의 번각 교과서에 대해 살펴보았으나, 사실 이 입수경로는 밝혀져 있지 않다. 학우서방의 직원이 중국을 경유해서 입수했다는 이야기를 듣기도 했으나 아직 실증할 수 없는 단계에 있다. 그런데 언어학자인 김수경(金壽卿)에 대한 이타가키 류타의 연구에서 본 연구에 관한 매우 흥미로운 사실이 밝혀져 있다(板垣, 2014). 김수경은 '1945년 이전에 경성제국대학 법문학부·도쿄제국대학문학부(대학원)에서 철학과 언어학을 공부하고, 일본의 패전 후에 1946년에 북조선(1948년 이후는 조선민주주의인민공화국)으로 건너가 그 나라의 언어학·어학정책에 지대한 영향력을 가진 언어학자'이며, '1940년대부터 1960년대까지 북한의 언어학의 주축을 담당했던' 인물이다.9) 김수경은 평양에서 전기중등교육용 문법교과서인 『조선어문법』 2권을 1954년에 간행했지만, 이것이 1955년 5월에 연변 조선족 중학교 문법교과서로

---

9) 도시샤대학 인문과학연구소 국제학술 심포지엄 「자기장으로서의 동아시아－북을 건넌 언어학자 김수경(1918－2000)의 재조명」, 배부자료의 「심포지엄 취지설명」에서.

서 연변교육출판사에 의해 『조선어문법』(2권을 합본)으로 번각되었다. 게다가 1956~1957년에 김수경이 집필한 2권의 문법 교과서들 중 적어도 『조선어문법 (어음론·형태론)』이 학우서방에서 번각되어 있다고 한다. 필자가 학우서방에서 확인할 수 있었던 문법교과서는 [표 2−5]에 제시한 1955년에 학우서방에서 번각된 『국어문법』(중3용, 필자는 정렬모, 리근영)과 그 이후는 1961년의 것으로[10] 김수경이 집필한 『조선어문법』은 발견할 수 없었다.

그럼에도 이것은 이후 조선학교교육사 연구에 큰 시사점을 주는 것이다. 첫 번째로 공화국, 중국연변의 조선족, 재일조선인 각각의 교육의 공시성에 대한 시야를 넓혀준다. 둘째로, 학교지식이 생산되는 장의 성질에 주목하는 중요성을 보여준다. 공화국, 한국, 중국, 소련을 포함한 동아시아 지역의 교육과 학문의 공시성을 보다 자각할 수 있다면, 조선학교의 교육은 한층 입체적인 것으로서 파악할 수 있게 될 것이다. 예컨대 제2장에서 본 홍창택(洪彰澤)은 공화국 번각판의 생물교과서(『인간해부생리학』과 『다윈주의기본』)의 내용을 가리켜 '우리가 이제까지 배워온 생물학의 범위나 체계, 내용과는 꽤 차이가 크고, 일본 교과서와도 너무 다르다'고 지적하고 있다.[11] 냉전기에 자연과학영역에 있어서도 학문의 패권다툼이 있었던 것을 감안하여 고찰하지 않으면 이러한 언급이 의미하는 맥락, 그리고 홍창택이 펼쳐나간 교육실천의 의미를 정확히 파악할 수는 없다. 그러나 동아시아 여러 지역에 걸친 교육의 비교사적 시각을 가진다면 이러한 의미를 감안하면서 조선학교의 교육을 읽어나가는 방도가 펼쳐질 것이다.

조선학교의 교육을 보다 정밀하게 분석하고(첫 번째 과제), 그 외 장에서 실시된 재일조선인 교육과의 비교를 통해 조선학교의 특이성을 밝힐 수 있을 것이고(두 번째 과제), 더불어 동아시아와의 비교를 통해 조선학교에서 재일조선인의

----

10) 『국어문법 초급학교』 제3학년용, 1961년에 학우서방에서 번각, 저자: 기재되어 있지 않음.
  『국어문법 초급학교』 제4학년용, 1961년에 학우서방에서 번각, 저자: 정렬모, 안문구.
  『국어문법 초급학교』 제5학년용, 1961년에 학우서방에서 번각, 저자: 정렬모, 안문구.
  『조선어문법(어음론·형태론)』 중급학교 제1, 2학년용, 1961년에 학우서방에서 번각, 저자: 김병제.
11) 洪彰澤(2008), 3쪽.

탈식민화가 가지는 특수성과 일반성, 또는 그 외의 지역·민족의 탈식민화와의 공통점과 차이점을 밝힐 수 있을 것이다(세 번째 과제). 이것이 이 책의 결함을 통해 이끌어 낼 수 있는 향후의 과제이다.

이 책은 위와 같은 과제를 남기고 있으나, 머리말에서 인용한 가쓰타 슈이치(勝田守一)의 '민족교육 본연의 모습을 구체적으로 규명해야 한다'는 지적에 대해 적어도 이것이 탈식민화라는 관점에서 실시되어야 한다는 것을 말할 수 있는 것은 아닐까 하고 생각한다.

조선학교에서 탈식민화의 역사를 한마디로 정리한다면, 재일조선인들의 투쟁과 창조의 역사라고 말할 수 있을 것이다. 그것은 누군가에 의해 지켜진 역사도, 누군가가 만들어낸 역사도 아닌, 재일조선인들의 주체적인 행위였다.

재일조선인이 투쟁을 통해 조선학교를 지켜야만 했던 것은 식민주의와 반공주의에 입각한 일본정부의 정책과 조선학교가 교육제도의 주변에 놓여있기 때문에 마주하는 제도적 제약이 조선인으로 자라고 싶다/키우고 싶다는 재일조선인의 교육에 대한 요구와 대립하고 있었기 때문이다. 해방 후 일본사회에서도 재일조선인은 식민지시기를 방불케 하는 폭력의 경험과 예감에 늘 맞서가면서 다음 세대를 키워내는 행위인 교육에 임해야만 했던 것이다.

또한 재일조선인들이 조선학교의 교육을 스스로 만들어내야만 했던 것은 세계 그 어디에도 재일조선인을 위한 학교교육이 존재하지 않았기 때문이다. 본국이라 하는 조선민주주의공화국의 교육을 실시하는 것만으로는 안 된다. 거주국인 일본의 교육을 참고하는 것만으로도 부족하다. 학교 그 자체가 언제 탄압의 표적이 될지 모르는 긴장상태 가운데 시행착오를 반복해나가면서 재일조선인의 아이들을 위한 교육은 만들어져갔다.

투쟁과 창조가 함께 결합되어가면서 조선학교에서의 탈식민화가 이루어져갔던 것이다.

【역사자료 및 참고문헌】

📖

※ (1)~(3)에는 본론에서 직접인용하지 않은 것을 포함했다.

※ 교과서 및 교연 등의 실천보고는 생략한다.

(1) 민족단체 관련 문서(중앙 수준)

朝連文化部「文化部活動報告書」(朝連三全大会) (1946年 10月 1日)

在日本朝鮮人聯盟中央委員会「第四回定期全体大会活動報告書 第三部教育編」(1947年 10月)

在日本朝鮮人聯盟中央委員会第五回全体大会準備委員会「1948年度 朝聯第五回全体大会提
出活動報告書」(1948年)

在日本朝鮮人聯盟中央総本部常任委員会「第十三回中央委員会 朝聯活動報告書」(1948年 1月)

民戦三全大会準備委員会「各単位組織の活動報告と提案 教育活動報告と活動方針」(1952年
12月 18~19日)

民戦三全大会準備委員会「民戦第三次全体大会提出議案」(1952年 12月 18~19日)

在日朝鮮統一民主戦線中央委員会「第10回中央委員会の報告と決定書」(1953年 5月 30日)

世界教員会議在日朝鮮人代表「在日朝鮮人の現状に関する報告(日本文)」(1953年 7月)

在日朝鮮統一民主戦線「第四回全体大会決定書」(1953年 11月)

在日朝鮮統一民主戦線中央委員会「民戦四全大会教育部門報告」(1953年 11月)

在日朝鮮統一民主戦線「第四回全体大会提出経過報告および方針書草案」(1953年 11月 11日)

中央朝鮮師範学校中央期成委員会「中央朝鮮師範学校建設趣旨書および事業計画書」(1953
年 12月)

在日本朝鮮人学校PTA全国連合会, 在日朝鮮人教育者同盟「大会決定書」(1954年 6月 20日)

在日朝鮮統一民主戦線中央委員会「民戦第五回全体大会報告書(草案)」(1954年 11月 8~10日)

民戦中央委員会「民戦第六回臨時大会報告書」(1955年 5月 24~25日)

在日本朝鮮人教育会, 在日本朝鮮人教職員同盟「決定書」(1955年 7月 3日)

教育会中央委員会, 教同中央委員会「教育会第2回, 教同第20回拡大中央委員会 決定書」

(1955年 11月 26~27日)

在日本朝鮮人総連合会中央常任委員会 「『各級学校規定』および教育参考資料」 (1956年 2月)

在日本朝鮮人総連合会中央常任委員会 「"人民学校に関する規定"の実施に関して」 (1956年 2月)

在日本朝鮮人総連合会中央常任委員会 「教科書使用に関する解説―主に中高級学校に関して」 (1956年 3月 2日)

在日本朝鮮人総連合会中央常任委員会 「課程案実施に関して」 (1956年 3月 2日)

在日本朝鮮人教育会, 在日本朝鮮人教職員同盟 「教育会第二回, 教職同第九回全体大会決定書「祖国の平和的統一独立と民族教育の一層の拡大強化のために」」 (1956年 5月 25日)

在日本朝鮮人教職員同盟中央常任委員会 「教職同第23回拡大中央委員会決定書」 (1956年 8月 21~22日)

在日本朝鮮人教育会中央常任委員会 「教育会中央委員会第5回拡大会議報告書」 (1956年 10月 12日)

在日本朝鮮人総連合会中央常任委員会 「中央委員会第7回会議に提出する1956新学年度準備事業総括報告と1957新学年度準備事業方針草案」 (1956年 10月 24~26日)

総連教科書出版委員会 「教科書編纂月報」 第1号 (1956年 11月)

総連教科書編纂委員会 「教科書編纂月報」 第3号 (1957年 2月 28日)

在日本朝鮮人教育会第三回定期大会 「大会決定書」 (1957年)

在日本朝鮮人総連合会中央本部教育部編 『朝鮮民主主義人民共和国 教育規定資料集〔教育部資料第1集)〕』 (1957年)

総連中央常任委員会 「総連中央委員会第八回会議に提出する教育問題に関する議案(草案)」 (1957年 3月 7~9日)

在日本朝鮮人教育会中央委員会 在日本朝鮮人教職員同盟常任委員会 「教育会第六回 教同第二十四中央委員会に提出する報告」 (1957年 5月 8日)

在日本朝鮮人教職員同盟 『在日本朝鮮人学校 第1回教育研究中央集会総結報告集』 (1957年 9月 5日)

在日本朝鮮人総連合会中央本部教育文化部 「在日本朝鮮人各級学校事務管理規定(第1号)」 (1957年 12月)

在日本朝鮮人教育会, 在日本朝鮮人教職員同盟「教育会第4回定期大会, 教同第11回定期大会文献集」 (1958年)

在日本朝鮮人総連合会中央教育文化部「学校事業計画書作成法 資料集」(1958年 3月)

在日本朝鮮人教育会中央委員会 「在日本朝鮮人教育会第4回定期大会一般方針(草案)」(1958年 4月 30日)

在日本朝鮮人教育会中央委員会 「第13回会議資料」(1958年 5月)

総連教科書編纂委員会「教科書編纂会報」第6号 (1958年 5月 15日)

在日本朝鮮人教育会 「1958-1959学年度教育援助費及び奨学金配当予算案に関して」(1958年 5月 25日)

在日本朝鮮人総連合会中央教育文化部「1958/9学年度学間事業計画書 教育関係」(1958年 6月)

総連中央常任委員会 「総連中央委員会第15回会議に提出する教育事業総括報告書」(1958年 10月)

在日本朝鮮人教育会常任委員会「第14回中央委員会報告及び方針」(1958年 10月 12~13日)

総連中央教育文化部「1959 新学年度準備事業 組織要綱」(1958年 10月 27日)

在日本朝鮮人教育者第3回大会 「1959年新学年度準備事業を成功させるために」(1959年 2月 26~27日)

在日本朝鮮人教職員同盟中央常任委員会「在日本朝鮮人教職員同盟第34回会議に提出した総括および当面方針(草案)―帰国運動と教育事業の質的発展のために」(1959年 4月 18~19日)

「在日本朝鮮人運動史参考資料「愛國陣営の純化と強化のために―社会民主主義の路線と傾向を排撃する」(白水峯論文)」(1959年 5月)

在日本朝鮮人教育会 「在日本朝鮮人教育会第5回定期大会 決定書」(1959年 6月 14日)

在日本朝鮮人教職員同盟 「教同第12回定期大会文献集」(1959年 6月 14~15日)

在日本朝鮮人教職員同盟中央常任委員会鄭求一 「学生作文(日本語)募集について」(1959年 10月 12日)

在日本朝鮮人教職員同盟中央委員会 「中央委員会第37回会議に提出する事業総括報告及び当面の任務」(1959年 11月 6~7日)

総連中央教育文化部「1960~1961学年度 新学年度準備事業組織要綱」(1960年)

総連中央教育文化部「1960/1961学年度教科課程案」(1960年)

在日本朝鮮人教職同盟「教同第13回定期大会に提出する総括報告及び今後の方針」(1960年)

在日本朝鮮人教職員同盟中央委員会「教同中央委員会第38回会議 決定書」(1960年 3月 23~24日)

在日本朝鮮人教育会中央常任委員会 「1959年5月1日現在日本小・中・高・大学在学朝鮮学生数統計表」(1960年 4月 15日)

在日本朝鮮人総連合会中央常任委員会教育文化部 「1959~60学年度 新学年度準備事業総括統計表」(1960年 5月 8日)

在日本朝鮮人教職員同盟中央委員会「教同中央委員会第39回拡大会議決定書」(1960年 12月 3~4日)

総連中央教育文化部「1961/1962学年度課程案実施について」(1961年)

在日本朝鮮人教職員同盟中央常任委員会 「教同中央委員会第40回会議に提出した事業総括報告書および今後の方針」(1961年 4月 8~9日)

在日本朝鮮人教職員同盟中央委員会 「教同第13回定期大会に提出する事業総括報告および今後の方針」(1961年 5月 20~21日)

在日本朝鮮人教育会中央常任理事会「在日本朝鮮人教育会第6回定期大会 決定書」(1961年 6月)

在日本朝鮮人教職員同盟中央委員会「第43回拡大会議決定書」(1961年 10月 28日)

在日本朝鮮人教職員同盟中央委員会「在日本朝鮮人教職員同盟中央委員会第44回会議決定書—「総連中央委員会第23回会議拡大会議方針に依拠した総連中央委員会第6期 第38回会議決定「醸成された情勢に合わせて教育事業を一層改善強化するために」を固守・貫徹するために」(1962年 7月 14日)

在日本朝鮮人総連合会中央常任委員会教育部「1963~64学年度 新版教科書の取り扱いに関する要綱」(1963年 4月)

在日本朝鮮人総連合会中央常任委員会教育部 「各級学校用日本語教科書の取り扱いについて」(1963年 4月 27日)

在日本朝鮮人総連合会中央常任委員会 「社会主義的愛国主義教養を一層強化することについて—総連宣伝員熱誠者大会で行った総連中央韓徳銖議長の報告および大会決議文」(1963年 7月 1~2日)

総連中央常任委員会 「年度別課程案(1956~1964年)」(1964年)

在日本朝鮮人中央教育会常任理事会 「在日本朝鮮人教育会第7回定期大会 文献集」(1964年 6月)

在日本朝鮮人総連合会中央常任委員会宣伝部「講演提綱(幹部講演用) 1964 年第 10号 私たちの言葉と文字をもっとよく学び，正しく使おう!」(1964年 7月)

在日本朝鮮人総連合会中央常任委員会 「各級学校教員および学生の国語習得運動と等級制試験実施に関する組織要綱」(1964年 10月 1日)

在日本朝鮮人総連合会中央常任委員会「在日同胞の民主主義的民族権利を擁護し各界各層同

胞との事業を一層強化するために　総連中央委員会第7期第2回会議で行った韓徳銖議長の報告」(1964年 11月)

総連中央常任委員会「1965-66学年度課程案」(1965年)

在日本朝鮮人総連合会中央常任委員会『総連結成 10周年記念 在日本朝鮮人教育方法研究中央大会報告および討論集』(1965年 7月)

総連中央常任委員会「1966-67 学年度 課程案実施要綱」(1966年 2月)

在日本朝鮮人総連合会中央常任委員会宣伝部「講演要綱 1966 年第4号 民族教育の権利を徹底的に擁護しよう!」(1966年 4月)

在日本朝鮮人中央教育会・在日本朝鮮人教職員同盟編『朝鮮の子ら―在日本朝鮮人学校生徒日本語作文集』(1967 年6月)

在日本朝鮮人教職員同盟中央常任委員会 「1968-1969学年度模範教員集団運動に参加するために登録された教員集団」(1968年)

在日本朝鮮人総連合会中央常任委員会 「1968-69学年度 総連各級学校課程案実施要綱」(1968年 3月)

在日本朝鮮人教職員同盟中央常任委員会 「1969-1970学年度模範教員集団運動に決起して登録された教員集団」(1969年 9月)

在日本朝鮮人総連合会中央常任委員会「1970-71学年度 総連各級学校課程案を正確に執行することについて」(1970年 3月)

在日本朝鮮人教職員同盟中央常任委員会「1970-1971学年度模範教員集団運動に決起して登録された教員集団」(1970年 6月)

在日本朝鮮人総連合会中央常任委員会 「総連各級学校課程案を正確に執行することに関する要綱」(1974年 3月)

「総連各級学校課程案 1975-76学年度」(1975年)

総連教科書編纂委員会理科分科 『『理科』教科書改作事業総括報告書」(1996年 6月 1日)

総連教科書編纂委員会理科分科 (洪彰澤)『『理科』教科書改作事業総括」(2007年 11月 12日)

(2) 민족단체 관련 문서(지방 수준)

東京朝鮮学園講習会編纂委員会 「教職員夏期講習会総結」(1955年 8月 5日)

愛知朝鮮人教育会, 教同愛知県本部「第2回拡大中央委員会議に提出する報告書」(1955年 11月 26日)

在日(원문인용)朝鮮人教職員同盟関東地協「1952年度 教同夏期講習会」(1956年)

在日本朝鮮人東京教育会第一回大会 学校法人東京朝鮮学園第二回定期総会 「1955年度教育事業の総括報告および1956年度教育事業を成果的に遂行するために」(1956年 5月 8日)

在日本朝鮮人教職員同盟大阪府本部「第九回定期大会総括報告(草案)」(1956年 5月 20日)

在日本朝鮮人教職員同盟東京本部「在日本朝鮮人問題 李珍珪編」(1956年 7月)

在日本朝鮮人教職員同盟神奈川本部 『第一回全国教育研究集会 研究報告 1956－1957』(1957年)

在日本朝鮮人教職員同盟東京本部「第1次東京教育研究集会 研究報告」(1957年 7月 25日)

在日本朝鮮人愛媛県今治教育会編『日本にいる朝鮮人教育の諸問題』(1957年 6月 15日)

東京朝鮮中高級学校教育会 「1957学年度活動報告および1958学年度活動方針」(1958年 4月 18日)

在日本朝鮮人教職員同盟東京都委員会 「第13回定期総会 活動報告および今後の方針(案)」(1959年 5月)

東京朝鮮中高級学校 「帰国実現 理科展示会(パンフレット)」(1959年 10月 18日)

総連北大阪本部常任委員会 「1962－1963 新学年度準備事業の成果的遂行のために」 (1961年 11月 2日)

(3) 학교관련 문서

【작문집】

東京都立朝鮮人高等学校『新芽文集』(1952年)

朝鮮人教育者同盟編『在日朝鮮児童作文集 第2集』学友書房 (1953年 4月 15日)

尼崎市立園田小学校分校『その동산 児童作文集 No.3 개교11주년기념』(1957年 3月)

尼崎市立園田小学校分校『その동산 児童作文集 No.5』(1958年 7月)

東京朝鮮高級学校『学生作文集 中等部第3学年』(1959年)

在日本朝鮮人神奈川県教育会・在日本朝鮮人教職員同盟神奈川県委員会編 『特集 神奈川民族教育 作文集1』(1959年 8月 25日)

京都朝鮮第一朝鮮人小学校『児童作文集』(1959年)

東京朝鮮中高級学校『学校創立15周年を祝賀する!作文集一中等部第3学年』(1961年 9月)

東京朝鮮中高級学校 『学級作文―東京朝鮮中高級学校に入学して 高等部一学年 10班』(1962年)

東京朝鮮中高級学校『学生作文·手紙集 私たちはいつも祖国と共に』(1962年 5月 5日)

東京朝鮮第一初中級学校 『僕らの未来のために—六年間　日本学校で学んで来た中等部編

　　入生達の手記』(1962年 6月)

東京朝鮮第八初級学校『作文集第3号』(1962年 12月 6日)

東京朝鮮第八初級学校『作文集第4号　学校案内』(1962年 12月 28日)

茨城朝鮮中高級学校「作文集」(1966年 12月)

京都朝鮮初級学校作文集『つぼみ』創刊号 (1969年)

京都朝鮮第三初級学校『つぼみ』第3号 (1972年)

【기관지 등】

東京朝鮮高等·中学校校友会機関誌『学生旗』創刊号 (1949年 12月 1日)

京都朝鮮中高級学校文芸部『燈台』第2号 (特別号) (1962年 12月 20日)

京都朝鮮中高級学校文芸部『燈台 』第3号 (特別号)(1963年 12月 15日)

京都朝鮮中高級学校文芸部『燈台』第4号 (詩特集号) (1964年 6月 20日)

京都朝鮮中高級学校文芸部『燈台』第6号 (1964年 11月 20日)

京都朝鮮中高級学校文芸部『燈台』第7号 (特別号) (1964年 12月)

京都朝鮮中高級学校文芸部『燈台』第9号 (1965年 7月 10日)

京都朝鮮中高級学校文芸部『燈台』第10号 (1965年 12月 20日)

京都朝鮮中高級学校文芸部『燈台』第11号 (1966年 12月 1日)

京都朝鮮中高級学校文芸部『燈台—民主主義的民族教育をよりよく理解するための作品集』

　　第13号 (1968年 12月 1日)

京都朝鮮中高級学校文芸部『燈台—民主主義的民族教育をよりよく理解するための作品集』

　　第14号 (1969年 11月 15日)

京都朝鮮中高級学校文芸部『燈台—民主主義的民族教育をよりよく理解するための作品集』

　　第15号 (1970年 12月 1日)

【학교 안내, 입학안내 등】

東京朝鮮中高級学校「学校案内 募集要綱 1958年度」(1958年)

東京朝鮮中高級学校「学校案内 学生募集要項 1959~60学年度」(1959年)

神戸朝鮮中高級学校「学生募集要綱 1959~1960学年度」(1959年)

北大阪朝鮮初中級学校「1962~1963年度 入学案内」(1962年)

在日本朝鮮人東京都教育会「東京都内朝鮮学校 入学案内 1963-64学年度」(1963年)

東京朝鮮第六初中級学校「入学案内 1963~64学年度」(1963年)

東京朝鮮第七初中級学校「学校案内 1964~65学年度」(1964年)

京都朝鮮中高級学校「学校案内 1962~3学年度」(1962年)

京都朝鮮中高級学校「学校案内 1963~4学年度」(1963年)

京都朝鮮中高級学校「入学要綱 1964~1965 年度」(1964年)

京都朝鮮中高級学校「入学要綱 1966~1967 年度」(1966年)

京都朝鮮中高級学校「入学要綱 1967~1968 年度」(1967年)

京都朝鮮中高級学校「入学要綱 1970~1971 年度」(1970年)

愛知朝鮮中高級学校「1959 学年度 入学案内要項」(1959年)

【학교연혁사】

創立10周年記念沿革史編纂委員会編『東京朝鮮中高級学校 10年史』1956年

三多摩朝鮮第一初中級学校『学校沿革史』1967年

埼玉朝鮮初中級学校『学校沿革史』1966年

東京朝鮮中高級学校『学校沿革史』1966年

横浜朝鮮初級学校『学校沿革史』1966年

四日市朝鮮初級学校『学校沿革史』1966年

愛知朝鮮中高級学校『学校沿革史』1966年

愛知朝鮮中高級学校『 学校沿革史』1996年

東大阪朝鮮第一初級学校『学校沿革史』1966年

東大阪朝鮮第二初級学校『学校沿革史』1966年

東大阪朝鮮第三初級学校『学校沿革史』1966年

東大阪朝鮮第四初級学校『学校沿革史』1966年

東大阪朝鮮第五初級学校『学校沿革史』1966年

大阪福島朝鮮初級学校『学校沿革史』1966年

堺朝鮮初級学校『学校沿革史』1966年

城北朝鮮初級『学校学校沿革史』1966年

泉北朝鮮初級学校『学校沿革史』1966年

東大阪朝鮮中級学校『学校沿革史』1966年

南大阪朝鮮初中級学校『学校沿革史』1966年

中大阪朝鮮初中級学校『学校沿革史』1966年

京都朝鮮第二初級学校『学校沿革史』1966年

京都朝鮮中高級学校『学校沿革史』1966年

網干朝鮮初級学校『学校沿革史』1966年

有馬朝鮮初級学校『学校沿革史』1966年

伊丹朝鮮初級学校『学校沿革史』1966年

飾磨朝鮮初級学校『学校沿革史』1966年

川辺朝鮮初級学校『学校沿革史』1966年

高砂朝鮮初級学校『学校沿革史』1966年

宝塚朝鮮初級学校『学校沿革史』1967年

西脇朝鮮初級学校『学校沿革史』1966年

西播朝鮮中級学校『学校沿革史』1966年

神戸朝鮮中高級学校『学校沿革史』1966年

広島朝鮮第一初級学校『学校沿革史』1966年

広島朝鮮中高級学校『学校沿革史』1966年

下関朝鮮初中級学校『学校沿革史』1966年

岡山朝鮮初中級学校『学校沿革史』1966年

福岡朝鮮初級学校『学校沿革史』1966年

小倉朝鮮初級学校『学校沿革史』1966年

八幡朝鮮初級学校『学校沿革史』1966年

九州朝鮮中高級学校『学校沿革史』1966年

連合同窓会/オモニ会・50年史編纂委員会編　『西東京(三多摩)朝鮮第一初中級学校創立50周
　　年記念写真集』(1996年 10月 10日)

大阪朝鮮第4初級学校教育会編『大阪朝鮮第4初級学校 半世紀沿革写真集』(1996年 11月 23日)

学校法人兵庫朝鮮学園神戸朝鮮高級学校創立50周年記念誌編集委員会編『神戸朝高創立50
　　周年記念誌』(2000年 9月 9日)

大阪民族教育 60年誌編集委員会編『大阪民族教育 60年誌』(2005年 12月)

東京朝鮮中高級学校「東京朝鮮中高級学校創立 60周年記念 関連資料まとめ」(2006年)

学校創立60周年記念行事実行委員会編　『東京朝鮮第二初級学校60周年記念集』(2006年　1月
　　15日)

大阪朝鮮第4初級学校創立60周年記念行事実行委員会編『学校法人大阪朝鮮学園 大阪朝鮮第4初級学校創立60周年記念誌』(2006年 10月 22日)

東京朝鮮中高級学校創立 60周年記念事業実行委員会編『東京朝鮮中高級学校創立60周年記念誌』(2006年 11月 15日)

大阪福島朝鮮初級学校創立60周年事業実行委員会編『大阪福島朝鮮初級学校60周年記念誌』(2008年 11月 9日)

愛知朝鮮中高級創立 60年史編集委員会編『愛知朝鮮中高級学校創立60周年記念誌「創立60年史」』(2008年 12月)

朴喜源編(2010)『民族の誇りを守り―長野朝鮮初中級学校創立 40周年記念写真集』(2010年 5月)

生野朝鮮初級学校創立 20周年記念事業実行委員会編『生野朝鮮初級学校創立 20周年記念誌』(2011年 4月 24日)

東大阪朝鮮中級学校創立50周年記念実行委員会編『東大阪朝鮮中級学校創立50周年記念誌』(2011年 10月 23日)

学校法人金剛学園『日本政府正規学校認可取得創立 40周年記念誌』(1986年)

学校法人白頭学院建国幼・小・中・高等学校『白頭学院創立60周年記念誌―建国』(2006年)

【그 외】

名古屋市立牧野小学校分教場編『私たちの歩み』(1954年 2月 26日発行)

東京都立朝鮮学校教職員組合情報宣伝部編「民族の子―朝鮮人学校問題」(1954年 11月 30日)

朝鮮大学校「朝鮮大学校一覧」(1956年)

九州朝鮮中高級学校建設委員会「九州朝鮮中高級学校建設概況」(1956年 11月 10日)

東京朝鮮中高級学校『祝帰国』(写真集)(1960年)

東京朝鮮第一初中級学校「学校創立 17周年記念コッポンオリ」(1962年 12月)

(4) 지방자치단체문서

愛知県知事青柳秀夫発, 財団法人愛知県朝連学校管理組合連合会設立代表者李致五宛〔学校閉鎖命令〕(達第475号, 1949年 11月 6日)

愛知県教育委員会事務局宝飯事務所『朝鮮人学校関係綴(昭和 24年~27年) 教育課』

愛知県教育委員会教育長発, 各学務局学務所長・各市教育委員会教育長・各市長宛「朝鮮人生徒, 児童の転入学について」(愛第 575号, 1949年 11月 11日)

名古屋市議会事務局長発, 東京都議会議会局長宛「公立朝鮮人学校について」(收市会第三三一号の一, 1954年 4月 30日)

愛知県総務部学事課「学校法人愛知朝鮮学園寄附行為認可申請書〔綴り〕」(1967年 2月)

愛知県知事桑原幹根発, 学校法人愛知朝鮮学園設立代表者張一宙宛「〔愛知朝鮮学園寄付行為認可通知〕」(42 指令学第8 - 19号, 1967年 2月 14日)

四日市市教育長「私塾 四日市朝鮮人小学校について」(1952年 11月 29日付立案)

三重県総務課学事係「朝鮮人学校の設置認可について(協議)」(1964年 4月 8日付起案)

三重県総務部総務課「朝鮮人学校について」(1964年 6月)

三重県総務課学事係「朝鮮人学校設置認可に関する陳情(供覧)」(1964年 8月 14日付起案)

三重県総務課学事係「朝鮮人学校の生徒等からのハガキ陳情について」(1964年 10月 14日付起案)

三重県総務課「朝鮮人学校の認可申請について」(1964年 12月 11日, 私学審へ提出された文書)

三重県総務課学事係「朝鮮人学校の認可に関する陳情」(1965年 8月 22日付起案)

三重県学事文書課学事係「朝鮮人学校の認可に関する要望書」(1966年 4月 20日付起案),

三重県(作成者不明)「四日市朝鮮初中級学校の認可申請について」(1966年 5月 以降に作られた文書)

三重県私立学校審議会「学校法人三重朝鮮学園設立(寄附行為)の認可について」(1966年 10月 31日付起案)

三重県私立学校審議会「四日市朝鮮初中級学校設置について」(1966年 10月 31日付起案)

三重県学事文書課学事係「学校法人, 三重朝鮮学園の設立(寄附行為)認可について」(1966年 11月 12日付起案)

三重県学事文書課学事係「四日市朝鮮初中級学校の設置認可について」(1966年 11月 12日付起案)

三重県「四日市朝鮮初中級学校の認可申請について」(1966年)

東京都都知事「朝鮮大学校の設置について」(私立学校審議会への諮問に関する起案文書)(1967年 8月)

東京都私立学校審議会「朝鮮大学校設置に関する答申書」(1968年 4月 5日)

東京都知事「朝鮮大学校の設置について(朝鮮大学校の設置を認可することについての検討事項)」(1968年 4月 17日)

(5) 서적

愛知県科学教育七夕一編(1965)『愛知県戦後教育史年表』

愛知教育委員会編(2006)『愛知県教育史第五巻』

愛知県警察史編纂委員会編(1975)『愛知県警察史第3巻』愛知県警察本部』

愛知県小中学校長会(1978)『六三制教育三十周年記念 愛知県小中学校誌』

尼崎市教育委員会編(1974)『尼崎市戦後教育史』

アンディ・グリーン著, 大田直子訳(1997＝2000)『教育・グローバリゼーション・国民国家』東京都立大学出版会

五十嵐顕・伊ケ崎暁生(1970)『戦後教育の歴史』青木書店

岩崎稔, 大川正彦, 中野敏男, 李孝徳編(2005)『継続する植民地主義―ジェンダー/民族/人種/階級』青弓社

岩崎稔・上野千鶴子・北田暁大・小森陽一・成田龍一編(2009)『戦後日本スタディーズ② ―60・70年代』紀伊國屋書店

大江志乃夫, 浅田喬二, 三谷太一郎, 後藤乾一, 小林英夫, 高崎宗司, 若林正丈, 川村湊編(1993)『岩波講座 近代日本と植民地8 アジアの冷戦と脱植民地化』岩波書店

大阪市私立保育園連盟編・柴田善守監修(1986)『大阪の保育史』(非売品)

大田堯編(1978)『戦後日本教育史』岩波書店

大田堯(1983)『教育とは何かを問いつづけて』岩波書店

呉圭祥(2005)『記録在日朝鮮人運動 朝鮮総聯50年 ―1955.5－2005.5)綜合企画舎ウイル

呉圭祥(2009)『ドキュメント 在日本朝鮮人連盟 1945－1949』岩波書店

小熊英二(2002)『〈民主〉と〈愛国〉―戦後日本のナショナリズムと公共性』新躍社

小沢有作(1973)『在日朝鮮人教育論 歴史篇』亜紀書房

梶井陟(1966)『朝鮮人学校の日本人教師』日本朝鮮研究所

梶村秀樹(1993)『梶村秀樹著作集第6巻 在日朝鮮人論』明石書店

開校 30年記念誌『まきの』(1957年 12月. 非売品)

木畑洋一(2014)『二〇世紀の歴史』岩波書店

木村元編(2012)『日本の学校受容―教育制度の社会史』勁草書房

木村元(2015)『学校の戦後史』岩波書店

金慶海(1979)『在日朝鮮人民族教育の原点』田畑書店

金宗鎮編(2009)『愛知朝鮮高級学校の60年歴史―年表資料・解兌』

金宗鎮(2009)『故郷はどこ幸せはどこ―ある在日朝鮮人二世の半生』これから出版

金泰泳(1999)『アイデンティティ・ポリティクスを超えて―在日朝鮮人のエスニシティ』
　世界思想社

金徳龍(2004)『朝鮮学校の戦後史 1945-1972 [増補改訂版]』社会評論社

倉石一郎(2009)『包摂と排除の教育学―戦後日本社会とマイノリへの視座』生活書院

江東・在日朝鮮人の歴史を記録する会編(2004)『東京のコリアン・タウン―枝川物語増補新
　版』樹花舎

小国喜弘(2007)『戦後教育のなかの〈国民〉―乱反射するナショナリズム』吉川弘文館

国分一太郎(1986)『いつまで青い渋柿ぞ―戦後日本教育史外伝』新評論

駒込武(1996)『植民地帝国日本の文化統合』岩波書店

駒込武(2015)『世界史のなかの台湾植民地支配―台南長老教中学校からの視座』岩波書店

駒込武・橋本伸也編(2007)『叢書・比較教育社会史 帝国と学校』昭和堂

坂本清泉(1972)『生活教育運動論』明治図書出版

在日朝鮮人の人権を守る会準備会(1963)『在日朝鮮人は理由なしに殺傷されている―在日
　本朝鮮中高生に対する暴行殺傷事件の全ぼう』

志水宏吉・中島智子・鍛治致編(2014)『日本の外国人学校―トランスナショナリティをめ
　ぐる教育政策の課題』明石書店

宋基燦(2012)『「語られないもの」としての朝鮮学校―在日民族教育とアイデンティティ・
　ポリティクス』岩波書店

孫済河(2010)『ウリ(わが)・トンポ (同胞) ウリ(わが)・トンネ (町・村)百話』啓明書房 (非
　売品)

「朝鮮大学校 50年の足跡」編集委員会(2007)『朝鮮大学校 50年の足跡』

全源治・李淳馴(2011)『タックルせぇ!―在日コリアンラグビーの父, 全源治が走り続けた
　人生』朝鮮大学校ラグビー部OB会(源治会)

鄭栄桓(2013)『朝鮮独立への隘路―在日朝鮮人の解放五年史』法政大学出版局

テッサ・モーリス=スズキ(2007)『北朝鮮へのエクソダス― 「帰国事業」の影をたどる』
　朝日新聞社

外村大(2004)『在日朝鮮人社会の歴史学的研究―形成・構造・変容』緑陰書房

中内敏夫(1998)『教育思想史』岩波書店

中野敏男, 波平恒男, 屋嘉比収, 李孝徳編(2006)『沖縄の占領と日本の復興─植民地主義はいかに継続したか』青弓社

永原陽子編(2009)『「植民地責任」論──脱植民地化の比較史』青木書店

中村一成(2014)『ルポ京都朝鮮学校襲撃事件─〈ヘイトクライムに抗して〉』岩波書店

名古屋教育史編集委員会(2015)『名古屋教育史Ⅲ 名古屋の発展と新しい教育』名古屋市 教育委員会

名古屋市役所編(1960)『名古屋市警察史』名古屋市総務局調査課(非売品)

並木頼寿, 大里浩秋, 砂山幸雄編(2010)『近代中国・教科書と日本』研文出版

朴慶植(1989)『解放後在日朝鮮人運動史』三一書房

朴三石(1997)『日本のなかの朝鮮学校─ 21世紀にはばたく』朝鮮青年社

朴三石(2012)『知っていますか朝鮮学校』(岩波ブックレット 846) 岩波書店

朴尚得編(1980)『在日朝鮮人の民族教育』ありえす書房

朴正恵(2008)『この子らに民族の心を─大阪の学校文化と民族学級』新幹社

韓東賢(2006)『チマ・チョゴリ制服の民族誌─その誕生と朝鮮学校の女性たち』双風舎

水野直樹・文京洙(2015)『在日朝鮮人の歴史と現在』岩波書店

山住正己(1987)『日本教育小史─近・現代─』岩波書店

山本有造編(2003)『帝国の研究─原理・類型・関係』名古屋大学出版会

四日市市編(2001)『四日市市史 第19巻』

李東準(1956)『日本にいる朝鮮の子ども』 春秋社

李洙任編(2012)『在日コリアンの経済活動─移住労働者, 起業家の過去・現在・未来』不二出版

渡辺裕(2010)『歌う国民─唱歌・校歌・うたごえ』中公新書

김덕룡, 박삼석(1987)『재일동포의 민족교육』학우서방

사회과학원 주체문학연구소(1988)『문학예술사전(상)』과학백과사전종합출판사

사회과학원 주체문학연구소(1993)『문학예술사전(하)』과학백과사전종합출판사

조선대학교 민족교육연구소(1987)『재일동포들의 민족교육』학우서방

(6) 논문 등

浅田朋子(2000)「一九三〇年代における京都在住朝鮮人の生活状況と京都朝鮮幼稚園─京都向上館前史」『在日朝鮮人史研究』第30号

浅田朋子(2001)「京都向上館について」『在日朝鮮人史研究』第31号

飯野節夫, 小沢有作, 山田克郎(1966)「政治と教育「日韓条約」と日本の国民教育」『教育』第16巻, 第2号(増刊号)

石川二郎(1965)「日韓協定と教育」『文部時報』1965年 9月号

板垣竜太(2005)「植民地支配責任を定立するために」, 岩崎稔, 大川正彦, 中野敏男, 李孝徳編『継続する植民地主義──ジェンダー/民族/人種/階級』青弓社

板垣竜太(2014)「越北した言語学者・金壽卿における国際性と民族性」シン・ジュベク・編『韓国近現代人文学の制度化: 1910~1959』ヘアン(原題: 이타가키류타(2014)「월북학자 김수경 언어학의 국제성과 민족성」, 신주백 엮음『한국 근현대 인문학의 제도화: 1910~1959』혜안)

伊藤康子(2012)「地域女性の生活と社会運動─名古屋の保育所づくりを中心に」安田常雄他編『シリーズ戦後日本社会の歴史3 社会を問う人びと─運動のなかの個と共同性』岩波書店

大門正克(2007)「「教育という営み」の戦後史─教育基本法改正問題から考える」『人民の歴史学』第174号

大里浩秋(2010)「一九三六, 三七年華僑学校教科書取り締まり事件」並木頼寿・大里浩秋・砂山幸雄編『近代中国・教科書と日本』研文出版

大田堯(1966)『民族教育をめぐる一つの問題─外国人学校制度にかかわって」『教育』第16巻, 第8号

小田亮(2012)「日常的抵抗」論の可能性─異種混淆性/脱領土化/クレオール性再考」http://d.hatenane.jp/araiken/20120914/1347624919

康成銀(2003)「朝鮮学校での朝鮮史教科書の見直しと変化」『歴史地理教育』No.662

岸田由美(2003)「在日韓国・朝鮮人教育にみる「公」の境界とその移動」『教育学研究』第70巻, 第3号

高史明(1974)「新しい相互理解の回路ひらく: 小沢有作『在日朝鮮人教育論・歴史篇』, 長璋吉『私の朝鮮語小辞典 ソウル遊学記』」『朝日ジャーナル』1974年2月22号

田中勝文(1967)「戦前における在日朝鮮人子弟の教育」『愛知県立大学文学部論集』第18号

田中宏(2013)「朝鮮学校の戦後史と高校無償化」『〈教育と社会〉研究』第23号

曺慶鎬(2012)「在日朝鮮人コミュニティにおける朝鮮学校の役割についての考察─朝鮮学校在学生を対象としたインタビュー調査を通じて」『移民政策研究』第4号

中島智子(2011) 「朝鮮学校保護者の学校選択理由―「安心できる居場所」「当たり前」をもとめて」『プール学院大学研究紀要』51号

中島智子（2013）「朝鮮学校の二つの仕組みと日本社会―〈自己完結統一システム〉と〈朝鮮学校コミュニティ〉に注目して」『〈教育と社会〉研究』第23号

中野敏男(2005) 「東アジアで「戦後」を問うこと―植民地主義の継続を把捉する問題構成とは」岩崎稔, 大川正彦, 中野敏男, 李孝徳編『継続する植民地主義―ジェンダー/ 民族/人種/階級』青弓社

中野敏男(2006) 「植民地主義概念の新たな定位に向けて―「おわりに」にかえて」中野敏男, 波平恒男, 屋嘉比収, 李孝徳編『沖縄の占領と日本の復興―植民地主義はいかに継続したか』青弓社

朴浩烈(2007) 「在日朝鮮語の研究―言語分析・社会言語学的考察への試み」『韓國語學年報』第3号

マキー智子(2012) 「公立朝鮮人学校の開設―戦後在日朝鮮人教育に対する公費支出の一様態」『日本の教育史学』第55集

マキー智子(2013) 「「外国人学校制度」創設の試み―日韓会談期における在日朝鮮人対策の模索」『北海道大学大学院教育学研究院紀要』118号

松下佳弘(2010) 「占領期朝鮮人学校閉鎖にかかわる法的枠組みとその運用―滋賀県の事例に即して」『教育史・比較教育論考』第20号

松下佳弘(2011) 「占領期京都市における朝鮮人学校政策の展開―行政当局と朝鮮人団体との交渉に着目して」『日本の教育史学』第54集

松下佳弘(2012) 「占領期朝鮮人学校の教育費問題―「国庫負担請願」の背景とその意味」『朝鮮史研究会論文集』第50集

松下佳弘(2013) 「占領期朝鮮人学校閉鎖措置の再検討――法的枠組みに着目して」『世界人権問題研究センター研究紀要』第18号

松下佳弘(2015) 「朝鮮人学校の「完全閉鎖」をめぐる攻防(一九四九~五一年) ―愛知第六朝連小学校(宝飯郡小坂井町)の事例から」『世界人権問題研究センター研究紀要』第20号

松下佳弘(2016) 「京都市立養正小学校「朝鮮学級」の成立過程―1950年代前半における公教育改編の試みとして」『世界人権問題研究センター研究紀要』第21号

水野直樹(2004) 「戦前・戦後日本における民族教育・民族学校と「国民教育」『和光大学総合文化研究所年報 東西南北 2004』

文京洙(2013)「戦後在日朝鮮人の生活と日本社会」安田常雄他編(2013)(シリーズ戦後日本社会の歴史 4)『社会の境界を生きる人びと―戦後日本の縁』岩波書店

山室信一(2003)「『国民帝国』論の射程」山本有造編『帝国の研究―原理・類型・関係』名古屋大学出版会

山本かほり(2013)「朝鮮学校における「民族」の形成― A朝鮮中高級学校での参与観察から」『愛知県立大学教育福祉学部論集』第61号

李珍珪(1952)「在日朝鮮人の教育」『平和と教育』2号

李珍珪(1967)「反日教育ではない」『エコノミスト』45巻 38号

李珍珪(1968)「在日朝鮮人教育の問題点―「外国人学校制度」法案に反対する」『教育評論』212号

李興烈(1952)「在日朝鮮人教育の当面の課題」『平和と教育』3号

李興烈(1953)「朝鮮人子弟の「義務教育権剥奪」について」『平和と教育』1953年 9月号

柳美佐(2014)「継承語と民族的アイデンティティの葛藤―在日朝鮮学校の継承語教育をめぐって」『社会言語学』第14号

(7) 자료집

大石忠雄編(2015)『神奈川朝鮮学校資料2 一分校から自主校へ 一九五〇～一九六六』緑蔭書房

近代日本教育制度史料編纂会編(1958)『近代日本教育制度史料 26』大日本雄弁会講談社

近代日本教育制度史料編纂会編(1957)『近代日本教育制度史料 20』大日本雄弁会講談社

金慶海編(1988)『在日朝鮮人民族教育擁護闘争資料集 I 四・二四阪神教育闘争を中心に』明石書店

現代日本教育制度史料編集委員会編(1988)『現代日本教育制度史料 28』東京法令出版

朝鮮大学校編「朝鮮大学校の認可問題にかんする資料(1)」1967年 9月 25日

朝鮮大学校編「朝鮮大学校の認可問題にかんする資料(2)」1967年 11月 25日

朝鮮大学校編「朝鮮大学校の認可問題にかんする資料(3)」1968年 3月 20日

朝鮮大学校編「朝鮮大学校の認可問題にかんする資料(4)」1968年 5月 10日

趙博, 内山一雄編(1989)『在日朝鮮人民族教育擁護闘争資料集 II』明石書店

中山秀雄編(1995)『在日朝鮮人教育関係資料集』明石書店

日本教育学会教育制度研究委員会外国人学校制度研究小委員会(1970)『「在日朝鮮人とその

教育」資料集 第一集』

日本教育学会教育制度研究委員会外国人学校制度研究小委員会(1972)『「在日朝鮮人とその
　　教育」資料集 第二集』

朴慶植編『在日朝鮮人関係資料集成〈戦後篇〉』1～10巻, 不二出版（2000年, 2001年）

(8) 미발간 학위논문

康悠仙(2014)「1960～80 年代の朝鮮学校「国語」科教科書の研究―分断される在日朝鮮人の
　　ことば」(横浜国立大学教育学研究科修士論文)

徐怜愛(2014)「日本における朝鮮学校付属幼稚班教育の成立と展開」(東京学芸大学教育学研
　　究科修士論文)

朴浩烈(2010)「「在日」の言語意識と言語生活―ポストコロニアル・マイノリティの観点か
　　ら」(一橋大学大学院言語社会研究科博士論文)

マキー智子(2014)　「在日朝鮮人教育の歴史―戦後日本の外国人政策と公教育」(北海道大学
　　大学院教育学院博士論文)

김은숙(2008)「재일본 조선대학교 연구(1956~1968)」(성균관대학교 대학원 사학과 석사논문)

김지수(2005)「북한 교육관료제의 변천에 관한 연구」(서울대학교 교육학과 박사학위 논문)

(9) 신문 등

(朝鮮文)『解放新聞』,『朝鮮民報』,『朝鮮新報』,『民族教育』,『中央教育研究』,『東京教育研
　　究』,『教員新聞』

(10) 그 외 문서

大韓民国公報部「対外秘 在日僑胞の現況と朝鮮大学認可問題」(1968年 5月)

洪彰澤(2008)「『理科』教科書と私(回想記)」（私家文書）

나가면서

　이 책은 2015년 1월에 히토츠바시대학대학원(一橋大学大学院) 사회학연구과 (社会学研究科)에 제출한 박사학위논문 「1950~1960년대의 조선학교 교육사」 (2015년 6월 학위취득)를 대폭 가필·수정한 것이다.

　나는 일본에서 태어난 재일조선인 3세로 유치반에서부터 조선대학교까지 17년간, 조선학교에서 민족교육을 받아왔다. 내가 대학원의 박사과정에 입학한 2010년 4월은 마침 고교무상화제도에서 조선학교가 배제된 해였다. 이에 편승하는 형태로 많은 지방자치단체에서 '국민감정'을 이유로 조선학교에 대한 보조금을 정지, 감축, 폐지했고, 또한 재일조선인을 표적으로 한 혐오발언(헤이트 스피치)이 점점 늘어나게 되었다. 일본 안에서도 조선학교에 관한 여러 가지 말들이 난무했고, 좋은 의미에서도 나쁜 의미에서도 조선학교에 대한 사회적 관심이 높아져 갔다.

　이런 가운데 나는 조선학교의 역사를 연구했다. 조선학교가 이렇게나 힘든 시기에 오늘날의 상황을 타개할 수 있을 만한 보다 실천적인 연구를 하지 않은 것은 무슨 이유일까. 무엇을 위해 이 귀중한 시간을 보내고 있는 것일까. 역사연구라는 것이 대체 어떤 의미가 있는 것일까. 월급이 반 년 동안 나오지 않으면서도 매일 수업준비에 쫓기며 소조활동을 담당하고, 학예회 연기도 스스로 구성하고, 집에 돌아가지 못한 채 학교를 지키며 최선을 다하는 조선학교 교원들의 모습이나, 고교무상화의 적용을 요구하는 재판에서 싸우며 웃는 얼굴로 시위행진을 계속하는 조선학교 아이들, 또한 그 보호자들과 접하는 가운데 이런 질문을 자문하는 날들이 이어졌다.

과거 조선학교 교육의 내용을 '해부'하는 본 연구의 작업이 고교무상화배제의 문제에서 만들어진 교육내용의 시비(是非)라는 거짓된 논점의 주장을 거들게 될 수도 있고, 또한 스스로가 의도하지 않았음에도 분별없는 사람들에게 조선학교를 공격할 소재를 자진해서 제공하는 것이 될 수도 있다. 실제로 조선학교와 관련된 역사자료를 수집하는 데 존재했던 어려움은 당사자들이 이러한 일본의 상황을 경험적으로 잘 알고 있었기 때문에 공개에 대해 두려움이 생기게 된 것과도 관련이 있었다. 자료를 제공해주실 때에도 몇 번이나 이구동성으로 '신중하게 하라'라는 취지의 충고를 해 주셨다. 이러한 와중에 다시, '왜 조선학교의 역사를 연구하는가.'

이에 관한 명확한 답은 하지 못한다. 다만 나는 내가 '우리'라고 생각하는 재일조선인이 식민지지배에서 '해방'된 후 어떻게 식민주의를 극복하고, 탈식민화를 성취하고자 했는지에 대한 역사를 남기고 싶다고 생각했다. 조선학교를 지키기 위한 투쟁과 더불어 아이들이 배우고, 자라나며 교원들이 가르치는 과정 역시 탈식민화의 중요한 과정이라고 할 수 있는 것이다. 일본에서 조선인으로 살아가는 것은 그리 쉬운 일이 아니다. 그러나 그럼에도 아이들을 '떳떳한 조선사람'으로 키우려 한 조선학교의 행위, 그에 관련된 사람들의 노력, 궁리, 갈등은 누구에게도 부끄럽지 않음은 물론, 숨길 필요도 없는 올바른 것일 것이다. 그러한 재일조선인의 노력을 결코 잊어서는 안 되는 것이다. 이러한 생각에서 나는 이 책을 집필하고 간행하기로 결심했다.

이 책을 완성하기까지 실로 많은 분의 도움을 받았다. 특히 위에서 설명한 바와 같은 상황 속에서도 역사연구의 생명이라고 할 수 있는 역사자료를 제공해주신, 또한 열람하게 해 주신 분들의 도움이 없었다면 이러한 시대에 역사연구를 쓰는 것은 불가능했을 것이다. 자료를 제공해주시고 아낌없이 협조해 주신 다음의 조선학교 교장선생님 및 모든 교직원분들께 진심으로 감사의 말씀을 드린다.

도꾜조선중고급학교(東京朝鮮中高級学校), 도꾜조선제2초급학교(東京朝鮮第二初級学校), 니시도꾜조선제1초급학교(西東京朝鮮第一初中級学校), 사이다마조선초중급학교(埼玉朝鮮初中級学校), 가나가와조선중고급학교(神奈川朝鮮中高級学校), 요꼬하마조선초급학교(横浜朝鮮初級学校), 지바조선초중급학교(千葉朝鮮初中級学校), 이바라기조선초중고급학교(茨城朝鮮初中高級学校), 후꾸시마조선초중급학교(福島朝鮮初中級学校), 도호꾸조선초중급학교(東北朝鮮初中級学校), 아이찌조선중고급학교(愛知朝鮮中高級学校), 나고야조선초급학교(名古屋朝鮮初級学校), 도슌조선초급학교(東春朝鮮初級学校), 기후조선초중급학교(岐阜朝鮮初中級学校), 욕가이찌조선초중급학교(四日市朝鮮初中級学校), 오사까조선고급학교(大阪朝鮮高級学校), 히가시오사까조선중급학교(東大阪朝鮮中級学校), 나까오사까조선초급학교(中大阪朝鮮初級学校), 오사까후꾸시마조선초급학교(大阪福島朝鮮初級学校), 오사까조선제4초급학교(大阪朝鮮第四初級学校), 이꾸노조선초급학교(生野朝鮮初級学校), 히가시오사까조선초급학교(東大阪朝鮮初級学校), 교또조선중고급학교(京都朝鮮中高級学校), 교또조선제2초급학교(京都朝鮮中高級学校) 교또조선초급학교(京都朝鮮初級学校), 시가조선초급학교(滋賀朝鮮初級学校), 고베조선고급학교(神戸朝鮮高級学校), 아마가사끼조선초중급학교(尼崎朝鮮初中級学校), 고베조선초중급학교(神戸朝鮮初中級学校), 세이방조선초중급학교(西播朝鮮初中級学校), 히로시마조선초중고급학교(広島朝鮮初中高級学校), 오까야마조선초중급학교(岡山朝鮮初中級学校), 야마구찌조선초중급학교(山口朝鮮初中級学校), 시꼬꾸조선초중급학교(四国朝鮮初中級学校), 규슈조선중고급학교(九州朝鮮中高級学校), 기다규슈조선초급학교(北九州朝鮮初級学校), 후꾸오까조선초급학교(福岡朝鮮初級学校)

특히 큰 도움을 주신 오사카의 강화정(康和正) 선생님, 교또중고의 조명호(趙明浩) 교장선생님, 도꾜중고의 신길웅(慎吉雄) 교장선생님께 깊은 감사의 말씀을 드린다. 조선대학교 조선문제연구소 센터부속 재일조선인 관계자료실의 김철수(金哲秀) 선생님, 학우서방의 신성균(申成均) 선생님, 욧카이치의 신정춘(申正春) 씨께도 심심한 감사의 말씀을 드리고 싶다. 또한 귀중한 경험을 들려주신 많은 분께도 마음속 깊이 감사드린다.

조선학교사연구의 선배인 마쓰시타 요시히로(松下佳弘) 씨는 많은 자료와 함께 여러 차례 적확하고 따뜻한 조언을 해주셨다. 마쓰시타 씨와 같은 시대에 연구할 수 있는 것은 더할 나위 없이 자랑스러운 일이며 기쁜 일이다.

일사다망하신 선생님들의 호의에 응석을 부린 것 치고는 그에 충분한 연구가 되었는지 모르겠다. 그렇지만 무엇보다 먼저 이 책을 전하고 싶은 곳은 조선학교이다. 1950~1960년대 조선학교를 다니셨던 많은 분이 살아계신다. 그분들의 살아있는 경험과 이 책이 담고 있는 것과 비교하여 많은 비판과 질책을 받고자 한다. 사실 나는 김치와 커피를 잘 못 먹는 사람이었다. 그러나 조선학교를 여러 번 방문하는 가운데 커피는 그럭저럭 마실 수 있게 되었고, 지금은 김치가 없으면 살아갈 수 없는 정도가 되었다. 집의 식탁 위에도 김치는 언제나 올라와 있기는 했으나, 역시 학교야말로 사람을 형성시키는 곳이라는 것을 몸소 체험한 것 같다.

이 책을 완성시킬 수 있었던 것은 많은 선생님들이 계셨기 때문이기도 하다. 히토츠바시대학대학원에서 배운 5년간은 연구자로서 나를 키워준 무엇으로도 바꿀 수 없는 귀중한 시간이었다. 교육의 역사를 연구하는 중요함과 즐거움, 그리고 어려움을 언제나 진지하게 보여주신 지도교수 기무라 하지메(木村元) 교수님, 학문이라는 갑옷을 권위로 착각하지 않고 소수자가 된 사람들에게 가까이 다가가 함께 싸우는 연구자의 자세를 견지하는 것이 얼마나 소중한지, 그 모습에서부터 보여주신 부지도교수이신 세키 게이코(関啓子) 교수님, 연구의 계보, 사건, 개념의 관련성을 파악하여 자신이 이에 맞는 연구의 위치와 의미를 깊게 파고드는 것과 함께 설득력 있게 전달하는 것의 중요함을 알려주신 부지도교수이신 나카타 야스히코(中田康彦) 교수님, 비교, 문화, 비형식이라는 시점에서 그 날카롭고 따뜻한 코멘트로 연구의 시야를 넓혀주신 오타 미유키(太田美幸) 교수님, 이동이라는 관점을 가진 시각을 가르쳐주신 이요타니 도시오(伊勢谷登土翁) 교수님. 많은 선생님들께 심심한 감사의 말씀을 전하고 싶다.

또한 2016년에 교토로 옮겨오면서 나카지마 토모코(中島智子) 선생님, 이타가키 류타(板垣竜太) 선생님, 고마고메 타케시(駒込武) 선생님, 나카오 히로시(仲尾宏) 선생님, 미즈노 나오키(水野直樹) 선생님, 다나카 히로시(田中宏) 선생님을 포함하여 많은 분께 가르침을 받고 있다. 선생님들을 만나지 않았다면 이 책은 지금보다 더욱 단조로웠을 것이다. 그런 건 아무래도 괜찮다고 일축시키시리라 생각하지만, 일단 감사의 말을 적어놓는 것을 허락해 주셨으면 한다.

연구자로 계속 살아가면서 많은 대학원생들과 만날 수 있었다. 내가 만난 대학원생들은 모두가 각각의 문제의식을 가지고 각각의 주제를 진지하게 마주하고 있었다. 세미나나 연구회에서 듣게 된 발표는 설혹 연구대상이 다르다 하더라도 지적으로 자극해주는 샘과 같았다. 학문적 소양이 부족한 내가 제일 많이 배운 때는 틀림없이 여러 선배, 동료, 후배들과의 논의를 통해서였다. 결코 평탄하지 않은 대학원 생활이라는 험한 길을 그래도 한 걸음씩 낙관적으로 걸어갈 수 있었던 것은 그들이 있었던 덕분이다.

또한, 대학원생 시기 동안 조선대학교 1호관에서 함께 생활한 동무들에게도 깊은 감사를 전하고 싶다. 그들과 함께 재일조선인사회, 재일조선인운동의 미래에 관해 이야기하고, 때로는 서로 비판하며, 술을 나누며 함께한 시간은 나에게 둘도 없는 시간이었다. 그들이 없었다면 박사논문 집필을 끝낼 수 없었을 것이다. 「나가면서」를 쓰고 있는 지금도 그들은 재일조선인으로서 긍지를 마음에 품고 변호사나 사법서사, 조선학교 교원 혹은 학자, 활동가, 미술가, 음악가, 운동선수로서 각각의 최전선에서 중요한 역할을 하고 있다. 또한 후배들도 이를 악물고 때로는 고독하고 가혹한 연구에 필사적으로 매달리고 있다. 내가 맡을 수 있는 역할이 결코 크지는 않으나, 재일조선인의 미래의 일익을 구성하는 사람으로서 계속해서 함께 노력해나가고자 한다.

이 연구는 과학연구비 보조금·특별연구원장려비(科学研究費補助金·特別研究員奨励費, 2012~2013년), 마쓰시타 고노스케 기념재단 연구조성(松下幸之助記念財団研究助成, 2015년), 사사가와 과학연구조성(笹川科学研究助成, 2016년도), 도요타재단

연구조성(トヨタ財団研究助成, 2016~2017년도), 과학연구비보조금·연구활동 스타트 지원(科学研究費補助金·研究活動スタート支援, 2016~2017년도)의 지원을 받았다. 또한 공익재단법인 조선장학회(公益財団法人朝鮮奨学会), 공익재단법인 재일조선학생지원회에서는 대학원 시기 장학금을 받았다. 이들의 지원과 장학금이 없었다면 경제적으로 어려운 가운데 본 연구를 수행할 수 없었을 것이다. 진심으로 감사드린다.

이 책을 펴내기까지 93명의 개인과 단체에서 출판에 소요되는 제반비용 137만 엔의 기부를 받았다. 기부해주신 분들이 없었다면 문자 그대로, 이 책은 이 세상에 존재하지 않았을 것이다. 장학금이라는 이름의 빚을 지고 있는 나는 돈이 매일의 생활에 있어 얼마만큼 중요한 것인지를 이해하고 있다고 생각한다. 기부해주신 분들에게는 감사의 말씀밖에 떠오르지 않는다. 여러분의 끊임없는 응원 덕분에 이 책을 쓸 수 있었다. 기부의 발기인이 되어주신 김수환(金秀煥) 씨, 박금숙(朴錦淑) 씨, 야마구치 도야(山口刀也) 씨, 기부를 호소해 주신 여러분들께도 진심으로 감사의 마음을 전하고 싶다. 아카시서점(明石書店)의 세키 마사노리(関正則) 씨는 박사논문 출판에 대해 상담해주셨을 때부터 긴 시간 진지하게 나와 원고를 마주해 주셨다. 기부에 대한 것도 적극적으로 응원해 주시며 큰 격려를 받았다. 원고 제출이 늦어져 자꾸 폐를 끼치기는 했으나 책 출판에 있어 아무것도 모르는 나에게 끝까지 맞춰주셨다. 신속하고 아름다운 솜씨로 조판과 편집을 담당해주신 준게츠샤(閏月社)의 도쿠미야 슌(德宮峻) 씨께도 함께 깊은 감사를 표하고 싶다. 아름답고 힘 있는 그림을 그려주신 재일조선인 화가 리정옥(李晶玉) 씨께도 진심으로 감사드린다.

마지막으로 나를 낳아주고 길러주신, 늘 누구보다 따뜻하게 나를 지켜봐주신 아버지 오규상과 어머니 김이순께 감사의 마음을 전하고 싶다. 나는 올해로 35세가 된다. 이 나이가 되기까지 아직 무엇 하나 효자다운 일은 하지 못했다. 가계가 결코 좋지만은 않았던 가운데 내가 대학원에서 연구를 하기로 결단했을 때에도, 부모님은 공부는 젊었을 때만 할 수 있다. 좋아하는 것을 하라고 힘껏 격려해주셨다. 나는 부모님들로부터 사랑을 받기만 한다. 내가 지금, 재일조선인으로서 가슴을 펴고 당당히 조선학교에 대한 연구를 할 수 있었던 것은 부모님의 모습을 보고 자랐기 때문일 것이다. 또한 누나, 형님, 다이짱, 유짱도 보이든 보이지 않든 나를 지지하고 응원해 주셨다. 귀여운 조카들도 내 마음을 위로해 주었다. 따뜻한 가족을 만날 수 있어서 나는 정말로 행복하다.

＊　　　　＊　　　　＊

2014년 12월 12일, 문부성 앞에서 금요행동에 참가했다. 2013년 5월부터 시작된 금요행동은 조선대학교 학생을 중심으로 한 조선학교 관계자 및 일본인 지원자가 문부성 앞에서 고교무상화 제도의 적용을 호소하는 활동이다. 전공모임이나 논문 등의 관계로 오랫동안 참가하기 어려웠으나 2014년 가장 마지막 금요행동에는 참가할 수 있었다.

금요행동에 참가하는 조선대학교 학생들의 모습을 보면서 나는 '호소하는 게 매우 노련해졌다'라고 느꼈다. 내가 고등학생 시기, 대학시기에도 이러한 활동은 있었지만 그 시기와 비교했을 때, 확성기를 한 손으로 들고 외치는 호소문이나, 전체가 합창하는 노래, 함께 외치는 구호, 코를 훌쩍이면서도 진지한 눈빛으로 참여하는 모습 등 무엇을 보아도 그 질이 높아져 있었다. 조직화된 그 모습은 바로 항의 활동의 '프로'였다. 여기에는 차별에도 굴하지 않고 늠름하고 의연하게 살아가는 조선학교 아이들의 강한 모습이 있었다.

그러나 아이들이 갖게 된 이 능숙함은 그 자체가 차별의 부산물이기도 하다. 차별철폐를 호소하는 활동을 능숙하게 하게 되었다는 것은 대체 어찌된 일인가. 이러한 활동 가운데 자라나는 아이들이 늠름하다고 생각하다니 이 얼마나 얄궂은 일인가. 금요행동은 이미 200회를 훌쩍 넘어섰다. 조선학교 아이들의 권리를 요구하는 노랫소리는 멈추지 않고 오히려 강해져서 이곳 교토를 포함하여 전국 각 지역에서 울려 퍼지고 있다. 다만 그 노랫소리를 단순한 '소리'가 아닌 '마음의 외침'으로 받아들일 만한 토양은 아직 충분하지 않은 상태이다.

연구라는 행위가 사회에 갖는 영향력은 절대 크지 않다. 그러나 연구이기 때문에 할 수 있는 것이 있다고 생각한다. 더 이상 조선학교의 아이들이 이러한 항의 활동에 능숙해지지 않아도 괜찮은 사회를 만들기 위해 나는 앞으로도 최선을 다해 연구를 계속해 나가고 싶다.

2019년 1월
오영호

【인명색인】

📖

ㄱ

가쓰타 슈이치(勝田守一) 1, 6, 213,
　227, 391

가지이 노보루(梶井陟) 213

강성은(康成銀) 167, 168, 169

강유선(康悠仙) 193

고마고메 타케시(駒込武) 383

고사명(高史明) 5

고쿠니 요시히로(小国喜弘) 385

고쿠분 이치타로(国分一太郎) 29,
　41－42, 85, 211, 212, 214, 215, 216

구라이시 이치로(倉石一郎) 5

기무라 하지메(木村元) 14, 15

기바타 요이치(木畑洋一) 16

기시다 유미(岸田由美) 382

김덕룡(金德龍) 8, 9, 301

김병식(金炳植) 276, 282－284

김보현(金宝鉉) 192

김수경(金壽卿) 389

김일성(金日成) 23, 29, 106, 107, 161,
　165, 166, 233, 236, 246－248, 254,
　255, 258, 260, 279, 284, 286, 287,
　288, 289, 292

김종진(金宗鎭) 308

김지수 109

김태일 47, 48, 225

김효식(金孝植) 52

ㄴ

나카노 도시오(中野敏男) 9, 382

남시우(南時雨) 92

남일(南日) 76, 79

남일롱(南日龍) 85

ㄹ

리계백(李季白) 280

리동준(李東準) 89, 93, 279

리심철(李心喆) 280

리은직(李殷直) 41, 85, 214

리진규(李珍珪) 40, 69, 92, 214, 277,
　279

림광철(林光澈) 41, 85, 214, 256, 278

림영자(林榮子) 89, 90

ㅁ

마쓰시타 요시히로(松下佳弘) 51, 64

마키 토모코(マキー智子) 304

저자이력

오영호

1984년 도쿄에서 출생했으며, 재일조선인 3세, 조선적(朝鮮籍)이다. 조선대학교(일본) 리공학부를 졸업하고 도쿄가꾸게이대학 대학원 교육학연구과에서 석사학위, 히토츠바시대학 대학원 사회학연구과에서 박사학위를 취득했다. 돗토리대학 지역학부 준교수로 재직중이며 전공은 일본교육사, 교육사회학이다.

편저로 『マイノリティ支援の葛藤──分断と抑圧の社会的構造を問う』(明石書店, 2022년), 공저로 『公立学校の外国籍教員』(明石書店, 2021년), 『境界線の学校史』(東京大学出版会, 2020년), 『生活綴方で編む「戦後史」』(岩波書店, 2020년), 『移民から教育を考える』(ナカニシヤ出版, 2019년) 등이 있다.

역자이력

박환보

서울대학교 사범대학 교육학과를 졸업하고 동대학 대학원 교육학과에서 석사 및 박사학위 취득했다. 한국교육개발원 부연구위원을 거쳐 현재 충남대학교 교육학과에 재직 중이며, 관심 분야는 한국교육 형성, 고등교육, 국제비교 연구, 교육개발협력, 세계시민교육 등이다.

박혜경

학부에서 교육학을 전공하고 충남대에서 교육사회학 박사과정에 있다. 재일조선학교와 재외동포교육, 세계시민교육, 여성교육, 교육불평등에 관심이 있다.

박영미

경희대와 전북대에서 사학과 교육학을 전공하고, 충남대에서 교육사 박사과정을 수료하였다. 조선 후기 교육제도에 관심이 있다. 『교육정책 (1): 교육칙어와 조선교육령』, 『교육정책 (2): 일제강점기 교육 논설』(동북아역사재단, 2022년) 번역에 참여했다.

유혜영

한국방송통신대학교 학부에서 교육학을 전공하고, 충남대학교 대학원 교육학과에서 교육사회학 박사과정을 수료하였다. 현재 (재)충남평생교육진흥원에 재직중이며, 교육불평등, 중등직업교육, 계속교육, 평생교육 등에 관심이 있다.

조선학교의 교육사 탈식민화를 위한 투쟁과 창조

초판발행   2023년 1월 15일

지은이   오영호
옮긴이   박환보 · 박혜경 · 박영미 · 유혜영
펴낸이   노 현

편 집   전채린
기획/마케팅   정연환
표지디자인   이소연
제 작   고철민 · 조영환

펴낸곳   ㈜ 피와이메이트
               서울특별시 금천구 가산디지털2로 53, 210호(가산동, 한라시그마밸리)
               등록 2014. 2. 12. 제2018-000080호

전 화   02)733-6771
f a x   02)736-4818
e-mail   pys@pybook.co.kr
homepage   www.pybook.co.kr
ISBN   979-11-6519-306-5   93370

* 파본은 구입하신 곳에서 교환해 드립니다. 본서의 무단복제행위를 금합니다.
* 역자와 협의하여 인지첩부를 생략합니다.

정 가   29,000원

박영스토리는 박영사와 함께하는 브랜드입니다.